日出学園中学校

〈収録内容〉

※一般Ⅰ期国語の大問二は、問題に使用された作品の著作権者が二次使用の許可を出していないため、問題を掲載しておりません。

便利な DL コンテンツは右の QR コードから ⇒

解答用紙

※データのダウンロードは 2025 年 3 月末日まで。
※データへのアクセスには、右記のパスワードの入力が必要となります。 ⇒ 236142

〈合格最低点〉

	一般Ⅰ期(4科)	一般Ⅱ期(4科)	一般Ⅰ期(2科)	一般Ⅱ期(2科)
2024年度	180点／200点	170点／190点	120点／135点	115点／130点
2023年度	160点／180点	189点／210点	105点／120点	120点／140点
2022年度	160点／180点	170点／190点	105点／120点	120点／135点
2021年度	170点／190点	150点／175点	115点／130点	110点／125点
2020年度	165点／185点	155点／185点	120点／135点	120点／135点

※点数の内訳は、第1志望／併願

本書の特長

実戦力がつく入試過去問題集

- ▶ 問題 …………… 実際の入試問題を見やすく再編集。
- ▶ 解答用紙 …… 実戦対応仕様で収録。
- ▶ 解答解説 …… 詳しくわかりやすい解説には、難易度の目安がわかる「基本・重要・やや難」の分類マークつき（下記参照）。各科末尾には合格へと導く「ワンポイントアドバイス」を配置。採点に便利な配点つき。

入試に役立つ分類マーク

基本 確実な得点源！
受験生の90％以上が正解できるような基礎的、かつ平易な問題。
何度もくり返して学習し、ケアレスミスも防げるようにしておこう。

重要 受験生なら何としても正解したい！
入試では典型的な問題で、長年にわたり、多くの学校でよく出題される問題。
各単元の内容理解を深めるのにも役立てよう。

やや難 これが解ければ合格に近づく！
受験生にとっては、かなり手ごたえのある問題。
合格者の正解率が低い場合もあるので、あきらめずにじっくりと取り組んでみよう。

合格への対策、実力錬成のための内容が充実

- ▶ 各科目の出題傾向の分析、合否を分けた問題の確認で、入試対策を強化！
- ▶ その他、学校紹介、過去問の効果的な使い方など、学習意欲を高める要素が満載！

解答用紙ダウンロード 解答用紙はプリントアウトしてご利用いただけます。弊社ＨＰの商品詳細ページよりダウンロードしてください。トビラのＱＲコードからアクセス可。

UD FONT 見やすく読みまちがえにくいユニバーサルデザインフォントを採用しています。

日出学園 中学校

校訓の「誠・明・和」がモットー 個性伸長ときめ細やかな 少人数教育が自慢の共学校

URL	https://high.hinode.ed.jp

生徒数　384名
〒272-0824
千葉県市川市菅野3-23-1
☎047-324-0071
京成本線菅野駅　徒歩5分
総武線市川駅　徒歩15分またはバス5分
常磐線松戸駅　バス20分

プロフィール　一人ひとりの個性を伸ばす

個性伸長の教育を目指し、特に持久力や忍耐力を鍛えることを重視している。小規模で生徒数も少ないため、一人ひとりに目を行き届かせた丹念な教育指導が特色である。学習面では基礎学力の充実に重点を置き、1クラス20名ほどの少人数制授業も実施している。授業、学級・学年・各部活動・生徒会などの活動や、様々な合宿などにより、視野を広め、ものごとを公正に判断し、社会に貢献できる人材の育成を目指している。

2013年4月より学校週6日制を実施し、土曜日も授業を行っている。カリキュラムも変更し、各教科指導のさらなる充実を図っている。

環境　緑豊かな環境で快適な学園生活

最寄り駅から徒歩で5分ほどと通学の便もよく、周辺には保護育成された老松が林立し、緑に恵まれた環境である。最先端技術を備えた視聴覚教室など施設も充実している。

また、学園の校外施設として軽井沢に山荘があり、学習合宿や部活合宿に利用されている。大自然と澄んだ空気に包まれた環境の中での集中学習は、大きな成果を収めており、学園生活の一つの節目ともなっている。

三代目キャラクター 日和（ひよ）かっぱ

カリキュラム　習熟度別の少人数制授業

中学では、国語・数学・英語を中心に、基礎学力をつけることを目標としている。特に英語と数学では習熟度別の少人数制授業を採用し、きめ細かい指導を行っている。

高校の「進学コース」では、1年次は全員が共通科目を履修し、基本を身につける。2年次に理系・文系の2コースに分かれ、3年次にはさらにコース別に自分の進路に合わせ、ブロック単位で授業を選択する。また、3年間を通して、英・数の授業は、4学級5～6展開の習熟度別クラス編成をとっている。2017年度より週39時間カリキュラムの「特進コース」を設置。2年次までに主要科目の大学入試出題範囲をほぼ終了し、3年次では演習問題中心に進める。

講習、補習も充実しており、希望者は夏休みに軽井沢山荘にて英語サマーキャンプを実施するほか、高校を対象とした夏期・冬期講習では、1週間の集中授業も行っている。

学校生活　好きなことだから楽しい…クラブ活動

クラブは運動・文化部合わせて21ある。中でも2022年度に囲碁部の部員が全国優勝、2002年度に高校軟式野球部が全国大会準優勝、2022年度に中高両方のバトントワーリング部が全国大会に出場するなど優れた実績を残しており、その活躍ぶりは新聞でも紹介されたほど。そのほかパソコン部、陸上部、バスケット部、硬式テニス部、ソフトテニス部、サッカー部、軽音楽部、生物部、バレーボール部、水泳部、茶華道部、美術部、写真部なども活躍している。

学校行事も多彩である。入学直後に軽井沢山荘で行うオリエンテーション合宿は特に楽しい行事で、学園生活や友人の輪を広げることができる。

TOEIC・TOEFL 全員受験

また、中学2年の臨海学校では、伝統として、卒業生が古式泳法を教える。そのほか体育祭、日出祭、修学旅行、スピーチコンテストもある。

進路　自分自身を見つめ興味と特性を生かす

生徒のほとんどが大学進学を考えている現状で、各自の興味と特性を自ら発見させる進路指導を展開。適性検査や進路講演などにより、自己分析を基とする進路計画を考えさせると共に、全国模試に参加させ、各自の勉強方法や希望大学への合格可能性の診断に役立てている。また、毎年発行される「進路の手引き」は、卒業生の状況を知る資料として活用されている。

主な進学先は、東京大、千葉大、筑波大、東京学芸大、電気通信大、早稲田大、慶應義塾大など。

2024年度入試要項

試験日　12/1（推薦）　1/20（一般Ⅰ期）
1/23（一般Ⅱ期）

試験科目　国・算＋作文＋面接（推薦）
国・算または国・算・理・社＋面接
（一般Ⅰ・Ⅱ期）

2024年度	募集定員	受験者数	合格者数	競争率
推薦	50	68	47	1.4
Ⅰ期	30	166	104	1.6
Ⅱ期	20	94	23	4.1

過去問の効果的な使い方

① **はじめに**　ここでは，受験生のみなさんが，ご家庭で過去問を利用される場合の，一般的な活用法を説明していきます。もし，塾に通われていたり，家庭教師の指導のもとで学習されていたりする場合は，その先生方の指示にしたがって，過去問を活用してください。その理由は，通常，塾のカリキュラムや家庭教師の指導計画の中に過去問学習が含まれており，どの時期から，どのように過去問を活用するのか，という具体的な方法がそれぞれの場合で異なるからです。

② **目的**　言うまでもなく，志望校の入学試験に合格することが，過去問学習の第一の目的です。そのためには，それぞれの志望校の入試問題について，どのようなレベルのどのような分野の問題が何問，出題されているのかを確認し，近年の出題傾向を探り，合格点を得るための試行錯誤をして，各校の入学試験について自分なりの感触を得ることが必要になります。過去問学習は，このための重要な過程であり，合格に向けて，新たに実力を養成していく機会なのです。

③ **開始時期**　過去問との取り組みは，通常，全分野の学習が一通り終了した時期，すなわち6年生の7月から8月にかけて始まります。しかし，各分野の基本が身についていない場合や，反対に短期間で過去問学習をこなせるだけの実力がある場合は，9月以降が過去問学習の開始時期になります。

④ **活用法**　各年度の入試問題を全問マスターしよう，と思う必要はありません。完璧を目標にすると挫折しやすいものです。できるかぎり多くの問題を解けるにこしたことはありませんが，それよりも重要なのは，現実に各志望校に合格するために，どの問題が解けなければいけないか，どの問題は解けなくてもよいか，という眼力を養うことです。

算数

どの問題を解き，どの問題は解けなくてもよいのかを見極めるには相当の実力が必要になりますし，この段階にいきなり到達するのは容易ではないので，この前段階の一般的な過去問学習法，活用法を2つの場合に分けて説明します。

☆偏差値がほぼ55以上ある場合

掲載順の通り，新しい年度から順に年度ごとに3年度分以上，解いていきます。

ポイント1…問題集に直接書き込んで解くのではなく，各問題の計算法や解き方を，明快にわかるように意識してノートに書き記す。

ポイント2…答えの正誤を点検し，解けなかった問題に印をつける。特に，解説の 基本 重要 がついている問題で解けなかった問題をよく復習する。

ポイント3…1回目にできなかった問題を解き直す。同様に，2回目，3回目，…と解けなければいけない問題を解き直す。

ポイント4…難問を解く必要はなく，基本をおろそかにしないこと。

☆偏差値が50前後かそれ以下の場合

ポイント1～4以外に，志望校の出題内容で「計算問題・一行問題」の比重が大きい場合，これらの問題をまず優先してマスターするとか，例えば，大問2までをマスターしてしまうとよいでしょう。

理科

理科は[1]から順番に解くことにほとんど意味はありません。理科は，性格の違う4つの分野が合わさった科目です。また，同じ分野でも単なる知識問題なのか，あるいは実験や観察の考察問題なのかによってもかかる時間がずいぶんちがいます。記述，計算，描図など，出題形式もさまざまです。ですから，解く順番の上手，下手で，10点以上の差がつくこともあります。

過去問を解き始める時も，はじめに1回分の試験問題の全体を見通して，解く順番を決めましょう。得意分野から解くのもよいでしょう。短時間で解けそうな問題を見つけて手をつけるのも効果的です。くれぐれも，難問に時間を取られすぎないように，わからない問題はスキップして，早めに全体を解き終えることを意識しましょう。

社会

社会は[1]から順番に解いていってかまいません。ただし，時間のかかりそうな，「地形図の読み取り」，「統計の読み取り」，「計算が必要な問題」，「字数の多い論述問題」などは後回しにするのが賢明です。また，3分野（地理・歴史・政治）の中で極端に得意，不得意がある受験生は，得意分野から手をつけるべきです。

過去問を解くときは，試験時間を有効に活用できるよう，時間は常に意識しなければなりません。ただし，時間に追われて雑にならないようにする注意が必要です。“誤っているもの”を選ぶ設問なのに“正しいもの”を選んでしまった，“すべて選びなさい”という設問なのに一つしか選ばなかったなどが致命的なミスになってしまいます。問題文の“正しいもの”，“誤っているもの”，“一つ選び”，“すべて選び”などに下線を引いて，一つ一つ確認しながら問題を解くとよいでしょう。

過去問を解き終わったら，自己採点し，受験生自身でふり返りをしましょう。できなかった問題については，なぜできなかったのかについての分析が必要です。例えば，「知識が必要な問題」ができなかったのか，「問題文や資料から判断する問題」ができなかったのかで，これから取り組むべきことも大きく異なってくるはずです。また，正解できた問題も，「勘で解いた」，「確信が持てない」といったときはふり返りが必要です。問題集の解説を読んでも納得がいかないときは，塾の先生などに質問をして，理解するようにしましょう。

国語

過去問に取り組む一番の目的は，志望校の傾向をつかみ，本番でどのように入試問題と向かい合うべきか考えることです。素材文の傾向，設問の傾向，問題数の傾向など，十分に研究していきましょう。

取り組む際は，まず解答用紙を確認しましょう。漢字や語句問題の量，記述問題の種類や量などが，解答用紙を見て，わかります。次に，ページをめくり，問題用紙全体を確認しましょう。どのような問題配列になっているのか，問題の難度はどの程度か，などを確認して，どの問題から取り組むべきかを判断するとよいでしょう。

一般的に「漢字」→「語句問題」→「読解問題」という形で取り組むと，効率よく時間を使うことができます。

また，解答用紙は，必ず，実際の大きさのものを使用しましょう。字数指定のない記述問題などは，解答欄の大きさから，書く量を考えていきましょう。

算数　出題傾向の分析と 合格への対策

●出題傾向と内容

今年度の出題数は，Ⅰ期・Ⅱ期ともに大問6題，小問数はⅠ期25問，Ⅱ期27問で，ほぼ例年通りの出題であった。

ほとんどが基本レベルの内容であるが，やや思考力を試すような問題も例年Ⅰ期・Ⅱ期それぞれについて2，3問ほど出題されている。Ⅰ期とⅡ期とで出題される基礎的な問題のレベルに差はほとんどなく，出題傾向も類似している。

毎年，割合の三公式，速さの三公式を利用して考える問題や，計算の工夫，数の性質，平面図形，場合の数，規則性などの基本内容の理解を問うような問題が多く出題されている。

✔学習のポイント

徹底的に基本問題を練習しておこう。割合・速さの三公式など，基本の公式をしっかり身につけておくことが大切である。

●2025年度の予想と対策

来年度も問題のレベルや出題量に大きな変化はないと思われる。

数と計算では，基本的な四則混合計算はもちろんのこと，計算の工夫や概数も正確にこなせるようにしておかなければいけない。

また，割合や速さの文章題，角度や面積，立体図形の問題，数の性質や場合の数，規則性などの問題も基本問題を中心に学習しておこう。

まずは基本公式をきちんと使いこなせるようにすることが大事である。そして，標準レベルまでの問題を反復練習して苦手分野をなくし，統計の表やグラフ，長文の応用的な問題にも慣れておくとよいだろう。

▼年度別出題内容分類表

※　よく出ている順に☆，◎，○の３段階で示してあります。

出題内容			2022年		2023年		2024年	
			Ⅰ期	Ⅱ期	Ⅰ期	Ⅱ期	Ⅰ期	Ⅱ期
数と計算		四則計算	☆	☆	☆	☆	☆	☆
		概数・単位の換算	◎		○	○		○
		数の性質	○	☆		○		
		演算記号						
図形		平面図形	☆	☆	☆	☆	◎	☆
		立体図形	◎	☆	◎	◎	◎	○
		面積	◎	◎	☆	☆	○	○
		体積と容積	○	☆	○		◎	
		縮図と拡大図				○		
		図形や点の移動			☆			
速さ		三公式と比	○		☆	◎	◎	
	文章題	旅人算				◎	○	○
		流水算						
		通過算・時計算		○				
割合		割合と比	☆	◎	○	◎	☆	◎
	文章題	相当算・還元算	◎		○			
		倍数算						
		分配算						
		仕事算・ニュートン算			○			
文字と式								
2量の関係(比例・反比例)			◎					○
統計・表とグラフ			◎	○	☆	◎	☆	
場合の数・確からしさ			○	○	○	○	○	○
数列・規則性			☆					☆
論理・推理・集合				☆	☆	☆	☆	☆
その他の文章題		和差・平均算					○	○
		つるかめ・過不足・差集め算		○			○	○
		消去・年令算						
		植木・方陣算						

日出学園中学校

算数 ——グラフで見る最近３ヶ年の傾向——

最近３ヶ年に出題されたすべての問題を内容別に分類・集計し，全体に対して何パーセントくらいの割合になっているかを示しました。

……50校の平均　　……日出学園中学校

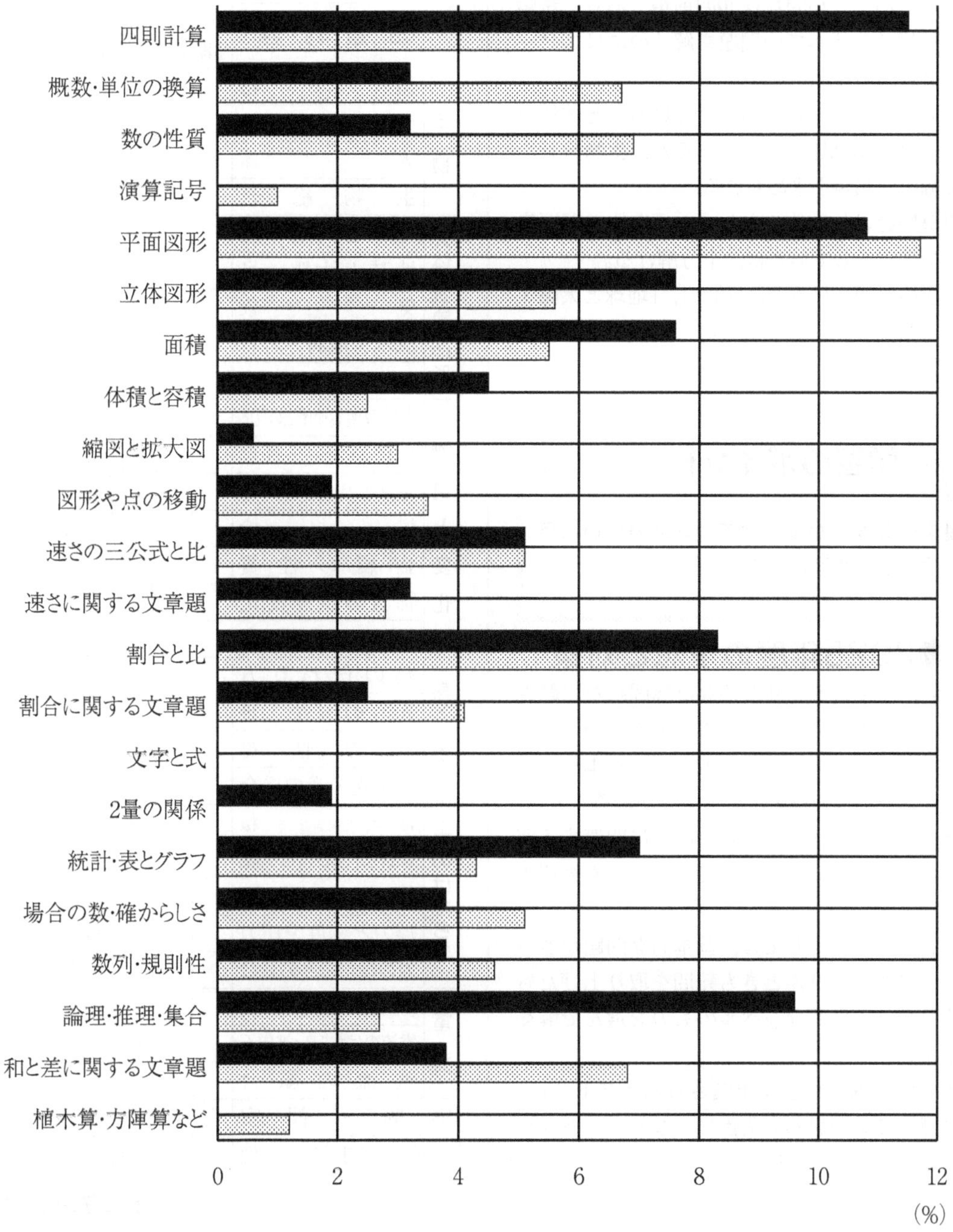

理科　出題傾向の分析と合格への対策

●出題傾向と内容

試験時間は25分で，問題数は大問が4題という構成である。小問数は30問前後であり，試験時間は短く，すべての問題を解くのにはスピードが必要である。

問題は各分野から出題されている。全体的なレベルは基本問題が大半であるが，生物分野などで幅広い知識を求められる。

計算問題は比較的やさしく，標準的な問題集などで演習をしていれば，十分解ける。

過去の出題を見ると，「植物」，「地球と太陽・月」，「気体の発生と性質」などは頻出分野である。

✓学習のポイント

基本的な問題が多いので，ミスのないように注意して解答しよう。

●2025年度の予想と対策

近年，Ⅰ期はやや難しめな計算問題が出題される。溶解度の求め方，南中高度の求め方や豆電球の明るさと電流の求め方などの基本的な計算のパターンはおぼえておく必要がある。

また，記述で答える問題や時事に関連する問題も出題されるのでまとめておくことも大切である。

問題のレベルとしては，基本的な問題が多いので，問題集を選ぶときも難問を取り上げたものよりも，標準的なレベルのものを選んで解くのがよいだろう。

基本的な問題が多く出題されるテストでは，不注意なミスが思わぬ失点につながる。あせらず慎重にテストにのぞもう。

▼年度別出題内容分類表

※　よく出ている順に☆，◎，○の３段階で示してあります。

出題内容		2022年		2023年		2024年	
		Ⅰ期	Ⅱ期	Ⅰ期	Ⅱ期	Ⅰ期	Ⅱ期
生物	植物			☆			☆
	動物		☆			☆	
	人体	☆			☆		
	生物総合		☆				
天体・気象・地形	星と星座					☆	
	地球と太陽・月						☆
	気象			☆			
	流水・地層・岩石	☆			☆		
	天体・気象・地形の総合						
物質と変化	水溶液の性質・物質との反応	☆					
	気体の発生・性質			☆	☆		
	ものの溶け方					☆	
	燃焼						☆
	金属の性質						
	物質の状態変化		☆				
	物質と変化の総合						
熱・光・音	熱の伝わり方						
	光の性質		☆				
	音の性質						
	熱・光・音の総合						
力のはたらき	ばね						
	てこ・てんびん・滑車・輪軸						
	物体の運動						☆
	浮力と密度・圧力				☆		
	力のはたらきの総合						
電流	回路と電流					☆	
	電流のはたらき・電磁石			☆			
	電流の総合						
実験・観察		☆	◎	◎	◎	○	◎
環境と時事／その他				◎		○	

日出学園中学校

理科 ——グラフで見る最近3ヶ年の傾向——

最近3ヶ年に出題されたすべての問題を内容別に分類・集計し，全体に対して何パーセントくらいの割合になっているかを示しました。

……50校の平均　　……日出学園中学校

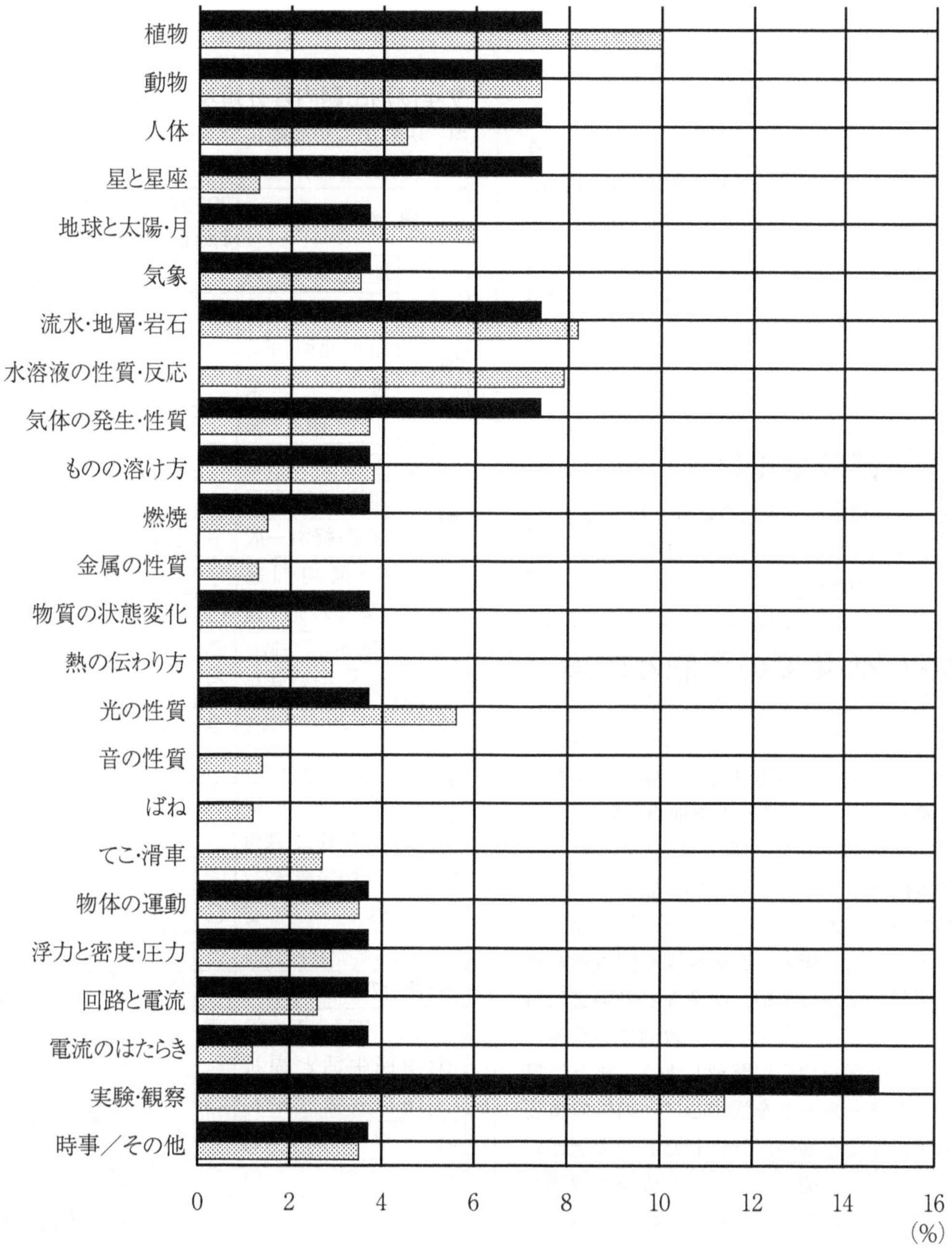

社会　出題傾向の分析と合格への対策

●出題傾向と内容

小問はⅠ期が30問程度，Ⅱ期が25問程度。短文記述はⅠ期，Ⅱ期ともに3題出題されている。また，略地図や略年表，統計，グラフ，図表，雨温図，画像，史料などを用いた出題もみられる。また，三分野とも総合問題の中で出題されている。地理は，Ⅰ期は日本の国土と自然，農業などについて，Ⅱ期は農業，環境問題などについて出題された。歴史は，Ⅰ期，Ⅱ期ともに，政治史，社会史，外交史，文化史などが出題された。政治は，Ⅰ期は政治のしくみ，時事問題などが，Ⅱ期は時事問題，国際社会などが，それぞれ中心に出題された。

学習のポイント

地理：各種資料の読みとりに強くなろう！
歴史：各時代の特色と重要人物を理解しよう！
政治：時事問題に強くなろう！

●2025年度の予想と対策

来年度も基本レベルの問題を中心に，記述式の難問も何題か出題されると思われる。資料の読み取りや記述などの思考力を評価する出題や時事問題も視野に入れて準備を進めたい。

地理は，日本の国土や農業を中心とする産業，環境問題などを整理したい。歴史は，各時代の特色や重要人物，主な出来事の年代などを覚えるとともに，年表，歴史地図や図表や写真などの資料のほかに条約，法令などの条文にも目を通しておこう。政治では，政治のしくみと働きや時事問題を中心に整理しよう。また，日頃からインターネットを活用して，内外の重要な出来事に関心を高め，分析したことを記述したりして，それと関連する三分野の重要事項を正確に理解しておくことが必要不可欠となる。

▼年度別出題内容分類表
※　よく出ている順に☆，◎，○の３段階で示してあります。

出題内容			2022年		2023年		2024年	
			Ⅰ期	Ⅱ期	Ⅰ期	Ⅱ期	Ⅰ期	Ⅱ期
地理	日本の地理	地図の見方						
		日本の国土と自然	○	◎	◎	○	☆	◎
		人口・土地利用・資源	○					
		農業		○	☆		○	○
		水産業						
		工業						
		運輸・通信・貿易						
		商業・経済一般		○	○			
	公害・環境問題			○	○	◎		◎
	世界の地理		○					○
日本の歴史	時代別	原始から平安時代	◎	☆	☆	○	◎	☆
		鎌倉・室町時代	◎	○	○	☆	◎	○
		安土桃山・江戸時代	◎	○		◎	☆	◎
		明治時代から現代	○	◎	☆	☆	◎	○
	テーマ別	政治・法律	☆	☆	◎	☆	☆	◎
		経済・社会・技術	○	○	○	◎	◎	○
		文化・宗教・教育	○	◎	○	○	◎	◎
		外交	○	○	○	◎	◎	○
政治	憲法の原理・基本的人権							
	政治のしくみと働き			☆	☆	○	◎	◎
	地方自治							
	国民生活と福祉				◎			○
	国際社会と平和		◎					◎
時事問題			○	◎	☆	◎	◎	◎
その他			○	○	◎	◎	○	○

日出学園中学校

社 会　——グラフで見る最近３ヶ年の傾向——

最近３ヶ年に出題されたすべての問題を内容別に分類・集計し，全体に対して何パーセントくらいの割合になっているかを示しました。

▨……50校の平均　　■……日出学園中学校

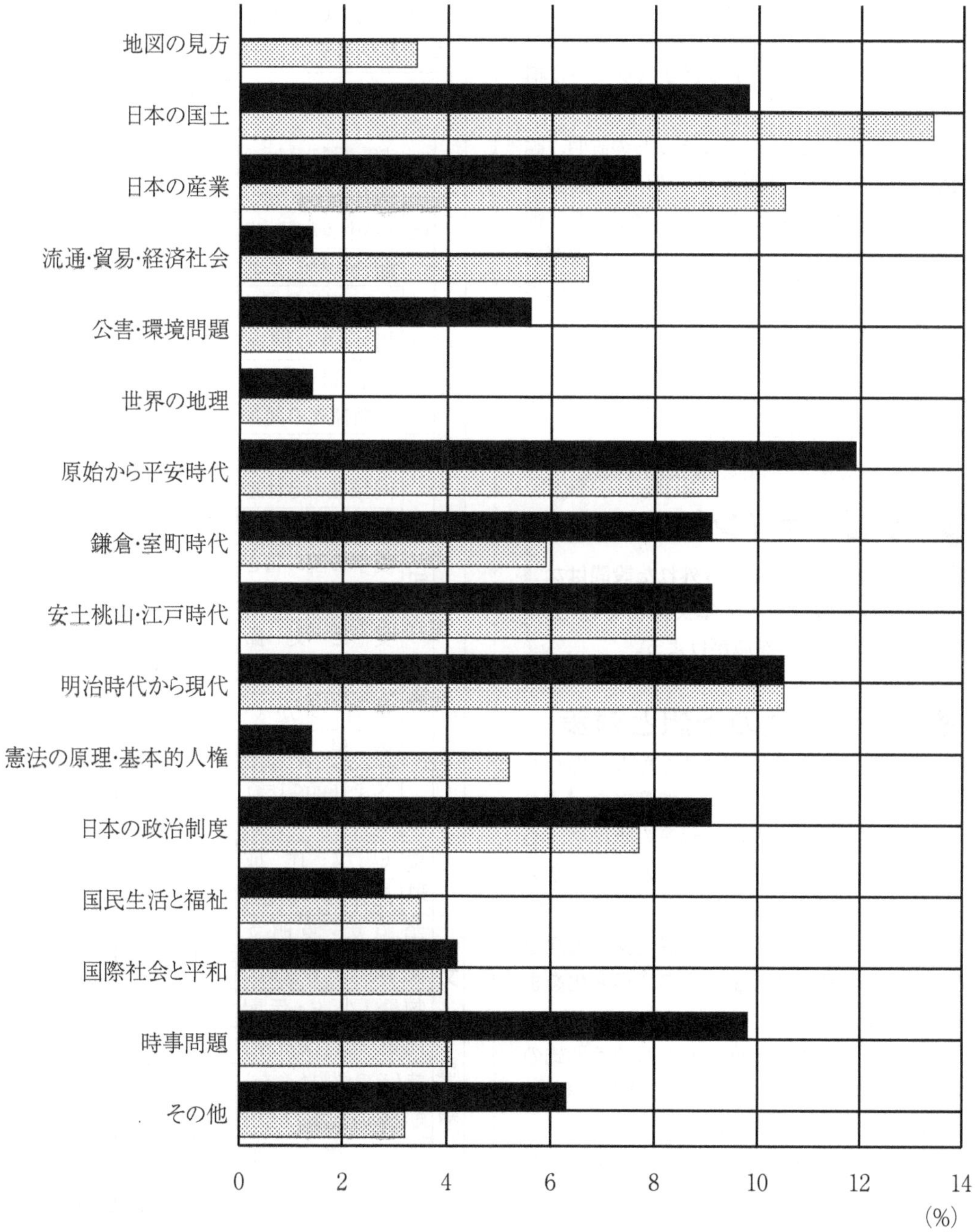

国語　出題傾向の分析と合格への対策

●出題傾向と内容

今年度は，Ⅰ期は長文読解2題に記述・表現力の問題，漢字の書きの4大問構成であった。Ⅱ期は，長文読解2題に提示された言葉を使って紹介文を作る問題，漢字の書き取りという構成であった。

小説では情景が表現しいることがらの説明，論説文や随筆文では本文の言葉が正確にとらえられているかが問われるので，段落のつながりなど細部にまで注意をはらって全体を読み取る必要がある。解答形式は，情報をもとに自分で考えて解答をまとめる活用問題が出題された。抜き出しでは設問に対する答えの部分を的確に読み取れているかが重要なポイントになっている。幅広いレベルの漢字の書き取りも出題された。

学習のポイント

知識問題以外は，本文から外れた設問はない。つまり正解はすべて本文にあるのだ。落ち着いて読むことを心がけよう。

●2025年度の予想と対策

長文読解中心の出題傾向は続くものと思われる。よって，説明文・物語文・随筆文など，かたよりなく文章問題にふれ，解答の際には，必ず文章に答えの根拠を求めていくという作業を徹底したい。記述問題も出題されているので，対策を怠らないようにしよう。説明文の大意をまとめたり，物語文での主人公の心情変化をまとめたりして，記述の対策をしておこう。また，こうした練習は読解力の向上やあらゆる形式の問題に対応できる力となっていくはずである。活用問題への対策もしておきたい。

また，知識問題は慣用句・ことわざ・四字熟語など，幅広くふれておきたい。

▼年度別出題内容分類表

※　よく出ている順に☆，◎，○の３段階で示してあります。

出題内容			2022年		2023年		2024年	
			Ⅰ期	Ⅱ期	Ⅰ期	Ⅱ期	Ⅰ期	Ⅱ期
内容の分類	読解	主題・表題の読み取り						
		要旨・大意の読み取り		○	○	○	○	
		心情・情景の読み取り	◎	◎	◎	◎	◎	◎
		論理展開・段落構成の読み取り						
		文章の細部の読み取り	☆	☆	☆	☆	☆	☆
		指示語の問題	○		○		○	
		接続語の問題	○	○	○		○	○
		空欄補充の問題	○	○	○	○	○	○
	知識	ことばの意味	○	○	○	○	○	○
		同類語・反対語						
		ことわざ・慣用句・四字熟語	○	○		○	○	○
		漢字の読み書き	☆	☆	☆	☆	☆	☆
		筆順・画数・部首						
		文と文節				○		
		ことばの用法・品詞						
		かなづかい						
		表現技法			○		○	
		文学作品と作者						
		敬語						
	表現	短文作成						
		記述力・表現力	○	○	○	○	○	○
文の種類		論説文・説明文	○	○			○	○
		記録文・報告文						
		物語・小説・伝記	○	○			○	○
		随筆・紀行文・日記						
		詩（その解説も含む）						
		短歌・俳句（その解説も含む）						
		その他						

国語 ──グラフで見る最近3ヶ年の傾向──

最近3ヶ年に出題されたすべての問題を内容別に分類・集計し，全体に対して何パーセントくらいの割合になっているかを示しました。

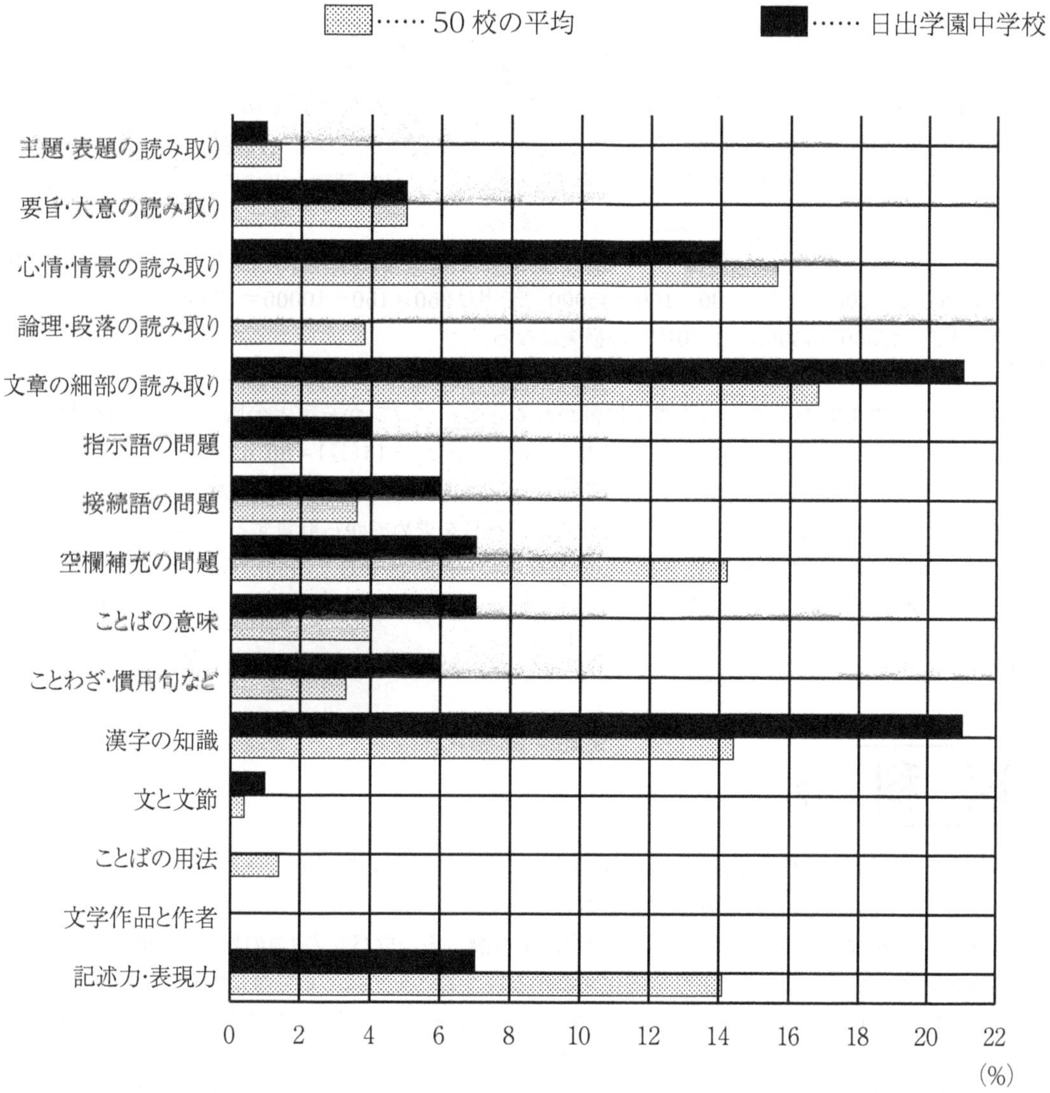

	論説文 説明文	物語･小説 伝記	随筆･紀行 文・日記	詩 (その解説)	短歌･俳句 (その解説)
日出学園 中学校	50.0%	50.0%	0%	0%	0%
50校の平均	47.0%	45.0%	8.0%	0%	0%

2024年度　合否の鍵はこの問題だ!!

（一般Ⅰ期）

算　数　4・5

大設問では設問の流れにのって，前の小問をヒントに次の小問を取り組もう。速さの問題では，わかることをグラフに書き込んで，様子を思い浮かべて考えるようにしよう。

4　(1)　過去のデータと明の発言から，1個300円で380個を売ったことがわかるから，売上(ア)は300×380＝114000(円)，さらに読み進めると，誠は支出を仕入れ総額と思っているようで，250×400＝100000(円)という発言になっている。ところが会話が進むと『固定費』という費用がかかることが示され，『　』を使って書かれていることからここでは冷蔵庫などの費用をこう呼ぶということがわかる。利益(イ)は売上から支出を引いて求める。

(2)　明の発言から『固定費』があることがわかったので，データから求めて利用する。110000－100000＝10000，売上は300×150＝45000，支出は250×150＋10000＝47500，支出のほうが多くなるので，47500－45000＝2500(円)の損失になる。

(3)　(2)で求めた支出から1個の値段を求める。小数点以下は切り上げる。

5　(1)　公園までの道のりは問題文に書かれていて，グラフから家と公園の間を進むのにかかる時間がわかるので，速さ＝道のり÷時間で求める。1200(m)÷15(分)＝80(m/分)

(2)　家から図書館までの道のりは，問題文から和美さんが公園を出発した時間と速さがわかるので，道のり＝速さ×時間から公園と図書館の間の道のりを求めてから計算する。

(3)　9時31分の和美さんの家からの道のりを求め，兄の出発した時間から12分かかっていることから速さを求める。

理　科　2

水溶液の性質に関する問題である。水溶液は、透明で溶質の粒子が均一に散らばり，時間がたっても均一のままであることの理解が必要である。

(4)は，溶解度に関する問題である。食塩，ホウ酸，ミョウバンの3つの物質が100gの水に溶ける量が水の温度の変化とともにどのように変化するかということを知識として身につけている必要がある。

溶解度は水100gに溶ける溶質の量で示されることが多い。溶ける溶質の量は水の重さに比例することから考えれば②，③は正解を導くことができる。

④は結晶の形でホウ酸，食塩，ミョウバン，硝酸カリウムの結晶の形は必須の知識である。

今まで解いたことのある出題なので，全問正解したい。

社 会　1 問6 (1)・2 問5

1　問6（1）　政治の問題であるが，人権教育の視点から考えても重要事項であり頻出の設問といえる。バリアフリーとは，障害者や高齢者が，社会生活に参加する上で支障となる物理的な障害や，精神的な障壁を取り除くための施策，若しくは具体的にバリアフリーになっている環境のことを意味している。例えば，車椅子で移動する方が利用しやすいエレベーターやスロープ，手すりなどが一例である。バリアフリーの施策は，障害者や高齢者が，自分たちの力で自立し，自分たちの意思で生活を選択できるようにすることを目的としている。また，それは，多様な人がいることを考えて，誰もが参加しやすい社会に変えていくことでもある。

2　問5　歴史の現代に属する設問であるが，その性質から時事問題ともとらえることができる。日本では長らく「ボランティア」は，ある意味で特別な市民が行うものというイメージが強かった。しかし，1995年1月17日に発生した阪神・淡路大震災をきっかけに，それまで主としてボランティアに携わってきた人々とは異なる多くの市民が災害ボランティアとして参加した。そのため，同年を「ボランティア元年」と呼ぶ。この時以来，ボランティアが重要視されるようになり，多くの任意団体であるボランティア団体の立場を強化すべきという声が高まっていった。その結果，「NPO」として法人格を付与することが検討された後，「特定非営利活動促進法(NPO法)」が制定され，法人格付与が1998年に実現した。

国 語　三

文字数の制限のない自由記述問題は，書きすぎたり書き足りなかったりする解答を作ってしまいがちである。この設問のような自由記述問題で減点されない解答を作れるかどうかが合否の鍵になるのである。必要な情報と必要でない情報をしっかりと見分けよう。

例として挙げられたものを見ると，前提1でジョンの説明となっている「家のペット」という内容は，結論では省略されている。前提1で示されているから，結論ではジョンを説明する必要はないのである。また，前提2の内容の「犬である」も結論には盛りこまれていない。結論は，必要で十分な内容でまとめればよいのである。

そこで，問をどのような内容で解答を作るかと考えると，前提1のレストラン「ひので」の説明である「イタリア料理のメニューしかない」は，結論では説明する必要はない。同じように，前提2の「メキシコ料理である」という内容も説明する必要はない。必要なのは，「ワカモレはない」ということである。解答例は「レストラン『ひので』には，ワカモレはない」という必要で十分な内容でまとめている。

文字数の制限のない自由記述問題では，必要でない情報は盛りこまないことが重要である。

MEMO

大切なことはメモしておこうネ！

2024年度

★★★★★★★★★★★★★★★★★★★★★★★

入　試　問　題

2024年度

日出学園中学校入試問題（一般Ⅰ期）

【算　数】（50分）　　＜満点：100点＞

【注意】 ①　分数は約分された形で答えなさい。

②　比はもっともかんたんな整数を使って表しなさい。

③　円周率は3.14とします。

1　次の計算をしなさい。

(1)　$23-(74-25)\div 7$

(2)　$3.14\times 0.7-6.28\times 0.1+3.14\times 0.5$

(3)　$\frac{1}{3}+\frac{1}{9}+\frac{1}{27}+\frac{1}{81}$

(4)　$\left(\frac{7}{16}-\frac{3}{20}+\frac{7}{8}\right)\times 80$

(5)　$2.7\div\left\{1.2\times\left(1\frac{1}{2}-\frac{2}{3}\right)+2.6\right\}$

2　次の □ にあてはまる数を求めなさい。

(1)　$\frac{3}{2\times 5}=\frac{1}{2}-\frac{1}{5}$という性質を使って，$\frac{3}{5\times 8}+\frac{3}{8\times 11}+\frac{3}{11\times 14}$を計算すると答えは □ です。

(2)　８％の食塩水200ｇに16％の食塩水 □ ｇを混ぜて14％の食塩水を作りました。

(3)　今年の日出中学の入学者数は143人で，これは昨年の入学者数と比べて１割《わり》増えています。昨年の入学者数は □ 人です。

(4)　$\boxed{0}$，$\boxed{1}$，$\boxed{2}$，$\boxed{3}$の４枚のカードから３枚を選び，ならべかえてできる３けたの整数は全部で □ 通りあります。

(5)　５回の小テストのうち，３回の平均点は８点で，残りの２回が □ 点と10点のとき，５回の小テストの平均点も８点になります。

(6)　パン屋で創《そう》作パンの試食会があり，大人と子ども合わせて25人が招待されました。60個用意したパンを大人に３個ずつ，子どもには２個ずつ配ったところ，パンが２個余りました。試食会に参加した子どもの人数は □ 人です。

(7)　右の表は，中学１年生男子35人の50m走の記録を度数分布表に表したものです。

①　7.5秒未満の人は，全体の □ ％です。

②　50m走の記録の中央値は， □ 秒以上 □ 秒未満のはんいに入っています。

50m走の記録（秒）	人数（人）
6.5以上～ 7.0未満	3
7.0　～ 7.5	4
7.5　～ 8.0	8
8.0　～ 8.5	6
8.5　～ 9.0	6
9.0　～ 9.5	5
9.5　～10.0	3
計	35

3 次の問いに答えなさい。

(1) 右の図形は，半径６㎝のおうぎ形です。おうぎ形の曲線部分の長さが6.28㎝であるとき，このおうぎ形の面積を求めなさい。

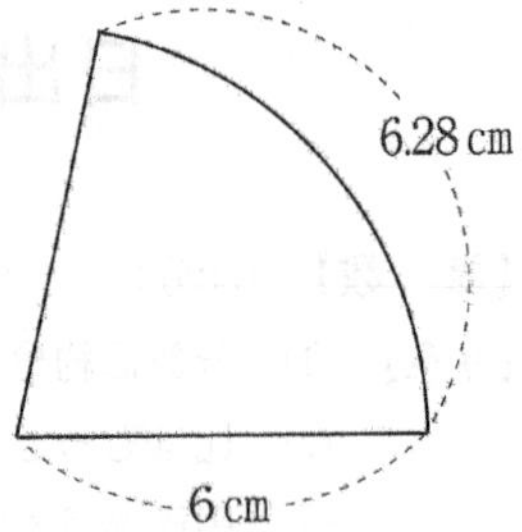

(2) 展《てん》開図が右のようになる直方体の体積を求めなさい。

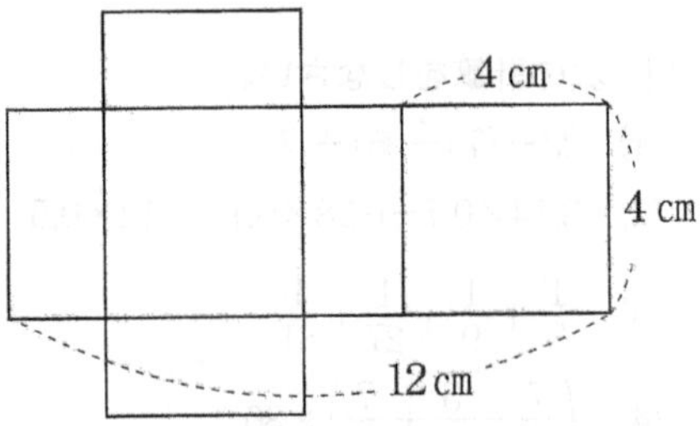

(3) 下の図１～４は，正方形の紙で紙飛行機を折る手順を途《と》中まで示したものです。図４の角 x，角 y，角 z の大きさをそれぞれ求めなさい。

［図１］

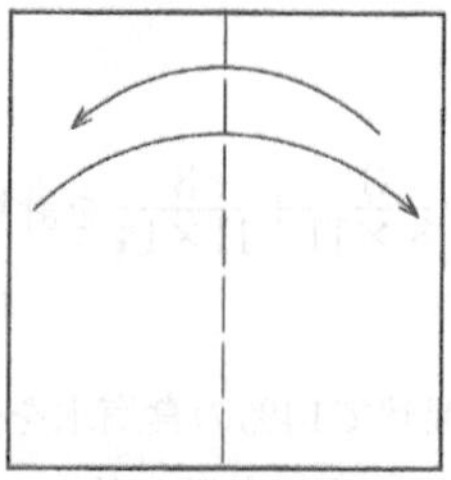

中心線で折り目をつけてもどす

［図２］

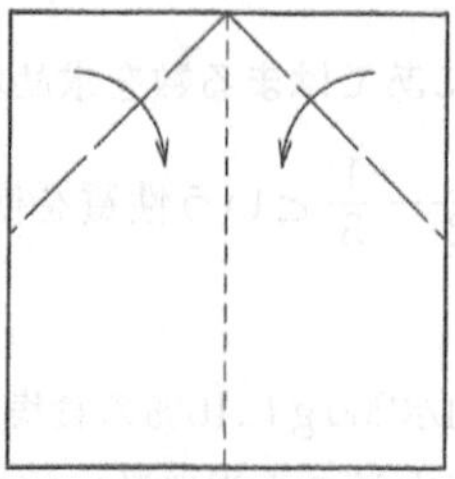

三角に折る

［図３］

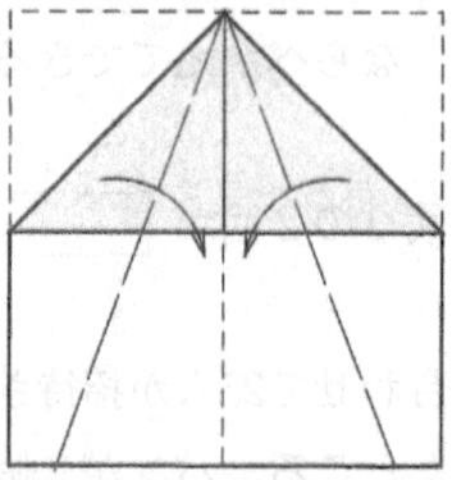

さらに折る

［図４］

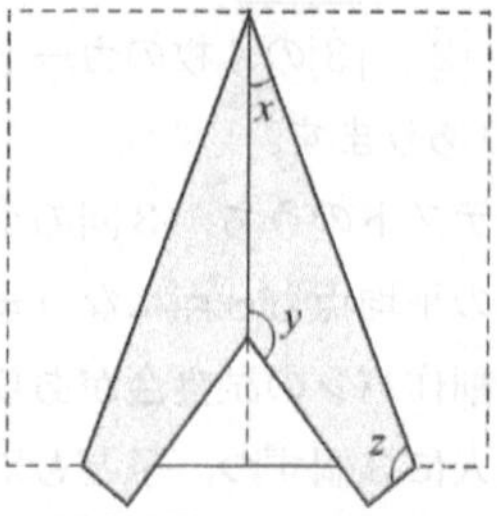

(4) 右の図は，直方体を組み合わせて作った４段からなる階段状の立体で，表面積は492㎠です。この立体の体積を求めなさい。

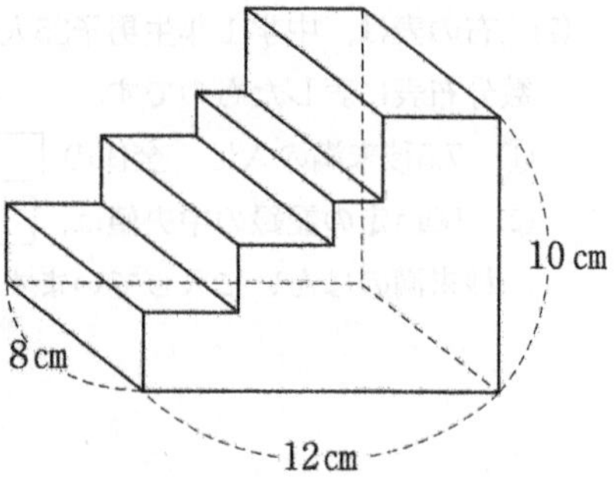

4 **次の会話文を読んで，問いに答えなさい。**

誠《まこと》：「文化祭の準備どう？今年の出し物は飲み物の販《はん》売だから，やることが多いね。」

明：「大変だよ。装飾《そうしょく》の準備は終わった？」

誠：「いいペースで進んでいるよ。そっちは販売数の予想をしているんだよね。」

明：「そう。見当もつかないから，過去のデータを先生にもらったんだ。」

［過去のデータ］

品目	仕入れ値	売値	販売予定数	実際の販売数	売上	支出	利益
ジュース	250円	300円	400個	380個	（ア）円	110000円	（イ）円

（※消費税は考えないものとする。）

誠：「これってどういうこと？」

明：「過去にジュースを販売した時の例だ。400個売る予定で仕入れたけれど，実際は380個しか売れなかったみたいだね。１個300円で売ったわけだから，売り上げの合計は（ア）円になったみたい。」

誠：「なるほどー。ということは１個250円で400個を仕入れたから支出は…ってあれ，100000円になるはずだよね？」

明：「そうなんだよ。僕も不思議に思って先生に聞いたんだけど，冷蔵《ぞう》庫を借りたりするのにもお金がかかるからなんだって。こういうのを『固定費』っていうらしいよ。」

誠：「へーそうなんだー。支出を考えるときは，仕入れ値以外に固定費を考えないといけないんだね。」

明：「そういうこと。ということで，売り上げから支出を差し引いた利益が（イ）円になるんだね。」

誠：「考えることがいろいろあるねー。」

明：「支出が売り上げよりも大きくなって，損失が出ることはさけないとね。」

誠：「売れ残りがでると大変だね。あまりたくさん仕入れたくないな…」

明：「そうすると今度は固定費の分の利益がでなくなるからね。」

誠：「そのためには派《は》手《で》な装飾で人を集めないとね！がんばるよ！」

(1)　（ア）（イ）にあてはまる数をそれぞれ答えなさい。

(2)　今年のジュースの販売予定数は150個とし，それが完売したとします。仕入れ値，売値，固定費は過去のデータと同じ条件だとすると，利益または損失はいくらになりますか。「□円の利益」または「□円の損失」の形で答えなさい。

(3)　(2)の条件から売値だけを変えて150個販売し完売しました。このとき，利益がでるのは売値を何円以上にしたときか整数で求めなさい。

5 **和美さんは，９時に家を出て，一定の速さで歩いて図書館に向かいます。途《と》中1.2㎞はなれた公園でわすれ物に気づきました。家に連絡《らく》をしたところ，兄が届けに来てくれることになりました。和美さんが公園に着いてから４分後に兄は家を出て走って公園に向かいました。和美さんは，公園に着いてから10分たっても兄が来なかったため，分速105ｍの速さで先に図書館に向かうことにしました。そのまま行くと９時37分に図書館に着きます。次のページのグラフはその様子を表しています。このとき，あとの問いに答えなさい。**

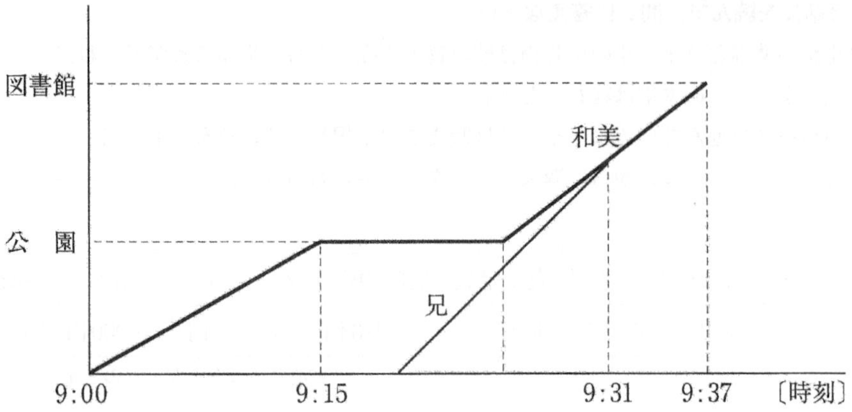

⑴　和美さんが公園に着くまでの歩く速さは分速何mですか。

⑵　家から図書館までの道のりは何kmですか。

⑶　兄は一定の速さで和美さんのところに向かいます。ちょうど9時31分に追いついたとすると，兄は分速何mで走っていたことになりますか。

6　**次の □ のア～ケにあてはまる数を求めなさい。**

[A][B][C][D]×4＝[D][C][B][A]となる4けたの整数ABCDを求める方法を考えています。

①　4けたの整数を4倍しても4けたのままなので，2けたの整数[A][B]は［アイ］以下である。

②　整数1～9のうち4倍して一の位が［ウ］になる整数はないので，Aは［エ］であるということが分かる。

③　Aを4倍すると［オ］になるので，Dは［オ］または［カ］である。しかしDを4倍したとき一の位が［エ］になるのは，Dが［オ］のときである。

④　Bは4倍したときにくり上がってはいけないので，2以下の整数である。Dを4倍すると3がくり上がるため，Cの4倍に3を足した数の一の位は2以下の整数ということになる。よって，Cの値は［キ］か［ク］である。いずれの場合もBに入る整数は［ケ］である。

⑤　Cに［キ］か［ク］をあてはめて計算したときに，[A][B][C][D]×4＝[D][C][B][A]が成り立つのは，Cが［ク］のときである。よって，4けたの整数ABCDは［エケクオ］である。

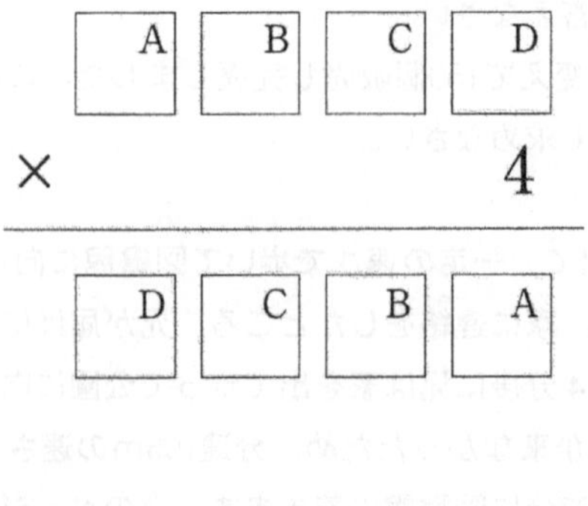

【理　科】（25分）　＜満点：50点＞

1　下の図１は，キャベツなどの植物をチョウの幼虫が食べ，チョウの幼虫をスズメが食べ，また，スズメを食べるイタチがいることを表しています。生き物のつながりとかん境について，次の問いに答えなさい。

図１

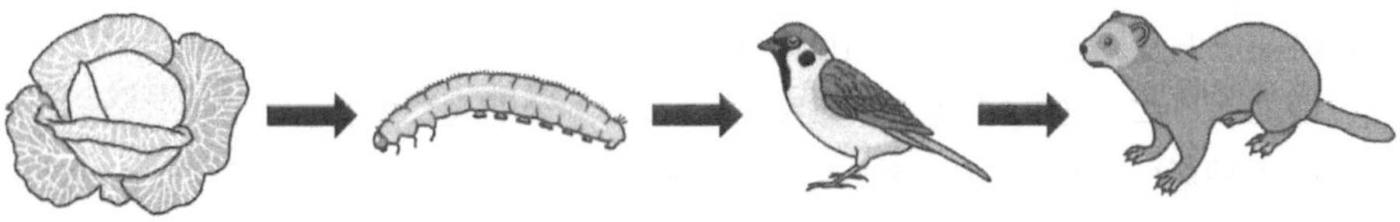

(1)　**図１**のような，生き物どうしの「食べる・食べられる」という関係の連続的なつながりを何といいますか。

(2)　チョウの幼虫やスズメ，イタチのように，ほかの生き物がつくった栄養分を食べる生き物を何といいますか。漢字で答えなさい。

(3)　チョウの幼虫はさなぎになり，さなぎから成虫へと大きく姿を変えます。右の**図２**は，チョウの成虫をスケッチしたものの一部です。解答欄《らん》の**図２**にあしをかきなさい。ただし，あし一本は棒線一本でかき，あしがついている位置と本数が分かりやすいようにかきなさい。

図２

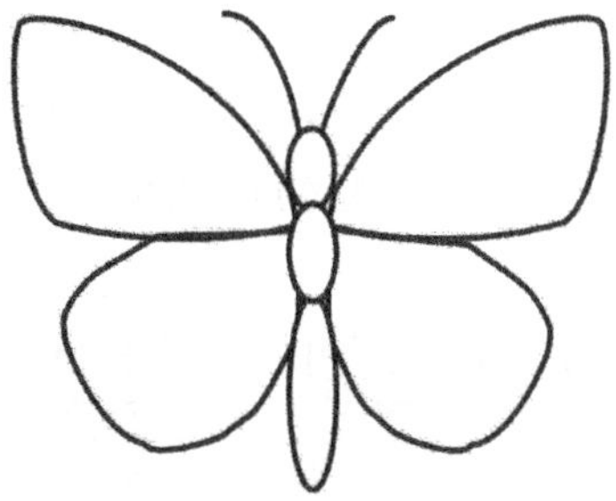

(4)　チョウのように幼虫からさなぎを経て成虫へ大きく姿を変える育ち方をするこん虫を次の**ア**～**カ**からすべて選び，記号で答えなさい。

ア　トンボ　　**イ**　ミツバチ　　**ウ**　カブトムシ　　**エ**　コオロギ
オ　セミ　　**カ**　ムカデ

(5)　キャベツなどの植物は，光合成を行い大気中に酸素を放出します。最初に光合成をする生物が誕生した後，光合成によって放出された酸素は何を形成し，生物の陸上進出を可能にしたか答えなさい。

(6)　生き物どうしの「食べる・食べられる」という関係を最も正しく表しているものを次の**ア**～**エ**から一つ選び，記号で答えなさい。ただし，**A→B**は**A**が**B**に食べられることを意味しています。

ア　バッタ　→　カマキリ　→　トカゲ　→　ヘビ
イ　植物の葉　→　カエル　→　シカ　→　オオカミ
ウ　クモ　→　イモリ　→　クマ　→　タカ
エ　落ち葉　→　ミミズ　→　ミツバチ　→　スズメ

2 もののとけかたについて，次の問いに答えなさい。

(1) 水よう液について述べた文のうち，正しいものを次のア～エから二つ選び，記号で答えなさい。

ア 水に固体をとかすとき，とかすものを細かくすると，とけやすくなる。

イ 牛乳のように，にごっているものも水よう液である。

ウ 食紅を水にとかすと透明《とうめい》になったが，食紅の赤い色がついていたので水よう液とはいえない。

エ 同体積で濃《こ》さが異なる食塩水の質量を比べたとき，濃い食塩水ほど質量が大きい。

(2) 塩酸，炭酸水，石灰水の３種類の水よう液をそれぞれ蒸発皿に数滴《てき》たらし，加熱して水をすべて蒸発させました。加熱後，蒸発皿に固体が残る水よう液の名前を答えなさい。

(3) 下の図のように，室温が25℃の実験室で，水の入った容器に少量のコーヒーシュガー（茶色の色がついた砂糖）を入れ，ふたをしました。次に，この容器をよくふってコーヒーシュガーをすべて水にとかし，放置しました。

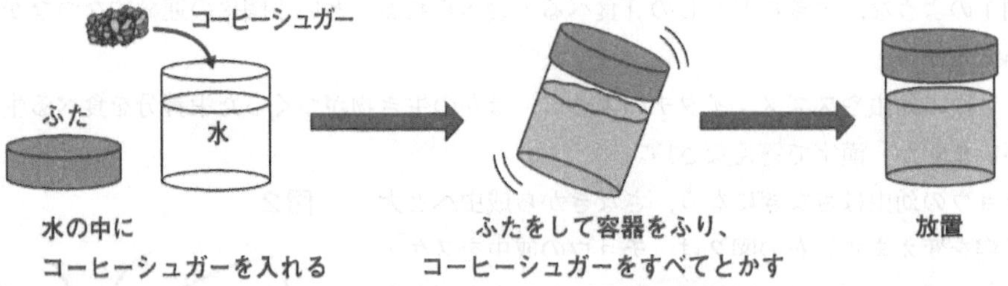

① コーヒーシュガーを水にとかした後，容器を30分放置しました。とけているコーヒーシュガーの粒《つぶ》を点で表すと，どのようになりますか。次のア～エから一つ選び，記号で答えなさい。

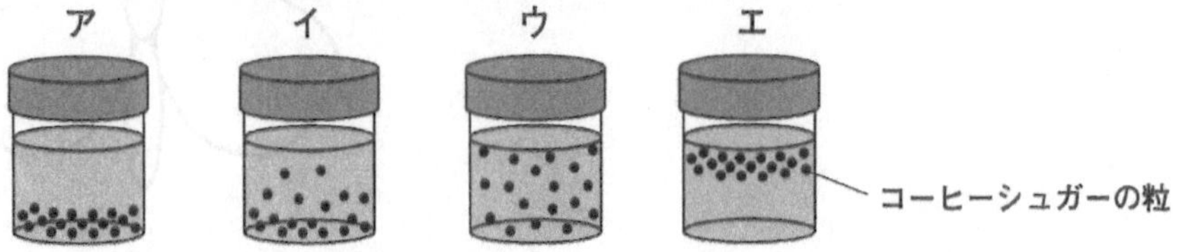

② ①の容器をさらに１日放置すると，とけているコーヒーシュガーの粒はどのようになりますか。①のア～エから一つ選び，記号で答えなさい。

(4) 右のグラフは，A～Cの３種類の物質が，それぞれ100ｇの水にどのくらいとけるかを，いろいろな温度で調べてグラフに表したものです。また，３種類の物質は，食塩，ホウ酸，ミョウバンのいずれかです。

① A～Cの物質名をそれぞれ答えなさい。

② Cは80℃の水100ｇに24ｇとけます。80℃の水50ｇにCを５ｇ加えるとすべてとけました。Cはあと何ｇとけますか。

③ 80℃の水50ｇにCを５ｇ加えてすべてとかした水よう液を20℃に冷やすと，Cの結晶が出てきました。この結晶の重さは何ｇですか。ただし，Cは20℃の水100ｇに５ｇとけます。

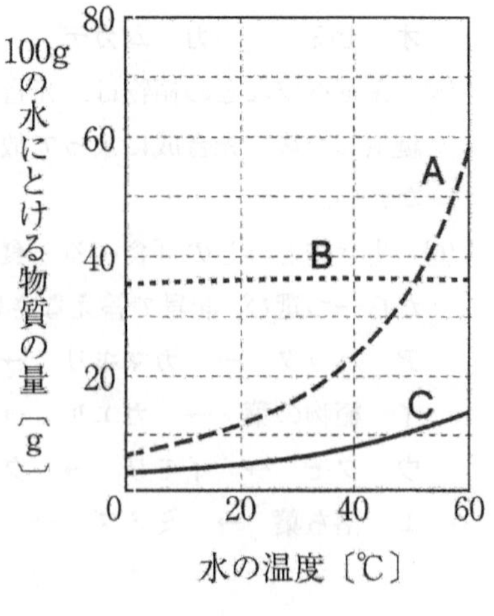

④　**C**の結晶の形を表しているものを，次の**ア**～**エ**から一つ選び，記号で答えなさい。

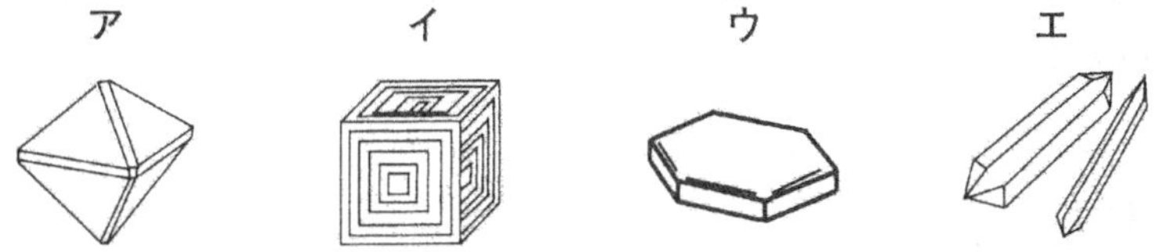

3　**8月中旬《じゅん》の夜，群馬県で南の高い空を見上げると図1のように夏の大三角が見えました。星とその動きについて，次の問いに答えなさい。**

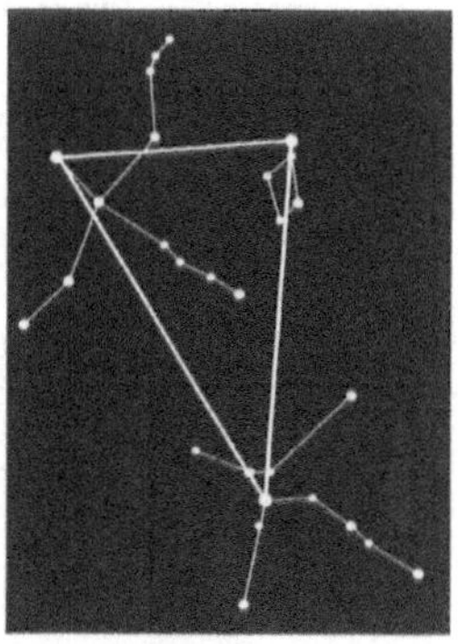
図1

(1)　夏の大三角の頂点にあたる星を次の**ア**～**ケ**からすべて選び，記号で答えなさい。

ア　シリウス　　**イ**　アルタイル　　**ウ**　ベテルギウス
エ　ミモザ　　**オ**　アンタレス　　**カ**　デネブ
キ　スピカ　　**ク**　ポルックス　　**ケ**　プロキオン

(2)　夏の大三角を構成する星座のうち，ベガを含む星座の名前を答えなさい。

(3)　星は，時刻によって見える位置が異なります。**図1**の星の動きを観察したときのようすとして最も適切なものを次の**ア**～**エ**から一つ選び，記号で答えなさい。

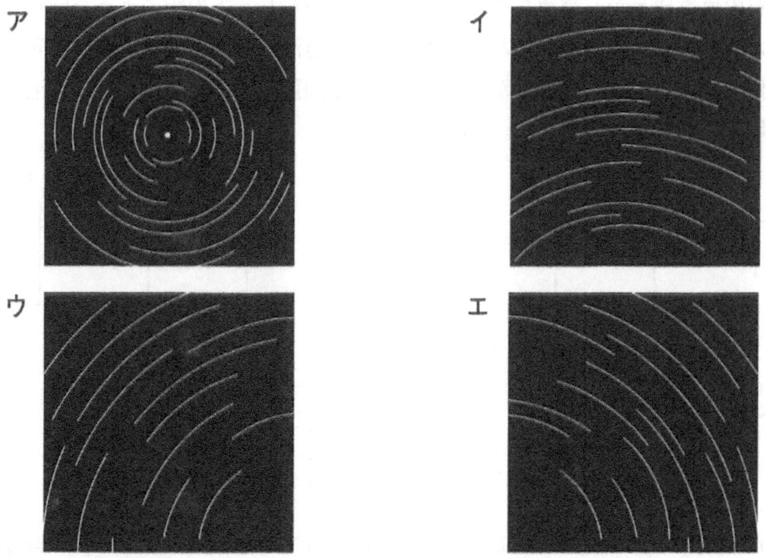

(4)　(3)のように，星が時間ごとに移動するのはなぜですか。正しく説明しているものを次の**ア**～**エ**から一つ選び，記号で答えなさい。

ア　地球が地軸《じく》を中心に回っているため。　　**イ**　太陽の周りを地球が回っているため。
ウ　地球の周りを星が回っているため。　　**エ**　太陽の周りを星が回っているため。

(5)　**図1**を観察した時間の数時間後に空を見上げると，**図1**が右に60度回転した状態で夏の大三角が見えました。**図1**を観察した時間から何時間後に観察したか答えなさい。

4 **電気について，次の問いに答えなさい。**

(1) 豆電球に流れる電流の値を調べました。正しく電流計を接続しているものを，次の**ア**～**ウ**から一つ選び，記号で答えなさい。

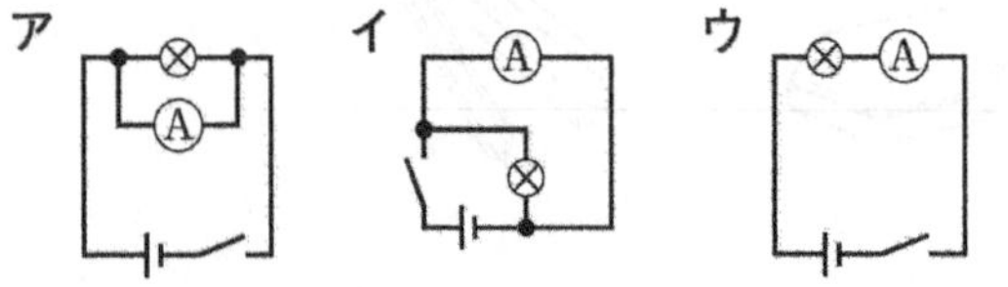

(2) 電流計の－端子《たんし》には5 A，500mA，50mAがあります。電流の大きさの見当がつかないとき，どの－端子から使用すればよいですか。最初に使用する－端子を**ア**～**ウ**から一つ選び，記号で答えなさい。

ア 5 A　**イ** 500mA　**ウ** 50mA

(3) 電流計を用いて，ある回路に流れる電流の大きさを調べると，右の図のようになりました。電流の大きさは何mAですか。ただし，電流計の－端子は500mAのものを使用しています。

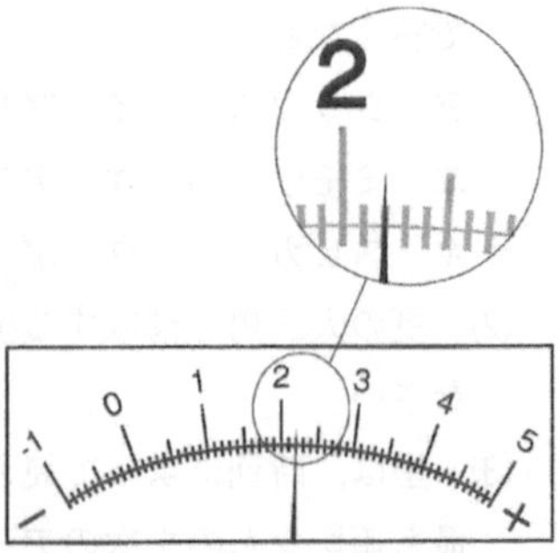

(4) 同じ性質の豆電球とかん電池をそれぞれいくつか用意し，下の図のような回路（**A**～**J**）をつくりました。ただし，回路**A**～**E**と**H**～**J**は，かん電池（電源）の電気用図記号1つに対してかん電池1個使用し，回路**F**と**G**はかん電池の電気用図記号1つに対してかん電池2個を直列につないで使用しているものとします。

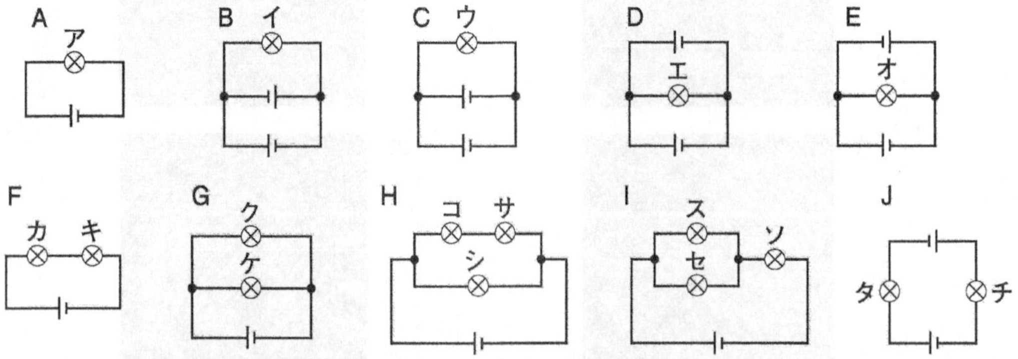

① 豆電球**ア**～**ケ**のうち，最も明るくなるものはどれですか。**ア**～**ケ**から二つ選び，記号で答えなさい。

② 豆電球**コ**～**ソ**のうち，**ア**と同じ明るさのものはどれですか。**コ**～**ソ**から一つ選び，記号で答えなさい。

③ 回路**A**～**J**のうち各回路にある豆電球がすべてついていないものはどれですか。**A**～**J**からすべて選び，記号で答えなさい。

【社　会】（25分）　＜満点：50点＞

1　**次の文章を読み，あとの問いに答えなさい。**

日出太郎くんは，大好きな作家宮沢賢治が没後《ぼつご》90周年の節目であることを知り，夏休みの自由研究で日本の文学作品とその舞台になった都道府県について調べることにしました。次のＡ～Ｄは，それぞれの文学作品の舞台となった都道府県について説明した文章です。

Ａ：宮沢賢治の作品には自然の豊かさやきびしさ，農業の大変さなどが随所《ずいしょ》に表れ，ほかの作品では天体や火山などの地学の知識が織りこまれたりしています。その多くの作品の舞台となった都道府県は，全国で２番目に大きい面積を持っており，全体に山がちで，西部には日本最長の［　Ｘ　］山脈，東部には北上高地が南北に走っています。また，南部の海岸線はのこぎりの刃のような特徴的なかたちをしています。

Ｂ：壺《つぼ》井《い》栄《さかえ》の『二十四の瞳』は，分教場に赴任《ふにん》した女性教師と十二人の生徒とのふれあいを描いた作品です。その舞台となった都道府県は，日本で最も面積の小さい都道府県ですが，平地の割合が全体の約45％と高いことが特徴です。平安時代，弘法大師ゆかりの日本最大のため池である満濃池をはじめ，数多くのため池が有名です。

Ｃ：川端康成の『雪国』は，雪国の美しい自然を背景に，東京で暮らす男性とその男性に想いを寄せる芸者との関係を描いた作品です。その舞台となった都道府県は，日本最長の河川の下流域に形成された平野が有名です。西部にヒスイの産地の糸魚川があり，そこから地質構造上，日本列島を東北日本と西南日本に大きく分ける［　Ｙ　］（ラテン語で大きな溝）の西縁が走っています。

Ｄ：島崎藤村の『破戒《はかい》』は，a）**被差別部落**出身の男性が出自を隠して暮らしていましたが，解放運動家に出会い，自らの出自に葛藤《かっとう》する姿を描く作品です。その舞台となった都道府県は，８つの都道府県との県境を接していて，周りには［　Ｚ　］と呼ばれる飛騨・木曽・赤石の３つの大山脈が立ちならんでいます。ウインタースポーツが有名で1998年に冬季オリンピックが開催されたことでも有名です。

問１　上の文章中［Ｘ］・［Ｙ］・［Ｚ］に入る適語を答えなさい。

問２　次のア～エは，Ａ～Ｄの都道府県のかたちを表しています。それぞれの都道府県にあてはまるものを一つずつ選びなさい。※縮尺は同一ではありません。

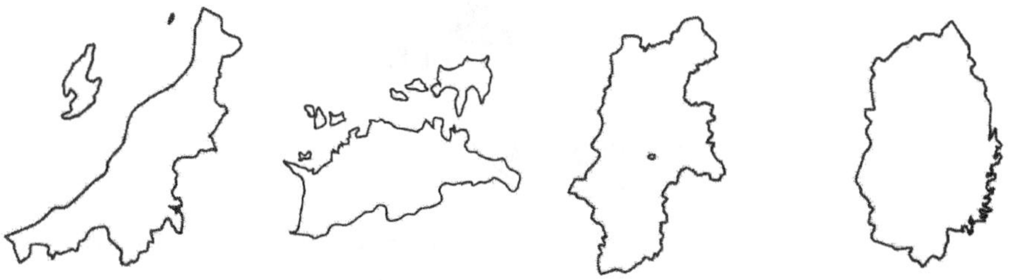

ア　　イ　　ウ　　エ

問３　次のページのア～エは，Ａ～Ｄの都道府県の県庁所在地の雨温図を示しています。それぞれの都道府県にあてはまるものを一つずつ選びなさい。

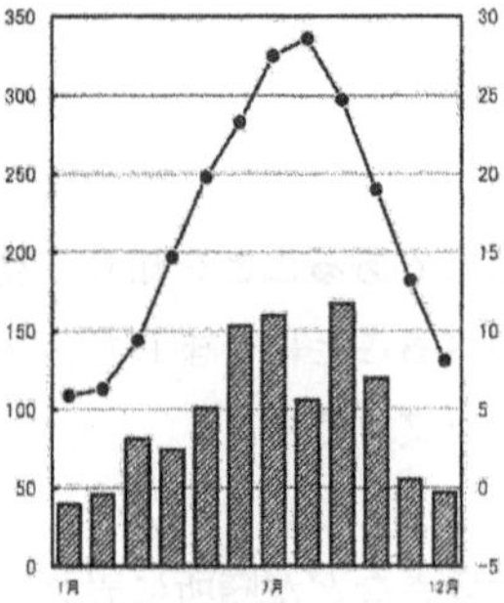

ア

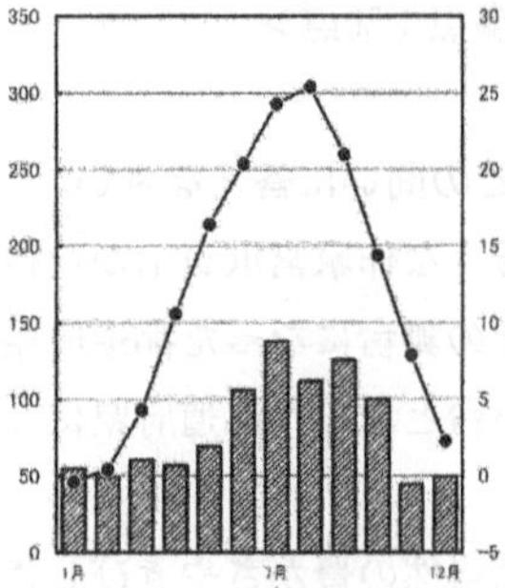

イ

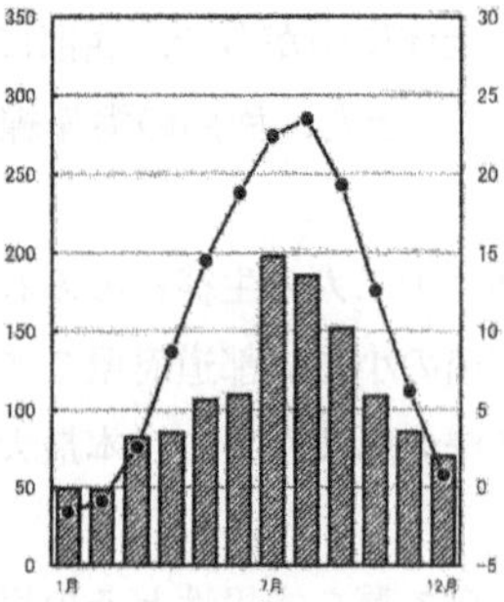

ウ

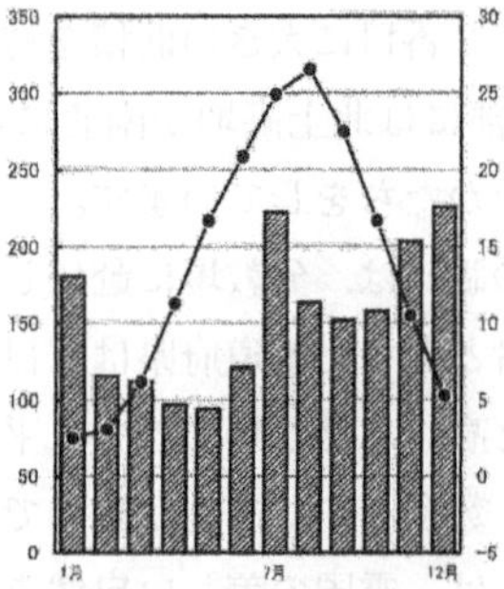

エ

気象庁データより作成

問４　次のグラフＸ～Ｚは，レタス，コメ，オリーブの収穫量や生産量について，全国上位４都道府県とその割合を示しています。なおグラフ中のＢ～Ｄは文章と同じ都道府県です。グラフＸ～Ｚと農産物名の正しい組合せを①～⑥のうちから一つ選びなさい。

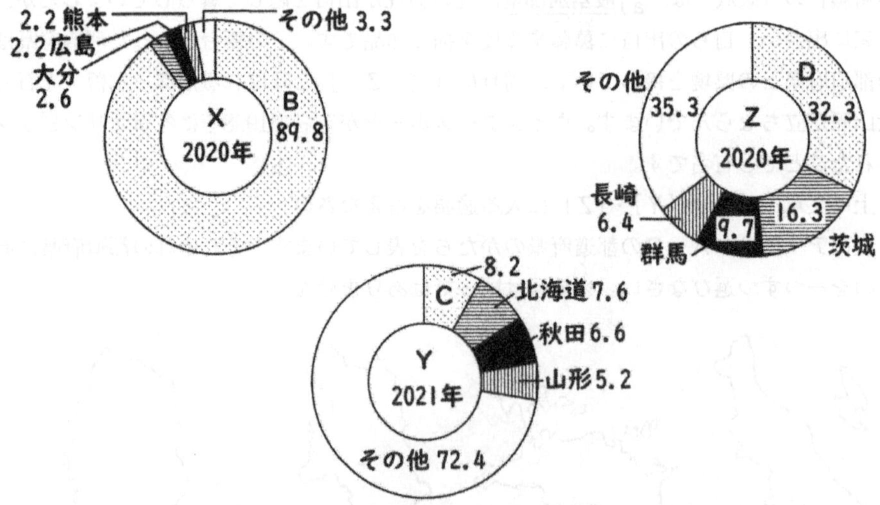

農林水産省「作物統計」・「野菜生産出荷統計」・「特産果樹生産動態等調査」より作成

	①	②	③	④	⑤	⑥
レタス	X	X	Y	Y	Z	Z
コメ	Y	Z	X	Z	X	Y
オリーブ	Z	Y	Z	X	Y	X

問５　Ｂの県庁所在地には，全国に８か所ある高等裁判所の１つがあります。

１）日本では右の図のような三審制を採用しています。その目的を，「保障・裁判」という語句を用いて説明しなさい。

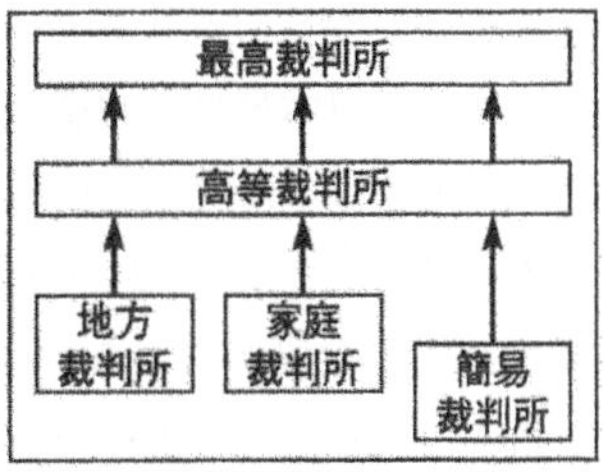

２）2009年から施行されている裁判員制度には，資料Ⅰのような決まりがあります。次の**ア**～**エ**のうち，被告人が無罪になるものを全て選びなさい。

資料Ⅰ

・裁判員６人と裁判官３人での合議で評議が行われる
・評決は全員の過半数の意見によって下される
・ただし、有罪にする場合は裁判官の１人以上が多数意見に賛成していること

ア　裁判員４人と，裁判官１人が有罪と判断した。

イ　裁判員２人と，裁判官２人が有罪と判断した。

ウ　裁判員全員が有罪と判断し，裁判官全員が無罪と判断した。

エ　裁判員全員が無罪と判断し，裁判官全員が有罪と判断した。

問６　下線部ａについて，歴史上，このような人権に関する問題はいくつも起きてきました。現在，社会的に弱い立場の人々の人権を守るものとして，「バリアフリー」という言葉があります。

１）バリアフリーとはどのような言葉か，その意味を簡単に説明しなさい。

２）あなたの身の回りにあるバリアフリーの具体例を答えなさい。

２　**次の文章を読み，あとの問いに答えなさい。**

a)**大正**12年の1923年に発生した関東大震災から100年が経ちました。マグニチュード7.9と推定されるこの地震は，発生が昼食の時間と重なり，b)**木造建築**が密集していた事も相まって火災による被害も広がり，死者が10万人を越える甚大《じんだい》な被害をもたらしました。過去にも，1854年の安政《あんせい》の大地震など首都圏周辺での地震はありましたが，関東大震災は地震大国とよばれる我が国の災害史においてとても大きな災害でした。発生日である９月１日は「防災の日」と定められ，災害対策の出発点となっています。現在に至《いた》るまでの100年間で，c)**戦後**の1946年に起こった昭和南海地震やd)**阪神淡路大震災**，東日本大震災など，わが国は度々大震災に見舞《みま》われていますが，被害を最小限に食い止めるためには一人ひとりの防災意識の向上が大切です。

災害には地震だけでなく様々な種類があります。落雷は，自然災害の代表的な形態です。930年にe)**平安京**の清涼殿《せいりょうでん》に雷が落ちた事件は，901年に大宰府に追放された（　１　）の祟《たた》りともいわれていますが，当時の大納言《だいなごん》が即死し，醍醐天皇も３か月後に亡くなるなど政界にも影響を与えました。

日本は火山国であり，気象庁によれば2022年時点で111山となっています。f)**世界遺産**である富士山は，今までに180回を超える数の噴火があり，人々にも大きな被害を与えました。1783年に起きた浅間山の噴火はg)**百姓一揆**・打ちこわしの原因にもなりました。また，歴史に残る火事として

は1657年に起きた明暦の大火でしょう。この大規模な火災は死者10万人といわれ，h)**江戸幕府**に大きな影響を与えました。

また，日本列島は台風の通り道であり，台風が歴史を変えてしまうこともありました。i)**鎌倉**時代，元は日本に使いを送ってきましたが，幕府の８代（　２　）である北条時宗が要求に応じなかったため，1274年，1281年にわたり北九州に攻めてきました。日本は苦戦を強いられましたが，元軍は２度の台風と考えられる暴風雨にあい，兵を引き上げました。

問１　文中の（１）・（２）に入る適語を，それぞれ答えなさい。

問２　下線部ａについて，大正時代に起こったできごとの説明として正しいものを，次の**ア**～**エ**のうちから一つ選びなさい。

ア　犬養毅首相が暗殺されるという五・一五事件が起こり，政党政治は終わった。

イ　デモクラシーの風潮《ふうちょう》が高まり，護憲運動も展開した。

ウ　日中両軍が衝突した盧溝橋《ろこうきょう》《ルーコウチアオ》事件をきっかけにして日中戦争に突入した。

エ　立憲政治の確立を要求して自由民権運動が展開した。

問３　下線部ｂについて，世界最古の木造建築物を，次の**ア**～**エ**のうちから一つ選びなさい。

ア

イ

ウ

エ

【日本史図録（山川出版社）より引用】

問4　下線部cについて，次のア～エは戦後のできごとです。古い順に正しく並べなさい。

ア　日本国憲法が公布された。　　イ　東京で初めてオリンピックが開かれた。

ウ　日本が国際連合に加盟した。　　エ　サンフランシスコ平和条約が結ばれた。

問5　下線部dについて，この震災では，災害の救援《きゅうえん》・復旧のために多くの［　X　］が被災地に駆け付け，多くの人が［　X　］に関心を持つようになり，［　X　］元年と呼ばれました。［X］に入る適語をカタカナ6文字で答えなさい。

問6　下線部eについて，平安時代に詠《よ》まれた歌として正しいものを，次のア～エのうちから一つ選びなさい。

ア　この世をば　わが世とぞ思ふ望月の　かけたることもなしと思えば

イ　夏草や　兵どもが　夢の跡

ウ　すずめの子　そこのけそこのけ　お馬が通る

エ　あをによし　奈良の京は　咲く花の　にほふがごとく　今さかりなり

問7　下線部fについて，核兵器の廃絶《はいぜつ》と世界の恒久《こうきゅう》平和の大切さを訴え続ける人類共通の平和記念碑として登録された，広島市にある世界遺産の名称を答えなさい。

問8　下線部gについて，右の写真は百姓一揆の時に書かれた連判状《れんぱんじょう》です。この連判状はとある目的のために円形に書かれています。その目的を簡潔に答えなさい。

【日本史図録（山川出版社）より引用】

問9　下線部hについて，次の短文A・Bは，江戸幕府の出した法令を現代語訳したものです。なお，史料の内容・言葉づかいは一部あらためています。

A：日本では禁じられているキリスト教であるが，それを知っていながら，その教えを広めるために今も密航《みっこう》して来る者がいる。今後はポルトガル船の来航を禁止する。

B：大名は領地の石高《こくだか》1万石について米百石の割合で幕府に差し出しなさい。これによって［　Y　］による江戸の滞在期間を半年ずつ短縮するので，ゆっくり休むように。

1）Aの法令の2年後，平戸からオランダ商館が移された埋め立て地の名称を答えなさい。

2）Bの文中［Y］に入る適語を答えなさい。

3）Bの法令を出した人物の政治改革として誤っているものを，次のア～エのうちから一つ選びなさい。

ア　上米の制　　イ　目安箱

ウ　公事方御定書　　エ　生類憐みの令

問10　下線部iについて，鎌倉の場所を右の地図中ア～オのうちから一つ選びなさい。

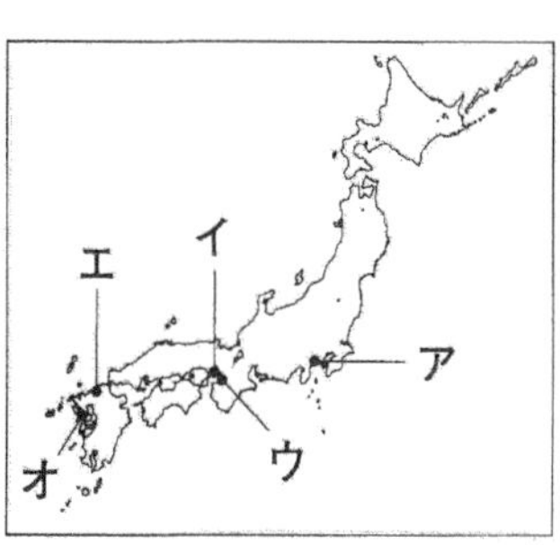

オ　音や物事の様子を表す言葉が用いられており、状況《じょうきょう》が伝わりやすい文章である。

二

※問題に使用された作品の著作権者が二次使用の許可を出していないため、問題を掲載しておりません。

（出典：窪島誠一郎『「無言館」にいらっしゃい』（筑摩書房））

三

次に示すのは、生徒Aと生徒Bのやり取りです。これを読み、問に答えなさい。

生徒A　うちのペットのジョンがさっき散歩に行ったみたい。見かけなかった？

生徒B　小さい犬ならさっき角で見たよ。

生徒A　ああ、それはジョンじゃないね。だってジョンはねこだもの。

生徒B　なんだあ。「ジョンはねこ」っていう前提を先に教えてよ。そうすればえんえき法（※演繹法《えんえき》）で考えられたじゃないか。

生徒A　「えんえき」ってなんだい。

生徒B　「えんえき」っていうのは、いくつかの前提から確実な結論を導き出すことだよ。つまり、こういうこと。

前提1	Aさんの家のペットのジョンはねこである。
前提2	Bさんが角で見かけたのは犬である。
結　論	Bさんが角で見かけたのはジョンではない。

生徒A　なるほど。算数みたいだね。

生徒B　その通りだね。「A＋B＝3」、「A＝1」だったとき、「B＝2」って分かるのと同じ考え方だね。

生徒A　えんえき法で考えるのってなんだか探偵《たんてい》みたいで楽しいね。もっと考えてみたいな。

生徒B　よし。じゃあこれはどうかな。

前提1	レストラン「ひので」には、イタリア料理のメニューしかない。
前提2	ワカモレはメキシコ料理である。
結　論	

問　最後の「結論」の部分に入る適切な文を「前提1」「前提2」をふまえて考え、解答用紙に書きなさい。

四

次の――線①～⑩のカタカナを漢字に直しなさい。

① 最近は異常キショウの日が多い。

② チドリ足で歩いて行く。

③ 新しい条約のソウアンを練る。

④ トウダイに登り、船に信号を送る。

⑤ 商品をバイバイする。

⑥ モンチュウの表札を見る。

⑦ ヒカン的な意見を持つ。

⑧ 思い出を大切にホカンする。

⑨ 嵐《あらし》が来るゼンチョウ。

⑩ フサイでそろって式に出席する。

オ　何も考えずに船に乗ると予期せぬ災害や事故に巻き込《こ》まれることから、決断する前によく考えるべきであることのたとえ。

問6　――線⑥「こんなところ」とありますが、どのようなところだと考えられますか。本文中から十五字以上二十字以内でぬき出して答えなさい。

問7　――線⑦「お姉さんは慣《な》れっこ」とありますが、「慣れっこ」であるのはどのようなことですか。最も適切なものを次の**ア**～**オ**から一つ選び、記号で答えなさい。

ア　名もない猫を動物病院に連れていくこと

イ　公園で拾われた猫を問診《もんしん》すること

ウ　飼い主が未定である猫を受け付けること

エ　変な返事をする人を対応すること

オ　会って間もない猫を病院に連れていくこと

問8　――線⑧「仁菜の顔にさっと緊張《きんちょう》が走る」とありますが、このときの仁菜の心情を説明したものとして、最も適切なものを次の**ア**～**オ**から一つ選び、記号で答えなさい。

ア　母親に何も伝えないまま「ぼく」と一緒《いっしょ》に病院に来てしまったので、そのことを知られたら怒られるのではとおそれる気持ち。

イ　真季さんが母親に連絡《れんらく》することをこのまま忘れていてほしいと思っていたのに、それに気がつかれてしまい落ちこむ気持ち。

ウ　真季さんが母親の名を出したことによって、彼女《かのじょ》が猫嫌いなことを思い出し、猫が飼えなくなるかもしれないとあせる気持ち。

エ　家では母親の猫嫌いのため猫は飼えないのに、「ぼく」の家でも飼えないと断られたらどうしようと心配する気持ち。

オ　母親が猫嫌いなのにもかかわらず勝手に公園で猫を拾ったことを知られたら、彼女に怒られるにちがいないとはりつめる気持ち。

問9　――線⑨「宇宙人《うちゅうじん》のような存在《そんざい》」とありますが、どのような存在ですか。最も適切なものを次の**ア**～**オ**から一つ選び、記号で答えなさい。

ア　いい子のように見せかけて、実は自分たちに危害を与《あた》えてくる存在。

イ　笑ったり泣いたり、気持ちがよく変わるように見え、理解し難《がた》い存在。

ウ　ぼくがいやだと思っている人に対して、いたずらをしてくれる存在。

エ　どんな物事に対しても積極《せっきょく》的で、しつけが大変だと思わされる存在。

オ　発言と実際に考えていることに差があり、猫かぶりで不快な存在。

問10　この文章についての記述として、最も適切なものを次の**ア**～**オ**から一つ選び、記号で答えなさい。

ア　複数の視点から語られるため、登場人物の心情が読み取りやすい文章である。

イ　会話文が多く、ぼくと仁菜や母同士の仲の良さがうかがえる文章である。

ウ　猫の心理描写《びょうしゃ》が非常に多く、読み手が物語の世界に入りやすい文章である。

エ　一文を短くして言い切り、終始ほのぼのとした世界を演出している文章である。

エ　みなが話題にしている仁菜とぼくが二人で話している様子を秋吉に見られたかと思い、不安になってしまったから。

オ　秋吉はぼくの家から三ブロックも離《はな》れたところに住んでいるので、きちんと自宅に帰れたかどうか気になったから。

問2　――線②「嫌《いや》な予感」とありますが、どのような予感ですか。最も適切なものを次の**ア**～**オ**から一つ選び、記号で答えなさい。

ア　仁菜の母さんは過去のトラウマで猫《ねこ》を嫌《きら》っているのではないかという予感。

イ　仁菜が自分の家で飼えもしない猫を土手で拾ってきてしまったのではないかという予感。

ウ　仁菜の家では犬を飼っているので、猫を飼えないのではないかという予感。

エ　仁菜が猫を拾ったことで、ぼくも仁菜の母に怒《おこ》られるのではないかという予感。

オ　仁菜の家では飼えない猫に関する面倒事《めんどうごと》にぼくも巻き込《こ》まれてしまうのではないかという予感。

問3　――線③「ジョウソウキョウイク」とありますが、どのような意味の言葉だと考えられますか。最も適切なものを次の**ア**～**オ**から一つ選び、記号で答えなさい。

ア　他を思いやる気持ちや命の大切さ、好奇《こうき》心を育むための教育。

イ　動物を育てるときに必要な知識や技術を身につけるための教育。

ウ　まわりの様子をふまえた行動力を身につけるための教育。

エ　小学校入学前に基本の学力を身につけるための教育。

オ　社会でのマナーや常識を身につけるための教育。

問4　――線④「半分ホントで、半分ウソだった」とありますが、ここではどういうことですか。最も適切なものを次の**ア**～**オ**から一つ選び、記号で答えなさい。

ア　ぼくの家族はみんな動物が好きであることはホントだが、全員猫が好きであることはウソだということ。

イ　ペットを飼うと色々なお金がかかるので不安に思っているが、実は何かを飼いたいとは思っているということ。

ウ　ぼくの母さんは犬が好きなので猫を飼うというかは分からないが、野良《のら》猫ならオッケーするかもしれないこと。

エ　ショッピングモールでよくペットショップに立ち寄るが、ペットが高額なので飼うという決断はできないこと。

オ　ぼくの母さんは犬派、父さんは猫派で意見が割れているが、動物が好きで飼いたいのは確かだということ。

問5　――線⑤「乗りかかった船」とありますが、このことわざを説明したものとして、最も適切なものを次の**ア**～**オ**から一つ選び、記号で答えなさい。

ア　船に乗るとき誤ったところに足をかけると転覆《てんぷく》することから、いい加減にかかわろうとすると失敗することのたとえ。

イ　出航する船に飛び乗ると行き先が分からない旅になることから、先が見えないことを楽しむべきだということのたとえ。

ウ　乗って岸を離れた船からは降りられないことから、物事をやり始めたら途中《とちゅう》でやめるわけにはいかないことのたとえ。

エ　船に乗るかどうかというたったの二択《たく》で未来が大きく変わることから、どれだけ迷っても選択肢《せんたくし》は限られることのたとえ。

「まだわからないですかね。ではお掛《か》けになってお待ちください」

母さんも十五分前に猫と会ったばかりだし、父さんともまだ連絡《れんらく》が取れていないので、決められないのだろう。

名前もない猫を動物病院に連《つ》れていくなんて、なんだか変《へん》な話だな。ぼくはそう思ったけれど、⑦お姉さんは慣《な》れっこのようで、あいまいな母さんの返事にもすんなりと納得《なっとく》して、問診票《もんしんひょう》をバインダーにはさんだ。

「そうだ、あわてて病院まで來ちゃったけど、雅に連絡しなきゃよね。仁菜ちゃん連れてきちゃったわけだし」

母さんがはっと気づいて、ガサガサとかばんを探《さぐ》ってスマホを取りだした。⑧仁菜の顔にさっと緊張《きんちょう》が走る。

「真季さん、ちょっと待って！」

「え？」

母さんはスマホを構《かま》えたまま仁菜を振《ふ》り返《かえ》った。

「この子のことは、ママには内緒《ないしょ》にしてほしいの。うちのママ、猫《ねこ》、嫌《きら》いだから……たぶん怒《おこ》ると思う」

「あーそうだっけ？　じゃあ偶然《ぐうぜん》会ってうちに呼《よ》んだことにしちゃおう」

母さんは深く考えず、仁菜の言葉にうなずいた。

「真季さん、ほんとにこの子、飼《か》ってくれる？」

「んん！　そうだね、ほっとけないからね」

母さんは今度は、にこっと笑《わら》って言い切った。さっき受付《うけつけ》のお姉さんにはにごしていたのに、調子がいいな。この子を拾ったのがもしぼくだったら、母さんはこんなにすんなりうなずいただろうか。

「仁菜ちゃんは、それでいいの？」

「うん、うちじゃ飼ってあげられないから」

「そっか」

母さんは仁菜のとなりに座《すわ》り、仁菜の頭を軽くなでた。

ちぇっ、いい人ぶりやがって、と思っていたら、陽向がさっきまで鼻くそをほじっていた指を母さんのシャツの裾《すそ》でふいた。いいぞ、陽向、なかなかのファインプレーだ。

「陽向！」

「鼻くそばくだんだー」

去年保育園《ほいくえん》に入ったばかりの陽向は、わが弟ながらなにを考えているかわからない⑨宇宙人《うちゅうじん》のような存在《そんざい》だった。泣《な》いたと思った次の瞬間《しゅんかん》にはテレビを見てけたけた笑《わら》っているし、いい子にしていると思っているときに限《かぎ》って、こんなふうに鼻くそばくだんを仕掛《しか》けてきたりする。

こんな宇宙人がもうすでに家に一匹《ぴき》いるというのに、なにも考えずに弱った子猫《こねこ》を引き受けるなんて、母さんはどうするつもりなんだろうか。

（片川　優子『ぼくとニケ』（講談社））

問1　――線①「さっき秋吉と別《わか》れた角を見る」とありますが、なぜですか。最も適切なものを次の**ア**～**オ**から一つ選び、記号で答えなさい。

ア　想像していたよりも高い声が出てしまったので恥《は》ずかしく、仁菜にばかにされそうで顔を合わせたくなかったから。

イ　秋吉をほったらかしにしたまま仁菜と話してしまったので、彼《かれ》がいまもぼくを待っていないか確認したかったから。

ウ　ポケットをたたきまくって鍵《かぎ》をさがしているのを、仁菜だけでなく秋吉にも見られたかどうか確認したかったから。

十五分後、ぼくたちは動物病院の待合室に座《すわ》っていた。ひとまず家の玄関《げんかん》にランドセルを放り投げ、その足で車に乗って四人で動物病院に向かったというわけだ。

うちではペットを飼《か》ったことがないから、当然《とうぜん》動物病院も初めてだった。仁菜に聞いて、クッキーのかかりつけの病院に来たのだ。明るい待合室に、長いすとプラスチックのいすが何個《なんこ》か並《なら》べられている。

病院と聞いて、ぼくはとっさに歯がかゆくなるような嫌《いや》なにおいを想《そう》像《ぞう》したが、動物病院はそんなことはなかった。ただ少し、さっきまでいたやたらブヒブヒと豚《ぶた》みたいな鼻息を立てていたガニ股《また》で重そうな犬のにおいが残《のこ》っている。

受付《うけつけ》でもらった問診票《もんしんひょう》に母さんが記入している間、仁菜は窓《まど》ぎわの長いすに座り、段《だん》ボール箱《ばこ》をしっかりとひざの上で抱《だ》きしめていた。

陽向は仁菜のとなりにおとなしく座《すわ》ってはいるが、ひまそうに鼻をほじっている。なにがジョウソウキョウイクだ。まったく効果《こうか》がなさそうだぞ。

「ちぇっ、なんでこんなことになったんだ」

「なにぶつくさ言ってるの。⑤乗りかかった船って言葉、学校で習わなかった？」

ぼくが仁菜とは少し離《はな》れたいすに座ってぼやいていると、母さんがぴしゃりと言い返してきた。げ、書いてるから聞こえてないと思ったのに。

「あんたってそんな冷《つめ》たい子だったの。かわいそうな猫《ねこ》がいたら放っておけないでしょうに」

なんだよそれ。母さんが助けたいのは、「かわいそうな猫」じゃなくて、「かわいそうな仁菜」なんだろ。

思ったことは、今度は口には出さなかった。

そのうちに、もし学校のやつらに⑥こんなところを見られたらどうしよう、と急に不安《ふあん》になってきて、ぼくはそわそわとあたりを見回した。とりあえず病院内には知った顔はいない、というか小学生の子どももぼくらくらいしかいない。

でもやたらと窓《まど》が大きいせいで、もしだれかが通りかかって中をのぞいて、ぼくと仁菜がいっしょにいるところを見られたら……と思うと、なおさら仁菜から遠ざかりたくなる。

車で来ちゃったからこの病院がどこらへんにあるのか見当もつかないけど、うちの学校の近くなのかな、ここ。どうなんだろう。

「はい、書けました」

ぼくとしゃべりながらも、問診票《もんしんひょう》を書き終えた母さんは、受付《うけつけ》のお姉さんに渡《わた》した。問診票には、うちの住所や連絡先《れんらくさき》のほかに、猫《ねこ》について年齢《ねんれい》や種類《しゅるい》などを書く欄《らん》があった。ちらっと見ると、猫についてはほとんど空欄のままだ。

「そんなに空欄ばっかでいいの」

「しょうがないじゃない、わからないんだから」

「猫ちゃんのお名前決まってますか？」

母さんのとなりでカウンターに身を乗りだしていると、お姉さんが笑《え》顔《がお》で聞いてきた。

「名前？　ああ、まだ、拾ったばっかりなんで」

「そうなんですね。猫《ねこ》ちゃん、今後お飼《か》いになる予定はございますか？」

「あーまあ、そうですねえ」

う。キラキラした黒い目だった。まっすぐな。

「ね、げんちゃんちで飼《か》ってよ！　げんちゃんち、みんな動物大好《だいす》きじゃん！」

「なんてそうなるんだよ！」

　あわてて目をそらしながら、抵抗《ていこう》を試《こころ》みる。

「いいじゃん、げんちゃんち一軒家《いっけんや》だし、猫《ねこ》の一匹《ぴき》くらい飼えるでしょ。それにひなくんの③ジョウソウキョウイクにもいいって！」

「なんだよそれ！　いま陽向《ひなた》は関係《かんけい》ないだろ！　だいたいあいつに自我《じが》なんかないよ、鼻水こすりつけるくらいがオチだろ」

　往生《おうじょう》ぎわの悪い、悪あがきだということはわかっていた。仁菜があのまっすぐな目をしているとき、止めることはできないと知っているからだ。

　それでも、この猫《ねこ》を受け取ってはいけないとぼくの中でだれかが告《つ》げる。

　こんな死にそうな猫の面倒《めんどう》見るなんて大変《たいへん》だぞ、第一これを受け取ったらせっかく距離《きょり》ができていた仁菜とつながりができちまう。いいのかぼく、本当にいいのか？

「うちのママ、猫ダメだからさ。それに、クウちゃんもいるし」

「…………」

　確《たし》かに、仁菜の言うとおり、雅さんは大の猫嫌《ねこぎら》いだった。小さいころ、仁菜の家に遊びに行ったとき、アパートの小さな庭に迷《まよ》いこんできた野《の》良猫《らねこ》を手なずけようとしたらすごく怒《おこ》られたことがある。

　そして仁菜の家には、すでにプードルのクッキーがいる。ちっちゃくて軽くて、ぼくが行くとぷるぷる震《ふる》えて雅さんのもとへ駆《か》けより抱《だ》っこをせがむ、いけ好《す》かない犬だ。

　家に来てすぐに足の骨《ほね》を折《お》ったりしたせいで病院通いばかりしているのだと、うちの母さんから聞いたことがある。

「うちだって……飼《か》えるかどうかわかんないし」

　④半分ホントで、半分ウソだった。近所のショッピングモールに行くたびにまずペットショップに立ちよるのがお決まりのコースになっているくらいには、みんな動物が好《す》きだった。

　母さんが犬派《いぬは》、父さんが猫派《ねこは》で意見が割《わ》れているだけで、なにかを飼《か》いたいのは確《たし》かなんだろう。ただ雅さんから、クッキーの骨折《こっせつ》でお金がかかったのを聞いてビビってるんだ。それにショッピングモールのペットショップの犬や猫たちは、笑《わら》っちゃうくらい高額《こうがく》で売られているから手が出せないだけ。

　でも、この猫なら。野良猫《らねこ》を拾うなら、最初《さいしょ》に買うお金はかからない。もしかしたら、母さんもかんたんにオッケーしちゃうかも。

　でもでも、だからって……。

「あら、仁菜ちゃん」

　ちょうどそのときだった。パートを終えた母さんと、保育園帰《ほいくえんがえ》りの陽向が、手をつないで帰ってきてしまった。

「真季さん！」

　仁菜が顔を上げる。きらりと、黒い目がまた輝《かがや》く。

「なに、どうしたの、この猫《ねこ》ちゃん！」

　ぼくが心の中であきらめのため息をつくのと、母さんが子猫を見て声をあげたのは、ほぼ同時だった。

なにも言わない仁菜にしびれを切らしたぼくは、仁菜の手の中の小さな段《だん》ボール箱《ばこ》の中を見た。薄汚《うすよご》れたタオルが入っている。よく見ると段ボール箱もあまりきれいとはいえない。

汚れた段ボール箱とタオルを大事そうに抱《かか》えてるなんて、変《へん》、というか、ヤバいやつ。そう思っていると、そのタオルが突然《とつぜん》ゆれた。

「お、おい、なんか入ってんのかよ」

「うん……」

仁菜はうなずくと、めずらしく優《やさ》しい動きで、そっと段ボール箱を地面に置《お》いた。

おいおいなに勝手に置いてんだ、ここぼくの家の真ん前だぞ、変なもん置くなよ、と心の中でつっこんでいる間に、仁菜は小汚《こぎたな》いタオルを少しだけずらした。

すると中には、これまた薄汚《うすよご》れて灰色《はいいろ》になった子猫《こねこ》が横たわっていた。

「な、なんだ、猫か」

はじめタオルが動いたときは、虫とかネズミとかを想像《そうぞう》したぼくは、少し安心した。カブトムシはギリセーフだが、それ以外《いがい》の虫はダメなのだ。ちっちゃなクモでも、不意《ふい》に発見すると叫《さけ》んでしまう。昔っからなさけないと仁菜にバカにされていた。仁菜だったら、わざと虫を大事そうに連《つ》れてくるぐらいしかねない。

子猫は大人の手のひらくらいのサイズしかなさそうだった。汚れすぎていて、すぐにはどこが顔だかわからないくらいだ。

そうか、猫か。

理解《りかい》すると同時に、②嫌《いや》な予感が頭をかすめる。

猫。確《たし》か仁菜の母さんって……。

仁菜はぼくのほうを見ず、熱心《ねっしん》に子猫をのぞきこんでいる。状況説《じょうきょうせつ》明《めい》をする気もなさそうだったので、しかたなくぼくから聞いた。

「拾ったの？」

「うん、公園の端《はし》っこに置《お》いてあって……ほっとけなくて」

うつむいたままの仁菜。ふたつに髪《かみ》を結《むす》んでいる。そのままにしておけばうねうねと広がって爆発《ばくはつ》していく天然《てんねん》パーマを、必死《ひっし》になでつけてゴムで結んでいる感じだ。雅さんのさらさらのストレートとは大違《おおちが》いなことを、仁菜がいちばん気にしている。この髪が父親ゆずりなんじゃないかって思ってるみたいだ。

そんな仁菜の後頭部を見ながら、こいつ公園とか行くんだ、と、場違いなことをぼんやりと考えた。

「なんか弱ってるみたいでさ、あんまり動かないんだ」

「ふうん」

なるべく興味《きょうみ》がなさそうなふりをして、仁菜のななめ後ろから段《だん》ボール箱《ばこ》をのぞきこむ。面倒事《めんどうごと》には巻《ま》きこまれたくなかったが、すぐそこに子猫《こねこ》がいると思うと、さすがに気になる。

子猫は確《たし》かに元気いっぱい、という感じではなかった。ときどき動かしている足はぼくの指くらいの細さしかなかったし、その足だってびしょびしょにぬれているようだ。昨日《きのう》降った雨のせいだろうか。

ふと、仁菜のひざに置《お》いた手が目に入る。なぜか爪《つめ》まで真っ黒に汚《よご》れていた。もしかして、公園でひとり泥遊《どろあそ》びでもしていたんだろうか。

いやいや、いくら仁菜とはいえ、まさかな。

そのとき急に、仁菜が顔を上げた。うっかりまともに目が合ってしま

【国　語】（五〇分）〈満点：一〇〇点〉

【注意】字数指定のある問題は、句読点《くとうてん》や「　」などの記号も一字と数えます。

一　次の文章を読んで、あとの問いに答えなさい。

「ピンポーン」

「げんちゃん」

ぼくが自分の家のチャイムを鳴らすのと同時に仁菜《にな》に後ろから話しかけられたのは、やたらと太陽がまぶしい五月のある日のことだった。

一週間のうち、唯一塾《ゆいいつじゅく》も習いごともない木曜日。クラスメイトの秋吉《あきよし》と信号《しんごう》ごとにじゃんけんして、ランドセルの持ち合いっこをしながらゆっくり帰ったというのに、まだ家にはだれもいなかった。

「なんだよ、留守《るす》かよ」

ぼくは仁菜に話しかけられていることに気がつかずに、家の鍵《かぎ》を探《さが》すため片《かた》っ端《ぱし》からポケットをたたいていた。朝はまちがいなく持って出たはずなのに、いったいどこにいったのだろう。

「ねえ、げんちゃんってば！」

そうやってたたいてたたいて、たたきすぎて後ろを向いてしまったとき、初《はじ》めて真後ろに立つ仁菜の存在《そんざい》が目に入った。

「な、なんだよ」

仁菜がすぐそこに立っていることを知らず、ポケットをたたきまくって鍵を探しているまぬけな姿《すがた》を見られた恥《は》ずかしさから、思ったよりとんがった声が出た。

答えてからはっとして、①さっき秋吉と別《わか》れた角を見る。秋吉はうちの三ブロック先にある川の向こうに住んでいる。曲がり角にはもうだれもいなかった。当然《とうぜん》だ、別れた後さっさと家に帰ったのだろう。

ぼくはほっと胸《むね》をなでおろした。お調子者の秋吉に、仁菜と話しているところを見られたら、明日《あした》学校でなにを言われるかわかったもんじゃない。仁菜はいまちょっとした話題の人だから、なおさらだ。

そんなぼくの気持ちなど気にするようすもない仁菜は、小さな段《だん》ボール箱《ばこ》を大事そうに胸《むな》もとに抱《かか》えていた。ランドセルは背負《せお》っていない。T《ティー》シャツにひざ丈《たけ》までのひらひらしたズボンをはいた仁菜は、むかつくことにぼくより少し背が高い。そして髪《かみ》の毛《け》のせいで今日も頭がでかい。

仁菜は幼《おさな》なじみだった。家が同じ地区で、ぼくの母さんと仁菜の母さんの雅《みやび》さんが同級生だということもあり、物心ついたときからお互《たが》いの家を行き来しあっていた。

仁菜がまだ赤ちゃんのときに親が離婚《りこん》したらしく、仁菜の家には父親がいなかった。雅さんは仁菜が生まれる前からずっと看護師《かんごし》として働《はたら》いていたため、昔から仁菜はよくうちでご飯《はん》を食べたりしていた。

でもそんなのも、数年前までの話だ。今日だって、仁菜としゃべるのは久《ひさ》しぶりだった。

「ねえ、真季《まき》さんいる？」

「まだ帰ってないよ」

「そっか……」

仁菜は母さんの不在《ふざい》を聞き、明らかにがっかりしたようにうつむいて、箱の中を見た。

「なに、持ってんの」

MEMO

大切なことはメモしておこうネ！

2024年度

日出学園中学校入試問題（一般Ⅱ期）

【算　数】（50分）　＜満点：100点＞

【注意】 ①　分数は約分された形で答えなさい。

②　比はもっともかんたんな整数を使って表しなさい。

③　円周率は3.14とします。

1　**次の計算をしなさい。**

(1)　$53-(66-18)\div 6$

(2)　$4\times 3.14+16\times 3.14-31.4$

(3)　$1+\frac{1}{2}+\frac{1}{4}+\frac{1}{8}+\frac{1}{16}$

(4)　$\frac{1}{3}+\frac{3}{2\times 4}+\frac{5}{3\times 5}+\frac{7}{4\times 6}$

(5)　$9\frac{7}{12}-\left(4\div 1\frac{1}{3}+7.5\right)\times\frac{1}{3}$

2　**次の □ にあてはまる数を答えなさい。**

(1)　$38-\{19-2\times(\square-8)\}=29$

(2)　1日は □ 秒です。

(3)　菅野からかすみがうらまでの49kmの道のりを，ひよさんとかっぱさんが進みます。ひよさんは菅野からかすみがうらへ時速15kmで，かっぱさんはかすみがうらから菅野へ時速20kmで，2人とも一定の速さで進みます。2人は同時に出発してから □ 時間 □ 分後に出会います。

(4)　6％の食塩水200ｇに8％の食塩水をいくらか加えると，500ｇの食塩水ができました。この500ｇの食塩水にふくまれる水をすべて蒸《じょう》発させると，□ ｇの食塩が残ります。

(5)　日出学園の中学1年生が長イスに座るのに，1脚《きゃく》に3人ずつ座ると長イスがちょうど1脚余ります。1脚に4人ずつ座ると1人で座る長イスが1脚できて，長イスが10脚余ります。中学1年生の総数は □ 人です。

(6)　下の図のように，底面の形がたて20cm，横15cmの長方形で，高さが40cmの直方体の水そうがあります。この水そうにからの状態から毎分1.5Ｌで水を入れます。下の表のように，水を3分間入れたときの水そうの水の深さは [あ] cmで，水を [い] 分間入れたときの水そうの水の深さは30cmです。ただし，水そうの厚みは考えないものとします。

水を入れた時間（分）	3	[い]
深さ（cm）	[あ]	30

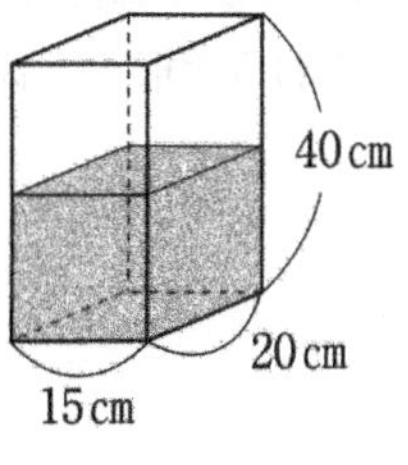

(7)　[10]，[50]，[70]と書かれた３種類のカードがたくさんあります。これらのカードをそれぞれ最低１枚は使って和が300となる組み合わせを作るとき，全部で □ 通りの組み合わせがあります。

(8)　原価 □ 円の品物に２割《わり》の利益を見込んで定価をつけましたが，売れなかったので定価の10％引きで売ったところ，利益は12円になりました。ただし，消費税は考えないものとします。

(9)　下の表は，LED電球と白熱電球の１個あたりの値段と電気代をまとめたものです。表以外の費用を考えないとき， □ 日以上電気を使うと，LED電球の方が合計費用が安くなります。ただし，電気は１日10時間使うものとし，答えは整数で答えなさい。なお，表の数字は実在のものではありません。

	LED 電球	白熱電球
電球１個あたりの値段	1500 円	160 円
１日（10 時間）の電気代	1.6 円	16.6 円

※消費税などはすべてふくまれた値段です。

[3]　次の問いに答えなさい。

(1)　直角三角形の紙を右の図のように折りました。角㋐の大きさを求めなさい。

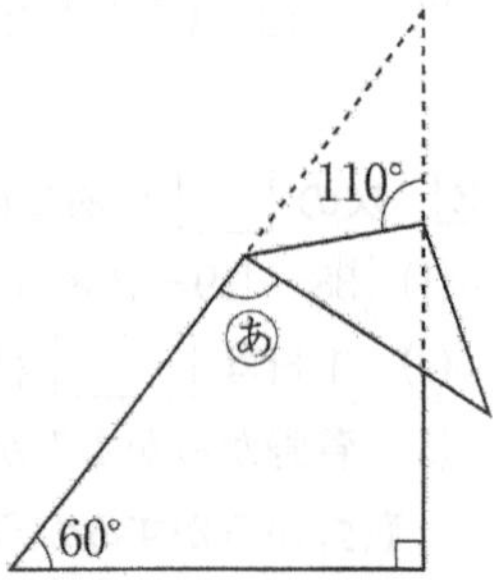

(2)　右の図形は長方形を組み合わせた図形で，面積は60㎠です。□ にあてはまる長さを求めなさい。

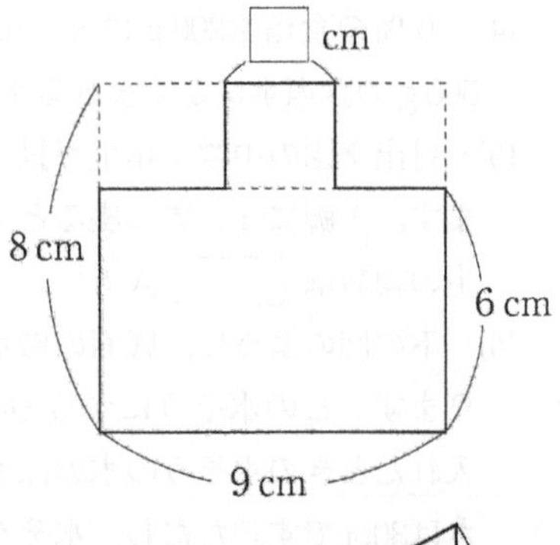

(3)　右の図のような直角三角形から３つのおうぎ形A，B，Cを除《のぞ》いたしゃ線部分の面積を求めなさい。ただし，３つのおうぎ形A，B，Cの半径はすべて同じです。

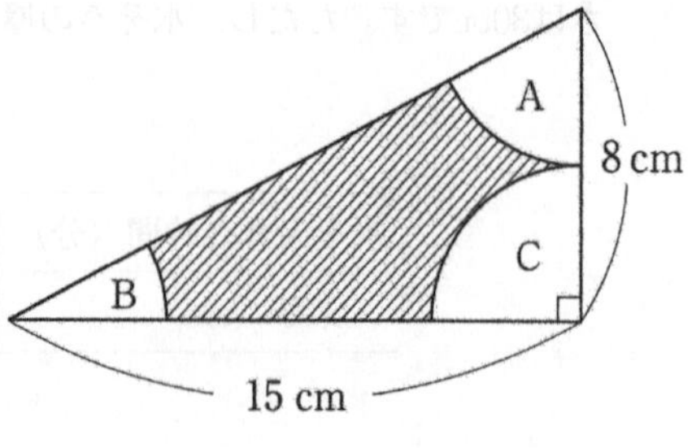

(4)　1辺が10㎝の立方体の容器に，図1のように8㎝の深さまで水が入っています。この容器を，底面の1つの辺ABを地面につけたまま図2のようにしずかにかたむけたとき，水が200cm^3こぼれました。図2の □ にあてはまる長さを求めなさい。ただし，容器の厚みは考えないものとします。

図1

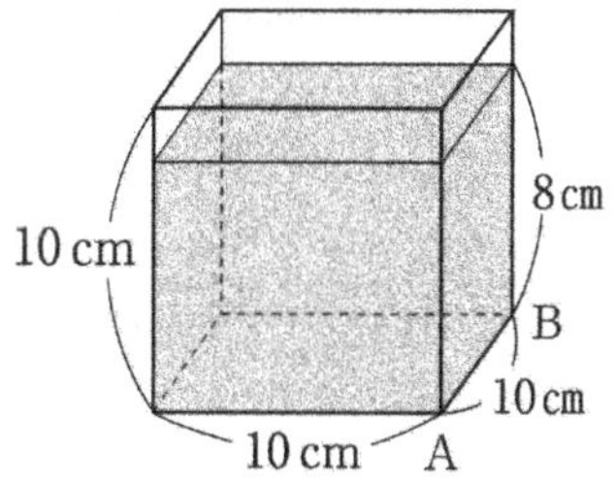

図2

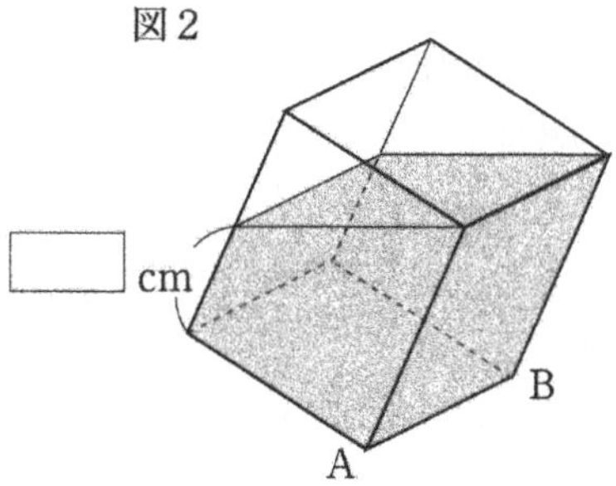

4　**日出中学の生徒会役員を決める選挙が行われます。当選するのは得票数の上位2人で，投票者数は116人です。この選挙にア～エの4人が立候補《ほ》しています。ただし，投票は立候補者1人の名前だけを書きます。また，今回の選挙で無効票はないものとします。**

(1)　この選挙で確実に当選するためには最低で何票入ればよいですか。

(2)　開票作業を途《と》中まで進めると，下の表のようになりました。立候補者ウが確実に当選するためには，最低であと何票入ればよいですか。

立候補者	ア	イ	ウ	エ
得票数	45	17	15	2

5　**算数のテスト結果について5人で話をしています。以下の会話文を読んで，次の問いに答えなさい。**

A君：「やったー！E君より6点高いぞ！」
B君：「いいなあー。ぼくはD君に8点負けちゃったよ。」
C君：「ぼくはA君より3点上だよ。」
D君：「あと2点でC君と同じ点になれたのになぁ。」
E君：「ぼくはちょっとした計算まちがいだけで9点も減点されているんだよ。もしこの減点がなければ5人の平均点が80点だったのに。」

(1)　最も点数が高かった人と最も点数が低かった人との点数の差は何点ですか。

(2)　E君の点数は何点ですか。

6　**次の会話文を読んで，あとの問いに答えなさい。**

先生：前に規則性の問題を学びましたね。今日は少しむずかしい問題を解いてみましょう。まずは復習で，次の問題を考えてみましょう。

> [問題1] あるきまりにしたがって，次のように数をならべました。はじめから数えて34番目の数はいくつですか。また，1番目から34番目までの数の和はいくつですか。
>
> 1，4，7，10，13，…

明　：これはよくある問題だね。となりあう2つの数の差が3だから2番目の数は $1+3\times1=4$，3番目の数は $1+3\times2=7$ となるね。そうすると，34番目の数は [あ] となって，34番目までの数の和は [い] となるね。

誠《まこと》　：そうだったね。解き方の復習ができたよ。

先生：正解です。このように，となりあう2つの数の差が同じ数の並びを「等差数列」といいます。では，次の問題はどうでしょう。

> [問題2] あるきまりにしたがって，次のように数をならべました。
> はじめから数えて，50番目の数はいくつですか。
>
> 3，4，8，15，…

誠　：問題1ではとなりあう2つの数の差は3だったけど，問題2はちがうね。

明　：具体的に書き出してみよう。1番目と2番目の数の差は1だね。2番目と3番目の数の差は4だね。3番目と4番目の数の差は7だね。

誠　：あれ！となりあう2つの数の差を並べてみると1，4，7，…と問題1の等差数列になっているね。この規則性をうまく使えば，問題2が解けるのかなぁ。

先生：いい気づきだね。まずは小さい数から考えていこうか。

明　：2番目の数は　$3+1=4$

3番目の数は　$3+(1+4)=8$

4番目の数は　$\underline{3+(1+4+7)=15}$① と式で表すことができるね。

誠　：じゃあ5番目の数は，はじめの数に，となりあう2つの数の差を4個足していることになるから [う] という式で表すことができるはずだ！

先生：その通りです。このように規則性を使って工夫して計算すれば，50番目の数も求められます。

これで，問題2が解けそうですね。

(1) [あ]，[い] にあてはまる数をそれぞれ書きなさい。

(2) [う] にあてはまる式を書きなさい。ただし，下線部①の形で式を書くこと。

(3) 先生が出題した問題2の答えを求めなさい。

【理　科】（25分）　＜満点：50点＞

1　千葉県市川市《ちばけんいちかわし》は，江戸時代《えどじだい》からナシの産地《さんち》として知られています。ナシの花が，受粉《じゅふん》してから果《か》実《じつ》になるまでのようすについて，次の問いに答えなさい。

図1

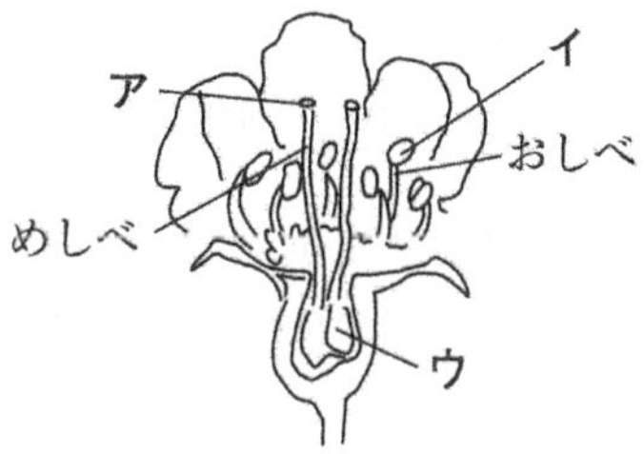

ナシの花の断面《だんめん》

図2

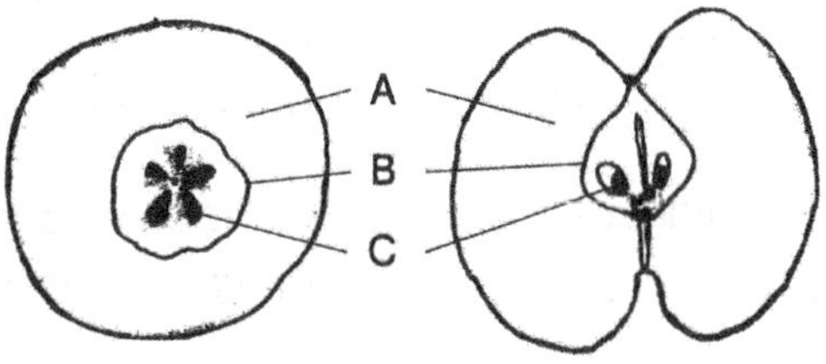

横断面《おうだんめん》　縦断面《じゅうだんめん》

図3

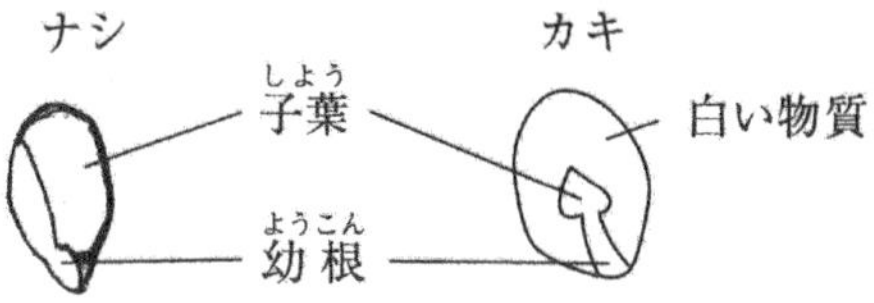

(1)　図1はナシの花の断面です。ナシの花では2～5本のめしべが中心にあり，そのまわりには，25～30本のおしべがあります。図1のアはめしべの先の花粉《かふん》がつくところを，イはおしべの先の花粉がつくられるところをさしています。アとイの名前をそれぞれ答えなさい。

(2)　ナシの花は4月に開花《かいか》し，ミツバチなどによって花粉が運ばれ受粉します。このような受粉を行う花を何といいますか。

(3)　(2)で答えた植物と同じ受粉のしかたをする植物を次の①～⑤からすべて選び，番号で答えなさい。

①　イネ
②　カナダモ
③　サクラ
④　ユリ
⑤　トウモロコシ

(4)　図2はナシの横断面《おうだんめん》と縦断面《じゅうだんめん》を表しています。ナシが受粉して果実ができるとき，図1のウは図2のA～Cのどの部分になりますか。記号で答えなさい。

(5)　図3のスケッチは，ナシとカキの種子の断面を表わしています。子葉《しよう》と幼根《ようこん》はナシとカキの種子の両方に見られますが，カキの種子にある白い物質《ぶっしつ》はナシには見られません。この白い物質の説明として正しいものを次の①～④の中から一つ選び，番号で答えなさい。

①　白い物質は胚珠《はいしゅ》と呼ばれている。
②　白い物質は塩のかたまりである。
③　ナシでは白い物質に含まれる養分《ようぶん》が子葉の中にある。
④　白い物質は発芽するとき根に変化する。

2 **ふり子の長さ・おもりの重さ・ふり子のふれはばを変えて，ふり子の周期がどのように変化するかを調べました。下の表は，その結果についてまとめたものです。あとの問いに答えなさい。**

	【1】	【2】	【3】	【4】	【5】	【6】	【7】	【8】
ふり子の長さ〔cm〕	40	40	40	20	40	80	320	1280
おもりの重さ〔g〕	20	50	100	50	50	50	60	4500
ふれはば〔cm〕	10	20	10	20	10	20	15	200
周期〔秒〕	1.4	1.4	1.4	1.0	1.4	2.0	4.0	X

(1) ふり子の周期は，ふり子がどのように動いたときのことを表しますか。次の①～⑤の中から選び，記号で答えなさい。ただし，図のア，イ，ウはそれぞれふり子の位置を示しています。

図

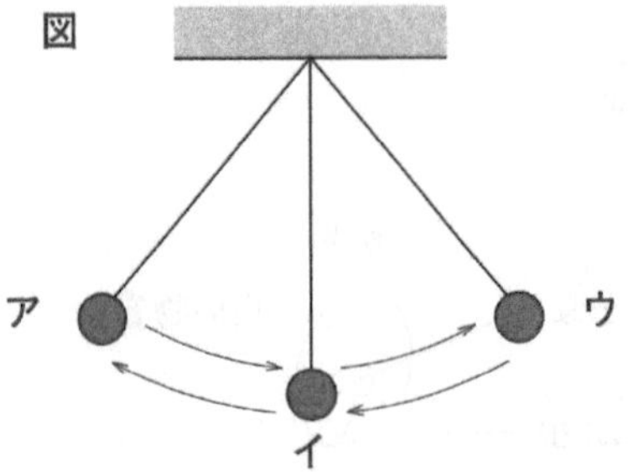

① ア→イ→ウ　② ア→イ→ウ→イ　③ ア→イ→ウ→イ→ア
④ イ→ア→イ→ウ　⑤ ウ→イ→ア→イ

(2) ふり子が，図のア→イ→ウ→イ→ア→イの順番でふれている時間を計ると5秒かかりました。このときのふり子の周期は何秒ですか。

(3) おもりの重さとふり子の周期の関係〔A〕とふり子の長さとふり子の周期の関係〔B〕を知るためには，どの結果を比べればよいですか。表の【1】～【8】の中からそれぞれ3つずつ選び，番号で答えなさい。

(4) 表の【8】のときの周期Xは何秒ですか。

(5) 重さ200gのおもりを用いて，ふり子の周期を10.0秒にするためには，ふり子の長さを何mにすればよいですか。

(6) ふり子の特ちょうについて，次の①～⑤の文のうち正しいものには○，まちがっているものには×をつけなさい。

① ふり子が1往復する時間は，おもりの重さとふり子の長さに関係がある。
② ふり子が1往復する時間は，おもりの重さやふり子のふれはばとは関係ない。
③ ふり子が1往復する時間は，ふり子の長さだけで変わる。
④ ふり子の長さが長いと，ふり子が1往復する時間は短い。
⑤ おもりの重さやふれはばを変えてもふり子の長さが同じであれば，ふり子の1往復する時間は変わらない。

3　習志野市《ならしのし》茜浜緑地《あかねはまりょくち》は北緯《ほくい》35.4度・東経《とうけい》140度にあり，図１のような東経140度の子午線《しごせん》が通っていることを示す標識《ひょうしき》がたっています。この標識の前で，ある年の秋分《しゅうぶん》の日に，図２のように地面《じめん》に10㎝の棒《ぼう》を垂直《すいちょく》に立て，午前８時から午後４時まで１時間ごとに日光によってできた棒の影を台紙《だいし》に記録しました。図３は，その記録です。次に影の長さをものさしで測り，棒の長さと影の長さの関係から太陽の高さ（高度《こうど》）をそれぞれもとめ表にまとめました。この観測《かんそく》について，次の問いに答えなさい。

図１

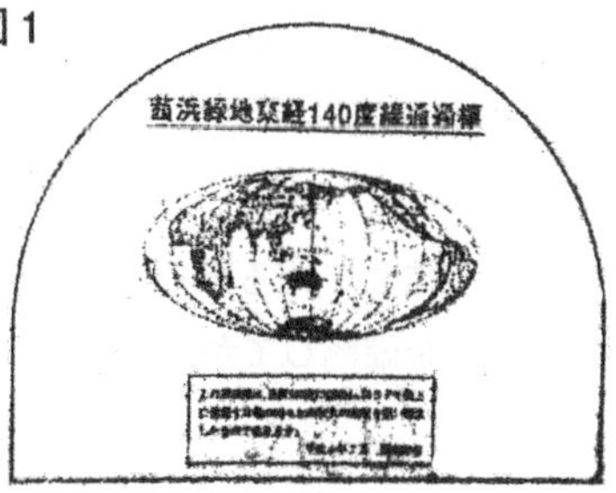

茜浜緑地《あかねはまりょくち》にある東経《とうけい》140度の標識《ひょうしき》

図２

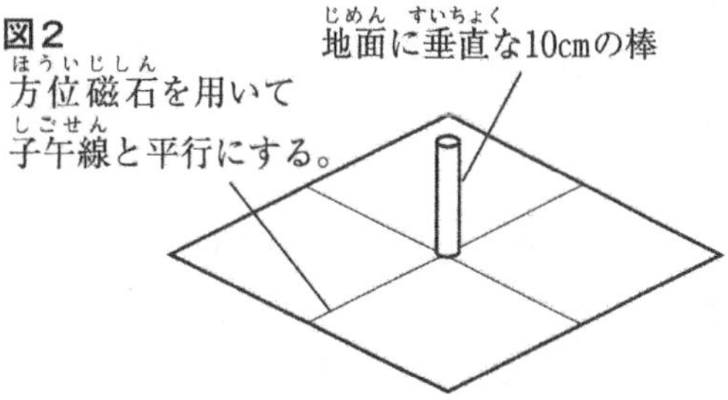

図３

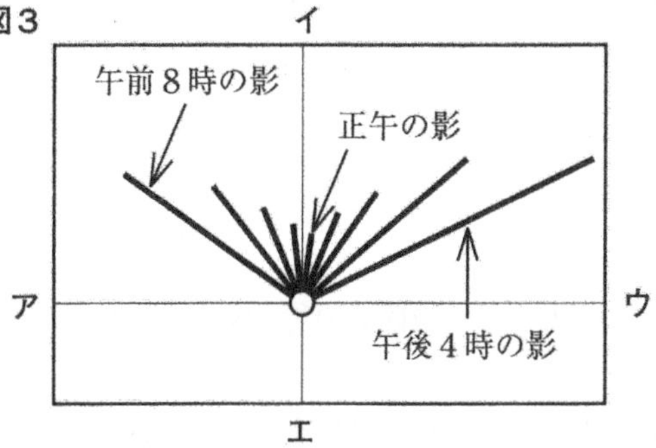

表

時刻	影の長さ〔cm〕	太陽の高さ〔度〕
午前８時	25.8	21.2
午前９時	17.1	30.3
午前10時	12.2	39.4
午前11時	8.8	48.5
正午	7.9	51.6
午後１時	10.9	42.5
午後２時	15.2	33.4
午後３時	22.1	24.3
午後４時	36.8	15.2

⑴　図３のア～エは東西南北《とうざいなんぼく》の４方位《ほうい》を表しています。東西南北の組み合わせとして正しいものは次の①～④のどれですか。番号で答えなさい。

①　ア　東　　イ　北　　ウ　西　　エ　南
②　ア　西　　イ　北　　ウ　東　　エ　南
③　ア　東　　イ　南　　ウ　西　　エ　北
④　ア　西　　イ　南　　ウ　東　　エ　北

⑵　図３より，棒の影の長さが１時間ごとに変化していることがわかります。影の長さが変化する理由として正しいものを次の①～③の中から一つ選び，番号で答えなさい。

①　太陽の方位が変化したから。
②　太陽の高さ（高度）が変化したから。
③　太陽の光の強さが変化したから。

⑶　この日の茜浜緑地での太陽の南中高度《なんちゅうこうど》にもっとも近い数値は次の①～④のどれですか。番号で答えなさい。

①　54度　　②　51度　　③　48度　　④　45度

(4)　この日の茜浜緑地での南中時間《なんちゅうじかん》は何時何分ですか。ただし，兵庫県明石市《ひょうごけんあかしし》を通る東経135度の子午線を太陽が通過《つうか》する時間を正午とし，地球の自転周期《じてんしゅうき》を24時間とします。

※自転周期とは，自転する天体《てんたい》が１回転する時間をさします。

(5)　同じ日に茜浜緑地の真北に位置する北海道千走《ほっかいどうちわせ》（北緯42度・東経140度）で同じ観測を行ったとき，正午のときの棒の影の長さと方位はそれぞれどうなりますか。①～⑦の中からあてはまるものをそれぞれ一つずつ選び，番号で答えなさい。

①　長くなる。　　②　短くなる。　　③　より東にかたむく。

④　より西にかたむく。　　⑤　より南にかたむく。　　⑥　より北にかたむく。

⑦　変わらない。

4　**図１のように，ねん土の一部を切り取った台をつくり，その上に立てたろうそくに火をつけ，底を切り取ったびんをかぶせました。ろうそくの火が消えないことを確認してから，ガラスの板でびんの口を半分おおいました。次の問いに答えなさい。**

図１

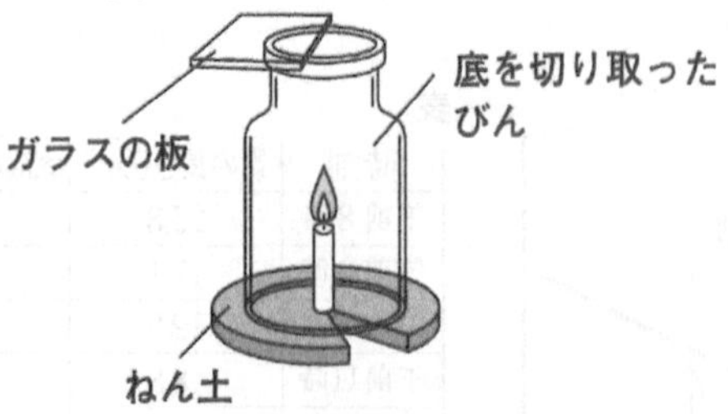

図２

(1)　びんの中を通る空気の流れの向きとして，正しいものを図２の①～④からすべて選び，番号で答えなさい。

(2)　(1)のような空気の流れの向きになるのはなぜですか。その理由を空気の性質にふれて答えなさい。

(3)　石灰石にうすい塩酸を加えると発生する気体は何ですか。漢字で答えなさい。

(4)　石灰石８ｇにいろいろな体積のうすい塩酸を加えました。図３は，そのときに発生する気体と加えたうすい塩酸の体積との関係をグラフに表したものです。石灰石16ｇに，同じ濃《こ》さの塩酸60cm³を加えると発生する気体の体積は何cm³ですか。

図３

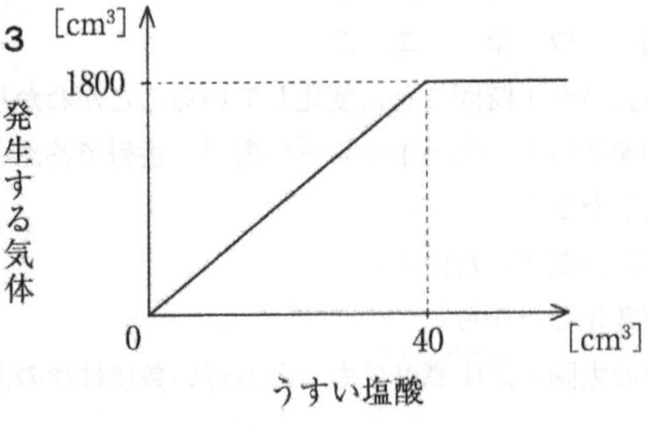

【社　会】（25分）　＜満点：50点＞

1　**次の文章を読んで後の問いに答えなさい。**

夏休み明けの９月１日，太郎くんは日出学園中学校に登校し，担任の大島先生と夏休み中にあったことについて話しています。

太郎くん：おはようございます。大島先生。

大島先生：おはようございます。太郎くん。今日も暑いね。

太郎くん：そうですね。今日も猛暑日《もうしょび》だと天気予報で言っていました。８月は全て真夏日だったそうです。

大島先生：２学期が始まりますが，まだまだ暑い日が続きそうですから，お互いに熱中症にならないように水分補給などこまめにとりましょう。

太郎くん：確かにそうですね。
夏休み中に①**佐渡島**に家族と行ってきました。
②**新潟県**はそんなに暑いイメージはなかったのですが，連日の猛暑日で汗だくになってしまいました。

大島先生：佐渡島では何を観たのかな？

太郎くん：佐渡金山に行きました。③**世界遺産**に推薦されたと聞いたので…。
佐渡金山については，夏休みの社会科の課題レポートにまとめました。それと佐渡で繁殖《はんしょく》を試みているトキですね。

大島先生：確かに佐渡島と言えば，その２つですね。
佐渡金山は④**石見銀山**とともに，⑤**江戸時代**の貨幣流通のベースになった鉱山ですね。
江戸時代の日本の⑥**GDP**が高かったのは，金銀を多量に保有していたからだ，という意見もあるくらいだからね。

太郎くん：そうなんですね。
でも，佐渡金山の良い面だけではなく，多くの人が過酷《かこく》な状況で働いてる様子を知ることができました。

大島先生：確かにそうですね。
鉱山労働はかなり過酷な状況が多く，たくさんの方が亡くなったと聞いています。

太郎くん：トキを観るために「トキふれあいプラザ」にも行きました。
実際にトキが飛んでいる姿を観ることができて感動しました。

大島先生：トキは世界で数羽になるまで減少し絶滅の危機に瀕《ひん》しており，日本では⑦**環境省**のレッドリスト「野生絶滅」の状態にありました。
⑧**中国**から数羽が寄贈され，2008年には佐渡島で放鳥が開始され，野生下での繁殖にも成功し徐々にその数を増やしています。
トキは日本では古くから知られており，⑨**奈良時代**に編纂《へんさん》されたという『日本書紀』にある桃花鳥《ツキ》がトキのことを指していると言われています。
⑩**水田**に舞い降りる自然のトキが多く見られる日が来ると良いですね。

太郎くん：そうですね。最近は異常気象などの⑪環境問題に関心が集まり，環境意識も高まっているような気がします。出来ることから行動に移す事が何より大事だと考えています。

大島先生：その通りだね太郎くん。
そして，何より太郎くんのように疑問を持つこと，知りたいと思うことが大事だと思います。
これからも一緒に学んでいきましょう。

問１　下線部①の佐渡島について，右の表は「日本の面積の大きな島（本州・北海道・九州・四国の除く）の順位と所属都道府県」を表している。表中のＡ・Ｂ・Ｃに当てはまる都道府県はどれか，下の〔日本地図〕の①～㊼の番号の中から選び，その組み合わせとして正しいものを次のページのア～エより選び，記号で答えなさい。

順位	島	都道府県
1位	択捉島	北海道
2位	国後島	北海道
3位	沖縄島	沖縄県
4位	佐渡島	新潟県
5位	奄美大島	Ａ
6位	対馬島	Ｂ
7位	淡路島	Ｃ

【全国都道府県市区町村面積調】より作成

〔日本地図〕

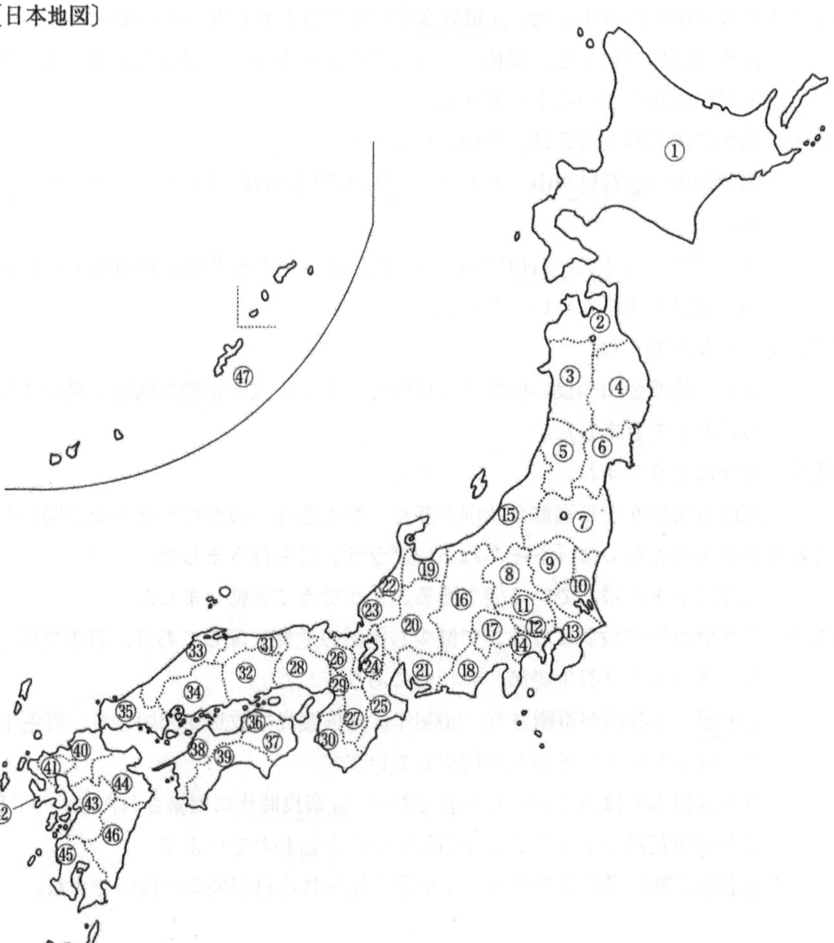

ア	A－⑫	B－㊺	C－㉚	イ	A－⑱	B－㊷	C－㉚
ウ	A－㊺	B－㊷	C－㉘	エ	A－㊷	B－㉚	C－㉘

問２　下線部②の新潟県について，以下のア～エの雨温図は，新潟，函館，東京，石垣島の気温と降水量を表している。新潟の雨温図として適当なものを以下のア～エの中から一つ選び記号で答えよ。

ア

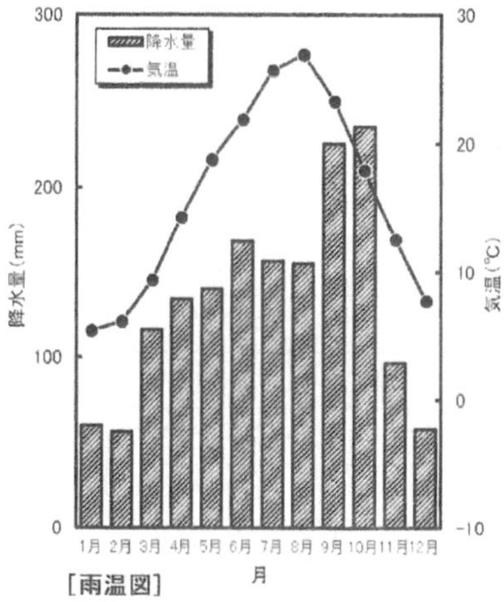

イ

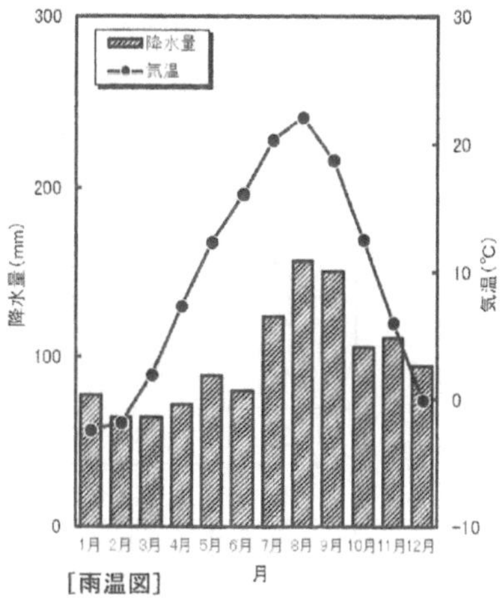

ウ

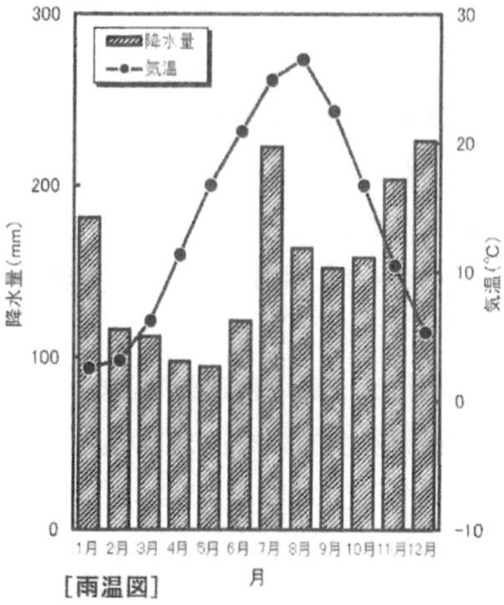

エ

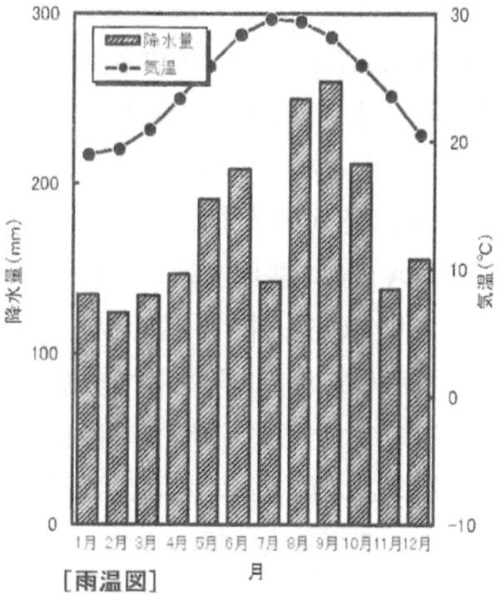

【気象庁　過去の気象データ】より作成

問３　下線部③の世界遺産について，以下の問いに答えなさい。

ｉ）以下の日本にある世界遺産に関する説明文Ａ～Ｃのうち，正しいものの組み合わせとして最も適当なものをあとのア～クの中から一つ選び記号で答えなさい。

Ａ　「百舌鳥・古市古墳群」には日本最大の古墳である仁徳天皇陵古墳（大仙古墳）が含まれる。

B 「広島平和記念碑（原爆ドーム）」はイギリスが投下した原子爆弾により人類初の原子爆弾による被害を受けた。

C 2021年には，「北海道・北東北の縄文遺跡群」として，吉野ケ里遺跡を含む遺跡が世界遺産に登録された。

ア A	イ B	ウ C	エ AとB	オ AとC
カ BとC	キ AとBとC	ク 正しいものはない		

ⅱ）以下の海外にある世界遺産A～Cと，その所在地である国名の組み合わせとして最も適当なものをあとのア～カの中から一つ選び記号で答えなさい。

A クフ王のピラミッド　B ケルン大聖堂　C グレートバリアリーフ

選択肢	A	B	C
ア	オーストラリア	エジプト	ドイツ
イ	オーストラリア	ドイツ	エジプト
ウ	エジプト	オーストラリア	ドイツ
エ	エジプト	ドイツ	オーストラリア
オ	ドイツ	オーストラリア	エジプト
カ	ドイツ	エジプト	オーストラリア

問４ 下線部④の石見銀山について，以下の石見銀山についての説明文ア～エのうち，誤っているものを一つ選び記号で答えなさい。

ア 2007年に日本では11件目の世界文化遺産に登録された。

イ 江戸時代は石見銀山は佐渡金山などと共に幕府の直轄領《ちょっかつりょう》とされていた。

ウ 戦国時代は中国地方で一大勢力を誇った毛利氏が石見銀山を支配していた。

エ 現在は閉山となっており鉱業権は大阪府に譲渡《じょうと》された。

問５ 下線部⑤の江戸時代について，以下の問いに答えなさい。

ⅰ）以下のA～Cの説明文は，それぞれ江戸時代に活躍した人物についての説明です。A～Cの文章が表している人物名を答えなさい。

A 江戸から東北・北陸を経て美濃大垣にいたる紀行文『奥の細道』を書いた。

B 幕府の命で全国の沿岸を測量して『大日本沿海輿地《よち》全図』を作成した。

C 徳川綱吉の後を継いだ６代将軍家宣に登用されて正徳の政治をおこなった。

ⅱ）以下の，江戸時代に起こった出来事についての説明文ア～エを年代の古い順に並べ替えなさい。

ア 日本人の海外渡航禁止と外国船来航規制をおこなった。

イ ペリーが来航し，老中阿部正弘のもと日米和親条約が結ばれた。

ウ 新田開発を目指して印旛沼の干拓事業をおこなったが，失敗に終わった。

エ 天保の飢饉《ききん》による貧民救済の訴えが受け入れられず大塩平八郎が乱を起こした。

問６ 下線部⑥のＧＤＰ＊に関連して，次のページのグラフは日本の実質経済成長率の推移を表しています。このグラフを見てあとの問いに答えなさい。

＊ＧＤＰとは，「国内総生産」のことで，一定期間内に新たに生産されたモノやサービスの価値の合計のこと

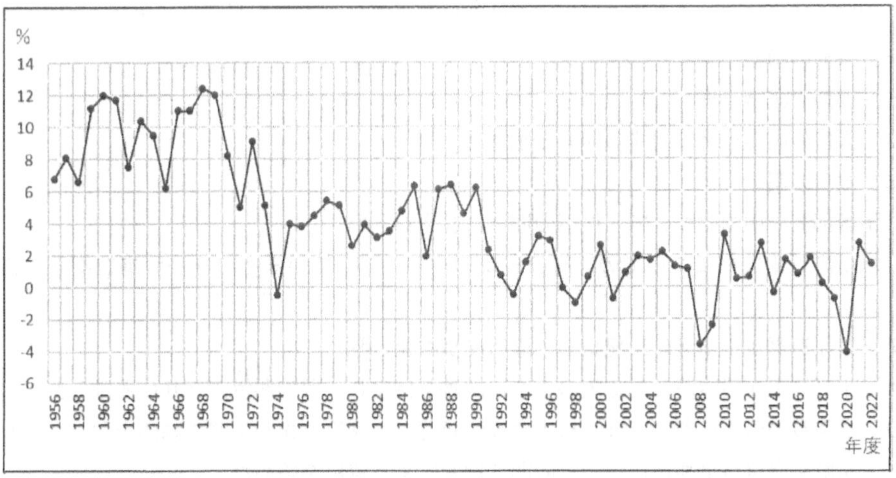

【内閣府　国民経済計算】より作成

ⅰ）このグラフから読み取れることとして最も適当なものをあとの**ア**～**エ**の中から一つ選び記号で答えなさい。

ア　一回目の東京オリンピックがあった1964年の実質経済成長率は，前年と比べて上昇している。

イ　1960年代よりも，2000年代のほうが経済成長が著しいと言える。

ウ　リーマン・ショックのあった2008年から実質経済成長率は３年連続でマイナスを記録した。

エ　新型コロナウイルスの感染が拡大していた2020年は，経済が衰退（マイナス成長）したと言える。

ⅱ）グラフ中の1973年～1974年にかけて，実質経済成長率が大きく下がっていることがわかる。この原因となった出来事は何か，以下の**ア**～**エ**の中から最も適当なものを一つ選び記号で答えなさい。

ア　日米の貿易摩《ま》擦《さつ》　　**イ**　第一次石油危機　　**ウ**　バブル崩壊　　**エ**　東日本大震災

問７　下線部⑦の環境省に関連して，日本の省庁や内閣についての以下の問いに答えなさい。

ⅰ）以下の日本の省庁Ａ～Ｃと，その業務内容**ア**～**ウ**の組み合わせとして適当なものをあとの①～⑥の中から一つ選び記号で答えなさい。

Ａ　環境省　　　Ｂ　復興庁　　　Ｃ　農林水産省

ア　東日本大震災からの復興事業

イ　公害の防止，環境の保全，放射性物質の監視測定

ウ　食料の安定供給，第一次産業の発展，森林保全

①　Ａ－ア　Ｂ－イ　Ｃ－ウ	②　Ａ－ア　Ｂ－ウ　Ｃ－イ
③　Ａ－イ　Ｂ－ア　Ｃ－ウ	④　Ａ－イ　Ｂ－ウ　Ｃ－ア
⑤　Ａ－ウ　Ｂ－ア　Ｃ－イ	⑥　Ａ－ウ　Ｂ－イ　Ｃ－ア

ⅱ）現在の内閣総理大臣の氏名を漢字で答えなさい。

ⅲ）内閣の持つ権限として誤っているものを以下の**ア**～**エ**の中から一つ選び記号で答えなさい。

ア　条約の締結《ていけつ》

イ　違憲立法審査権

ウ　天皇の国事行為に対する助言と承認

エ　政令の制定

問８　下線部⑧の中国について，以下の問いに答えなさい。

ⅰ）以下の日中関係についての文章**ア**～**エ**のうち，誤っているものを一つ選び記号で答えなさい。

ア　菅原道真が宇多天皇に建議し，遣唐使が中止された。

イ　小野妹子が遣隋使として隋の皇帝に国書を持参し，翌年裴世清《はいせいせい》と共に帰国した。

ウ　日清戦争の講和条約では，日本全権伊藤博文・陸奥宗光が下関で調印をおこなった。

エ　室町幕府将軍足利尊氏が明との間で勘合による貿易を始めた。

ⅱ）次の表は，米・牛乳・とうもろこしの生産量の順位をあらわしたものです。表中のＡ～Ｃにはアメリカ・中国・インドのいずれかが入ります。表中のＡ～Ｃのうち，中国にあてはまるものはどれか，一つ選び記号で答えなさい。

米の生産量（2019年）

順位	国
１位	Ａ
２位	Ｂ
３位	インドネシア
４位	バングラデシュ

牛乳の生産量（2018年）

順位	国
１位	Ｃ
２位	Ｂ
３位	ブラジル
４位	ドイツ

とうもろこしの生産量（2019年）

順位	国
１位	Ｃ
２位	Ａ
３位	ブラジル
４位	アルゼンチン

【国連食糧農業機関（FAO）FAOSTAT】より作成

問９　下線部⑨の奈良時代について，以下の問いに答えなさい。

ⅰ）奈良時代に起こった出来事についての説明文**ア**～**エ**を年代の古い順に並べ替えなさい。

ア　桓武天皇が長岡京に遷都《せんと》した。

イ　元明天皇が平城京に遷都した。

ウ　孝謙天皇が僧道鏡を重用した。

エ　聖武天皇が東大寺の大仏鋳造《ちゅうぞう》を命じた。

ⅱ）この時代に『古事記』『日本書紀』という歴史書が完成したと言われています。これらの歴史書を編纂した主な目的は何か，この当時の政治体制などをふまえて簡潔に説明しなさい。

問10　下線部⑩の水田に関連して，次のページのグラフは日本の総農家数と農業就業人口の平均年齢の推移を表したものである。このグラフからわかる日本の農業の課題を答えなさい。またその解決策も答えなさい。

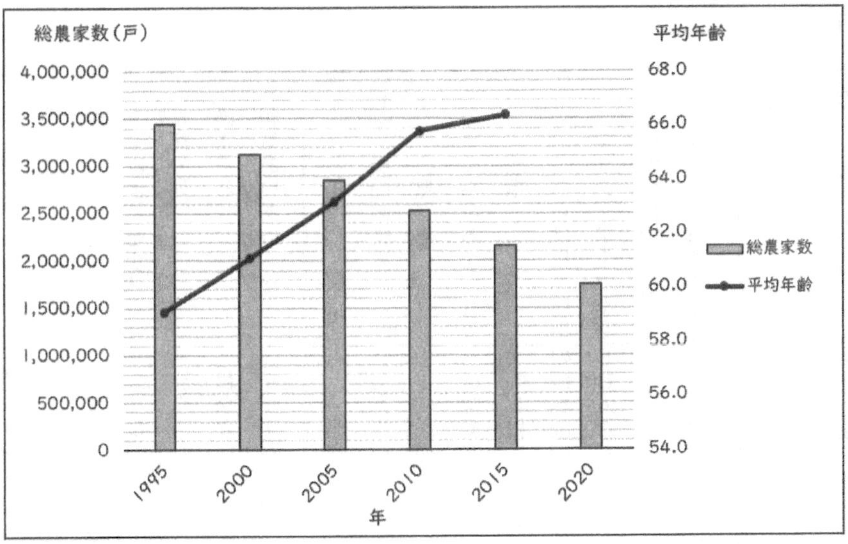

【農林水産省　農林業センサスより作成】

問11　下線部⑪の環境問題に関連して，以下の問いに答えなさい。

ⅰ）以下の図は，様々な環境問題の発生のメカニズムを図式化したものである。図中の空欄（A）および（B）に当てはまる語句を答えなさい。

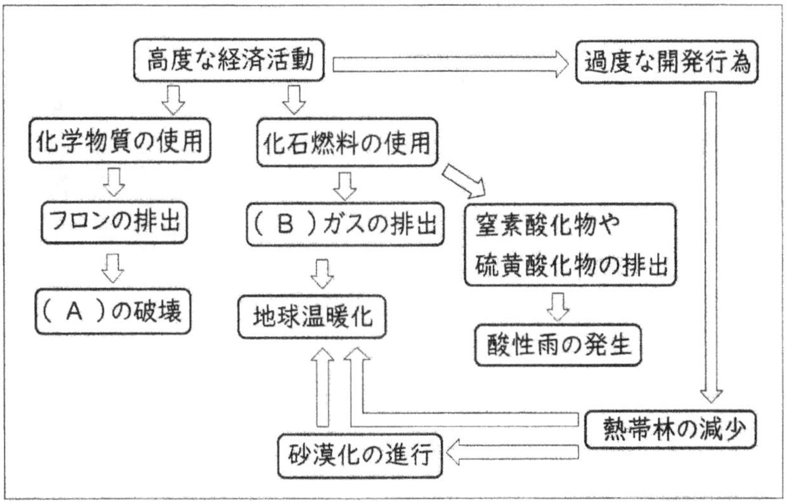

ⅱ）環境問題に対応するため，2015年の国連サミットで「持続可能な開発目標」が採択されました。この「持続可能な開発目標」をアルファベットで何というか，答えなさい。

ⅲ）太郎くんは，環境問題について調べ，レポートを作成することにしました。そこで，「直近30年の地球の平均気温の変化」をグラフにまとめることにしました。このとき，最も効果的に表すことができるグラフは次の**ア**～**ウ**のうちどれか，記号で答えなさい。

ア　折れ線グラフ　　**イ**　円グラフ　　**ウ**　棒グラフ

【A】 遠足　クリスマス　遊園地　花火大会
花見　誕生日会

【B】 所せまし　色とりどり　とどろく
身を包む　風物詩　うららか
豪華《ごうか》だ　胸をふくらませる　怖気《おじけ》づく
うでによりをかける　スリル満点　待ちに待った
長蛇《ちょうだ》の列　息をのむ　愛くるしい
満喫《まんきつ》する　目がない　有頂天《うちょうてん》
和気あいあい　すがすがしい

【例A】 お正月　海水浴場　運動会

【例B】 満面の笑み　迫力《はくりょく》満点　にぎわう
白熱した　手に汗握《あせにぎ》る　花を添《そ》える
くちびるをかむ　はなやかだ　人気を博す
屈指《くっし》　わき目もふらず　肝《きも》が据《す》わる

【例文】 こちらは日本屈指の海水浴場です。今日も、迫力満点のマリンスポーツを楽しむ人たちでにぎわっています。また砂浜では、はなやかなフラダンスショーが行われています。ここは夕方になると、きれいな夕日が見られるので、撮影スポットとしても人気を博しています。

四 **次の――線①～⑦のカタカナは漢字に直し、⑧のカタカナは、当てはまる漢字を全て書きなさい。**

① 休息をとって体力をカイフクさせる。
② エレベーターがコショウして困る。
③ 伝統を軽んじるフウチョウがある。
④ 家族でオンセン地を旅行する。
⑤ パソコンで画像をカクダイする。
⑥ 兄弟げんかのチュウサイをする。
⑦ 今後の経営のホウシンを話し合う。
⑧ タイショウ

問6　――線⑥「人は失敗から学ぶことができます」とありますが、なぜですか。その理由として最もふさわしいものを、次の**ア**～**オ**から一つ選び、記号で答えなさい。

ア　失敗から生まれたものの中にも思いがけず科学の成果につなげることができるものがあるから。

イ　科学の営みは成功することが少ないため、研究者は気持ちを切りかえることが必要になるから。

ウ　白川英樹さんや田中耕一さんも失敗をしたことによって、新しい発見をすることができたから。

エ　過去の研究者たちのように失敗を積み重ねることで、研究の成果が周囲に認められていくから。

オ　研究がうまくいかないことや、たまたま起こった出来事だけが科学の発展に役立ってきたから。

問7　――線⑦「科学の営みは芸術と似ている」とありますが、筆者が考える「科学の営み」と「芸術」の共通点の説明として最もふさわしいものを、次の**ア**～**オ**から一つ選び、答えなさい。

ア　芸術と同じように、科学も仮説を提案する段階では「ひらめき」が必要である。

イ　過去の事例の通り、科学の営みも芸術も同時期に同じ考えが乱立することがある。

ウ　科学も芸術も過去に判明した法則に新たな発見や考え方を加えて成立している。

エ　科学の営みも先人たちの功績にとらわれない型破りな発想が求められている。

オ　芸術も科学の営みも、過去の成果はより優れた成果にぬりかえられていくものだ。

問8　――線⑧「さまざまな側面」とありますが、この部分までで筆者が述べた「科学の営み」の側面を「科学の営みは」に続く形で、十五字以上二十字以内で二つ答えなさい。

問9　――線⑨「優れた本」とありますが、筆者はどのような点を優れていると述べていますか。その説明として最もふさわしいものを、次の**ア**～**オ**から一つ選び、記号で答えなさい。

ア　科学者たちが課題をどう乗りこえたかを知ることで課題を発見する力をのばすことができる点。

イ　科学者たちが行った科学の営みを実体験することで、問題を解決する力を養うことができる点。

ウ　自然界の知識を体系的に学ぶことによって、広い分野のおさえるべき教養が手軽に身につく点。

エ　読み返すごとに発見があるので、現在でも多くの読者に支持されて科学の名著となっている点。

オ　それぞれの科学の営みを広く深い視点で的確にまとめ、読者の興味や関心を引き出している点。

三　**あなたはレポーターとしてある場面を紹介《しょうかい》することになりました。□の例を参考に、次の【A】の中から場面を一つ選び、そこから思い浮《う》かぶ様子を、【B】の中の言葉を五つ使って書きなさい。その際、文に応じて言葉を変化させてよいですが、選んだ言葉は一度しか使えません。**

ているものも多いのですが、なお現在でも多くの読者を獲得《かくとく》しているものばかりです。その理由は、じっくりと書き込んであり、問題を広くかつ深くとらえているためです。また、幅広い視点で対象をとらえ直し、的確に問題点を洗い出していることもあります。きみたちが科学のことを考えるにあたって、基本的に押さえておくべきことが書かれているとともに、違《ちが》った観点で見直せば多くのおもしろい発見があることも教えてくれています。私にとって、いつ読んでも興味を惹かれる部分があり、読むたびに新しい発見があります。であればこそ、科学の名著として残っているのです。

（池内 了『これだけは読んでおきたい科学の10冊』（岩波ジュニア新書））

＊キュビズム……新たな美術運動のひとつ

ピカソ、マチス、ブラック……どれも芸術家の名前

問1 ――線①「科学の営み」とありますが、左記に示す科学の営みの段階を表した図の Ｉ 、 Ⅱ に当てはまる言葉を、文中の言葉を参考にそれぞれ答えなさい。

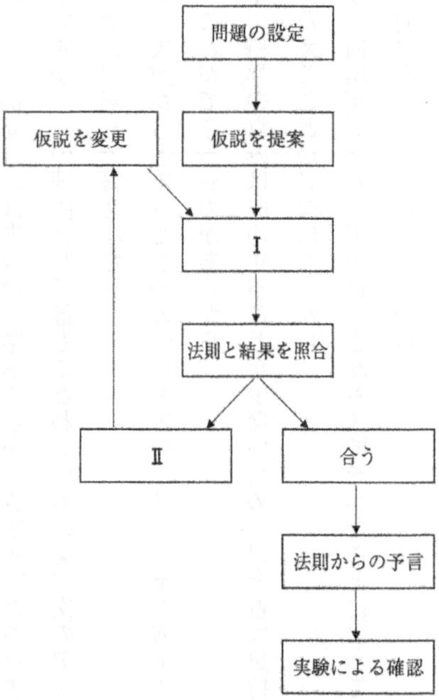

問2 ――線②「科学者はいったいどのように考えているのでしょうか」とありますが、科学の営みをしているときの科学者はどのような状態にあると筆者は考えていますか。その説明として正しくないものを、次の**ア**～**オ**から一つ選び、記号で答えなさい。

ア 自身が行っている科学の営みには間違いはないだろうと強く信じこんでいる状態。

イ 提案した仮説や導き出した法則に誤りがあるかもしれないという不安のある状態。

ウ 法則と観測結果が自分の思っていた通りにならないことに喜びを感じている状態。

エ 失敗と成功を何度もくりかえしながら、目的達成のために力を尽《つ》くしている状態。

オ 研究している手法を信じる気持ちと疑う気持ちの相反する思いを持っている状態。

問3 ――線③「一筋縄でいかない」の意味として最もふさわしいものを、次の**ア**～**オ**から一つ選び、記号で答えなさい。

ア 複数のやり方を試すとうまくいく

イ 意外にもすんなりいく

ウ まじめに考え続けてはならない

エ ふつうのやり方では対処できない

オ 必ずしも一人で取り組むものではない

問4 ④ に当てはまる言葉を、文中からひらがな四字でぬき出して答えなさい。

問5 ――線⑤「醍醐味」の意味を答えなさい。

とはいえ、すべての試みが成功するわけではありません。むしろ、失敗した場合のほうがずっと多いでしょう。しかし、⑥人は失敗から学ぶことができます。なぜ失敗したかを詳《くわ》しく吟味《ぎんみ》し、失敗の原因を明らかにすることによって、つぎのステップでは失敗のない方法を探っていくためです。実際、二〇〇〇年にノーベル化学賞を授与《じゅよ》された白川英樹さんや二〇〇二年に同じノーベル化学賞を授与された田中耕一さんは、むしろ失敗した実験から新しい発見をすることができました。あるいは、偶然《ぐうぜん》が新発見に導くこともあります。フレミングは、風邪《かぜ》をひいたときに自分の鼻粘液《ねんえき》をシャーレに培養《ばいよう》したままにしておいたところ、ある細菌《さいきん》が飛び込み、鼻水に含《ふく》まれる活性物質によって殺されてしまっていることを発見しました。これが後に、抗生《こうせい》物質であるペニシリンの発見につながるのです。このように、失敗や偶然が科学の発展に寄与することも多くありました。それを「セレンディピティー」と呼んでいます。思いがけないところに科学の発見の糸口が潜《ひそ》んでおり、それに気づき、確実に科学の成果につなげていくのも科学者の仕事です。

また、⑦科学の営みは芸術と似ているところがあります。特に問題を設定する段階では、ふとした思いつきやインスピレーションなどという、科学的には説明できない「ひらめき」のようなものが必要で、それは芸術の活動と何ら変わりません。そのためか、科学の歴史において、複数の科学者が、独立で、まったく同じことを考えていたということがたびたびありました。＊キュビズムが起こったとき、＊ピカソや＊マチスや＊ブラックなどが、それぞれ少しずつ異なってはいたけれど、二次元のキャンバス上に三次元の世界をどう描《えが》くかという観点では一致《いっち》していたのと同じです。

科学が芸術と異なるのは、科学は積み上げによって成り立っているということです。先人が打ち立てた揺《ゆ》るぎない法則を無視することができず、その法則の上に新しいことがらを付け加えねばならないのです。その意味では、科学の成果はつぎつぎと受け継《つ》がれていき、より高度なものへと変身していると言えるでしょう。科学は、つねに新しい成果に塗《ぬ》り替《か》えていかれるものでもあるのです。

このように、科学の営みには⑧さまざまな側面があり、そのおのおのについて科学者は独自の対応をしています。それをかいま見せてくれるのが、ここに集めた一〇冊の本です。科学者が研究の各側面で、どのように考え、どのように解決策を見出してきたかを知ることによって、きみたちの発想法に活《い》かせるかもしれません。また、具体的な対象にそってどのように研究を進めたかが書かれているので、科学の考え方や学び方を自分のものにすることができるでしょう。現在、科学館や天文台など多くの社会教育施設《しせつ》があり、そこで科学の営みを実体験するのも良い経験になると思います。同時に、ここに紹介《しょうかい》するような⑨優れた本を読み、自然界の全体構造を知りながら、それらがどのような研究によって明らかにされてきたかを学ぶことも重要です。自らの想像力を鍛《きた》えることになるのですから。

いま、科学の最前線はさまざまな分野に広がっています。本書では、幅《はば》広い科学の分野で、名著とされて評価が定まり、いまもなお読み継《つ》がれている本を取りあげています。現在の科学はよりいっそう専門分化が進んでいますが、それらの細かな話ではなく、要点を押《お》さえ、全体的な把握《はあく》ができそうな本ばかりを選んでいます。出版されてから時間が経《た》っ

ア　オイル差しがあった場所
イ　オイル差しが埃《ほこり》まみれである理由
ウ　オイル差しの使い道
エ　車輪がさびついている原因
オ　車輪がうまく回らないわけ

問7　⑥ に入る体の一部を表す一字を漢字で答えなさい。

問8　――線⑦「その顔はたしかに笑っているように見えた」とありますが、これはおじいさんの表情を「僕」がどのように感じ取ったからだと考えられますか。最もふさわしいものを次の**ア**～**オ**から一つ選び、記号で答えなさい。

ア　これまでひとりぼっちだった孫のテツガクが、初めて同年代の友達と遊んでいる姿を目にして、心から喜んでいると感じ取ったから。
イ　手近にあるものを使い、自分で遊び道具を作って楽しむ「僕」やテツガクのことを好意的に受け止めてくれていると感じ取ったから。
ウ　幼いころからいつも一緒《いっしょ》に仲良く過ごす三人の様子をほほえましく思い、この関係がこれから先も長く続くよう願っていると感じ取ったから。
エ　使い道に困ってガレージに放置していたものを活用してテツガクの望む遊び道具を作った「僕」の発想力を感心してくれたと感じ取ったから。
オ　貧しいながらも材料をなんとか工面《くめん》して遊び道具を作る姿が自分の子ども時代と重なり、「僕」に親近感を抱《いだ》いていると感じ取ったから。

二　**次の文章を読んで、あとの問いに答えなさい。**

①科学の営みは、さまざまな段階から成り立っています。問題の設定から始まり、仮説を提案し、仮説から法則を導き、導いた法則を実験や観測結果と照合する、という段階です。導いた法則が実験や観測結果と合わなければ、仮説を変更《へんこう》して再度同じ手順をくりかえします。それがうまくいった場合、さらに、得られた法則からの予言を新たに工夫した実験によって確かめることも加わってきます。そのおのおのの段階で、②科学者はいったいどのように考えているのでしょうか。自分がやっていることが正しいと信じ切って進めているのでしょうか。それとも、いつもまちがっているかもしれないと考え、おそるおそる研究を進めているのでしょうか。むろん、どちらの場合もあるし、ときには自信を持ち、ときには自信を失って、試行錯誤《さくご》で進んでいく場合もあるでしょう。

問題の設定にしても、まったくまちがった前提から出発して思いがけない発見に導かれることもあるし、こうなるはずと決めつけて失敗する場合もあります。科学の営みは③一筋縄《ひとすじなわ》でいかないところがあり、それがまた科学者を惹《ひ》きつけている理由でもあるのです。多くの失敗や回り道をしたあげく、ごく簡単な解決法にたどりつき、それですべてがうまくいってしまった、というような場合の快感は、科学者でこそ味わえるものです。④ 、「定説」（それが正しいと信じられるようになった説）を疑い、別の立場から研究を進めて定説をくつがえしたり、定説を大きく包み込《こ》むような新しい理論を展開する、という場合もあります。その場合には、自分の疑いがほんとうなのかどうかたえず心配になりますが、思い切って飛躍《ひやく》したおかげでまったく新しい展望が開かれるのです。これも科学者が味わう⑤醍醐味《だいごみ》かもしれません。

僕らは交代で手作りのスケートボードで滑った。いつのまにかリビングのサッシの前におじいさんが立っていて、こっちを見ていた。⑦その顔はたしかに笑っているように見えた。

（はらだみずき『帰宅部ボーイズ』（幻冬舎文庫））

＊ローラースケート……車輪をくつ底に取り付けて地面をすべって遊ぶ用具

六角ナット、モンキーレンチ、ボルト……すべて工具の名称

シャーシー……車輪をくつに取り付けるときに用いる金具

トンプソン・サブマシンガン、ヌンチャク……どちらも映画の登場人物が用いていた物

問1　この場面の季節はいつですか。季節とその理由を答えなさい。

問2　――線①「自然と自分の口元がゆるむのを意識した」とはどのような様子を表していますか。最もふさわしいものを次の**ア**～**オ**から一つ選び、記号で答えなさい。

ア　テツガクが欲しがっていたものを作って喜ばそうとしている様子。

イ　あこがれていたものを目の前にして、心を高ぶらせている様子。

ウ　思いついたことを実現させようと作業に熱中し、楽しんでいる様子。

エ　これを使っていったいどんなものが作れるかを考えている様子。

オ　友人の家なので緊張《きんちょう》していたが、それが少しずつほぐれてきた様子。

問3　――線②「使っていい木材はあるかな？」とありますが、この後「僕」が使用した木材はどのようなものですか。最もふさわしいものを次の**ア**～**オ**から一つ選び、記号で答えなさい。

ア　長さ九十センチ、幅《はば》三十センチ程度で、三センチほどの厚みのある頑丈《がんじょう》な板。

イ　長さ七十センチ、幅二十センチ程度で、厚さ二センチほどの木目のきれいな板。

ウ　長さ一メートル、幅五十センチ程度で、厚さ一センチほどの大きくて軽い板。

エ　長さ七十五センチ、幅二十五センチ程度で、五センチほどの厚みのある重い板。

オ　長さ六十センチ、幅十五センチ程度で、三センチほどの厚みのある細長い板。

問4　――線③「テツガクは気がついたようだ」とありますが、何に気がついたのか、四十字以内で具体的に答えなさい。

問5　――線④「おじいさんはレースのカーテンの奥にすっと姿を消した」とありますが、おじいさんはこの後どんな行動をとったと考えられますか。最もふさわしいものを次の**ア**～**オ**から一つ選び、記号で答えなさい。

ア　孫と出かける用事を思い出したので出かけた。

イ　テツガクから姿が見えない場所で二人を見守った。

ウ　「僕」がほしがっているものを探しにいった。

エ　一緒に住んでいる家族の様子を見に行った。

オ　遊んでいる二人に渡すものを取りに行った。

問6　――線⑤「君に渡せば、きっとわかるって？」とありますが、何がわかるというのですか。最もふさわしいものを次のページの**ア**～**オ**から一つ選び、記号で答えなさい。

にノコギリを当てる。そして先端《せんたん》がV形になった板の前の部分に分解したローラースケートの前輪を釘で打ち付けた。

「わかった！」

そこで初めて③テツガクは気がついたようだ。いったいなにを作ろうとしているのか。

僕は笑い返しながら、後輪部分を板の後ろのほうに取り付けた。

「完成！」

僕が叫《さけ》ぶと、犬のクーンが驚《おどろ》いて顔を上げた。

リビングのサッシの近くにテツガクのおじいさんが立って、こっちを見ていた。僕らが気づくと④おじいさんはレースのカーテンの奥《おく》にすっと姿を消した。

「すごいよ、直樹！」

テツガクはそう言ってくれたが、知らない人間が見れば、それは前後に車輪の付いた板きれにしか見えなかったかもしれない。僕が思いつきで作ってみたのは、春に映画で見たあの乗り物だった。

そう、スケートボード。

まだ本物を手にとったことはなかったので、手探りで作った。

「ちょっと、乗ってみようぜ」

テツガクが言ったとき、玄関《げんかん》のドアが薄《うす》く開いておじいさんが顔を出したので、僕は軽く頭を下げた。おじいさんは弱々しく手を振って、テツガクを手招いた。走り寄ったテツガクに、おじいさんはなにかを手渡《わた》すと、すぐに家に引っ込んでしまった。

もどってきたテツガクの手には、埃まみれのオイル差しがあった。

「⑤君に渡せば、きっとわかるって？」

テツガクは不思議そうな顔をしていた。

「おまえのおじいさん、なかなかやるじゃん！」

僕はうれしくなった。

板に取り付けた四つの車輪のベアリングに、おじいさんのオイル差しでオイルを注入した。手のひらで車輪を弾《はじ》くように回すと、錆《さ》びついてジャリジャリしていた音がシャリシャリに変わり、車輪は滑《なめ》らかに回りだした。

僕らはガレージにある犬小屋を隅《すみ》っこに移して、手作りのスケートボードを試した。乗り心地はザラザラとしていたが、スケートボードに乗ること自体初めてだったので、よいも悪いもなかった。それよりも自分の手で作ったスケートボードに乗った喜びのほうが勝っていた。

おそらく、東京や千葉まで ⑥ を延ばせば本物のスケートボードは売っていたと思う。でも、作るという選択《せんたく》をしたのは、きっとそれが僕にとってあたりまえの行為《こうい》だったからだ。サンダース軍曹《ぐんそう》の持っていた＊トンプソン・サブマシンガンや、ブルース・リーの＊ヌンチャクをかつて自分で作ったように……。

「いい感じ！」

僕が重心を低くして滑《すべ》ると、「乗せてくれよ！」とテツガクがせがんだ。

元々ローラースケートの車輪の幅が狭《せま》いせいか、ボードはぐらぐらした。左足をボードの上に乗せ、ゆっくりと右足でこぐ。スピードがついたら、左足のやや後方に右足を素早く乗せ、バランスをとるように両足を広げる。すぐにガレージの端に到達《とうたつ》してしまうのだが、それでも飽《あ》きなかった。

【国　語】〈五〇分〉〈満点：一〇〇点〉

【注意】字数指定のある問題は、句読点も字数に数えます。

一　次の文章は、「テツガク」が祖父と二人で暮らす家で、中学生の「僕《ぼく》」と「テツガク」が遊んでいる場面である。これを読んで、あとの問いに答えなさい。

「これ、分解してもいいかな？」
「どうぞご自由に。どうせ捨てるものだし」
テツガクは近くに座って、僕《ぼく》の作業を興味深そうに眺《なが》めていた。
僕は＊ローラースケートを分解し始めた。裏側にある＊六角ナットを＊モンキーレンチでゆるめ、サイズが最大幅《はば》になるように＊シャーシーを広げてみた。二十五センチくらいの靴《くつ》までならなんとか収まりそうだ。さらに六角ナットをゆるめていき、＊ボルトをネジ穴から完全に抜《ぬ》き取ると、スライド式のシャーシーは予想通り前輪部分と後輪部分のふたつに分かれた。それらに付いているベルトや金具をすべて取り外した。
「いったいなにをやろうっていうんだい？」
テツガクに訊《き》かれたが黙《だま》っていた。①自然と自分の口元がゆるむのを意識した。
「ノコギリとトンカチはある？」
「えーと、あるよ」
「釘《くぎ》はどう？」
「ちょっと待って」
テツガクは埃《ほこり》だらけの工具箱を漁《あさ》った。「このサイズでどうかな？」
「もう少し太くて、長いのがいい」
「じゃあ、こっちは？」
「いいね、それを十本くらい用意してよ」
「オーケー」
テツガクもコンクリートに座り込《こ》んだ。クーンは日陰《ひかげ》に寝《ね》そべって、赤い舌を前後に揺《ゆ》らしながら目を閉じていた。ジェット機がひこうき雲を引きながら、唸《うな》るような低い音を立てて遥《はる》か上空を通り過ぎていく。どこかの家の軒先《のきさき》に吊《つ》るされた風鈴《ふうりん》の音が聞こえてきた。
「ねえ、この家に②使っていい木材はあるかな？」
「木材？」
テツガクは申し訳なさそうに首を横に振《ふ》った。
「じゃあ、近くに家を建てているところって、ない？」
「建築中の家ってことなら、この先に一軒《いっけん》あったはずだよ」
「よし、そこに行ってみよう！」
さっそくテツガクの案内で家の前のゆるやかな坂道をくだって、その建築現場へ向かった。
日曜日のせいか大工さんの姿はなく、トンカチで釘を叩《たた》く音や、ノコギリを引く音は聞こえてこなかった。まだ基礎《きそ》に柱を建てただけの状態の家は、組まれた仮設の足場に沿ってブルーシートで半分覆《おお》われていた。その覆いのなかに入り込んで落ちている木切れを物色した。三センチほどの厚みのあるイメージに合う木片をいくつか拾い集め、ガレージにもどっていった。
拾ってきた木片をノコギリで切断し、長さ約七十センチ、幅約二十センチの長方形の板に整えていく。さらに板の片方の端《はし》がV形になるよう

MEMO

大切なことはメモしておこうネ！

一般Ⅰ期

2024年度

解 答 と 解 説

《2024年度の配点は解答欄に掲載してあります。》

<算数解答>

1 (1) 16 (2) 3.14 (3) $\frac{40}{81}$ (4) 93 (5) $\frac{3}{4}$

2 (1) $\frac{9}{70}$ (2) 600g (3) 130人 (4) 18通り (5) 6点 (6) 17人
(7) ① 20% ② 8.0秒以上，8.5秒未満

3 (1) 18.84cm^2 (2) 32cm^3 (3) x=22.5° y=135° z=112.5°
(4) 560cm^3

4 (1) (ア) 114000円 (イ) 4000円 (2) 2500円の損失 (3) 317円

5 (1) 分速80m (2) 2.46km (3) 分速152.5m

6 ア・イ 24 ウ 1 エ 2 オ 8 カ 9 キ 2 ク 7 ケ 1

○推定配点○

1・2・4・5 各3点×20 3 各4点×6 6 各2点×8 計100点

<算数解説>

1 (四則混合計算)

基本 (1) 四則混合計算では計算の順番を書いてから取り組むことで計算間違いを防ぐ。カッコ内は先に計算し，わり算はひき算よりに計算する。①74－25＝49，②49÷7＝7，③23－7＝16

基本 (2) 6.28＝3.14×2と考え，計算の工夫，分配法則を利用する。3.14×(0.7－2×0.1＋0.5)＝3.14

重要 (3) 分数のたし算は分母を通分してから計算する。計算の順番を書いてから取り組む。
①$\frac{1}{3}+\frac{1}{9}=\frac{3}{9}+\frac{1}{9}=\frac{4}{9}$，②$\frac{4}{9}+\frac{1}{27}=\frac{12}{27}+\frac{1}{27}=\frac{13}{27}$，③$\frac{13}{27}+\frac{1}{81}=\frac{39}{81}+\frac{1}{81}=\frac{40}{81}$

重要 (4) カッコ内は先に計算する。計算の順番を書いてから取り組む。①$\frac{7}{16}-\frac{3}{20}=\frac{35}{80}-\frac{12}{80}=\frac{23}{80}$，
②$\frac{23}{80}+\frac{7}{8}=\frac{23}{80}+\frac{70}{80}=\frac{93}{80}$，③$\frac{93}{80}\times 80=93$

(5) 計算の順番を書いてから取り組む。小数と分数の計算では小数を分数にしてから計算する。分数のわり算は逆数をかけ算する。①$1\frac{1}{2}-\frac{2}{3}=\frac{9}{6}-\frac{4}{6}=\frac{5}{6}$，②$1.2=1\frac{1}{5}$，$\frac{6}{5}\times\frac{5}{6}=1$，③1＋2.6＝3.6，④$2.7\div 3.6=\frac{27}{10}\div\frac{36}{10}=\frac{27}{10}\times\frac{10}{36}=\frac{3}{4}$

2 (計算の工夫，濃度，割合，場合の数，平均算，つるかめ算，統計グラフ)

重要 (1) 例のように分数を書き換えてから計算する。$\frac{3}{5\times 8}+\frac{3}{8\times 11}+\frac{3}{11\times 14}=\frac{1}{5}-\frac{1}{8}+\frac{1}{8}-\frac{1}{11}+\frac{1}{11}-\frac{1}{14}=\frac{1}{5}-\frac{1}{14}=\frac{14}{70}-\frac{5}{70}=\frac{9}{70}$

(2) 8%の食塩水200gが14%になるには，食塩が200×(0.14－0.08)＝12(g)必要。16%の食塩水100gが14%になるには，食塩が100×(0.16－0.14)＝2(g)不要。12÷2＝6，100(g)×6＝600(g)，16%の食塩水600gを混ぜる。

重要 (3) 1割を小数にすると0.1，昨年の入学者を□人として式を立てる。□×(1＋0.1)＝143，□＝

$143 \div 1.1 = 130$

(4)　樹形図を書くか3けたの整数を小さい順に書き出して調べる。百の位が1の3けたの整数は，102，103，120，123，130，132の6通り，百の位が2，3の場合も同様に6通りずつできるので，$6 \times 3 = 18$(通り)

重要　(5)　3回の平均点が8点なので合計点は$8 \times 3 = 24$(点)，また5回の平均点も8点なので合計点は，$8 \times 5 = 40$(点)，$40 - 24 = 16$(点)，残り2回のうち1回が10点なので，$16 - 10 = 6$(点)

重要　(6)　もし招待された25人が全て大人だったら$3 \times 25 = 75$(個)パンが必要になる。実際は$60 - 2 = 58$(個)必要だったことから，子どもがいたので$75 - 58 = 17$(個)少なかった。子どもの数は$17 \div (3 - 2) = 17$(人)

(7)　①　$3 + 4 = 7$，$7 \div 35 = 0.2$，$0.2 \times 100 = 20$　②　35人いるのでちょうど真ん中の人は$(35 + 1) \div 2 = 18$(番目)，早い人から18番目の人は，8.0秒以上8.5秒未満のはんいに入っている。

3　(平面図形・面積，角度，立体図形・体積)

(1)　弧の長さ6.28cmより，半径6cm，中心角□度として式を立てる。$6 \times 2 \times 3.14 \times \frac{\square}{360} = 12 \times 3.14 \times \frac{\square}{360} = 6.28$(cm)，$\frac{\square}{360} = 6.28 \div 3.14 \div 12 = \frac{1}{6}$，おうぎ形の面積は$6 \times 6 \times 3.14 \times \frac{\square}{360} = 36 \times 3.14 \times \frac{1}{6} = 6 \times 3.14 = 18.84$($cm^2$)

重要　(2)　展開図にたて，横，高さを書き入れる。(右図①参照)　底面が1辺4cmの正方形，高さが$(12 - 4 \times 2) \div 2 = 2$(cm)の四角柱になる。体積は$4 \times 4 \times 2 = 32$($cm^3$)

図①

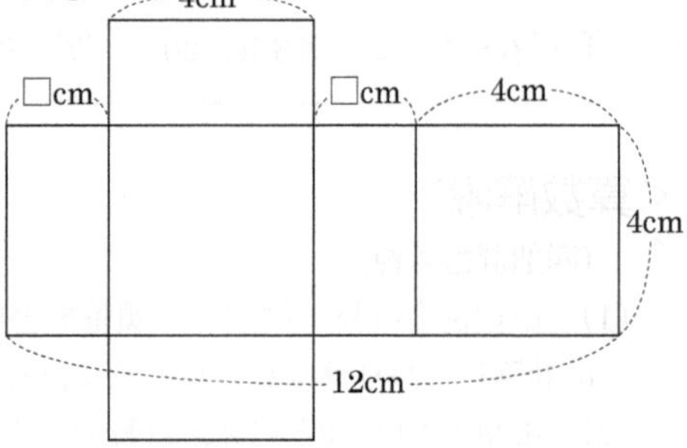

(3)　問題文の図3にx，y，zを書き入れる。するとxは直角の半分の半分，yは直線180度から直角二等辺三角形の鋭角を引いたもの，zは四角形から直角とyとxを引いたものということがわかる。(下図②参照)　$x = 90 \div 4 = 22.5$，$y = 180 - 45 = 135$，$z = 360 - 90 - 135 - 22.5 = 112.5$

図②

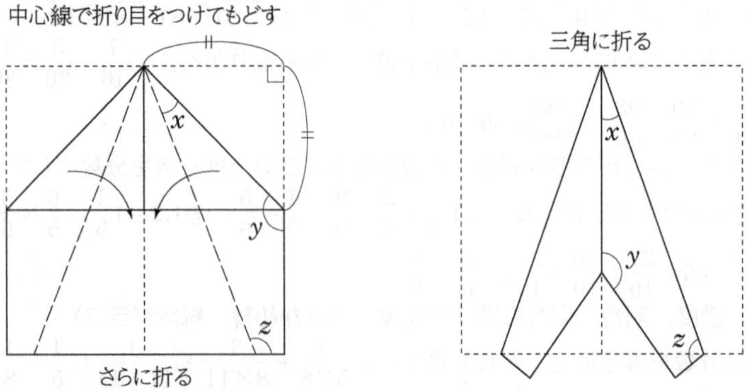

やや難　(4)　底面積×2＋側面積＝492(cm^2)，側面積は底面(次ページ図③)のまわりの長さ×8で求めることができる。側面積は$(10 + 12) \times 2 \times 8 = 352$($cm^2$)，よって底面積は$(492 - 352) \div 2 = 70$($cm^2$)，よって立体の体積は$70 \times 8 = 560$($cm^3$)

図③

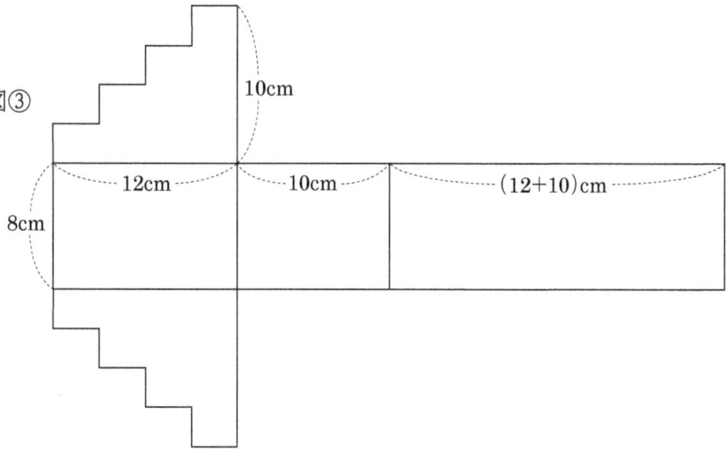

4 (売買算の応用)

基本 (1) (ア) 売上は売値に実際の販売数をかけ算して求める。300×380＝114000(円)

(イ) 利益は売上から支出を引いて求める。114000－110000＝4000(円)

(2) 販売予定数150個の場合，仕入れ値は250×150＝37500(円)，固定費は110000－100000＝10000(円)，支出は37500＋10000＝47500(円)，売上は300×150＝45000(円)，47500－45000＝2500(円)

(3) 150個を完売することで支出の47500円以上になると利益がでる。47500÷150＝316.66…より，利益が出るのは317円以上の場合。

5 (速さとグラフ)

重要 (1) 家から公園までの道のりは1.2km＝1200m，グラフより家から公園まで15分かかる。1200(m)÷15(分)＝80(m/分)

重要 (2) 和美さんは公園に10分いたことが問題文にあるので，公園を出発したのは9時25分，図書館には9時37分に着いているので，公園から図書館まで12分かかっている。道のり＝速さ×時間で求めることができる。公園から図書館までは105(m/分)×12(分)＝1260(m)，家から図書館までは1.2(km)＋1.26(km)＝2.46(km)

(3) お兄さんは和美さんが公園に着いてから4分後の9時19分に家を出て，9時31分に追いついている。追いつくのに31－19＝12(分)かかっている，追いついたのは家から1200＋105×(31－25)＝1830(m)の地点，兄の速さは1830(m)÷12(分)＝152.5(m/分)

や難 6 (数論)

① 4けたの整数を4倍しても4けたのままということは，2けたの整数AB×4は99以下。99÷4＝24あまり3，よって求める答えは，ア・イ 24 である。

② 1けたの整数を4倍しても奇数にならない。ウは2以下の奇数で1，このことからエは2になる。

③ Aを4倍すると，2×4＝8，Dは8または9になる。求める答えは，オ 8 カ 9 である。

④ Cの4倍に3を足すと奇数になる。Bは2以下で奇数になる。Bは1，Cは2か7ということになる。よって求める答えは，キ 2 ク 7 ケ 1 である。

★ワンポイントアドバイス★

基礎的な知識を身につけ，応用的な問題までていねいに取り組む練習しておこう。図形問題は発展的な問題も練習しておこう。会話文や複雑な問題に対応できるよう，長文の読み取りの練習をしておくとよいだろう。

＜理科解答＞

1 (1) 食物連さ (2) 消費者 (3) 解説参照 (4) イ，ウ (5) オゾン層 (6) ア

2 (1) ア，エ (2) 石灰水 (3) ① ウ ② ウ (4) ① A ミョウバン B 食塩 C ホウ酸 ② 7g ③ 2.5g ④ ウ

3 (1) イ，カ (2) こと座 (3) イ (4) ア (5) 4時間後

4 (1) ウ (2) ア (3) 220mA (4) ① ク，ケ ② シ ③ B，E

○推定配点○

各2点×25(1(4)，2(1)，(4)①，3(1)，4(4)①，③各完答)　計50点

＜理科解説＞

1 **(生物－動物)**

基本 (1) 図のような植物→草食動物→肉食動物の「食べる・食べられる」つながりを「食物連さ」という。

重要 (2) ほかの生き物(生産者)のつくった栄養分を食べる生き物を「消費者」という。

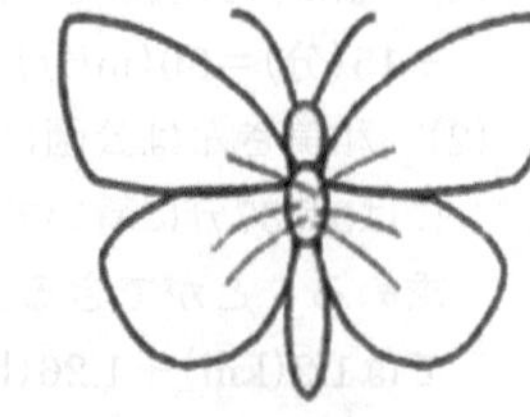

(3) 昆虫の足は右図のように胸部に3本ついている。

(4) チョウやガ，カブトムシ，ハチやアリのなかまがさなぎの時期を経て，成虫になる。

(5) 光合成によって放出された酸素は太陽光の影響でオゾンとなり，紫外線を吸収するオゾン層をつくった。

(6) シカは草食，タカはクマを食べない，ミツバチは花のみつと花粉を食べるので正解はアである。

2 **(物質と変化－ものの溶け方)**

基本 (1) 固体は細かくすると溶けやすくなり，濃い水溶液は密度が大きくなるので同じ体積で比べると重くなる。色がついていても透明であれば水溶液であるから，イとウは間違いである。

(2) 塩酸と炭酸水は気体が溶けているので蒸発皿に何も残らないが，石灰水は固体の消石灰(水酸化カルシウム)が溶けているので白い固体が残る。

重要 (3) ① コーヒーシュガーの粒は均一に広がるので，ウのようになる。 ② 水溶液の粒は時間がたっても均一に広がったままである。

重要 (4) ① 水温の変化により溶ける量の変化が大きいAは，ミョウバンであり，水温の変化により溶ける量の変化がほとんどないBは食塩である。

② 80℃の水50gには$24(g)\times\frac{50}{100}=12(g)$溶けるので，あと$12(g)-5(g)=7(g)$溶ける。

③　20℃の水50gには5(g)×$\frac{50}{100}$＝2.5(g)溶けるので，あと5(g)－2.5(g)＝2.5(g)溶ける。

④　アはミョウバン，イは食塩，ウがホウ酸，エは硝酸カリウムである。

3　**(天体・気象・地形－星と星座)**

基本　(1)　わし座のアルタイル，はくちょう座のデネブがあてはまる。

(2)　ベガがこと座の一等星である。

(3)　夏の大三角形は南側の空に見えるので，東から西にイのように動く。

(4)　星が時間ごとに移動するのは，地球が自転していることが原因である。

重要　(5)　地球は24時間で360度動くので1時間に15°動くから，60°÷15°＝4(時間)後となる。

4　**(電流－回路と電流)**

基本　(1)　電流計は測りたいものに直列につなぐ。

(2)　電流の大きさの見当がつかないときは一番大きな値の端子につなぐ。

(3)　500mAの端子につないでいるので2の目盛りは200mAで，1目盛りは10mAだから電流の大きさは220mAである。

(4)　①　アに流れる電流を1とする。BとEの回路はショートしているのでイとオはつかない。CとDの回路は並列回路で，ウとエに流れる電流は1，Fの回路は乾電池も豆電球2個が直列なので流れる電流は1である。Gの回路では豆電球に流れる電流が2となるので，クとケが一番明るい。

重要　②　アに流れる電流を1とする。Hの回路でコとサには$\frac{1}{2}$，シは1，Ｉの回路ではスとセに$\frac{1}{3}$，ソに$\frac{1}{3}$となるので，シである。

③　BとEの回路はショートしているので豆電球はつかない。

★ワンポイントアドバイス★

比較的解きやすい問題が多いが，問題の条件に注意して解いていく必要がある。時間は25分だから手際よく解いていき，疑問に思った問題には印をつけておいて，全問解き終わってから見直そう。

<社会解答>

1　問1　X　奥羽　　Y　フォッサマグナ　　Z　日本アルプス　　問2　A　エ　　B　イ　　C　ア　　D　ウ　　問3　A　ウ　　B　ア　　C　エ　　D　イ　　問4　6

問5　(1)　慎重に裁判を行うことで，人権を保障するため　　(2)　イ，ウ，エ

問6　(1)　高齢者や障害者などが生活する上で障壁となるものを除去すること　　(2)　階段のスロープ，手すり，点字ブロック，メロディ式記号

2　問1　1　菅原道真　　2　執権　　問2　イ　　問3　イ　　問4　ア→エ→ウ→イ

問5　ボランティア　　問6　ア　　問7　原爆ドーム　　問8　一揆の中心人物をわからなくするため　　問9　(1)　出島　　(2)　参勤交代　　(3)　エ　　問10　ア

○推定配点○

1　問1・問5(2)　各2点×4　　問5(1)　4点　　問6　各3点×2　　他　各1点×9

2　問2・問3・問6・問9(3)・問10　各1点×5　　問8　4点　　他　各2点×7　　計50点

<社会解説>

1 (日本の地理・歴史・政治の総合問題，時事問題)

問1　X　奥羽山脈は，東北地方の中央部を南北に走る約500kmの山脈で，青森県から栃木県に至る日本最長の山脈でもある。　Y　フォッサマグナは，地溝帯の一つで，地質学においては東日本と西日本の境目となる地帯でもある。別名中央地溝帯，大地溝帯とも呼ばれる。　Z　日本アルプスは，本州中央部にある「北アルプス(飛驒山脈)」「南アルプス(赤石山脈)」「中央アルプス(木曽山脈)」の総称である。

問2　Aは全国で2番目に大きな面積を持つ岩手県でエ，Bは全国で最も面積の小さい香川県でイ，Cは日本最長の信濃川の下流域に形成された越後平野を持つ新潟県でア，Dは8つの都道府県と接している長野県でウ，それぞれが該当する。

基本　問3　A　盛岡(岩手県)は夏に降水量が多い太平洋側の気候でウ，　B　高松(香川県)は1年中温暖で降水量の少ない瀬戸内の気候でア，　C　新潟(新潟県)は冬に降水量が多くなる日本海側の気候でエ，　D　夏と冬の気温差が多い内陸の気候でイ，それぞれが該当数する。

問4　オリーブは香川県が，コメは新潟県が，レタスは長野県が，それぞれの生産量で全国第1位となっている。

問5　(1)　三審制の目的は，裁判を受ける人の人権保護にある。慎重に審査されるとはいえ，1回の裁判で事実関係を的確に捉えた完璧な判決が下されるとは限らない。そのため，裁判をうける当事者の権利を守るために，3回まで裁判を受けることができる「三審制」が導入されている。

やや難　(2)　アは評決の結果5対4で有罪となる。イは評決の結果4対5で無罪である。ウは評決の結果は6対3で有罪であるが，裁判官で有罪とした者がいないので，無罪となる。エは評決の結果3対6で無罪である。

問6　(1)　バリアフリーは，対象者である障害を含む高齢者等が，社会生活上で支障となる物理的な障害や，精神的障壁を取り除くための施策，及び具体的に障害を取り除いた事物や状態を指す。　(2)　バリアフリーの具体例には，メロディが流れる信号機，スロープ，エレベーター，点字ブロック，多目的トイレ，駅のホームドアなどが有名である。

2 (日本の歴史―飛鳥時代から昭和時代)

問1　(1)　菅原道真は平安時代の学者の家系に生まれ育ち，学問や芸術の才能を発揮したことで，右大臣にまで出世した人物である。晩年，藤原氏の陰謀で大宰府に流され，生涯を終えた。現在は学問の神様として知られているが，一時は藤原氏に対する怨霊とされていた歴史がある。

(2)　執権とは，政治の実権を握ること，またはその人のことを指す。鎌倉幕府で将軍を補佐して政治を統括する職であり，政所別当を執権と称したのが始まりである。第8代執権北条時宗の時に元寇が起きた。

重要　問2　大正時代は，民主主義が芽生えた時代でもある。その顕著な例が大正デモクラシーで，時代の変化，生活の変化，社会の変化からより自由を求めるようになったのである。したがって，イが正解となる。ア，ウは昭和時代，エは明治時代，それぞれの出来事である。

基本　問3　世界最古の木造建築は，聖徳太子が建てた法隆寺(飛鳥時代)で，イが該当する。

問4　ア　日本国憲法公布(1946.11.3)→エ　サンフランシスコ平和条約(1951.9)→ウ　日本の国連加入(1956.12)→イ　第1回東京オリンピック(1964.10)。

問5　ボランティア元年は，1995年の阪神・淡路大震災がきっかけで呼ばれるようになった。実際にボランティア元年を機に，さまざまなボランティアに関する整備が行われた。

問6　アは藤原道長の歌で，平安時代の摂関政治における藤原氏の権力をあらわした歌として有名である。イは松尾芭蕉(江戸時代前期)の歌，ウ小林一茶(江戸時代後期)の歌，エは小野老(奈良時代)の歌。

重要 問7　原爆ドームは，1945年の核兵器の惨禍を伝える建築物として世界文化遺産に登録された広島の名所である。

やや難 問8　一揆の首謀者には，死罪や一家処罰の処分がされることが一般的であった。そこで，首謀者がわからないように，寄せ書きのように，嘆願書などに輪状に署名をしていった。

問9　(1)　Aは，1639年ポルトガル船の来航を禁じて鎖国が完成したときの文章である。その2年後，1641年には，平戸のオランダ商館を長崎の出島に移した。　(2)　Bは徳川吉宗が享保の改革で行った上米の制のことである。それは，大名に石高1万石につき100石の米を納めさせる代わりに，参勤交代で江戸にいる期間を半年にすることである。　(3)　生類憐みの令は，徳川綱吉の政策であるので，エが誤りとなる。

問10　鎌倉は，三浦半島西岸の地名であり，相模湾に面している。源頼朝が1180年に根拠地を置き，鎌倉幕府を開いてからは武家政治の中心地となった。

★ワンポイントアドバイス★

[1]問5(1)　仮に1回の裁判しか受けることができないと，裁判を受ける人の主張や事実関係にそぐわない判決が下されてしまうリスクがでてくる。[2]問10　鎌倉は，頼朝以前に源頼義が八幡宮を開いてから，源氏ゆかりの場所となっていた。

<国語解答>

[一]　問1　エ　問2　オ　問3　ア　問四　イ　問5　ウ　問6　ぼくと仁菜がいっしょにいるところ　問7　ウ　問8　オ　問9　イ　問10　オ

[二]　問1　A　ウ　B　オ　C　ア　問2　「無言館」にならんでいる絵　問3　「見て下さい，ボクの絵を」「どう？　ボクの絵いいでしょう？」　問4　オ　問5　戦争で死んだ画学生さん(の絵)　問6　イ　問7　ア　問8　エ　問9　エ　問10　ウ

[三]　(例)　レストラン「ひので」には，ワカモレはない。

[四]　①　気象　②　千鳥　③　草案　④　灯台　⑤　売買　⑥　門柱　⑦　悲観　⑧　保管　⑨　前兆　⑩　夫妻

○推定配点○

[一]　問6　6点　問10　3点　他　各2点×8

[二]　問2・問5　各6点×2　問3　10点(完答)　問10　3点　他　各2点×8

[三]　14点　[四]　各2点×10　計100点

<国語解説>

[一]　(小説－心情・情景の読み取り，文章の細部の読み取り，指示語の問題，ことばの意味，ことわざ，表現技法)

問1　続く段落に理由が書かれている。曲がり角に秋吉の姿は見えなかったので，「ほっと胸をなでおろした」のは，不安だったからである。「お調子者の秋吉に，仁菜と話しているところを見られたら，明日学校でなにを言われるかわかったもんじゃない」とある。このように不安に思っ

たのは,「仁菜はいまちょっとした話題の人だから」である。

基本 問2　直後に「猫。確か仁菜の母さんって……」とあり,「嫌な予感」に仁菜の母親が関係していることがわかる。読み進めていくと,「面倒事には巻きこまれたくなかった」とあり,さらに仁菜が「げんちゃんちで飼ってよ」と言い,「うちのママ,猫ダメだからさ」とあり,「雅さん(＝仁菜の母親)は大の猫嫌いだった」とある。「嫌な予感」とは,オにあるように「猫に関する面倒事にぼくも巻き込まれてしまうのではないかという予感」である。

重要 問3　「ジョウソウキョウイク」は「情操教育」と書く。猫を飼うことが陽向の情操教育にもいいというのである。次に「ジョウソウキョウイク」があるところは,動物病院の場面である。弱った猫が入った段ボールを膝の上で抱きしめている仁菜のとなりに座っている陽向が,猫には関心をもたずに「ひまそうに鼻をほじっている」様子を見た「ぼく」が,「なにがジョウソウキョウイクだ。まったく効果がなさそうだぞ」と言っている。「情操」とは,人間がもつ道徳的や知的な感情などで,そのような人間らしい高等な感情を育てるのが「情操教育」である。猫を飼うことは,陽向にとってアにあるような情操にかかわる教育の効果はなさそうだというのである。

やや難 問4　「ホント」「ウソ」はペットを飼うということについてである。「ホント」は,飼えないだろうということで,「(ペットは)お金がかかったのを聞いてビビってる」,「(ペットは)高額で売られているから手が出せない」ことが理由として挙げられている。「ウソ」は「何かを飼いたいのはたしかなんだろう」ということで,ペットを飼う気はあるということ。

問5　「乗りかかった船」は,いったん着手したうえは,途中でやめるわけにはいかないことのたとえ。物語の場面では,子猫を病院に連れてくるという行動をとったうえは,もう子猫を放っておくわけにはいかないということ。

問6　「見られたらどうしよう」と続いているので,「こんなところ」は見られては困るような場面である。問1でとらえたように,「仁菜と話しているところを見られたら,明日学校でなにを言われるかわかったもんじゃない」「仁菜はいまちょっとした話題の人だから」とあって,仁菜といっしょにいるところを見られては困るのである。解答は,「ぼくと仁菜がいっしょにいるところ(16字)」である。

問7　「あいまいな母さんの返事にもすんなりと納得して」とある。「あいまいな母さんの返事」とは,「猫ちゃん,今後お飼いになる予定はございますか？」という受付のお姉さんの質問にはっきりと答えられないことを指す。受付のお姉さんは,その返事に「まだわからないですかね。」と納得して,飼い主が未定である猫を受け付けているのである。

やや難 問8　「緊張が走る」は,心がはりつめる状態になること。傍線部のあとの仁菜の会話に「この子のことは,ママには内緒にしてほしいの。うちのママ,猫,嫌いだから……たぶん怒ると思う」とある。真季が仁菜の母親に連絡をしようとしたので,猫を拾ったことを知られたら怒られると考えたのである。

問9　直前に「なにを考えているかわからない」とある。その具体的な様子としては,「泣いたと思った次の瞬間には……けたけた笑っているし,いい子にしていると思っているときに限って……鼻くそばくだんを仕掛けてきたりする」とある。変化が激しくて理解しがたいのである。

重要 問10　オは,「ピンポーン」や「ひらひらしたズボン」,「うねうねと広がって」「びしょびしょにぬれて」「ぷるぷる震えて」など音や物事の様子を表す言葉が用いられていて,状況が伝わりやすくなっているので適切。アは,語り手である「ぼく」の視点から語られているので不適切。イは,母同士が同級生とはあるが仲の良さは描かれていない。ウは,猫は弱っていて動かないとはあるが心理描写はない。エは,「ぼく」と仁菜は「ぼく」の家で猫を飼うかどうかで言い争っているので終始ほのぼのとしてはいない。

二 (論説文－要旨・大意の読み取り，文章の細部の読み取り，接続語の問題，空欄補充の問題)

基本 問1 A 「つまり」は，言い換えたり要約したりすることを表す。直前の一文の内容を，Aのあとで言い換えている。 B 「そして」は，前の内容に付け加えることを表す。絵は黙っているという内容に，黙っているけれどもたくさんの言葉が伝わってくるという内容を付け加えている。 C 「では」は，話題を変えることを表す。「無言館」という美術館について紹介する話題から，なぜ，飾られている絵や絵を見た人が無言なのかということを説明する話題に変わっている。

問2 直後に「なぜ，そんな名前がついていると思いますか？」と，「無言館」という名前がついている理由を問いかける文があり，「『無言館』にならんでいる絵が，何も語らずに黙っているからなんです」と理由を説明している。この文から，「何」にあたる「『無言館』にならんでいる絵」をぬき出す。

重要 問3 傍線部をふくむ文は「その絵からはたくさんの言葉が伝わってくるからです」とある。「たくさんの言葉」は絵から伝わってくるのであり，絵が言葉を発しているのである。具体的な会話文に注意して読み進めていくと，「どの絵からも『見て下さい，ボクの絵を』『どう，ボクの絵いいでしょう？』という声がきこえてくるからです」という部分が見つかる。ここから，会話の部分をぬき出す。

やや難 問4 問2でとらえたように「『無言館』にならんでいる絵が，何も語らずに黙っている」のである。そして，「『無言館』にやってくる人々は……何も言わずに静かに帰ってゆく」のである。それについて，「なぜ『無言館』に飾られている絵は，一言もしゃべらず，またその絵を見た人も無言なのでしょうか」と問いかけている。続く部分で，絵がしゃべらない理由を説明している。さらに「なぜ，『無言館』に来た人はみんな画学生の絵の前で黙りこんでしまうのでしょうか」と問いかけている。続く部分で説明されている内容とア～オの選択肢を比べると，ア，「情熱が伝わってくるからです」，イ，「『戦争』のむごさ……考えずにはいられないのです」ウ・エ，「戦争などという愚かな歴史を繰り返してはならない，今ある平和を大切にしなければならない，という気持ちにもおそわれる」とあるのが見つかる。オ，「『無言館』の名前の意味」は，人々が感じているものではない。

問5 続く段落に「そこ(＝無言館)には，戦争で死んだ画学生さん―美術学校で絵を勉強している途中で戦争に行って，そのまま戦場から帰ってこられなかった画家のタマゴたちの絵ばかりがならんでいるのです」とある。「戦争で死んだ画学生さん(11字)」「画家のタマゴたち(8字)」なので「戦争で死んだ画学生さん(11字)」を答える。

問6 続く部分から，「戦没画学生」についての説明が始まる。「他の学生さんと画学生さんの違う所は，何と言っても画学生さんたちには「絵を描く」というゆめがあったことでした」，「他の兵隊さんと違うところは，『戦没画学生』は絵をのこしてゆくことができた，ということなんです」とある。この内容にあてはまるのはイ。「証」は，証拠。「後世」は，その人が死んだ後にくる時代。

問7 傍線部の前には，「最初のうちは……若い学生さんは兵隊に行かなくてもよかったのです」とある。さらにその前には，「太平洋戦争がはじまってしばらくすると，だんだん日本は戦争に負けてきて」とある。これを時間の経過に合わせると，アのように「敵国に押されて戦況が日本に不利になってきた」ということである。

問8 直前の「そんな」が指すのは，「どれもが画学生たちのごく身近にいた両親や兄弟姉妹の姿を描いたものばかりなのです」という内容。「平凡」は，特にすぐれたところもなく，ごくふつうであること。

やや難 問9 「遺言」は，死んだ後のことを，書き残しておくこと。画学生たちが誰に対して絵を描き残したのかと考えると，エ「兵隊仲間」は適切でない。

重要　問10　文章の終わりから6段落目に「もう一度，考えてみて下さい」とあって，筆者の主張が述べられている。「情熱」のあふれた画学生たちの絵の前に立った私たちは，「『戦争』のむごさ」，『戦争』の悲惨さ，『戦争』がどれだけ人間を不幸にさせるものかを考えずにはいられないのです。そして，もう二どと戦争などという愚かな歴史を繰り返してはならない，今ある平和を大切にしなければならない，という気持ちにおそわれるのです」と主張している。この内容に合うのはウ。ア，「戦争への抵抗を目的として」という内容は述べられていない。イ，「彼らの人生を詳細に追体験する」という内容は述べられていない。エ，「画学生ほどの情熱はないと批判している」という内容は述べられていない。オ，画力・生き様・芸術性を関連づける内容は述べられていない。

三　(思考力・記述力・表現力)

演繹法で考えると，前提1「レストラン『ひので』には，イタリア料理のメニューしかない」とあるので，前提2「ワカモレはメキシコ料理である」から，レストラン『ひので』には，メキシコ料理のワカモレはないということになる。前提1・2の内容を盛りこんで最も簡潔な表現で結論を表すと「レストラン『ひので』には，ワカモレはない」という解答になる。

四　(漢字の書き取り)

①「気象」は，気圧や風向などの大気中に起こる現象。動物の「ゾウ」も「象」と書く。また，形の似た「像(ゾウ)」と区別する。「印象」「対象」などの熟語がある。　②「千鳥足」は，酒に酔った人のふらふらした足どり。「千鳥」は歩くときに左右の足を交差させて歩く。そのふらふらした足どりに似た様子のこと。「千」を「チ」と読むのは「千鳥」くらいなので覚えておく。
③「草案」は，文章の下書き。類義語に「草稿」がある。「案」には「提案」「思案」などの熟語がある。　④「灯台」は，夜間に光を放って，付近を航行する船舶の安全を守る設備。「灯」には「街灯」「点灯」などの熟語がある。　⑤「売買」は，売ることと買うこと。書く順序を入れ替えて「買売」と誤らないように注意する。　⑥「門柱」は，門の両側の柱。それぞれ同音で形の似た「問」「注」と区別する。　⑦「悲観的」は，世の中は悪いもので物事はうまくいかないと考える様子。対義語は「楽観的」。「悲」を「非」，「観」を「感」と誤らないように注意する。　⑧「保管」は，きちんと管理すること。「管」を同音で形の似た「官」と区別する。「管」の熟語には「所管」「試験管」などがある。「官」は「官庁」「長官」などの熟語がある。　⑨「前兆」は，ある物事が起こる前にその前触れとして現れるしるし。「兆」は同音で形の似た「挑」と区別する。「兆」の熟語には「兆候」「予兆」などがある。「挑」は「挑戦」「挑発」などの熟語がある。　⑩「夫妻」は夫と妻。「夫婦」と同じ意味。「夫」を「フウ」と読むのは「夫婦」くらいなので覚えておく。「妻」は上の縦棒はつき出ないので注意する。

★ワンポイントアドバイス★

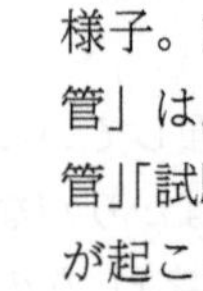

小説は，行動・情景などの表現を手がかりに，場面の様子や心情の理由，描写の特徴，語句の意味，人物像などを正確に読み取る。たとえの表現の意味にも注意する。論説文は，筆者の問いかけと答えとなる説明に注目し，筆者の考えや，考えの根拠となる具体例などをとらえる。

一般Ⅱ期

2024年度

解　答　と　解　説

《2024年度の配点は解答欄に掲載してあります。》

＜算数解答＞

1　(1)　45　　(2)　31.4　　(3)　$\frac{31}{16}\left[1\frac{15}{16}\right]$　　(4)　$\frac{4}{3}\left[1\frac{1}{3}\right]$　　(5)　$\frac{73}{12}\left[6\frac{1}{12}\right]$

2　(1)　13　　(2)　86400秒　　(3)　1時間24分後　　(4)　36g　　(5)　117人
　(6)　あ　15cm　　い　6分間　　(7)　8通り　　(8)　150円　　(9)　90日

3　(1)　100度　　(2)　3cm　　(3)　34.88cm^2　　(4)　2cm

4　(1)　39票　　(2)　20票

5　(1)　10点　　(2)　74点

6　(1)　あ　100　　い　1717　　(2)　3＋(1＋4＋7＋10)＝25　　(3)　3580

○推定配点○

1～3，5　各4点×21　　4　各3点×2　　6(1)　各2点×2　　他　各3点×2　　計100点

＜算数解説＞

1　(四則混合計算)

基本　(1)　カッコ内を先に計算する。わり算かけ算はひき算より先に計算する。計算の順番を書いてから取り組む。①66－18＝48，②48÷6＝8，③53－8＝45

(2)　3.14×10＝31.4を利用し，計算の工夫をする。3.14×(4＋16－10)＝3.14×10＝31.4

重要　(3)　順番に計算する。①$1+\frac{1}{2}=1\frac{1}{2}$，②$1\frac{1}{2}+\frac{1}{4}=1\frac{2}{4}+\frac{1}{4}=1\frac{3}{4}$，③$1\frac{3}{4}+\frac{1}{8}=1\frac{6}{8}+\frac{1}{8}=1\frac{7}{8}$，④$1\frac{7}{8}+\frac{1}{16}=1\frac{14}{16}+\frac{1}{16}=1\frac{15}{16}$

(4)　順番に計算する。①$\frac{1}{3}+\frac{3}{2\times4}=\frac{8}{24}+\frac{9}{24}=\frac{17}{24}$，②$\frac{17}{24}+\frac{5}{3\times5}=\frac{17}{24}+\frac{1}{3}=\frac{17}{24}+\frac{8}{24}=\frac{25}{24}$，③$\frac{25}{24}+\frac{7}{24}=\frac{32}{24}=\frac{4}{3}=1\frac{1}{3}$

重要　(5)　小数は分数にしてから，分数のひき算は通分してから計算する。わり算をする時は仮分数にしてから逆数をかけ算する。7.5＝$7\frac{1}{2}$，①$4\div1\frac{1}{3}=4\div\frac{4}{3}=4\times\frac{3}{4}=3$，②$3+7\frac{1}{2}=10\frac{1}{2}$，③$10\frac{1}{2}\times\frac{1}{3}=\frac{21}{2}\times\frac{1}{3}=\frac{7}{2}=3\frac{1}{2}$，④$9\frac{7}{12}-3\frac{1}{2}=9\frac{7}{12}-3\frac{6}{12}=6\frac{1}{12}$

2　(四則混合逆算，単位換算，旅人算，濃度，過不足算，体積，場合の数，売買算，差集め算)

重要　(1)　計算の順番を書いて逆にたどる。④38－□＝29，38－29＝9，③19－□＝9，19－9＝10，②2×□＝10，10÷2＝5，①□－8＝5，5＋8＝13

重要　(2)　1日＝24時間，1時間＝60分，1分＝60秒，24(時間)＝24×60＝1440(分)，1440(分)＝1440×60＝86400(秒)

重要　(3)　2人が49km離れたところから向かい合って進んでいる。1時間に速さの和ずつ近づくので，出会うのは49(km)÷(15＋20)(km/時)＝1.4(時間)，0.4(時間)×60＝24(分)，よって求める答えは，1時間24分である。

重要　(4)　6%の食塩水200gに含まれる食塩は200×0.06＝12(g)，8%の食塩水(500－200)gに含まれる食塩は300×0.08＝24(g)，水をすべて蒸発させると12＋24＝36(g)の食塩が残る。

(5)　1脚に3人ずつ座るとちょうど1脚余る，つまりあと3人分の席が余る。1脚に4人ずつ座ると1人で座る長イスが1脚できて長イスが10脚余る，つまりあと4－1＋4×10＝43(席)余る，1つの長イスに1人増えることで，43－3＝40(席)余ることになるので，長イスは40÷(4－3)＝40(脚)，1年生の総数は，3×40－3＝117(人)

(6)　あ　1.5L＝1500cm^3，水そうの水の深さ＝入った水の体積÷底面積，1500×3÷(15×20)＝15(cm)　い　同じ量ずつ入れる場合，水そうに入れる時間と高さは比例の関係。30÷15＝2，3×2＝6(分)

(7)　3種類のカードを組み合わせて300になる場合を調べる。最低1枚は使うという条件があるので，最低枚数を除いて，300－70－50－10＝170，和が170になる組み合わせを調べる。(70，50，10)の順で書くと，(2，0，3)(1，2，0)(1，1，5)(1，0，10)(0，3，2)(0，2，7)(0，1，12)(0，0，17)の8通り。

(8)　原価の2割増しは原価の1.2倍，定価の1割引きは定価の0.9倍，原価を□円とすると，売値は□×1.2×0.9＝□×1.08，利益は□×1.08－□＝□×(1.08－1)＝□×0.08＝12，□＝12÷0.08＝150(円)

(9)　電球1個の値段の差は1500－160＝1340(円)，1日の電気代の差は16.6－1.6＝15(円)，1340÷15＝89余り5，89＋1＝90(日)

3　(平面図形・角度・長さ・面積，立体図形・長さ)

重要　(1)　三角形の内角の和が180度になることを利用する。直角三角形の残りの鋭角は180－90－60＝30(度)，折り曲げる前の三角形，点線で囲まれた部分は30度と110度を含む三角形になるので，残りの角は180－30－110＝40(度)，折り曲げる前と後の角の大きさは同じなので，㋐は180－40＝100(度)

(2)　図形を点線で分けて2個の長方形にすると，下の大きい方の面積は，9×6＝54(cm^2)，上の長方形と合わせると面積は60cm^2なので，上の長方形は60－54＝6(cm^2)，□×(8－6)＝6，□＝6÷2＝3(cm)

重要　(3)　斜線部分は直角三角形からおうぎ形3個の面積の和を引いて求める。おうぎ形3個の中心角の和は三角形の内角の和に等しく，半径は8cmの半分であることがわかる。8÷2＝4，15×8÷2－4×4×3.14×$\frac{180}{360}$＝60－8×3.14＝60－25.12＝34.88(cm^2)

(4)　図1に入っている水の体積は，10×10×8＝800(cm^3)，傾けて水がこぼれた後は800－200＝600(cm^3)，傾けた水の体積は底面積を台形部分，高さをABと考えて□を求める。600÷10＝60，(□＋10)×10÷2＝60，□＝60×2÷10－10＝2(cm)

4　(数論)

(1)　得票数の上位2人に入るには，3番目の人より1票でも多くなればよい。116÷3＝38余り2　38＋1＝39(票)

(2)　開票途中の表の状態で上から2番目のイより1票でも多く取るには，残りの票116－(45＋17＋15＋2)＝37(票)をイとウ2人で分けた場合を考える。ウが1票多くなるには，残りの票をイよりウが3票多くなるように取ればいいので，(37＋3)÷2＝20(票)

5　(平均の応用)

(1)　会話文をもとに次ページの図のような線分図を書いて考える。D君はC君より2点低く，B君はD君より8点低いので，最も点数が高かった人と低かった人の差は8＋2＝10(点)

(2)　E君の発言より，5人の合計点は80×5－9＝391(点)，E君を基準にすると，A君は6点高く。B君は1点低く，C君は9点高く，D君は7点高い。(391－6＋1－9－7)÷5＝370÷5＝74(点)

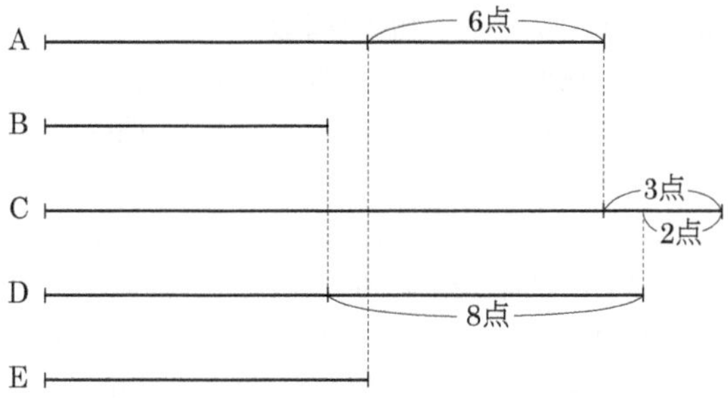

6　(規則性の応用)

重要　(1)　あ　等差数列の□番目は，初項＋公差×(□－1)で求める。1＋3×(34－1)＝100　　い　等差数列の和は，(初項＋末項)×項数÷2で求める。(1＋100)×34÷2＝1717

重要　(2)　問題1の数列の4番目までを足す式を作る。求める答えは，3＋(1＋4＋7＋10)＝25である。

や難　(3)　(1)，(2)を参考に，数列の50番目までに間は49個あるので，問題1の49番目までの和を求め，問題2の1番目の数に加える。問題1の49番目の数は，1＋3×(49－1)＝1＋144＝145，49番目までの和は(1＋145)×49÷2＝3577，3＋3577＝3580

★ワンポイントアドバイス★

基礎的な知識を身につけ，基本問題をていねいに取り組むよう日頃からの練習が大切である。計算問題は工夫の練習は必ずしておこう。図形の応用的な問題や，会話文を読んで考えるような問題も日頃から練習しておくとよいだろう。

＜理科解答＞

1　(1)　ア　柱頭　　イ　やく　　(2)　虫媒花　　(3)　③，④　　(4)　B　　(5)　③

2　(1)　③　　(2)　4秒　　(3)　〔A〕 1，3，5　　〔B〕 2，4，6　　(4)　8.0秒
(5)　20m　　(6)　①　×　　②　○　　③　○　　④　×　　⑤　○

3　(1)　②　　(2)　②　　(3)　①　　(4)　11時40分　　(5)　長さ　①　　方位　⑦

4　(1)　①，③　　(2)　空気は温められると上昇するから。　　(3)　二酸化炭素
(4)　2700cm^3

○推定配点○

2(6)　各1点×5　　3(4)　3点　　他　各2点×21(1(3)，2(3)〔A〕・〔B〕，3(5)，4(1)各完答)　　計50点

＜理科解説＞

1　(生物－植物)

基本　(1)　めしべの先の花粉がつくアは「柱頭」で，おしべの先の花粉をつくるイは「やく」である。

(2)　ミツバチなどの昆虫によって花粉が運ばれ受粉をする花を「虫媒花」という。

(3)　虫媒花は，美しい花弁やみつせんが発達し，よい香りを出すものが多い。サクラとユリがあてはまる。

(4)　図1のウの部分は子房で，成長するとBの部分になる。

(5)　発芽のための養分をナシの種子は子葉に蓄える，カキは白い部分の胚乳に蓄える。

2 (力のはたらきー物体の運動)

基本 (1) 1往復がふり子の周期だから③である。

(2) ア→イ→ウ→イ→ア→イの5つの間隔は等しいので1つの間隔は1秒となる。1周期のア→イ→ウ→イ→アは4秒である。

(3) 〔A〕 ふり子の重さ以外の条件が同じ1，3，5の結果を比較する。 〔B〕 ふり子の長さ以外の条件が同じ2，4，6の結果を比較する。

重要 (4) 1，3，5の結果の比較から，おもりの重さは周期に関係ないことがわかる。【6】と【7】の比較からふり子の長さ4倍になれば周期が2倍になることがわかるので，【7】と【8】の比較から4.0(秒)×2＝8.0(秒)とわかる。

(5) ふり子の長さが20cmのとき周期が1秒だから10倍の10秒にするには長さを10×10＝100(倍)にすればよい。20(cm)×100＝2000(cm)＝20(m)である。

(6) ふり子の周期はふり子の長さだけに関係し，おもりの重さやふれはばとは関係なく，ふり子の長さが長いほど周期は長くなる。

3 (天体・気象・地形ー地球と太陽)

基本 (1) 太陽は東→南→西へ動くので，影は逆にア西→イ北→ウ東に動くから，エが南になる。

(2) 影の長さの変化は太陽の高度が変化したことによるので，南中時に最も短くなる。

重要 (3) 秋分の日の南中高度＝90(度)－北緯＝90(度)－35.4(度)＝54.6(度)となる。

(4) 南中時刻は経度が15度で1時間違うので1度で4分変化し，東の方が速い。経度が140度なので，4(分)×(140(度)—135(度))＝20(分)早くなるので，11時40分である。

(5) 影の長さは北緯が大きくなると南中高度が低くなるので長くなる。方位は，地球と太陽の位置の関係で決まり，茜浜地区と北海道千走で同じと考えられるので変わらない。

4 (物質と変化ー燃焼・気体の発生)

基本 (1) あたためられた空気は上昇するので下から上への空気が①，③のように流れる。

(2) 空気は温められると空気は膨張し軽くなるので上昇する。

(3) 石灰石にうすい塩酸を加えると二酸化炭素を発生する。

重要 (4) グラフから石灰石8gにうすい塩酸40cm^3加えると1800cm^3の二酸化炭素が発生する。2倍の16gの石灰石に1.5倍の60cm^3の塩酸を加えると発生する二酸化炭素は1.5倍発生するので1800(cm^3)×1.5＝2700(cm^3)発生する。

★ワンポイントアドバイス★

基本的な出題なので，サクサク解いていこう。問題の条件の読み落としに注意して解けば，高得点を獲得できる。数値や物質名に丸印をつけたりして，しっかり解こう。

＜社会解答＞

1 問1 ウ 問2 ウ 問3 i ア ii エ 問4 エ 問5 i A 松尾芭蕉 B 伊能忠敬 C 新井白石 ii ア→ウ→エ→イ 問6 i エ ii イ
問7 i ③ ii 岸田文雄 iii イ 問8 i エ ii A
問9 i イ→エ→ウ→ア ii 天皇を中心とする政治体制の正当性を内外に示すため

問10 【課題】 農家数が減少し，高齢化も進んでいる 【解決策】 企業の農業への参加を促進する政策を実施する[農業への従事を条件に地方移住を促進する]

問11 ⅰ A オゾン層 B 温室効果 ⅱ SDGs ⅲ ア

○推定配点○

1 問5・問7ⅱ・問9ⅰ・問11ⅰ・ⅱ 各2点×9 問9ⅱ 10点 問10 各5点×2 他 各1点×12 計50点

＜社会解説＞

1 (日本の歴史・地理の総合問題)

問1 奄美大島は鹿児島県㊺，対馬島は長崎県㊷，淡路島は兵庫県㉘，それぞれに属している。

基本 問2 新潟県は，冬に降水量が多い日本海側の気候であり，ウが該当する。イは函館(北海道の気候)，ウは東京(太平洋側の気候)，エは石垣島(南西諸島の気候)である。

問3 ⅰ 大仙古墳は百舌鳥・古市古墳群の中にあるので，Aが正解となる。Bは，イギリスがアメリカの誤り。Cは，吉野ヶ里遺跡は佐賀県にあるので誤りとなる。 ⅱ クフ王のピラミッドは，エジプトのギザにある古代エジプト第4王朝の王クフの墓とされ，世界で最も高いピラミッドの1つである。ケルン大聖堂は，ドイツのケルンにあるゴシック様式の大聖堂である。グレートバリアリーフは，オーストラリア大陸北東岸に広がる世界最大のサンゴ礁地帯である。

問4 現在，閉山されている石見銀山の鉱業権の譲渡の事実はないので，エが誤りとなる。

問5 ⅰ 松尾芭蕉は，江戸時代元禄期に活躍した俳人で，当時は言葉遊びでしかなかった俳諧を，芸術の領域まで高めた。伊能忠敬は，江戸時代の商人，天文学者，測量士で，日本を測量した男として知られる人物である。新井白石は江戸時代中期の政治家，学者で，正徳の治として，貨幣改鋳や生類憐みの令の廃止などを行った。 ⅱ ア：江戸時代初期の鎖国政策→ウ：江戸時代中期の田沼意次の政治→エ：江戸時代後期の大塩平八郎の乱→イ：江戸時代末期のペリー来航。

問6 ⅰ グラフを注意深く考察すると，マイナス成長の年は，1974年(第1次石油危機の影響)，2008年，2009年(ともに世界金融危機の影響)，2020年(コロナ禍の影響)の3つである。

重要 ⅱ 1973年第4次中東戦争の勃発に伴いアラブ産油国が，石油価格の引き上げを宣言した。引き続いて中東戦争でのイスラエルとの関係の強い国々に対する石油禁輸措置を含む厳しい石油戦略を打ち出した。その影響で全世界で第一次石油危機が起きた。

問7 ⅰ 環境省は，環境の保全・整備，公害の防止，原子力安全政策を所管する。復興庁は，住宅再建・復興まちづくり，被災者支援，産業の復旧・復興などの取組を行う政府機関である。農林水産省は，農林・畜産・水産業の改良発達，農山漁家の福祉の増進を図ることを任務とし，これに関する事務を行う。 基本 ⅱ 現在の首相は自民党総裁の岸田文雄である。 ⅲ 違憲立法審査権は裁判所(司法権)の権限である。

問8 ⅰ 室町時代に明との貿易を始めたのは足利義満であるので，エは誤りとなる。 ⅱ Aは中国，Bはインド，Cはアメリカである。

問9 ⅰ イ：平城京遷都(710年)→エ：大仏鋳造(743年)→ウ：道鏡を太政大臣禅寺として重用(765年)→ア：長岡京遷都(784年)。 や難 ⅱ 古事記は天皇家統治の正当性を国内に示すために編さんされたと考えられているが，日本書紀は天皇の記述が多く，漢文で書かれていることから，当時交流のあった中国など諸外国に，日本は神の御子[みこ]である天皇が支配している国であることをアピールするために編纂されたと考えられている。

や難 問10 農業の課題として，①高齢化などに伴う担い手や農家数の減少，②耕作放棄地の増加，③

TPPによる競争激化などが上げられるが，グラフからわかるのは①である。解決策としては，①スマート農業の実施，②農地や経営の大規模化(企業化)，③農作物のブランド化，④持続可能な農業や農業への従事のための地方移住などの促進，が上げられる。

問11　ⅰ　Aは「フロンの排出」からの矢印なので，「オゾン増破壊」と続く。Bは「化石燃料の使用」からの矢印なので，「温室効果ガスの排出」と続く。　ⅱ　「持続可能な開発」とは，将来の世代のニーズを満たす能力を損なうことなく，今日の世代のニーズを満たすような開発を全ての分野で行うことである。2015年に国連持続可能な開発サミットで決定された「持続可能な開発目標(SDGs)」には，17の目標が設定されている。　ⅲ　平均気温の変化などを視覚的に理解するのは，折れ線グラフが最も効果的である。円グラフは割合をあらわすのに効果的である。棒グラフはさまざまな数をあらわすのに効果的となる。

★ワンポイントアドバイス★

1問8ⅰ　明が倭寇の取りしまりを求めたため，義満は，倭寇を禁じるとともに明に貿易を求め，日明貿易(勘合貿易)を始めた。

＜国語解答＞

一　問1　(季節)　夏　(理由)　(例)　「風鈴の音が聞こえてきた」と書かれているから。
問2　ウ　問3　ア　問4　(例)　僕が，ローラースケートの部品と木材を用いてスケートボードを作ろうとしていること。　問5　オ　問6　ウ　問7　足　問8　イ

二　問1　Ⅰ　(例)　仮説から法則を導く　Ⅱ　(例)　合わない　問2　ウ　問3　エ
問4　あるいは　問5　(例)　本当の楽しさ　問6　ア　問7　イ　問8　(例)　(科学の営みは)さまざまな段階から成り立っていること。(科学の営みは)一筋縄ではいかないところがあること。　問9　オ

三　(例)　こちらは都内有数の遊園地です。期待に胸をふくらませてたくさんのお客さんが長蛇の列を作っています。私のおすすめはスリル満点のジェットコースターや，思わず息をのんでしまうおばけ屋敷です。みなさんもぜひここに来てアトラクションを満喫してください。

四　①　回復　②　故障　③　風潮　④　温泉　⑤　拡大　⑥　仲裁　⑦　方針
⑧　(例)　大将・対象・対称・対照・大勝・大正・大賞

○推定配点○
一　問1　4点(完答)　問4　8点　他　各3点×6　二　問5　5点　問8　各6点×2
他　各3点×8　三　12点　四　⑧　3点(完答)　他　各2点×7　計100点

＜国語解説＞

一　**(小説－心情・情景の読み取り，文章の細部の読み取り，空欄補充の問題，慣用句)**

基本　問1　外の様子を描写した部分に「どこかの家の軒先に吊るされた風鈴の音が聞こえてきた」とある。「風鈴」は夏の情景を表すものである。

やや難　問2　「口元がゆるむ」は慣用句で，表情がやわらかくなる，笑顔になることを表す。テツガクに

なにをするのかと聞かれ，自分が思いついたことが上手く進んでいるので楽しい気持ちになっているのである。アは，「テツガクが欲しがっていたもの」が誤り。エは，考えている間は表情がやわらかくなったり笑顔になったりはしない。オは，テツガクとの会話からは緊張は読み取れない。

問3　拾い集めてきた木片は，「三センチほどの厚み」がある。また，切断して「長さ約七十センチ，幅約二十センチ」なのだから，これよりも大きい木片ということになる。この三つの条件に合うのはア。

重要　問4　作ろうとしていたのは「スケートボード」である。四十字以内という字数指定に合わせて，ここまでの場面で「僕」がしてきたことを具体的にまとめる。まず「僕はローラースケートを分解し始めた」とある。さらに，木材を探しに建築現場へ向かっている。「ローラースケートの部品と木材を用いてスケートボードを作ろうとしている」のである。

問5　読み進めていくと，おじいさんがテツガクになにかを手渡す場面がある。それは，オイル差しで，スケートボードの車輪を滑らかに回すために必要なものだった。おじいさんは二人の様子を見て，オイル差しを取りに行ったのである。ウは紛らわしいが，「僕」がオイル差しをほしがっていることは描かれていない。

問6　問5と関連させて考える。オイル差しを受け取った「僕」の様子は，「『おまえのおじいさん，なかなかやるじゃん！』僕はうれしくなった」とある。オイルを差すと「車輪は滑らかに回りだした」とあるのだから，オイル差しの使い道がわかったのである。

基本　問7　「足を延ばす」は，ある所まで出かけて，さらに続けてその先まで行くの意味。東京や千葉まで出かけていけば，ということ。

問8　イは，問5・問6と関連させてとらえる。おじいさんは，「僕」やテツガクの遊びの手助けをしているのである。おじいさんの笑顔に好意を感じ取っているのである。　ア　「これまでひとりぼっちだった孫のテツガク」という描写はない。　ウ　「一緒に仲良く過ごす三人」が誤り。「僕」とテツガクの二人である。　エ　「テツガクの望む遊び道具」が誤り。テツガクは「僕」が何を作っているかが初めはわからないし，スケートボードを望んでいるという描写はない。
オ　おじいさんの子供時代についての描写はない。

二　(論説文－文章の細部の読み取り，接続語の問題，空欄補充の問題，ことばの意味，慣用句)

問1　Ⅰ　文章の初めから二つ目の文に「仮説を提案し，仮説から法則を導き」とある。　Ⅱ　三つ目の文には，「導いた法則が実験や観測結果と合わなければ，仮説を変更して」とある。

や難　問2　ア　「自分がやっていることが正しいと信じ切って進めている」とある。正しい。　イ　「いつもまちがっているかもしれないと考え，おそるおそる研究を進めている」とある。不安のある状態なので正しい。　ウ　「思っていた通りにならないことに喜びを感じている」という説明はない。誤り。　エ　「試行錯誤で進んでいく」とある。「試行錯誤」は，試すことと失敗することの繰り返しによって，目的に進んでいくこと。正しい。　オ　ア・イの内容をまとめたもの。「自分がやっていることが正しいと信じ切って進めている……いつもまちがっているかもしれないと考え，おそるおそる研究を進めている」とある。正しい。

基本　問3　「一筋縄でいかない」は，ふつうの方法・手段では対応できないの意味。

や難　問4　文の終わりが「～という場合もあります」と「も」を用いて二つを並べる説明の仕方をしている。読み進めていくと，同じように「～導くこともあります」と「も」を用いて説明している文がある。文の初めには「あるいは」とある。「あるいは」は，どちらかを選ぶことを表す接続詞である。

問5　「醍醐味」は，そのもののもつ，真のあじわい。この段落は科学者の考え方や心の状態について説明している。「惹きつけている」「快感」などの言葉で科学研究のおもしろさを説明していることから，「醍醐味」の意味をここで説明している内容に合わせると「本当の楽しさ」となる。「本当のおもしろさ」でもよい。

問6　失敗から学ぶことができた具体的な例として，白川英樹さんや田中耕一さん，フレミングの例を挙げている，そして，例を受けて「このように，失敗や偶然が科学の発展に寄与することも多くありました」と述べ，「思いがけないところに科学の発見の糸口が潜んでおり，それに気づき，確実に科学の成果につなげていくのも科学者の仕事です」とある。ウは紛らわしいが，「科学の発展に寄与する」「科学の成果につなげていく」という内容が説明されていない。

問7　「科学の歴史において，複数の科学者が，独立で，まったく同じことを考えていたということ」と，芸術の歴史において新たな美術運動が起こったときに，芸樹家たちが「それぞれ少しずつ異なってはいたけれど，二次元のキャンバス上に三次元の世界をどう描くかという観点では一致していた」ことが同じだというのである。「同時期に同じ考えが乱立することがある」ということを説明しているイがふさわしい。

重要 問8　科学の営みとはどのようなものかについて，筆者が説明している文に注目する。第一段落では，「科学の営みは，さまざまな段階から成り立っています」とある。さらに，第二段落では，「科学の営みは一筋縄ではいかないところがあり」とある。第四段落には「科学の営みは芸術と似ているところがあります」とあるので，「芸術と似ているところがあること。(16字)」と答えてもよい。

問9　筆者は，最後の段落の後半で優れた本と言える理由を述べている。「幅広い視点で対象をとらえ直し，的確に問題点を洗い出している」，「多くのおもしろい発見があることも教えてくれています」，。この内容にあてはまるのは，オ。　ア　読者が「課題を発見する力をのばすことができる」とは述べていない。　イ　「実体験することで」が誤り。　ウ　このような内容は説明していない。　エ　自分の感想として述べた内容であるので，優れた点の説明にはあてはまらない。

三　(ことばの意味・記述力・表現力)

例文を参考にして，条件を守って文章を作る。レポーターとしてある場面を紹介するのであるから，読んだ人が興味をもつような文章にする。【B】の中の言葉は意味や用法に注意して使う。意味や用法のあいまいな言葉は使わないようにする。減点法で採点される可能性が高いので，多少ぎこちなくても間違いのない文章を作ることが大切である。また，文章の長さは指示されていないので，無理に長い文章にしなくてもよい。大切なのは，条件に合った内容にすること，減点されないように書くことである。

四　(漢字の書き取り)

①「回復」は，もとのよい状態になること。同音語の「快復」は，病気が治り，健康な状態にもどること。「復」は，同音で形の似た「複」と区別する。「復」には「往復」「復帰」，「複」には「複雑」「重複」などの熟語がある。　②「故障」の「故」には「事故」「故意」などの熟語がある。「障」には「支障」「障害」などの熟語がある。　③「風潮」は，時代の流れとともに変わっていく，世の中の傾向。「潮」を同音の「長」や「調」と誤らないように注意する。「潮」の訓は「しお」。「満潮」「干潮」「潮流」などの熟語がある。　④「温泉」は，「温」を形の似た「湿(シツ)」と区別する。「泉」の訓は「いずみ」。「温かい泉」が「温泉」。　⑤「拡大」は，広げて大きくすること。「拡」を「コウ」と読み誤らないこと。対義語は「縮小」。　⑥「仲裁」は，争いの間に入って仲直りをさせること。「仲」を「中」と誤らないこと。「裁」を同音で形の似た「栽」と区別する。「裁」の訓は「さば-く」。「裁判」「独裁」などの熟語がある。　⑦「方針」は，物事をする

際にきめる，これから先の行動についての考え。「針」の訓は「はり」。「指針」「長針」「短針」などの熟語がある。　⑧　他に「大笑(＝大笑い)」，「隊商(＝隊を組んで砂漠などを往来する商人の集団)」などがある。「対象(＝目標や相手となるもの)」「対称(＝上下・左右のものが調和を保ってつり合う)」「対照(＝似たものを比べ合わせる)」は同音異義語として覚えておこう。

★ワンポイントアドバイス★

小説は，行動・会話・情景などの表現を手がかりに，場面の様子や心情の理由，人物の思いや人物像などを正確に読み取る。論説文は，筆者の説明を文脈をたどって正確に読み取り，筆者の考えや，考えの根拠となる具体例などをとらえる。文章の構成に注意し，説明の筋道をとらえる。

MEMO

大切なことはメモしておこうネ！

2023年度

★★★★★★★★★★★★★★★★★★★★★★★

入　試　問　題

2023年度

日出学園中学校入試問題（一般Ⅰ期）

【算　数】（50分）　＜満点：100点＞

【注意】 ①　分数は約分された形で答えなさい。

②　比はもっともかんたんな整数を使って表しなさい。

③　円周率は3.14とします。

1　**次の計算をしなさい。**

(1)　$1.03 \times 8.7 - 0.06$

(2)　$91 - \{29 - 7 \times (5 - 2)\} \times 1.25$

(3)　$1\frac{1}{5} \times 0.75 + \frac{1}{10} - \frac{4}{5} \div 3.2$

(4)　$8.4 \times 16 + 4.2 \times 29 \div 2.1 \times 78$

(5)　$3 \div \frac{1}{2} + \left(\frac{1}{7} + 1\frac{1}{6} - \frac{9}{14}\right) \times 3$

2　**次の □ にあてはまる数を答えなさい。**

(1)　30人の児童からアンケートをとりました。算数を好きと答えた児童は16人，算数も国語も両方好きと答えた児童は７人，算数も国語も両方きらいと答えた児童は５人いました。国語は好きだけど，算数はきらいと答えた児童は □ 人です。

(2)　ある仕事を，日出君が１人でやると６時間かかり，明君が１人でやると４時間かかります。２人でいっしょにやると □ 時間 □ 分かかります。

(3)　右の柱状グラフは，ある学級30人の国語のテストの結果です。例えば，80点以上90点未満の児童は３人います。グラフを読み取り，次の問いに答えなさい。

①　50点未満の児童は，全体の □ ％です。

②　上から10番目の児童は，□ 点以上 □ 点未満です。

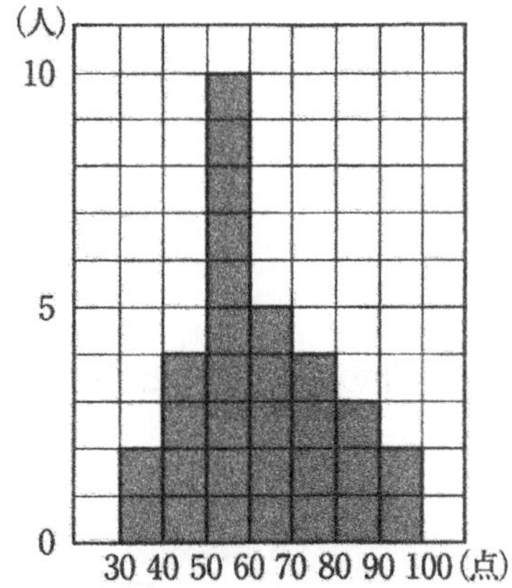

(4)　０，１，２，３，４，５の６つの数字の中からＡさん，Ｂさん，Ｃさんが１つずつ数字を選びます。選んだ３つの数字を使って小数を作ります。Ａさんが選んだ数字を整数部分，Ｂさんが選んだ数字を小数第１位，Ｃさんが選んだ数字を小数第２位とします。例えば，Ａさんが０，Ｂさんが３，Ｃさんが５の数字を選んだら，0.35となります。このとき，１より大きく２より小さいものは全部

で □ 通りあります。ただし，Ａさん，Ｂさん，Ｃさんは同じ数字を選ばないとします。

(5)　ある中学校の2020年の新入生は □ 人でした。次の年の新入生は15％増え，2022年は2021年よりも10人減って128人でした。

(6)　ある整数Ｎを23でわって，商の小数第１位を四捨五入すると８になりました。このような整数Ｎで最も大きい数は □ です。

(7)　８％の食塩水が300ｇあります。この食塩水から □ ｇの水を蒸発《じょうはつ》させると，12％の食塩水になります。

3　次の問いに答えなさい。

(1)　右の図のような四角形ABCDを直線ABをじくとして１回転させたときにできる立体の体積を求めなさい。

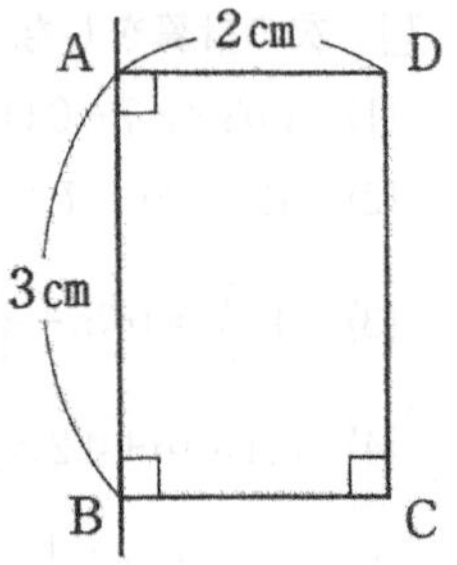

(2)　下の図のような正六角形と正三角形があります。角①の大きさを求めなさい。

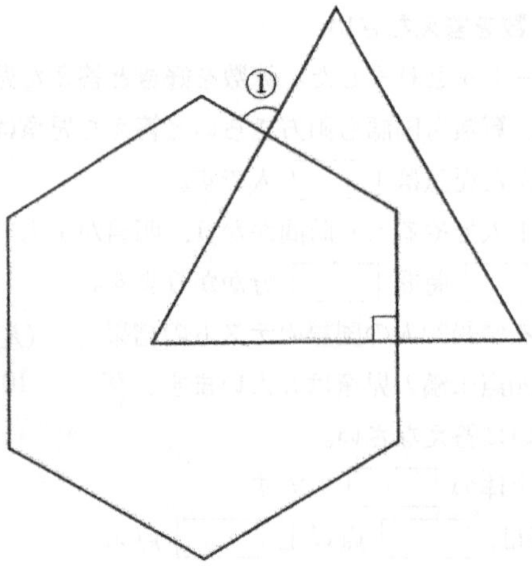

(3)　下の図は長方形と半円の面からなる立体の展開図です。この立体の体積を求めなさい。

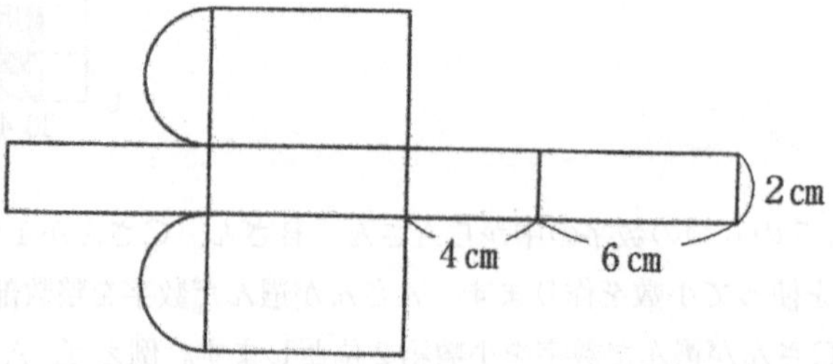

(4)　長方形ABCDを図のように折り曲げるとEFの長さが17㎝になりました。このとき，三角形AFEの面積を求めなさい。

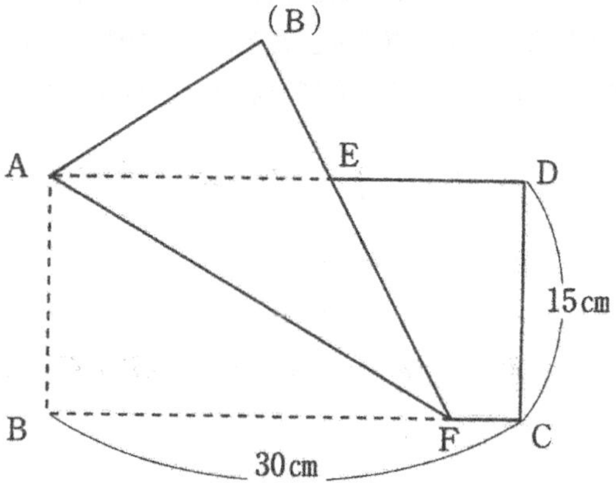

4　**右の図のように，たてが6㎝，横が10㎝の長方形があります。点Pは次の①～③のように点A→点D→点C→点Bの順で動きます。**

①　点Aから毎秒 ア ㎝の速さで点Dまで進みます。

②　点Dから毎秒3㎝の速さで点Cまで進みます。

③　点Cから毎秒2㎝の速さで点Bまで進みます。

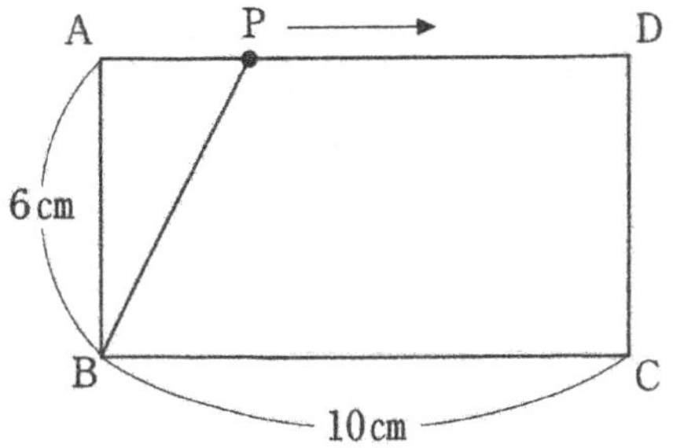

グラフは，点Pが動き始めてからの時間（x秒）と三角形ABPの面積（y ㎠）の関係を表したものの一部です。

このとき，次の問いに答えなさい。

(1)　ア にあてはまる数を求めなさい。

(2)　6秒後のとき，三角形ABPの面積を求めなさい。

(3)　面積が18㎠になるとき，点Pが点Aを出発してから何秒後になりますか。すべて答えなさい。

(4)　xとyの関係を表すグラフの残りの部分をかきなさい。

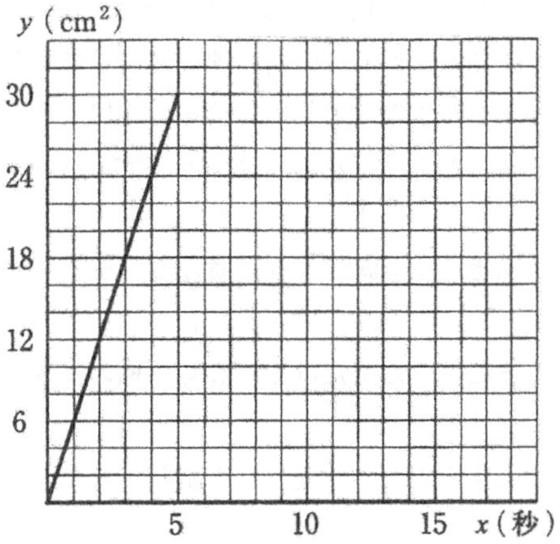

5　**太郎君は家を午前8時に出発し，待ち合わせの駅まで自転車で向かいます。時速8㎞で向かうと待ち合わせの時間より20分おそくなり，時速12㎞で向かうと待ち合わせの時間より20分早く着きます。このとき，次の問いに答えなさい。**

(1)　家から待ち合わせの駅までは何㎞ですか。

(2)　待ち合わせの時間は何時何分ですか。

(3)　待ち合わせの時間にちょうど着くためには時速何㎞で向かえばよいですか。

6 **算数の時間に，先生から次の問題が出されました。**

たてと横に 1 cm ずつ等かんかくで引かれた方眼紙に，方眼の線と線が交わる点を頂点とする正方形を，面積が整数となるようにかきます。たとえば，面積が 1 cm^2 である正方形は，下のようにかくことができます。20cm^2 以下で正方形がかけない面積をすべて求めなさい。

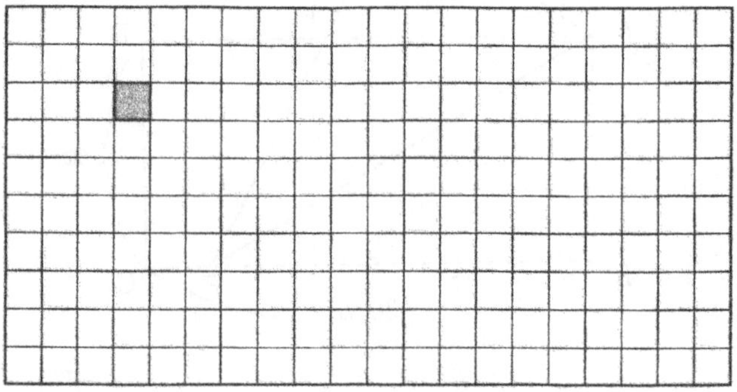

この問題をあきらさんとまことさんは 2 人で協力して考えることにしました。2 人の対話文を読み，次の問いに答えなさい。

あきら：正方形を作るから，たてと横の長さを同じだけ長くしていけばいいね。

まこと：つまり，次はたて 2 cm，横 2 cmで面積 4 cm^{2}の正方形ができるね。

あきら：ということは，面積が 1 cm^{2}の正方形の [ア] 倍の面積の正方形は作れるということになるね。

まこと：では面積が 2 cm^{2}や 3 cm^{2}の正方形はできないかな。

あきら：面積が 2 cm^{2}の長方形なら簡単に作れるけどね。

まこと：目もりの対角線に注目して分割してみたら…あ，(2)面積 2 cm^{2}の正方形が作れたよ！

あきら：もっと長い対角線に注目したら，もっと大きな面積の正方形が見つかりそうだね。

まこと：そうだね。横 1 cm，たて 2 cmの対角線に注目すると…あ，面積 [イ] cm^{2}の正方形ができたよ。

あきら：(4)同じように横の長さを変えずにたての長さを長くしていけば，もっと大きな面積の正方形がかけそうだね。

まこと：たてだけではなく，横の長さも長くしていけば，いろいろな大きさの正方形が作れそうだね。

あきら：これで先生から出題された問題が解けそうだね。ところで，正方形が作れる条件ってなんだろうね。

(1) [ア] にあてはまる数を求めなさい。

(2) 解答用紙の方眼紙に，下線部(2)の正方形をかきなさい。

(3) [イ] にあてはまる数を求めなさい。

(4) 下線部(4)の法則で正方形をかいていったとき，次にかける正方形の面積を求めなさい。

(5) 先生が出題した問題に答えなさい。

【理　科】（25分）　＜満点：50点＞

1　次のⅠ，Ⅱの問いに答えなさい。

Ⅰ．10℃ の水100 g が入った水そうＡ～Ｃに，3 種類の電熱線をそれぞれ図１のように入れて電流を流しました。下の表は電流を流した時間と水そうの水の温度をまとめたものです。ただし，表中の×は記録を忘れてしまいました。

図１

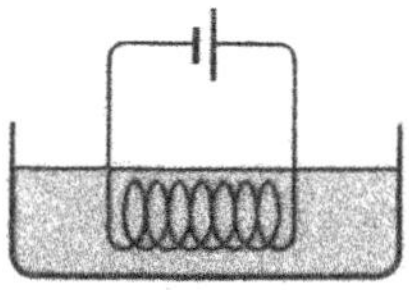

電流を流した時間	2分	4分	6分
水そうAの水の温度〔℃〕	28	46	64
水そうBの水の温度〔℃〕	19	28	×
水そうCの水の温度〔℃〕	16	22	×

(1)　水そうＡとＢに入れた電熱線の発熱量の比はいくつですか。最も簡単な整数比で表しなさい。

(2)　水そうＣの５分30秒後の水の温度は何℃ ですか。

(3)　水そうＢとＣの電熱線を並列につなぎ，水300 g が入った水そうＤに入れました。６分間電流を流したとき，水の温度は何℃ 上しょうしますか。

(4)　電熱線が発した熱量を(a)，水が電熱線から得た熱量を(b)とします。この実験の操作や実験器具に気を配らないと表のような結果とならず，(a)＞(b)となることがあります。この理由として考えられる最も適当なものを次のア～エから一つ選び，記号で答えなさい。

ア　実験中に水そうをゆらしたから。

イ　電池が消もうして一定の電流が流れなかったから。

ウ　熱が水そうをあたためたり，空気中に逃《に》げたりしたから。

エ　温度が上しょうして，水が少し蒸発したから。

Ⅱ．2022年度，夏・冬には全国的に節電が呼びかけられました。図２は日本のおもな発電のしかた別の発電量の割合を表したものです。これらの発電の長所と短所について，表にまとめようとしました。

図２

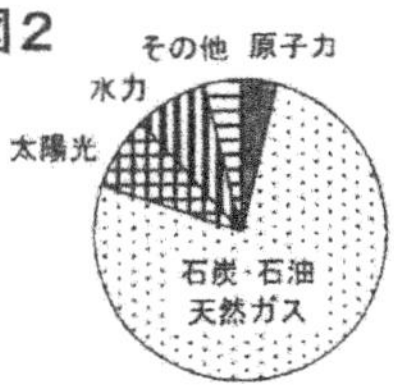

	原子力発電	火力発電	太陽光発電	水力発電
長所	①		③	
短所		②		④

(5)　表中の①～④に最も適当なものを次のア～カからそれぞれ一つずつ選び，記号で答えなさい。

ア　エネルギーを使い切る心配がなく，環《かん》境をよごすおそれが少ない。

イ　化石燃料に限りがあり，発電時に二酸化炭素が発生する。

ウ　発電量は天候や昼夜に左右される。

エ　燃料や発電後の廃棄《はいき》物が有害であり，施《し》設の管理が困難である。

オ　大規模な設備の建設をする場合，自然破かいのおそれがある。

カ　少量の燃料で多大な電気が得られる。発電時に二酸化炭素が発生しない。

(6) 発電時に発生する二酸化炭素は，地球の温暖化に影響《えいきょう》をおよぼす温室効果ガスの一つです。次のうち，二酸化炭素が発生するものを**ア**～**カ**から3つ選び，記号で答えなさい。

ア マグネシウムに塩酸を加える。

イ 石灰石に塩酸を加える。

ウ 過酸化水素水に二酸化マンガンを加える。

エ ドライアイスを放置しておく。

オ 塩化アンモニウムと水酸化ナトリウムを混ぜて加熱する。

カ 炭酸カルシウムを加熱する。

2 **植物のつくりとはたらきについて，次の問いに答えなさい。**

タロウ君は，スーパーで買ったアマナツ（ナツミカン）の実から種子を取り出し，家で育ててみることにしました。薄《うす》皮をむいた種子を，水でしめらせただっし綿《めん》の上と，乾《かわ》いただっし綿の上にそれぞれ24個ずつ置いて，光が十分に当たる部屋で観察しました。すると，水でしめらせただっし綿の上にあった種子のうち4つを苗《なえ》まで育てることができました。乾いただっし綿の上にあった種子はどれも発芽しませんでした。

(1) 上の文章から，アマナツの種子が発芽するには何が必要ですか。

(2) 水でしめらせただっし綿の上にあった種子のうち，苗まで育てることができた種子は何％ですか。小数点以下第一位を四捨五入して答えなさい。

(3) 種子が発芽したとき，右の図のような芽が生えました。このような芽が生える植物を何といいますか。

(4) アマナツのくきを地面と水平に切断した場合，どのようなつくりが観察されますか。模式的に正しく表されているものを次の**ア**～**エ**から一つ選び，記号で答えなさい。

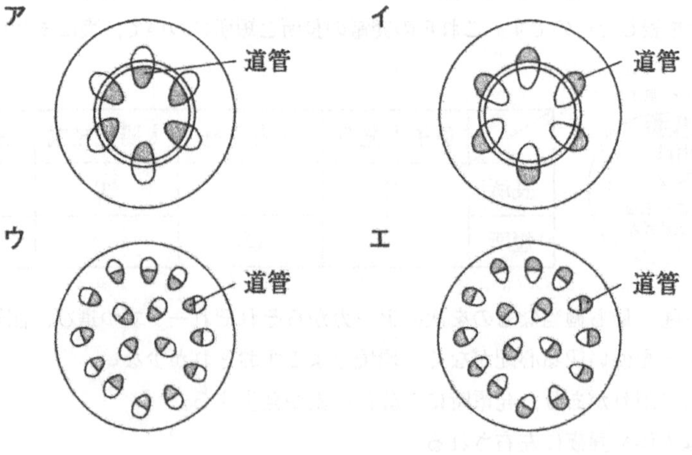

(5) 良く晴れた日の朝にアマナツの苗にとうめいなポリエチレンのふくろをかぶせました。その日の夕方にふくろを見ると，ふくろの内側に細かい水滴《てき》がついていました。この水は，おもに葉の裏のどの部分から出てきたものですか。

3 いろいろな重さのアルミニウムに，同じ濃《こ》さの塩酸20㎤を加えて発生した水素の体積を調べました。図１はその結果をグラフに表したものです。これについて，次の問いに答えなさい。

図１

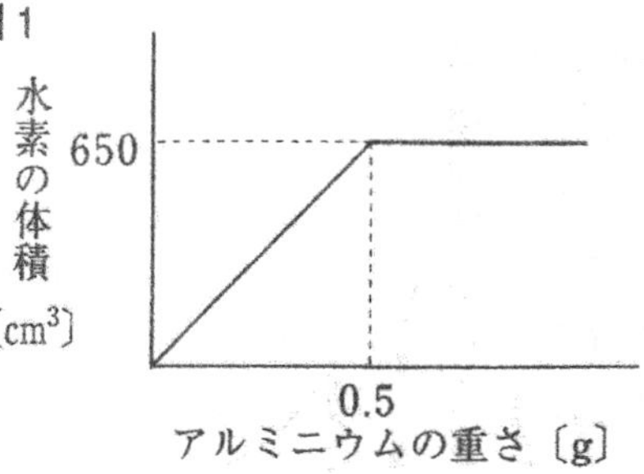

図２

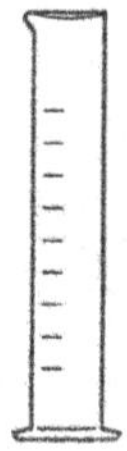

(1) 発生した水素を集めるときに図２の実験器具を用います。この器具を何といいますか。

(2) アルミニウム①0.3 g，②0.5 g，③1.0 g にそれぞれ塩酸20㎤を加えたとき，どのような状態になりますか。次のア～エからそれぞれ一つずつ選び，記号で答えなさい。

ア アルミニウムはすべて溶け，塩酸もすべて反応する。

イ アルミニウムはすべて溶け，塩酸の一部が残る。

ウ アルミニウムの一部が残り，塩酸はすべて反応する。

エ アルミニウムも塩酸も一部が残る。

(3) アルミニウム0.2 g に塩酸20㎤を加えました。反応後の溶液にBTB溶液を加えると何色になりますか。

(4) アルミニウム0.15 g に塩酸20㎤を加えたとき発生する水素は何㎤ですか。

(5) 水素を975㎤発生させるには，何㎤の塩酸に何 g 以上のアルミニウムを加えればよいですか。

4 図１はある年の９月３日の鹿児島県鹿屋《かのや》市を台風が通過したときの観測結果です。グラフの右軸《じく》は降水量の値を，左軸は気温の値を示しています。これについて次の問いに答えなさい。

図１

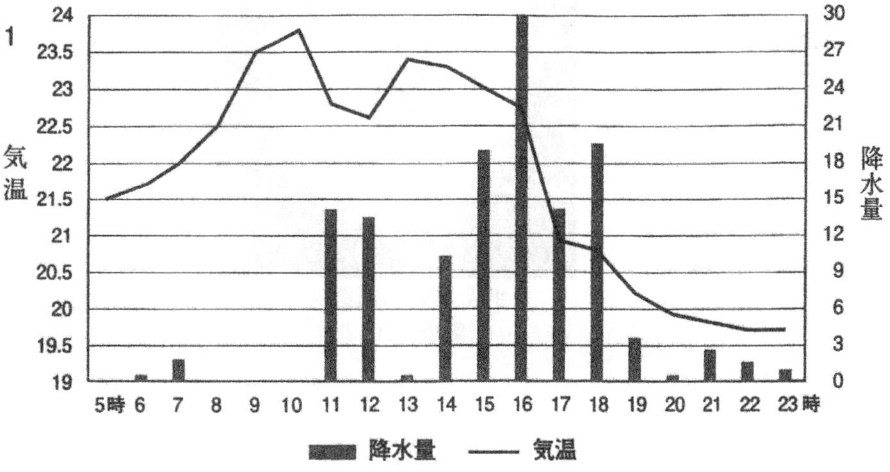

(1) 降水量の単位は何ですか。次のア～エから一つ選び，記号で答えなさい。

ア L　**イ** mL　**ウ** ㎝　**エ** ㎜

(2) 台風の眼《め》とよばれる台風の中心では，雨風が弱くなります。**図1**より，台風の眼に入っていたのは何時から何時の間ですか。次の**ア**～**カ**から一つ選び，記号で答えなさい。ただし，台風の眼の中は降水量9以下のときとします。

ア 7時から10時の間　　**イ** 8時から10時の間

ウ 12時から13時の間　　**エ** 13時から14時の間

オ 19時から20時の間　　**カ** 20時から23時の間

(3) ある温度で空気1 m^3がふくむことのできる水蒸気の最大量を，ほう和水蒸気量といいます。下の表は，温度とほう和水蒸気量の関係を表したものです。9月3日7時のしつ度が70％のとき，空気1 m^3にふくまれる水蒸気は何gですか。小数点以下第二位を四捨五入して答えなさい。

温度〔℃〕	18	19	20	21	22	23	24
ほう和水蒸気量〔g〕	15.4	16.3	17.3	18.3	19.4	20.6	21.8

(4) 日本付近の台風の風のふき方について正しく説明しているものを，次の**ア**～**エ**から一つ選び，記号で答えなさい。

ア 台風の中心から外側に向かって右回り（時計回り）にふく。

イ 台風の中心から外側に向かって左回り（反時計回り）にふく。

ウ 外側から台風の中心に向かって右回り（時計回り）にふく。

エ 外側から台風の中心に向かって左回り（反時計回り）にふく。

(5) **図2**のように台風が進んでいるとき，風の強さが最も強い場所を，図中の**ア**～**エ**から一つ選び，記号で答えなさい。

↑進行方向

図2

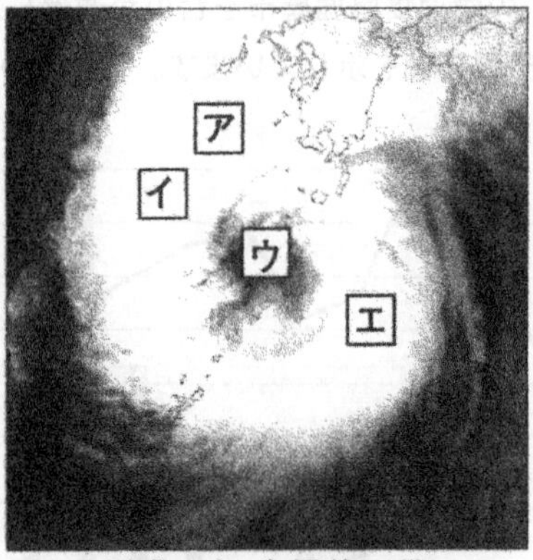

平成30年 台風第24号
（気象庁HPより）

【社　会】（25分）　＜満点：50点＞

1　次の会話を読み，あとの問に答えなさい。

日出先生　いよいよ新紙幣の導入が来年に迫ってきました。紙幣には，偽造《ぎぞう》防止の技術や指で触ってお札の種類を識別できるような（　1　）デザインが取り入れられています。

市川くん　慣れ親しんだ（　2　），樋口一葉，a）**野口英世**の紙幣も翌年以降，少しずつ姿を消すことになりますね。

千葉さん　私は，今の紙幣になる前の新渡戸稲造の五千円札，夏目漱石の千円札を記念に持っていますよ。

市川くん　一万円札は持っていないの？

千葉さん　一万円札は，2004年の改訂でもそれまでと同じ（　2　）のままだったからね。

市川くん　（　2　）の肖像画は1984年改訂から使われているのだね。それ以前は誰の肖像画だったのかな。

日出先生　1958年から1986年まで1万円札に採用されていたのは，b）**聖徳太子**の肖像画でした。いつから紙のお金が全国的に使われるようになったのか，知っていますか？

千葉さん　明治時代になってからですよね。たしかc）**太政官札**《たじょうかんさつ》といって政府が発行していたと習いました。

日出先生　現在のように，唯一の発券銀行である（　3　）が正式な紙幣を発行するようになるのは，d）**1885年**のことなんだ。それまでは政府や民間銀行が発券していたんだ。

市川くん　江戸時代にはe）**諸藩が発行した藩札という領内限定の通貨**もありました。福井藩が1661年に初めて発行したといわれています。財政難の解消のためむやみに発行するケースも多かったようです。

千葉さん　むやみに発行すると貨幣の価値が（　X　），いわゆる（　Y　）となり，家計が圧迫される人も出てきますね。

日出先生　江戸時代はバラバラだった貨幣制度が統一された時代でもあるんだ。
f）**大きさや重さ，品位をそろえた金貨**や銀貨，さらには銅銭も発行されました。それまではg）**中国銭**を使用したり，戦国大名が鋳造《ちゅうぞう》したり，いずれも日本の統一的な貨幣ではありませんでした。

市川くん　日本でつくられた貨幣となると，天武朝につくられたとされる（　4　）や，元明朝のh）**和同開珎**にはじまる皇朝十二銭までさかのぼりますね。

千葉さん　皇朝十二銭といえば，i）**958年乾元大宝**を12番目の貨幣として発行したのを最後に国内での発行をやめましたよね。

日出先生　（　4　）の流通はかなり限定的であったようだし，皇朝十二銭も銅不足を理由につくるのをやめたことから，安定的な全国流通とはいえなかったみたいだ。お金一つ見ることで，その時代一面が見えてくる。また，j）**現代では肖像画を用いることから，その時代が目指す姿も見えてくる**ね。

問1　空欄（1）には，「すべてに共通の」，「普遍的な」という意味の言葉が入る。適切なものを次の**ア**～**エ**から1つ選び，記号で答えなさい。

ア　ダイバーシティ　　**イ**　エコ　　**ウ**　ユニバーサル　　**エ**　SDGs

問2　空欄（2）に当てはまる人名を答えなさい。

問3　下線部a）の人物の説明として正しいものを，次のア～エからそれぞれ選び，記号で答えなさい。

ア　江戸時代後期の医学者で，オランダ語で書かれた解剖書『ターヘル･アナトミア』を翻訳し，『解体新書』を完成させ，日本における蘭学の発展に貢献《こうけん》した。

イ　幕末に幕府の使節としてアメリカに渡り，帰国後にヨーロッパの考え方を日本に広めた。代表的な著書『学問のすゝめ』を著し，日本の教育の底上げに貢献した。

ウ　伝染病研究所を経て，アメリカで最先端の医学を学んだ。細菌学者として活躍したが，アフリカで熱病を研究中に感染死した。黄熱病以外にも医学における発見があり，世界的にも評価されている。

エ　破傷風の予防・治療法を開発し，さらにペスト菌を発見するなど，世界に認められる細菌学者としての地位を確立した。

問4　下線部b）について，この人物に関する記述として正しいものを，次のア～エから1つ選び，記号で答えなさい。

ア　推古天皇の摂政として，国内政治や外交，仏教政策など諸政策に力を入れ，天皇を頂点とした中央集権国家を目指した。

イ　大化の改新によって，豪族である蘇我氏の独裁を抑え，天皇を頂点とした中央集権国家を目指した。

ウ　魏の国に使者を派遣し，親魏倭王の称号を得ることで，日本国内における大王の地位をたしかなものとした。

エ　白村江の戦いで，百済をめぐって新羅・唐連合軍と戦い，敗北した。これにより，天皇の地位を著しく下げた。

問5　下線部c）について，太政官とは古代律令制において用いられた行政機関の名称である。古代律令制について述べた文として誤っているものを，次のア～エから1つ選び，記号で答えなさい。

ア　天皇や豪族が持っていた土地や人民は，全て国家のものとする公地公民が示された。

イ　作成された戸籍に基づいて，6歳以上の男女すべてに口分田が与えられた。

ウ　租・庸・調と呼ばれる税が課され，その負担は女性の方が重かった。

エ　日本全国が「国」「郡」「里」に分けられ，「国」には「国司」とよばれる者が都から派遣され，地方政治を任せられた。

問6　空欄（3）に当てはまる銀行名を答えなさい。

問7　下線部d）について，この年に設置され，現在に至るまで行政府としての役割を担う機関名を答えなさい。

問8　下線部e）について，このように利用できる範囲が限定される「地域通貨」は，現代においても自治体や，企業，商店街などが独自に発行することがある。場合によっては，使用できる期間を限定することもある。こうした地域通貨を発行するメリットは何か。説明しなさい。

問9　空欄（X）（Y）に当てはまる語句の組み合わせとして正しいものを，次のア～エから1つ選び，記号で答えなさい。

ア　（X）上がり　（Y）インフレーション　**イ**　（X）下がり　（Y）インフレーション

ウ　（X）上がり　（Y）デフレーション　**エ**　（X）下がり　（Y）デフレーション

問10　下線部ｆ）について，次のグラフは江戸時代の小判の重量・金成分比の推移を表したものである。このグラフから分かることとして，誤っているものを次の**ア**～**エ**から１つ選び，記号で答えなさい。

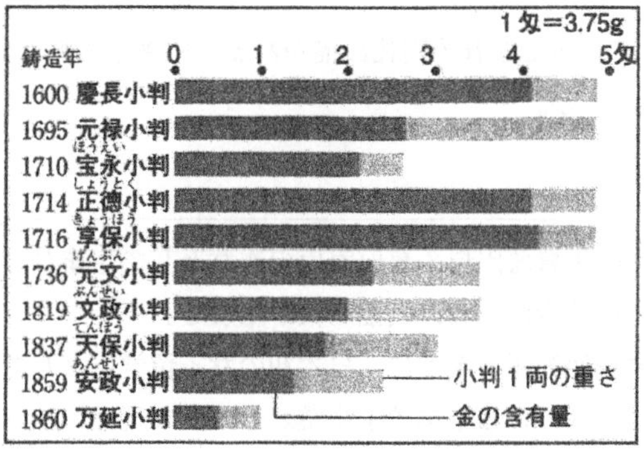

ア　慶長小判と正徳小判は，その重さと金含有量が等しいと言える。

イ　元禄小判は，慶長小判に比べ，金含有率が減ったものの全体の重量が等しいと言える。

ウ　宝永小判は，慶長小判に比べ全体の重さは減ったものの，金含有量は等しいと言える。

エ　享保小判以降，金の含有量が増えたことは一度もないと言える。

問11　下線部ｇ）について，12世紀半ば頃から江戸時代の貨幣統一までの外交関係として誤っているものを，次の**ア**～**エ**から１つ選び，記号で答えなさい。

ア　平清盛は瀬戸内海の沿岸を削り航路を広げ，日宋貿易の活性化に力をいれた。

イ　足利義満は倭寇と正式な貿易船を区別するために勘合を用いた日明貿易を行った。

ウ　日元貿易を保護した北条時宗により，日元の友好関係が築かれた。

エ　豊臣秀吉は明の征服を計画し，その前提として朝鮮出兵が行われた。

問12　空欄（４）にあてはまる語句を答えなさい。

問13　下線部ｈ）について，和同開珎は武蔵国秩父郡で銅が発見されたことを記念してつくられた。ここは現在の埼玉県にあたる。下の表の中から埼玉県の農業生産を示すものを，次の**ア**～**ウ**から１つ選び，記号で答えなさい。

ねぎ

	都道府県	トン	%
1位	ア	56,900	12.9
2位	イ	50,600	11.5
3位	茨城	49,000	11.1

ほうれん草

	都道府県	トン	%
1位	イ	22,700	10.6
2位	ウ	22,400	10.5
3位	ア	19,400	9.1

きゅうり

	都道府県	トン	%
1位	宮崎	60,700	11.3
2位	ウ	55,800	10.3
3位	イ	46,100	8.5

農林水産省「野菜生産出荷統計」より作成

問14　下線部ｉ）について，この付近の出来事として正しいものを，次の**ア**～**エ**から１つ選び，記号で答えなさい。

ア　鉄砲が種子島に伝わったことで，日本の戦い方が一騎打ちから集団戦法へと変化した。

イ　幕府将軍家の家督相続をめぐり将軍家が分裂し，日本全国の大名を巻き込む応仁の乱が起きた。

ウ　関東では平将門の乱が起きたり，関西で藤原純友の乱が起きたりするなど，武士が力を持ち始めた。

エ　仏教勢力が政治介入をしたことで政治が乱れたため，天皇は奈良から京都へ都をうつし，平安京を造営した。

問15　下線部ｊ）について，新たな五千円札に描かれる津田梅子の略年表を見て，どんな願いが込められていると考えられるか。

【略年表】

1864（元治元）年	下総佐倉藩出自の幕府家臣の次女として生まれる。
1868（明治元）年	江戸幕府が倒れ，明治時代が始まる。
1871（明治４）年	岩倉使節団とともに，日本初の女子留学生としてアメリカに渡る。
1878（明治11）年	アメリカの私立学校を卒業。そのまま現地の私立学校へ進学。
1882（明治15）年	アメリカの私立学校を卒業→10年超におよぶ留学より日本帰国。
1885（明治18）年	華族女子のための学校に勤める。
1889（明治22）年	再びアメリカへ渡り，現地の大学で生物学や教育法を学ぶ。
1892（明治25）年	帰国。再び，華族女子のための学校に勤める。
1900（明治32）年	華族から一般すべての女子の教育をめざした学校「女子英学塾」を創立。
1929（昭和４）年	死去。享年64歳

2　**以下の文章を読んであとの問いに答えなさい。**

2022年７月10日，参議院議員通常選挙がおこなわれた。各政党はさまざまなａ）**選挙公約**を示し，ｂ）**有権者**に呼びかけた。参議院議員選挙は，全国を１つの単位とする【　A　】選挙と都道府県単位でおこなわれる選挙区選挙を組み合わせて実施される。ただし，選挙区選挙では【　B　】，徳島県とｃ）**高知県**は２つの県を合わせて１つの選挙区とする合区を採用している。参議院議員選挙は【　C　】年に１度おこなわれ，今回の選挙を経て，参議院議員の定数は【　D　】人となった。

この選挙では，ｄ）**憲法改正**や経済対策，ｅ）**環境・災害**対策，外交・安全保障問題など多くの観点で各党の主張の違いが明らかになった。コロナ禍が続き，ｆ）**日本の経済や産業**にも影響が出ており，政府にはその対策も求められている。

問１　文章中の空欄【A】～【D】に当てはまる語句・数字をあとの**ア**～**シ**の中から一つずつ選び記号で答えなさい。

ア　3　　**イ**　4　　**ウ**　6　　**エ**　245　　**オ**　248　　**カ**　465

キ　小選挙区　　**ク**　大選挙区　　**ケ**　比例代表　　**コ**　島根県と鳥取県

サ　長崎県と佐賀県　　**シ**　愛媛県と香川県

問２　下線ａ）について，選挙公約のことをカタカナで何というか，答えなさい。

問３　下線ｂ）に関連して，以下の問いに答えなさい。

１）　実際の選挙では，有権者の多い選挙区や有権者の少ない選挙区がある。有権者の数に差があるとどのような問題が発生するか，説明しなさい。

2）　2016年に選挙権年齢が18歳に引き下げられ，2022年には成年年齢も18歳に引き下げられた。現在，18歳の人が持つ権利について説明した以下の**ア**～**エ**の文章のうち，正しいものをすべて選び記号で答えなさい。

ア　衆議院議員総選挙でも投票することができる。

イ　飲酒することができる。

ウ　親の同意なしに，契約を結ぶことができる。

エ　憲法改正の国民投票で投票することはできない。

問４　下線ｃ）について，以下の問いに答えよ。

1）　高知県にある高知平野では，暖かい気候やビニールハウスを活かしてなすやピーマンを作り他の産地よりも早く出荷する栽培方法がとられている。このような栽培方法を何というか，答えなさい。

2）　上記の１）のような栽培方法をする理由を答えなさい。

問５　下線ｄ）について，以下の憲法改正の手続きを説明した文章中の空欄**【あ】**～**【う】**に当てはまる語句の組み合わせとして，適当なものをあとの①～⑥の中から１つ選び記号で答えなさい。

各議院の【あ】の【い】の賛成で国会が発議し，国民投票で【う】の賛成で承認されたのち，天皇が国民の名において公布する。

選択肢	【あ】	【い】	【う】
①	出席議員	過半数	三分の二以上
②	出席議員	三分の二以上	過半数
③	出席議員	四分の三以上	過半数
④	総議員	過半数	三分の二以上
⑤	総議員	三分の二以上	過半数
⑥	総議員	四分の三以上	過半数

問６　下線ｅ）に関連して，以下の問いに答えなさい。

1）　以下の出来事**ア**～**ウ**が起こった都道府県を，次のページの日本地図の①～㊼中から１つずつ選び番号で答えよ。

ア　2022年７月24日，桜島で噴火が発生した。

イ　2022年８月３日から５日，東北地方で線状降水帯が発生し，この県内を流れる最上川で５か所氾濫した。

ウ　この県では，高度経済成長期に四大公害病の１つ「イタイイタイ病」が発生し，2022年８月17日には７年ぶりにイタイイタイ病の患者が認定された。

［日本地図］

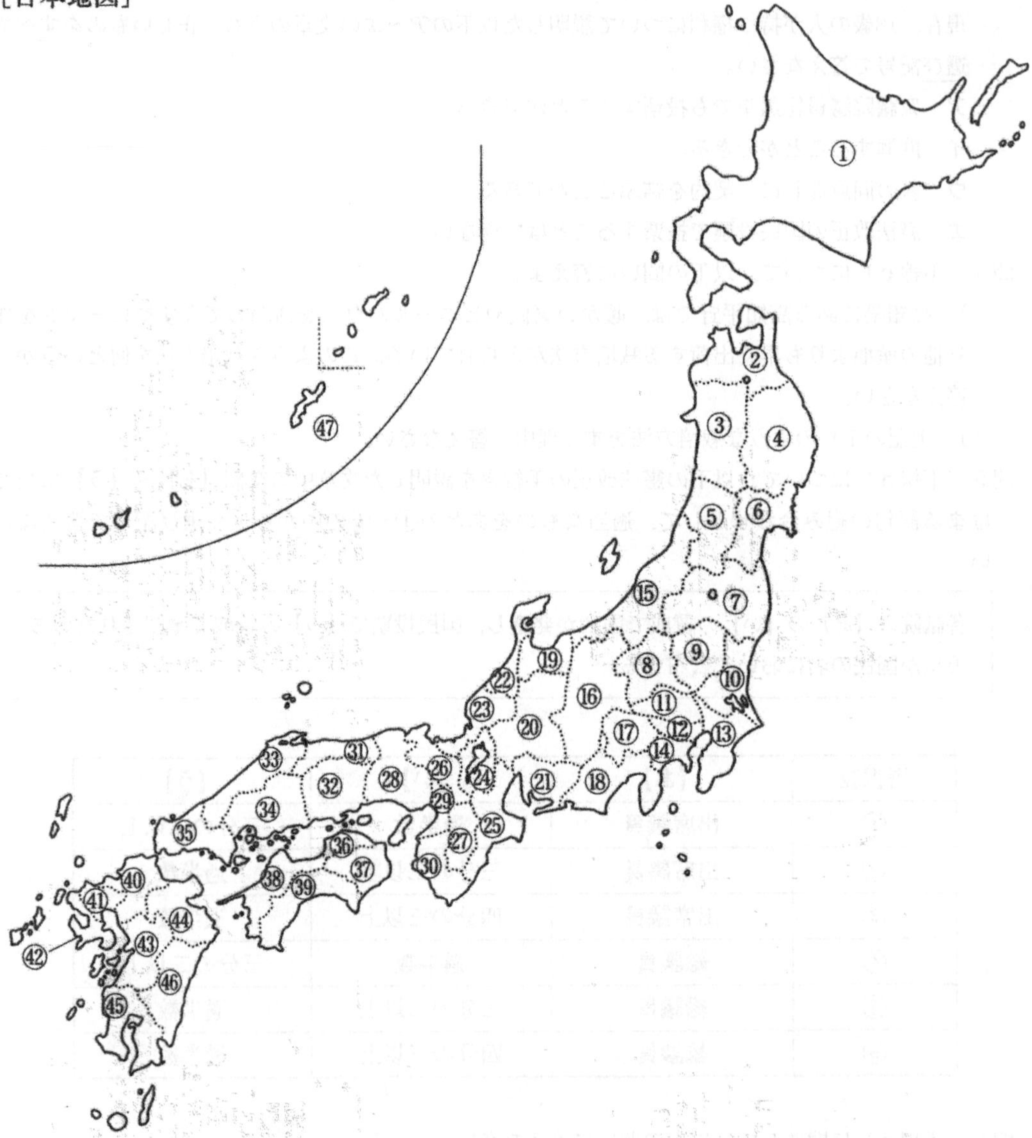

2）　以下の雨温図**ア**～**エ**は，それぞれ千葉市，長野市，岡山市，那覇市のうちのどれかを表している。千葉市の雨温図として適当なものを以下の**ア**～**エ**の中から１つ選び記号で答えよ。

ア

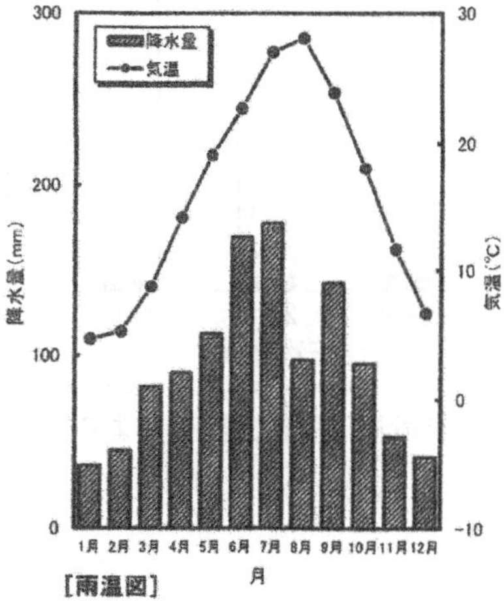

イ

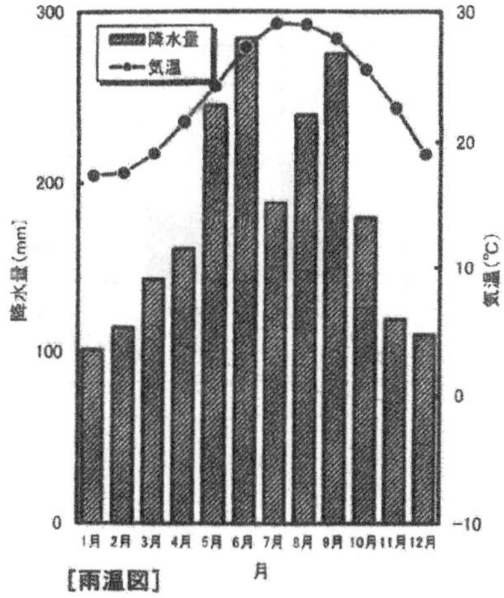

ウ

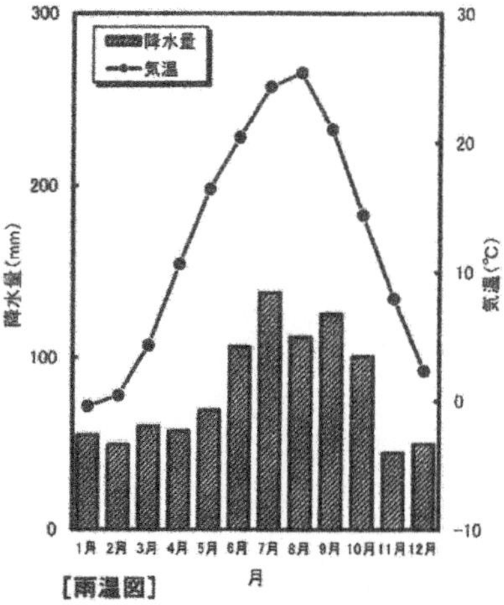

エ

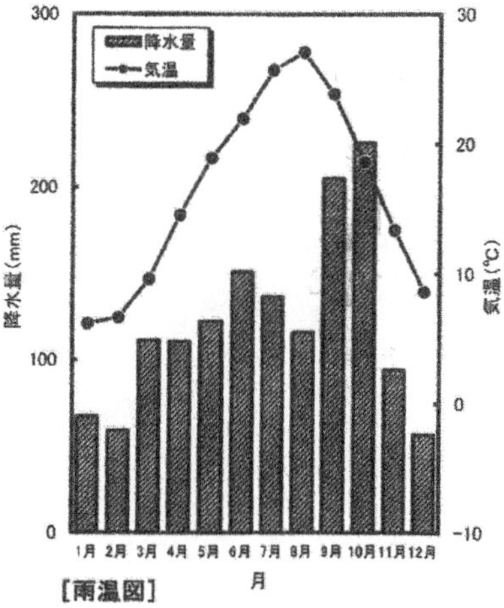

気象庁「過去の気象データ」より作成

問７　下線ｆ）に関連して，次のページのグラフは1960年から2020年までの日本の10年ごとの産業別就業者の割合の推移を示している。次のページのグラフから読み取れる，日本の産業構造の変化を説明しなさい。また，そのような変化によってもたらされる日本の産業の弱点を説明しなさい。

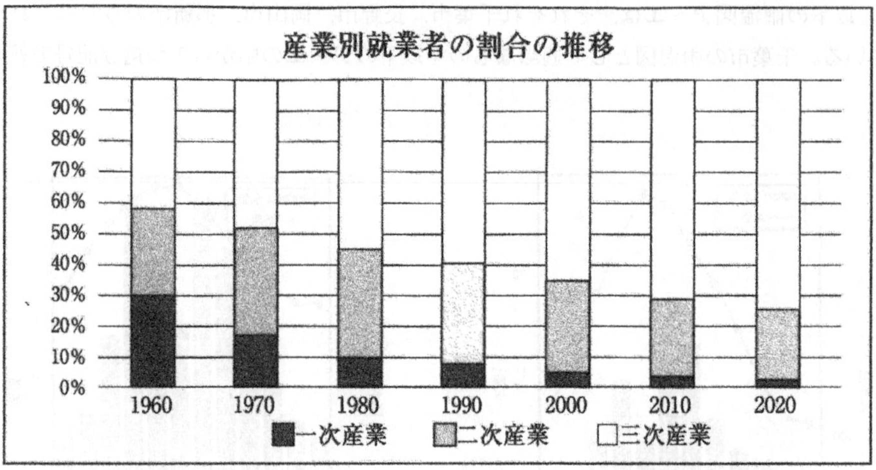

総務省統計局「労働力調査」より作成

資料Ⅰ　下書きメモ

起	野球チームに所属しているタロウくんが試合に出るというので、ハナコさんは応援《おうえん》にいくことにしました。タロウくんは「絶対に勝つぞ。」と意気ごんでいたので、ハナコさんも楽しみにしていました。
承	しかし、タロウくんのチームは、試合の最後で相手のチームに逆転されて負けてしまいました。タロウくんは、「自分のせいだ。」と涙《なみだ》を流してくやしがっていました。
転	
結	タロウくんもハナコさんも笑顔になりました。ハナコさんの機転の利《き》いた言動は、タロウくんの気持ちを前向きにすることにつながったのです。

四　次の――線①～⑥のカタカナは漢字に直し、⑦、⑧は対義語（反対の意味の語）を書きなさい。また⑨、⑩は誤《あやま》っている漢字を見つけ、正しい漢字に直しなさい。

① タイコの昔に生きていた動物の化石。

② いっしょに暮らして両親にコウコウする。

③ ドソクが禁止されている場所。

④ 今回の国語の入試はテンケイ的な問題だ。

⑤ ケサの天気はくもりだった。

⑥ 妹の病状がカイホウに向かう。

⑦ 人工（対義語）

⑧ 義務（対義語）

⑨ わたしは飛行機に感心があるので、理科と数学の勉強をがんばります。

⑩ 人間には体調を整えるための機能として自率神経がある。

ア　五人で、なぞなぞを出し合って遊んでいた。ぼくが知っているものも多くあったので、問題を読み終える前に答えを言って得意げになった。だが、他の人はぼくの行いを良く思っていなかったようだ。もともと知っていた問題は、みんなに考える時間をあげるべきだったな。

イ　友達にあるホラー映画をおすすめして、友達の家でいっしょに観ることになったが、友達は怖い映画が苦手だと言っていた気がするので、怖いシーンの少し前のタイミングで教えてあげた。友人も、身構えることができてよかったと喜んでくれた。

ウ　電車に乗っているときに、松葉杖《まつばづえ》をついていた高校生が立っていた。ぼくはおなかが痛かったので座っていたけれど、誰も高校生に席をゆずらなかったので、ぼくが席をゆずった。他人がよろこぶことをすると、相手も自分も気持ちがいいなあ。

エ　インドカレーを食べに初めてのお店に行った。スプーンがなかったので、社会の授業で習った通り、手で食べてみたが、どうやらお店の人がスプーンを出し忘れていただけのようだ。変だと思ったら、できるだけ早く「おかしい」と声をあげるべきだなあ。

オ　千葉から大阪《おおさか》に引っ越すことになった。私は早く友達をつくりたかったので、できるだけ大阪の人たちに近づこうと、関西弁を必死に練習し、友達を作ることができた。無理をしてでも、周りに合わせるようにすれば、結局は自分のためになるのだなあ。

カ　仲良しの友人五人で旅行の計画を立てた。私は沖縄《おきなわ》の魅力《みりょく》を知らなかったが、私以外は沖縄に行きたいと言ったので、友人たちの意思を尊重して沖縄に行くことにした。結果、おいしい食べ物を食べたり、きれいな沖縄の海に入れたりして大満足だった。

三　**次に示すのは、授業中の生徒Aと生徒Bのやり取りです。これを読み、問に答えなさい。**

生徒A　文章の構成の一つに「起承転結」というものがあるんだって。この構成を意識して文章を作ってみようよ。

生徒B　いいね。「起」は「物語の導入部分が書かれるところ」だよね。登場人物や作品の背景が書いてあることが多いね。

生徒A　「承」は「起をうけて、話の内容が展開していくところ」だね。ぼくが好きなミステリーだったら、事件が起こるよ。

生徒B　「転」はなんだっけ。「話の内容がころぶ」ところかな。

生徒A　「転」は「うつる」という意味があるんだよ。つまり「話の内容が本題にうつっていくところ」だね。

生徒B　なるほど。わかったよ。「転」の内容が作品の出来に大きく関わりそうだね。

生徒A　よし。じゃあ、「転」の部分をがんばって考えていこう。

生徒B　「結」は「物語が終わりに向かうところ」だね。物語をうまく終わらせていこう。

生徒A　これで「起承転結」のふり返りはおしまいだ。次に、今日の授業で配られた、資料Ⅰの下書きメモの完成を目指そう。

生徒B　よし。がんばるぞ。

問　次のページの下書きメモの「転」の部分に入る適当な文章を考え、解答用紙に書きなさい。

イ　母からのするどい視線を感じたので、暗黙の了解をし、洗濯《せんたく》物をたたんだ。

ウ　中学校では、授業前に授業準備をすませることが暗黙の了解となっている。

エ　初めて会う人とは暗黙の了解をせず、きちんと自分の思いを伝えるべきだ。

オ　私たちのクラスの暗黙の了解として、授業を静かに受けようと話し合った。

問5　――線⑤「演奏者と観客に阿吽《あうん》の呼吸が生まれる」とありますが、ここでは具体的にどういうことですか。次の**ア**～**オ**から一つ選び、記号で答えなさい。

ア　演奏者が曲を弾き終えて演奏の姿勢を変えないまま次の曲に入ってしまい、観客が拍手のタイミングを失うこと。

イ　プログラムに拍手をするタイミングを記していないため、観客が判断に迷い拍手が出たり出なかったりすること。

ウ　観客が曲のリズムにのったり、手拍子《てびょうし》をしたり、かけ声をしたりして、演奏者と同じ思いで音楽を楽しむこと。

エ　ピアニストの素晴らしい演奏に、観客が呼吸することすらも忘れてしまうくらい夢中になっているということ。

オ　演奏がひと段落した素振りが見えなくても、曲の終わったタイミングと観客の拍手をするタイミングが合うこと。

問6　――線⑥「とまどいが一瞬《いっしゅん》ひろがる」とありますが、なぜですか。次の**ア**～**オ**から一つ選び、記号で答えなさい。

ア　演奏者が終わりのタイミングを明確にしない間に、観客の拍手をする意欲が失われていくから。

イ　新作を初めて聴くときは曲について詳しく知らないので、演奏が終わったかが分かりにくいから。

ウ　演奏者が弾く姿勢を崩《くず》したり、鍵盤《けんばん》から手を離したりするタイミングが想定するよりも遅いから。

エ　短い曲をたくさん演奏するプログラムは、観客側の合意によって拍手をしなければいけないから。

オ　同じ演奏を聴いた観客たちが演奏後の余韻《よいん》を楽しんでいるか、お互いに探っている状況だから。

問7　――線⑦「フライング拍手」とありますが、筆者の考えとして正しいものはどれですか。次の**ア**～**オ**から一つ選び、記号で答えなさい。

ア　音楽は自由に楽しんでよいものだが、他のお客さんから苦情がくるため、いついかなるときもしない方がいい。

イ　演奏者や他のお客さんから、曲の終わりがわかっていない人という認識をされてしまうのでしない方がいい。

ウ　間髪《かんはつ》を入れずに拍手をすることは、曲が終わったあとの深みや味わいを感じる機会をうばうのでしない方がいい。

エ　拍手するなというルールはないが、芸術鑑賞《かんしょう》をする者として、非常識な行為であるので絶対にやめるべきだ。

オ　フライング拍手をやめるようにアナウンスするほどの行為ではないので、曲ごとでないのならやってもよい。

問8　本文中の筆者の考えと共通する内容を話しているものは次のうちどれですか。次の**ア**～**カ**から二つ選び、記号で答えなさい。

うときに、客席に「いまので終わり？　まだ続くの？」⑥みたいなとまどいが一瞬広がることがあります。そのような場合は、たとえば指揮者が注1タクトを下してこちらを向くなど、演奏者の素振りから曲の終わりが客席に伝わることもあります。

いずれにせよ、慣れないうちは、急いで拍手をする必要はありません。周りが拍手したら、自分も拍手する。それでいいと思います。

たまに、曲が終わるやいなや注2間髪《かんはつ》入れずに拍手したり、「ブラボー！」と絶叫《ぜっきょう》したりする方がいるのですが、これは⑦「フライング拍手」や「フライングブラボー」などと呼ばれ、お客さんのあいだではあまり評判がよくありません。演奏が終わった後の余韻《よいん》を壊《こわ》してしまうからです。

近年、この問題が以前に比べて注3顕在《けんざい》化しています。おそらくこのような早すぎる拍手やブラボーの声に対して、お客さんから主催《しゅさい》者に対して苦情があるのでしょう、開演前に「指揮者がタクトを下ろしてから拍手をしてください」といったアナウンスを耳にするようになってきました。

クラシックのコンサートでは、開演前に「携帯《けいたい》電話の電源をお切りください」「補聴《ほちょう》器の設定をご確認ください」注4（ハウリング防止のため）といったいくつかの注意事項《じこう》がアナウンスされるのですが、拍手のタイミングまで指示するのは、やや行きすぎかなと思います。ときには演奏が終わった瞬間《しゅんかん》にドッと注5喝采《かっさい》がわきおこるほうがふさわしい場合もあるはず。

いずれにせよ、「オレはこの曲の終わりを知っている！」とばかりにだれよりも早く拍手をする態度は、決して歓迎《かんげい》されません。

飯尾　洋一　『クラシック音楽のトリセツ』（SBクリエイティブ株式会社）

注1　タクト……指揮する人がその道具として用いる棒。
注2　間髪入れず……すぐさま、とっさに。
注3　顕在化……はっきりあらわれること。
注4　ハウリング……それぞれのマイクが音を拾い、音が連続する現象。
注5　喝采……声をあげてほめること。

問1　①には筆者の考えが入ります。文章全体をふまえ、①に入る言葉を三十字程度で答えなさい。

問2　②に入る言葉を十字程度で書きなさい。

問3　――線③「思わず拍手《はくしゅ》があちこちから起きてしまった」とありますが、このことについて筆者はどのように考えていますか。次の**ア**～**オ**から一つ選び、記号で答えなさい。

ア　いかなる場合も、演奏が終わる前に拍手することは禁止されている行為《こうい》だ。

イ　熱演に興奮してしまったとしても、周囲への配慮からつつしむべき行為だ。

ウ　素晴らしい演奏で気分が盛り上がった結果ならば、仕方がない行為である。

エ　ベートーヴェンが生きていた時代では、それこそが最もふさわしい行為だ。

オ　思わず周りの人につられてしてしまう拍手は、防ぎようがない行為である。

問4　――線④「暗黙《あんもく》の了解」とありますが、例文として正しいものはどれですか。次の**ア**～**オ**から一つ選び、記号で答えなさい。

ア　クラスで決めたリレーの順番に納得《なっとく》がいかなかったが、暗黙の了解をした。

示されています。最後に、比ゆについて確認をしましょう。文章の最後の部分に「せきをするような」という表現がありますね。ここの効果はどのようなものですか。

生徒B　この部分は動物の声を比ゆで表現することで、読者に Ⅲ（十五字以内） 効果があると思います。

二　次の文章を読んで、あとの問いに答えなさい。

「クラシックのコンサートではいつ拍手《はくしゅ》をすればいいのかわからない」という質問はよく耳にします。答えは簡単で、「 ① 」です。初心者向けの拍手のマナーはこれがすべてといってもいいかもしれません。

拍手に関して特徴《とくちょう》的なのは、たとえば第1楽章から第4楽章まであるような長い曲が演奏される場合、楽章と楽章の間には拍手をせず、第4楽章が終わったところで初めて拍手をするという慣習があることです。「楽章と楽章の間に拍手をしてはいけません」という注意書きはどこにも明示されていませんが、慣習としてそうなっています。

たとえ4つの楽章に分かれていても、あくまで一続きの曲なのだから、途中で拍手を入れると集中が途切れてしまう、あるいは流れが悪くなってしまう、というのがその理由でしょうか。これは演奏者に対する配慮《はいりょ》はもちろん、 ② という気持ちのあらわれでもあると思います。たとえば長編小説を読んでいるとき、第1章が終わってキリがいいけれど、ここでページを閉じたくない、このまま作品世界に浸《ひた》ったまま一気に最後まで読みきってしまいたい、そのように感じるのと似ているかもしれません。

もっとも、例外的に第1楽章が終わったところで拍手が起こることもあります。大変な熱演に心から感動し、③思わず拍手があちこちから起きてしまったというようなケースです。

ベートーヴェンやモーツァルトといった大作曲家が生きた時代には、楽章が終わるたびに聴衆《ちょうしゅう》は拍手をしていたようです。それが20世紀のどこかの時点で、楽章間では拍手をしないという④暗黙《あんもく》の了解《りょうかい》が世界中に広がり、現在に至っています。

ピアノのリサイタルなどでは、短い曲をたくさん演奏するプログラムもよくあります。ショパンのピアノ曲などは5分に満たない短い曲がたくさんありますが、そうした小曲が終わるたびにいちいち拍手をしていては聴《き》く側の気分も盛りあがりませんから、内容的にひとまとまりと思われる数曲が終わったところで拍手をします。「ここで拍手をしてください」とはプログラムには書いてありませんから、判断に迷う場合もあるでしょう。そういう場合は、なんとなくみんなの総意で拍手が出たり出なかったりします。

⑤演奏者と観客に阿吽《あうん》の呼吸が生まれることもあります。演奏者が1曲弾き終えて、そのままピアノを弾《ひ》く姿勢を崩《くず》さずにすぐ次の曲を弾き始めるようなときは、こちらも拍手を入れようがありません。しかし、ピアニストが鍵盤《けんばん》から手を離して顔を上げるなど、一段落した素振《そぶ》りを見せるか見せないかのタイミングで拍手が起きることもあります。

有名な曲が演奏されるときはよいのですが、ほとんど知られていない珍しい曲や、新作（クラシック音楽の世界にも「新曲」があるのです）の初演の際などは、曲が終わったのか終わっていないのか、判断がつかないこともあります。特に、新しい時代の作品では、明確に「ジャーン！はい、終わりました！」という感じにはならないことが多い。そういで答えなさい。

ア　今までがんばってきたごほうび
イ　一族の思い出のつまった場所
ウ　出世をしていくための道具
エ　生きていくうえで価値のある情報
オ　子どもに残しておきたい宝石

問8　――線⑧「一日もはやく、穴からはなれることだと思っていました」とありますが、このときのめすグマの心情を説明したものとして正しいものを、次の**ア**～**オ**から一つ選び、記号で答えなさい。

ア　近くの雪にあしあとが残っているので、人間に見つかって自分や子グマの命がうばわれてしまうかもしれないという思い。
イ　猟師に見つかったときににげることができるよう、手足をきたえているので、この場所からはなれても安心だという思い。
ウ　二頭の子グマが大きく成長したことで、ちちだけではおなかが空いてしまい、エサとなる植物を手に入れたいという思い。
エ　自分たちをねらう猟師が身近にせまっているという危険を感じ取ったので、すぐにでもこの場所をはなれたいという思い。
オ　人間の足によって穴の近くの雪がふみかためられているのを見たので、むかえうつ用意をしなければいけないという思い。

問9　――線⑨「ふと、いやなにおいをかぎました」とありますが、どういうことですか。次の**ア**～**オ**から一つ選び、記号で答えなさい。

ア　自分たちの命をねらっている人間の気配を感じたということ
イ　自身が苦手とする植物のにおいをかいでしまったということ
ウ　ともに住んでいなかったクマのにおいがしてきたということ
エ　自分の背後からきらいなにおいがただよってきたということ
オ　穴の中にいるクマの様子がおかしいと気がついたということ

問10　――線⑩「なにかがユラリと動きました」とありますが、「なにか」とは何だと考えられますか。文中からぬき出して答えなさい。

問11　この作品の表現の工夫について、先生Aと生徒Bが授業の復習をしている場面です。[　]に当てはまる言葉を、[Ⅰ]と[Ⅱ]は文中からぬき出して答え、[Ⅲ]はあなたが考えた言葉を答えなさい。

先生A　この文章の工夫は、景色をえがくことで話の展開を読者に伝えようとしているところですね。どこかわかりますか。
生徒B　はい。導入部分の「なまり色の、くらい空も、ようやく晴れてきました」というところです。ここでは、この後に明るい話が続いていくことを暗示していると思います。
先生A　そうですね。この部分は、この後の展開が明るくなっていくことを示しています。では、この後の展開が暗くなっていくことを読者に暗示している部分はどこですか。
生徒B　はい。同じく空の景色をえがいている「[Ⅰ（二十四字）]」です。
先生A　そうですね。ここは時間の経過に加えて、この後の展開を予感させる表現といえます。次の工夫を確認しましょう。人間以外のものを人間に見立てて表現する工夫を「擬人《ぎじん》法《ほう》」といいます。この文章にも用いていますね。どの部分ですか。
生徒B　はい。「[Ⅱ（漢字一字）]」という生き物ではないものが発言しているようにえがかれたところです。
先生A　そうですね。この工夫によって、春ののどかな情景が読者に

問1 ——線①「春の彼岸《ひがん》」とありますが、何月ごろにあたりますか。次の**ア**〜**オ**から一つ選び、記号で答えなさい。

ア 十一月　**イ** 一月　**ウ** 三月　**エ** 五月　**オ** 七月

問2 ——線②「それはわかりました」とありますが、なぜですか。次の**ア**〜**オ**から一つ選び、記号で答えなさい。

ア 沢《さわ》に水が音をたてて流れているから。

イ 春の彼岸がやってきたことを感じたから。

ウ やわらかい光が山を常に照らしているから。

エ 武尊連山《ほたかれんざん》や高手山《たかてやま》に雪が降らなくなったから。

オ 草や木に色あざやかな花がさき始めたから。

問3 ——線③「ひかげの穴でうとうとしています」とありますが、なぜですか。次の**ア**〜**オ**から一つ選び、記号で答えなさい。

ア これからむかえる活動期に向けて、からだをならしながら準備をしているときだから。

イ 春の日差しが心地よく、過ごしやすい穴の中でゆっくり過ごしたいと思っているから。

ウ 穴の中にいる子グマは成長しておらず、穴の中で子グマを守らなければいけないから。

エ まだまだ未熟であり、穴から出てしまうと天敵《てんてき》におそわれてしまう危険性が高いから。

オ 身を守ることのできる穴の中で、おだやかに時を過ごすことに幸せを感じていたから。

問4 ——線④「その日」とありますが、何の日ですか。文中から六字でぬき出して答えなさい。

問5 ——線⑤「雪の上や、岩の上をとび歩くようにこころがけました」とありますが、このときのめすグマの心情を説明したものとして正しいものを、次の**ア**〜**オ**から一つ選び、記号で答えなさい。

ア のどかかわいている子グマたちのために、腹いっぱいに飲んだ水を、少しでも早く子グマたちのもとに届けようという思い。

イ お腹を空かしているであろう子グマたちのために、食料となる木のしるやふきのとうの芽をがんばって探そうという思い。

ウ 長い冬ごもりのために手のひらや足の裏の感覚がにぶくなっているので、春に向けて手足の感覚を取りもどそうという思い。

エ 自身の後ろにせまっているうでのよい片目の猟師《りょうし》の存在に気づいているので、子グマのためになんとか逃げようという思い。

オ 自分たちの命をねらっている猟師たちに自分の存在が感じ取られないように、細心の注意をはらって行動しようという思い。

問6 ——線⑥「片目の猟師」とありますが、どういう人物ですか。次の**ア**〜**オ**から一つ選び、記号で答えなさい。

ア 今まで見つけてきたクマをすべて仕留めている、名声を得た人物

イ じいさんの教えを受けついだ、腕前《うでまえ》を周囲から認められている人物

ウ 最近、クマに片目をうばわれてしまったという悲劇に見まわれた人物

エ めすグマを長い時間をかけてねらい続けている、がまん強い人物

オ 穴からでてきたばかりの子グマだけをねらっている、特異な人物

問7 ——線⑦「クマ穴はざいさんでした」とありますが、猟師にとって「クマ穴」はどういうものですか。次の**ア**〜**オ**から一つ選び、記号

食べました。
沢に流れる、つめたい水を、腹いっぱいにのみます。
まだ残っている雪の上に、めすグマの足あとが、いくつもつきました。
藤原村《ふじわらむら》には、⑥片目の猟師《りょうし》がいます。クマうちの名人といわれています。
いままでに、もう百八十個のクマのキモ注1を売っていました。
この片目の猟師に、足あとを見つけられたがさいご、たいていのクマはうたれてしまいます。わかいころ、クマのかぎ爪で片目をつぶされたそうなのです。
片目の猟師は、よく穴からでたばかりのクマをうちます。穴からでたばかりのクマは、キモが大きいからです。
片目の猟師は、鉄砲《てっぽう》とかんじき注2と雪ぐつ、それに米とみそを用意して、ことしも山にはいりました。
片目の猟師は、じいさんのころからおしえられているクマ穴を、二百ばかり知っていました。
クマは、とられても、五、六年たつと、またべつのクマがその穴で冬ごもりをします。だから、猟師にとって、⑦クマ穴はざいさんでした。
片目の猟師は、川場谷《かわばだに》、鹿俣沢《かのまたさわ》、十二沢《じゅうにさわ》、西俣沢《にしまたさわ》、大滑岩《おおなめいわ》、裏見滝《うらみだき》と、ひとつひとつクマ穴をしらべて、ようやく手小屋谷にたどりつきました。
めすグマは、やわらかい足の裏をじょうぶにするため、歩く練習をしていました。柴地《しばち》や岩のあるところは、足の裏が痛くて歩けません。しかたなく雪の上を歩くのです。
穴の近くの雪は、ギシギシとふみかためられていました。
この時期は、いちばん危険だと、めすグマも用心はしています。
⑧一日もはやく、穴からはなれることだと思っていました。
そのためにも、手足をはやくきたえなければなりません。
二頭の子グマは、もうちちだけではものたりません。
母グマは、子グマのために、ネコヤナギのつぼみや、山ウドの白根《しらね》をさがさねばなりません。
ある日、母グマは、たらふく沢で食べてから、穴にむかっていました。
そのとき、⑨ふと、いやなにおいをかぎました。
なかまのにおいと、ぜんぜんちがいます。
母グマは、立ちどまりました。あたりをうかがいます。だが、山はやはり、しずかなものでした。まっかな太陽が、山のむこうにしずもうとしています。
母グマは歩きはじめました。不吉《ふきつ》なにおいが、ますます強くなってきます。
穴が近づいてきます。
そのころになると、なにか危険なものが近づくのが、はっきり感じられました。
「コッフ、コッフ、コフ、コフ、コフ……」
せきをするような、けいかいの声がしぜんにでてきます。
にげようと思ったが、穴にいる子グマのことが気になります。
母グマは、背中の毛をさかだてて、穴にはいろうとしました。
そのとき、穴の壁《かべ》のところで、⑩なにかがユラリと動きました。

戸川　幸夫『秋田犬物語《あきたいぬものがたり》』（株式会社国土社）

注1　キモ……臓器の一つ。薬の原料となるもの。
注2　かんじき……雪の中に足が深く入るのをさけるために、はきものの下につけるもの。

【国　語】（五〇分）〈満点：一〇〇点〉

【注意】　字数指定のある問題は、句読点《くとうてん》や「　」などの記号も一字と数えます。

一　次の文章を読んで、あとの問いに答えなさい。なお、問題の都合上、一部本文を変えてあります。

①春の彼岸《ひがん》が、まもなくやってきます。

めすグマにも、②それはわかりました。

なまり色の、くらい空も、ようやく晴れてきました。

やわらかい光が、山にもいっぱいです。武尊《ほたか》の雪とこおりもゆるんできました。

「さあ、春だよ。春がきたんだよ」

と、山もいっているようです。

雨が、雪やみぞれにまじってふってきます。

武尊連山《ほたかれんざん》――迦葉山《かしょうざん》、高手山《たかてやま》、鹿俣山《かのまたやま》、獅子《しし》が鼻山《はなやま》、剣《けん》が峰《みね》、前武尊《まえほたか》、奥武尊《おくほたか》、宝台樹山《ほうだいじゅざん》、笠《かさ》が嶽《たけ》、至仏山《しぶつざん》――にも雨がふります。

沢《さわ》にも水が音をたてて流れます。木や草も、ぐんぐんとのびようとしています。

ひなたむきの、穴にこもっていたおすグマたちは、そろそろと穴からはいだし、陽の光のあたるところで、からだをあたためます。

しばらく、からだをあたためてから、また穴にもどります。

でたりはいったりして、からだをならし、活動する準備をしているのです。

だが、めすグマたちは、北がわの、③ひかげの穴でうとうとしています。

穴のなかで生んだ子グマを、しっかりとだいています。

子グマも弱く、いま穴からでては危険です。

めすグマたちは、うとうとしながら、穴からでる日を待っていました。

武尊の頂上近く、大沢《おおさわ》と手小屋谷《てごやだに》を、右と左に見おろす岩壁に冬ごもりしためすグマも、じっと④その日を待っていました。穴のなかで、二頭の子を生んだのです。

四月もなかばをすぎると、子グマたちも、だいぶ成長してきました。

めすグマは、もうそろそろでるころかな、と思いました。

このころ、ふとった子グマたちを穴において、めすグマは外にでてみました。

外はまだ、雪でまっ白です。しかし、よく見ると、雪がとけて、くろぐろと土のみえるところもあります。

めすグマは、雪の上に、そっと足のうらをのせました。

長い冬ごもりで、手のひらや足の裏は、かわいて、感じがにぶくなっています。

このめすグマは、人間のこわさをよく知っていました。

穴からでたての足あとが、人間やイヌにすぐわかることも知っています。

めすグマは、なるべく陽のあたらない、まだかたくこおっている⑤雪の上や、岩の上をとび歩くようにこころがけました。

そして、立木の皮を、するどいかぎ爪《づめ》や牙《きば》でひんめくります。

その木のしるをなめ、芽を食べました。

雪の下に、わずかに顔をのぞかしている、ふきのとうを掘《ほ》りおこして

MEMO

大切なことはメモしておこうネ！

2023年度

日出学園中学校入試問題(一般Ⅱ期)

【算　数】（50分）　＜満点：100点＞

【注意】 ①　分数は約分された形で答えなさい。
②　比はもっとも かんたんな整数を使って表しなさい。
③　円周率は3.14とします。

［1］ 次の計算をしなさい。

(1)　8.2×6.55

(2)　$16-(18-12\div6\times7)$

(3)　$14\times10.5\div1.75\times1.25$

(4)　$4.5\times4-0.15\times50+1.5\times3$

(5)　$\frac{7}{6}\div\left(1.5-\frac{5}{6}\right)-0.35\times4$

［2］ 次の □ にあてはまる数を答えなさい。

(1)　1から100までの整数の中で，3でも5でも割り切れる数は □ 個あります。

(2)　日出くんは1日の$\frac{1}{3}$をすいみん時間にあて，残りの20％の時間を勉強にあてています。日出くんの1日の勉強時間は □ 時間 □ 分です。

(3)　下の表は，ある中学校の1年生15人の50m走の記録をまとめたものです。

①　9.0秒未満で走った人は全体の □ ％です。

②　A君の記録は8.5秒でした。A君より速く走る人は □ 人います。

時間（秒）	人数（人）
7.0以上～7.5未満	1
7.5　～　8.0	2
8.0　～　8.5	4
8.5　～　9.0	5
9.0　～　9.5	2
9.5　～　10.0	1
計	15

(4)　［1］，［2］，［3］，［4］の4枚のカードをならべたときにできる4けたの整数のうち，大きい方から数えて5番目の整数は □ です。

(5)　時速24㎞で走る選手と時速27㎞で走る選手が，同じ場所から同時に54秒間走りました。54秒後の2人の差は □ mです。

(6)　ある整数Nを23でわって，商の小数第1位を四捨五入すると8になりました。このような整数Nで最も小さい数は □ です。

(7)　7％の食塩水300ｇに4％の食塩水600ｇを加えると □ ％の食塩水ができます。

3 次の問いに答えなさい。

(1) 右の図のような長方形を直線ABをじくとして１回転させたときにできる立体の表面積を求めなさい。

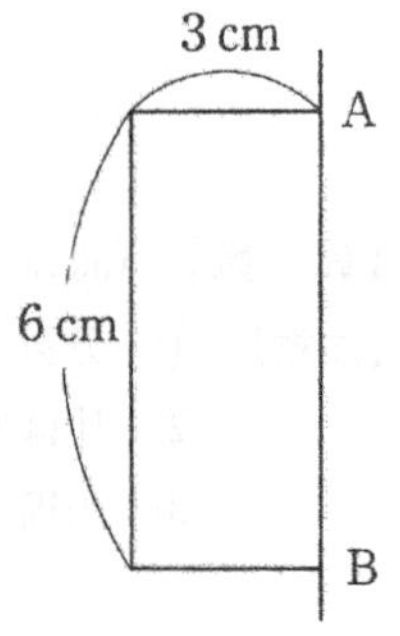

(2) 正三角形ABCを図のように折り曲げるとき，①の角の大きさを求めなさい。

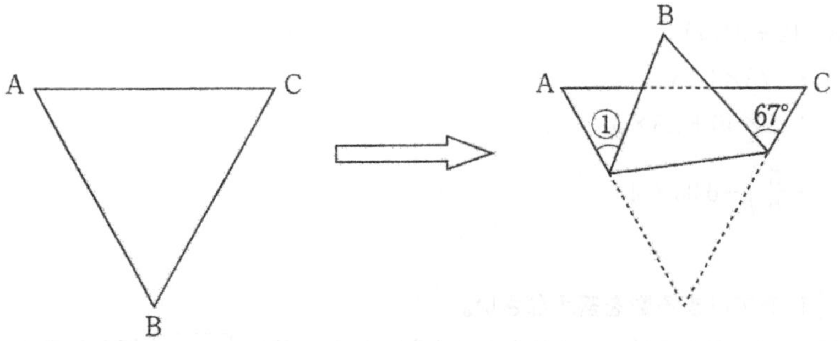

(3) 右の図は，円すいの展開図です。おうぎ形の中心角②の大きさを求めなさい。

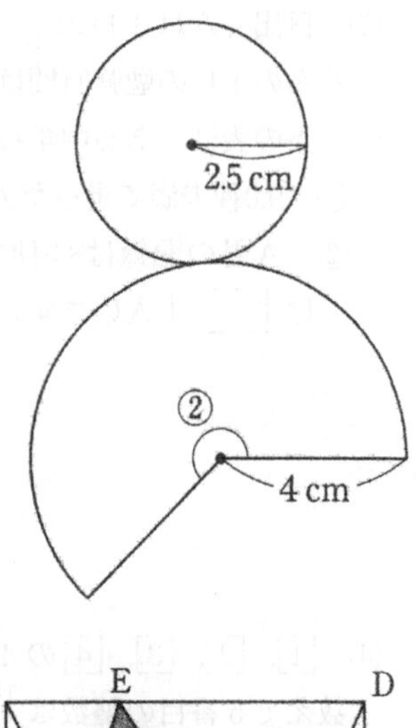

(4) 右の図で，四角形ABCDは１辺の長さが６㎝の正方形です。AE＝２㎝，BF＝３㎝のとき，かげの部分の面積を求めなさい。

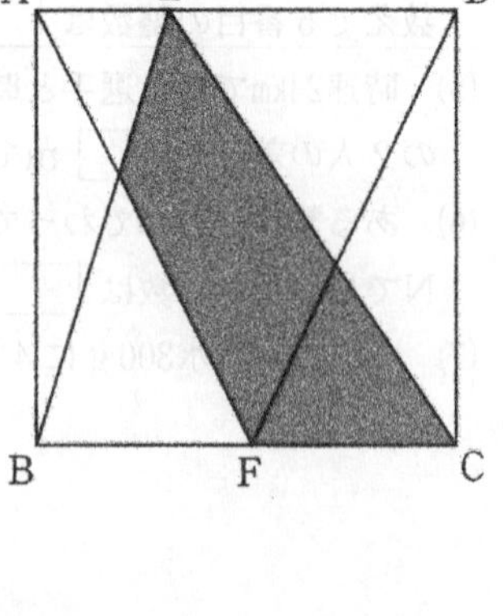

4 自宅から3.6㎞はなれた図書館に行くために，兄は自転車で，弟は分速60mの速さで歩いて向かいます。弟は９時ちょうどに自宅を出発し，兄はその７分後に出発すると，９時10分に弟に追いつきました。ただし，兄も弟も一定の速さで進むものとします。このとき，次の問いに答えなさい。

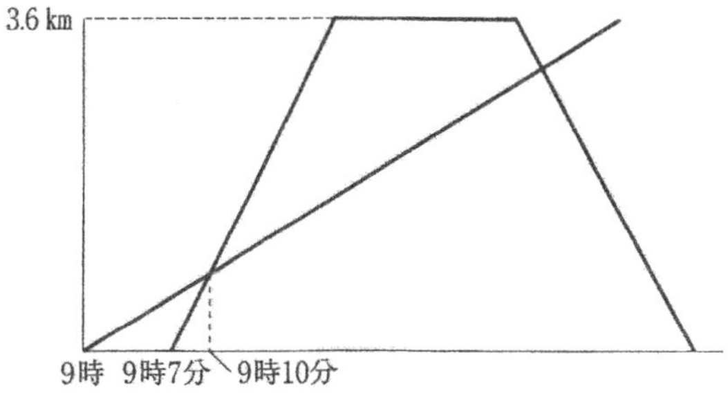

⑴　弟が図書館に着くのは何時何分か求めなさい。

⑵　兄が，図書館に向かうときの自転車の速さは分速何mか求めなさい。

⑶　兄は図書館に着いた15分後に再び家に向かって分速140mの速さで出発します。兄と弟が２回目に出会うのは何時何分か求めなさい。

5 次の太郎さん，花子さん，先生の会話文を読んで，次の問いに答えなさい。
ただし，内角が30°，60°，90°の三角形の頂点について，下の図のようにA，B，Cとおきます。

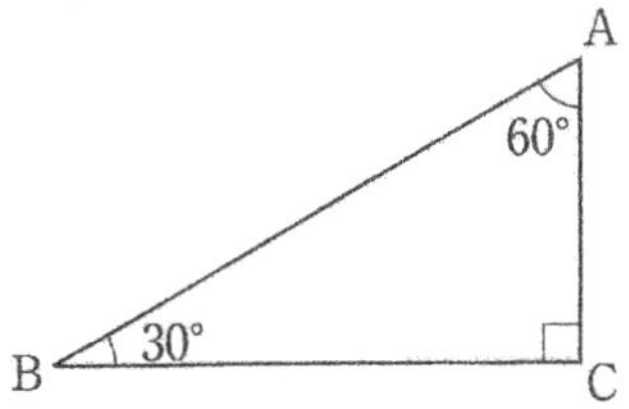

先生：今日の授業で三角定規を使いましたね。実は，内角が30°，60°，90°の三角形の辺の長さには特ちょうがあります。

太郎：僕が持ってきた三角定規はACの辺の長さが８㎝で，ABの辺の長さが［ア］㎝です。

花子：私の三角定規はACの長さが［イ］㎝で，ABの辺の長さが12㎝です。

太郎：どちらの定規もACの長さの［ウ］倍がABの長さになっているね！たまたまかな？

先生：内角が30°，60°，90°の三角形なら，辺の長さが変わってもその特ちょうがあります。先生は太郎さんと同じ三角定規を持っているから，先生と太郎さんの三角定規を使って考えてみましょう。

花子：２つの三角定規のBCの辺同士を合わせると…［エ］ができる！

太郎：本当だ！　この［エ］の３辺のうち１辺は［オ］の２つ分の長さになるね。１辺の長さは［カ］の長さと同じだから…

花子：必ずACの長さの［ウ］倍がABの長さになるね！

先生：この特ちょうを使うと，高さが分からない三角形の面積を求めることができます。

⑴　［ア］～［ウ］には数字が，［エ］には三角形の種類が，［オ］，［カ］にはAB，BC，ACのうちどれかが入ります。それぞれに入るものを答えなさい。

(2) 会話文から分かった特ちょうを使って，下の三角形の面積を求めなさい。

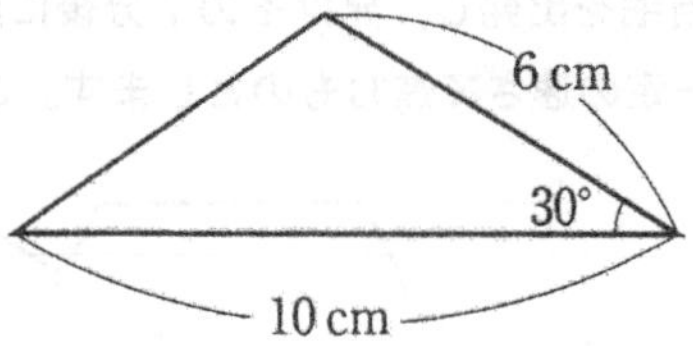

(3) 下の三角形の面積を求めなさい。

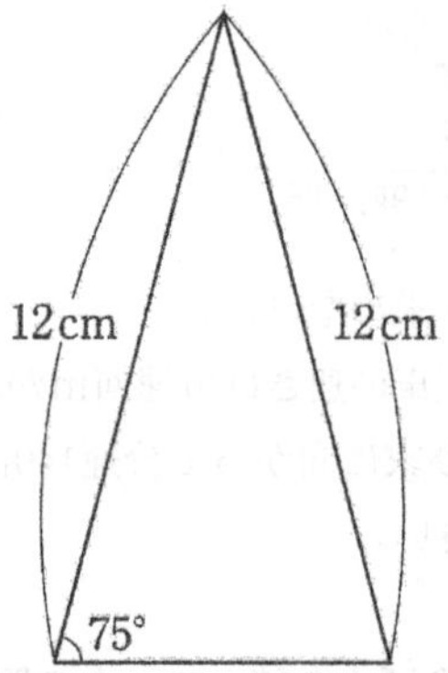

6 **明さんは，スマートフォンを新しく買いかえることにしました。下の表は，A社とB社の1か月当たりの料金プランです。**

	A社のプラン	B社のプラン
データの容量（GB）	8 GBまで	5 GBまで
1か月あたりの料金	5500円	2500円

・A社もB社も上記のプランの料金に，かけ放題を追加します。かけ放題の値段は，1か月当たりA社は500円，B社は800円です。
・けい約したプランのGBをこえてしまった場合，1 GBごとに1000円追加をする必要があります。
・120分の映画を見るのに1 GB使用します。
・映画は最後まで見るものとし，その月に見終わらなかった場合は次の月に続きから見るものとします。
・映画はもともとの再生速度で見るものとします。
・残ったGBは次の月に持ちこせるものとします。
例えば，B社のプランをけい約していて，ある月に4.2GB使用した場合，残った0.8GBを次の月に持ちこして，次の月は5.8GBまで使えるものとします。

(1) 明さんは，映画をスマートフォンで見る予定があります。月に100分の映画を9本見る場合，次の問いに答えなさい。

① 100分の映画を9本見終えるためには，何GB必要ですか。

② ①のとき，A社のプランか，B社のプランのどちらをけい約するのが得か答えなさい。ただし，足りない分の容量は追加するものとします。

(2) 明さんは1か月4GB使用し，残りのGBを使って，1本100分の映画を見ることを考えています。1年間で考えたとき，次の問いに答えなさい。

① GBを追加せず，プランの中で映画を見るとき，A社のプランでは年間で最大何本の映画を見終えることができますか。

② B社でけい約をした場合は，GBを追加して映画を見ようと考えます。B社の方が年間の金額が安くなるように映画を見たとき，最大何本の映画を見終えることができますか。

【理　科】（25分）　＜満点：50点＞

1　**二酸化炭素・酸素の発生とその性質について，次の問いに答えなさい。**

(1)　二酸化炭素を発生させて集める装置をつくるには，**図1**と**図2**のどれとどれを組み合わせればよいですか。**図1**の**ア**～**エ**と**図2**の**オ**～**ク**から最も適しているものを一つずつ選び，記号で答えなさい。

図1　**ア**　**イ**　**ウ**　**エ**

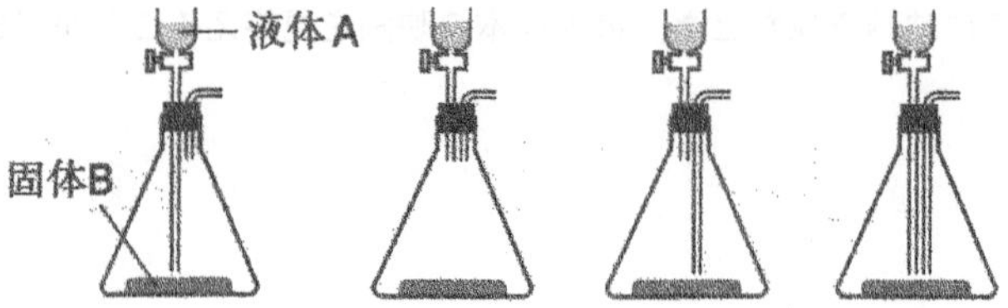

図2　**オ**　**カ**　**キ**　**ク**

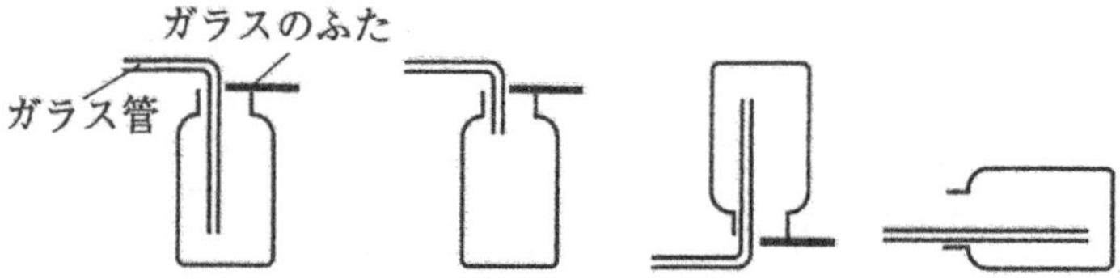

(2)　二酸化炭素を発生させるには，**図1**の液体**A**と固体**B**にどのような薬品を用いるとよいですか。次の**ア**～**ク**からそれぞれ一つずつ選び，記号で答えなさい。

ア　石灰水　　**イ**　石灰石　　**ウ**　過酸化水素水　　**エ**　二酸化マンガン
オ　鉄　　**カ**　アンモニア水　　**キ**　エタノール　　**ク**　うすい塩酸

(3)　二酸化炭素の発生前と発生後に，**図1**の装置の重さをはかりました。発生後の装置の重さは発生前と比べてどうなりましたか。次の**ア**～**ウ**から一つ選び，記号で答えなさい。ただし，装置の重さには液体**A**と固体**B**も含まれています。

ア　軽くなっている　　**イ**　重くなっている　　**ウ**　変わらない

(4)　木炭・水素・ろうそくを燃やしたとき，二酸化炭素が発生するものはどれですか。次の**ア**～**カ**から一つ選び，記号で答えなさい。

ア　木炭のみ　　**イ**　水素のみ　　**ウ**　ろうそくのみ
エ　木炭・水素　　**オ**　木炭・ろうそく　　**カ**　木炭・水素・ろうそく

(5)　酸素を発生させて集める装置をつくるには，**図1**と**図3**のどれとどれを組み合わせればよいですか。**図1**の**ア**～**エ**と**図3**の**ケ**～**シ**から最も適しているものを一つずつ選び，記号で答えなさい。ただし，**図1**の液体**A**と固体**B**は，二酸化炭素の発生とは異なった薬品を使用します。

図3　**ケ**　**コ**　**サ**　**シ**

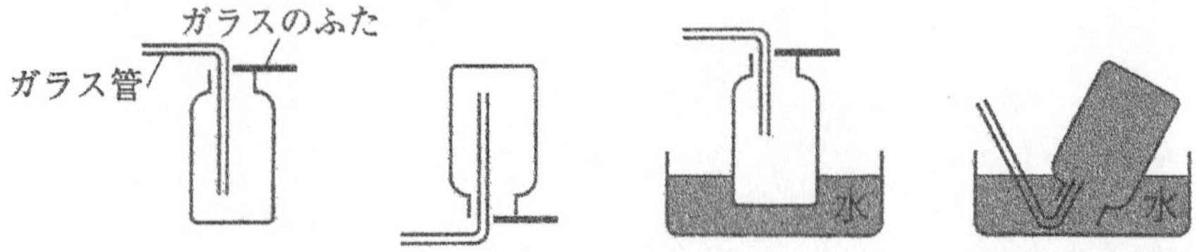

⑹　次の**ア**～**ウ**のような条件で気体の入った集気びんに，火のついたろうそくを入れました。激しく燃えたものから順に左から並べ，**ア**～**ウ**の記号で答えなさい。

ア　空気のみ

イ　酸素のみ

ウ　酸素$\frac{2}{3}$と二酸化炭素$\frac{1}{3}$

2　**食物の消化と吸収について，次の問いに答えなさい。**

図1は，ヒトの消化器官を模式的に表したものです。

図1

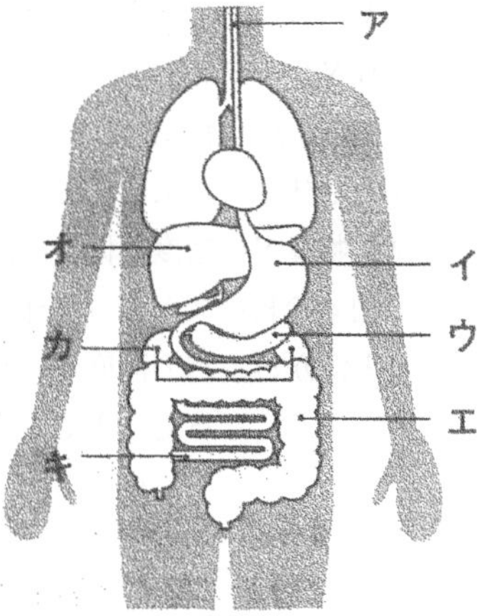

⑴　次の①～③の消化器官は，**図1**のどの部分にあたりますか。**ア**～**キ**からそれぞれ一つずつ選び，記号で答えなさい。

①　かん臓　　②　小腸　　③　すい臓

⑵　次の文章は，どの消化器官の説明ですか。最も適しているものを，**図1**の**ア**～**キ**から一つずつ選び，記号で答えなさい。

①　たんぱく質の一部を消化する。

②　ゆっくり動き，消化されたものを吸収する。

③　水分を吸収する。

⑶　ヒトのだ液や胃液は，栄養分を消化して吸収しやすい形にかえるはたらきがあります。このようなはたらきをする液を何といいますか。

⑷　たんぱく質は，ヒトの小腸で何という物質にかわってから吸収されますか。物質名を答えなさい。

⑸　ウシやヒツジなどの草食動物には胃が数個あり，いったん飲みこんだ食物を再び口にもどし，さらにかんで飲みこみます。このような動作を何といいますか。

3　**もののうき・しずみについて，次の問いに答えなさい。**

⑴　濃《こ》さのわからない3種類の食塩水**A**～**C**があります。それぞれの濃さを調べるために，体積と重さが同じ**物体X**を3つ用意し，静かに入れると，**図1**のようになりました。

図1

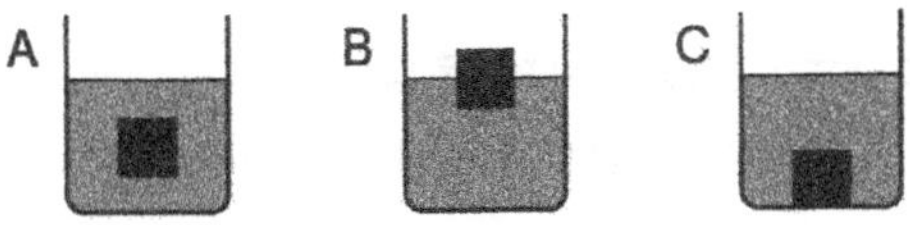

①　食塩水の濃さがうすいものから順に左から並べ，**A**～**C**の記号で答えなさい。

②　食塩水**A**と**B**にそれぞれ異なる色の絵の具を用いて色をつけました。これらを，ある順番で同じ体積ずつ空のペットボトルに静かに注ぐと**図2**のように上下に分かれました。ペットボトルの下側になった食塩水は**A**と**B**のどちらですか。記号で答えなさい。

図2

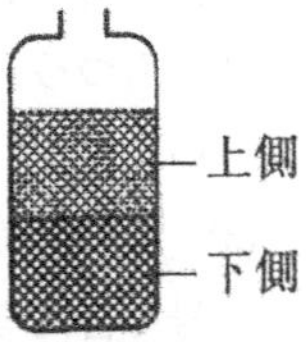

③　食塩水Bに入っている**物体X**を体積の大きいものにかえました。**物体X**全体の体積に対する食塩水にしずんでいる部分の体積の割合は，大きさを変える前と比べてどのようになりますか。次の**ア**～**ウ**から一つ選び，記号で答えなさい。

ア　大きくなる　　**イ**　小さくなる　　**ウ**　変わらない

④　もののうき・しずみを利用しているものとして正しいものを，次の**ア**～**ウ**から一つ選び，記号で答えなさい。

ア　熱中症《しょう》予防のために，塩分を多めに含んだ飴《あめ》を食べる。

イ　つけものをつけるときに，食塩をつかう。

ウ　米づくりにおいて，良い種を選ぶために，種を食塩水につけることがある。

(2)　水の入った水そうに**物体Y**を静かに入れると，**図3**のようになりました。**物体Y**は一辺が10cmの立方体で，水面から上に出ている部分の高さは4cmでした。また，水の密度は1 g/cm^3とします。

図3　**物体Y**

①　**物体Y**が水にしずんでいる部分の体積は何cm^3ですか。

②　**物体Y**の密度は何g/cm^3ですか。

(3)　**図4**のビーズが入った球体のガラス製容器を，**図5**のように水（5℃）の入った水そうに入れると浮かび，水の温度が変わると水そうの底にしずみました。容器がしずんだのは，水の温度がどのようになったときですか。解答用紙の正しい方に丸をつけなさい。

図4

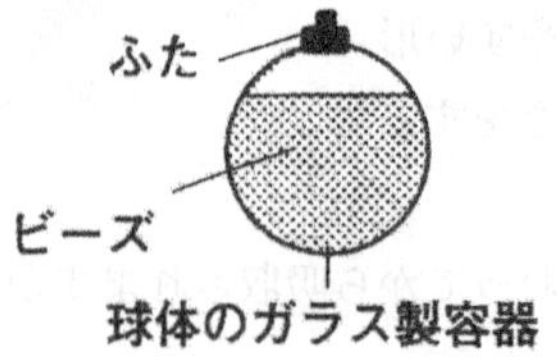

図5

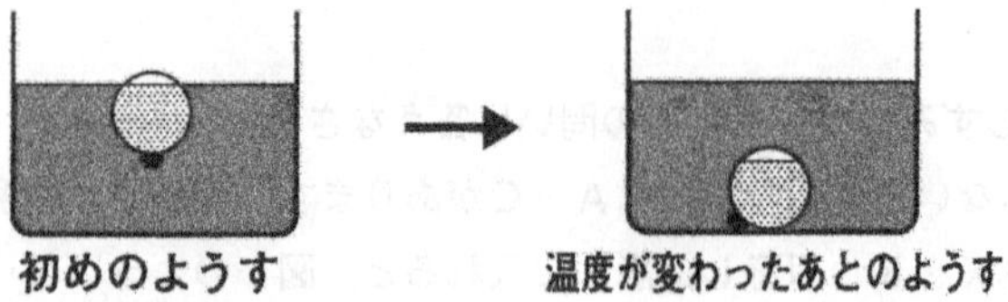

4　**流水のはたらきについて，次の問いに答えなさい。**

次のページの図1は，ある川の**A**～**D**地点の河口からの距離《きょり》と，海面からの高さの関係を模式的に表したものです。

(1)　この川で一番流れが速いのはどの区間ですか。次の**ア**～**ウ**から一つ選び，記号で答えなさい。

ア　**A**～**B**間　　**イ**　**B**～**C**間　　**ウ**　**C**～**D**間

(2)　ふつう，川のはばが一番広いのはどの区間ですか。(1)の**ア**～**ウ**から一つ選び，記号で答えなさい。

(3)　川の上流付近のようすについて正しく述べたものを，次のページの**ア**～**カ**からすべて選び，記号で答えなさい。

ア　流れがゆるやかである　　**イ**　流れがとても速い　　**ウ**　丸くて小さな石が多い

エ　角ばった大きい石が多い　**オ**　広い河原がある　　　**カ**　けわしい谷がある

図1

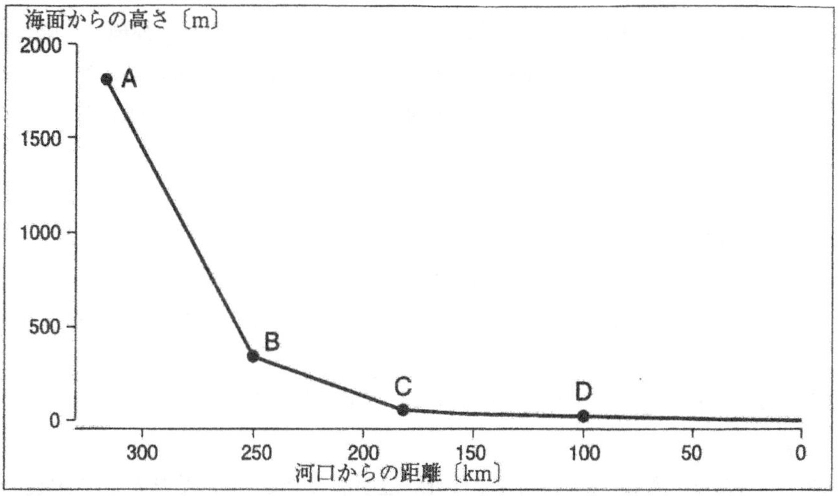

(4)　川の中流付近では，川が山あいから急に平地に出て，川の流れが急におそくなることにより，**図2**のような地形ができます。

図2

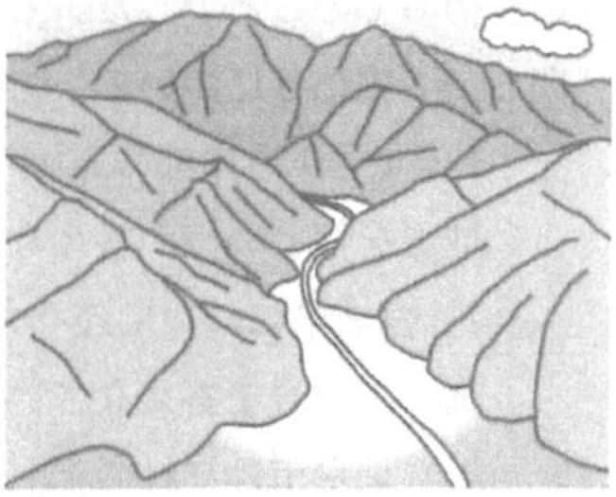

①　このような地形を何といいますか。

②　このような土地の特徴《とくちょう》と，向いている利用方法はどれですか。最も適しているものを次の**ア**～**エ**から一つ選び，記号で答えなさい。

ア　水はけがよく，果樹園に向いている。

イ　水はけがよく，水田に向いてる。

ウ　水持ちがよく，果樹園に向いている。

エ　水持ちがよく，水田に向いている。

(5)　川の下流付近は，**図3**のように曲がっていました。川の流れが最も速いところはどこですか。図の**ア**～**ウ**から一つ選び，記号で答えなさい。

図3

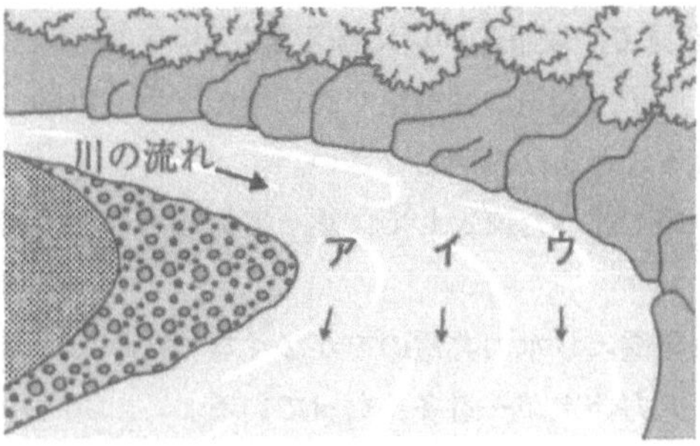

【社　会】（25分）　＜満点：50点＞

1　次の文章【A】・【B】を読んで，以下の問いに答えなさい。

【　A　】

2022年５月15日，沖縄が日本に復帰してから50年が経ちました。a**沖縄**は，第二次世界大戦後，27年間にわたって（　１　）に占領統治され，1972年５月15日に復帰しました。沖縄には，（　１　）軍用施設（基地など）が集中しており，経済面でも所得が全国平均を下回るなど，多くの課題が残っています。

問１　空欄（１）に入る国名を答えなさい。

問２　下線部aについて，

ⅰ）沖縄県でかつて栄えていた王国を何というか答えなさい。

ⅱ）沖縄県で盛んな農作物として，正しいものを，次の**ア**～**エ**から１つ選び，記号で答えなさい。

ア　米　　**イ**　小麦　　**ウ**　さとうきび　　**エ**　さつまいも

【　B　】

2022年８月22日，第104回全国高等学校野球選手権大会で，b**宮城県**の高校が優勝し，東北勢で悲願の初優勝を果たしました。優勝旗が東北地方の玄関口と言われる，「c**白河の関**」を陸路で越えるのは初めてのことでした。ちなみに「白河の関」は鼠ヶ関《ねずみがせき》・勿来関《なこそのせき》とともに奥州三古関の１つです。

問３　下線部bについて，

ⅰ）太平洋沿岸部の三陸海岸では，入り江が多く複雑な形の海岸を形成している。この海岸の地形を何というか答えなさい。

ⅱ）宮城県について述べた文の，正誤の組み合わせとして，正しいものを，次の**ア**～**エ**から１つ選び，記号で答えなさい。

X　仙台市は「杜《もり》の都《みやこ》」とも呼ばれる東北地方唯一の政令指定都市である。

Y　日本三景の１つである「天橋立」など豊富な観光資源がある。

ア　X－正　Y－正　　**イ**　X－正　Y－誤

ウ　X－誤　Y－正　　**エ**　X－誤　Y－誤

問４　下線部cについて，「白河の関」とは古代の関所の１つである。この関所の場所がある都道府県名を答えなさい。

2　次のページの資料を見て，以下の問いに答えなさい。

問１　資料を見ると，原子力発電の発電量が2015年のグラフ以降，減っていることがわかる。その要因として考えられることを，説明しなさい。

問２　日本の電力について述べた文として，誤っているものを，次の**ア**～**エ**から１つ選び，記号で答えなさい。

ア　1960年は，火力発電より水力発電の方が多くなっている。

イ　1980年以降は，火力発電が一番多くなっている。

ウ　2000年は，水力発電は原子力発電より少なくなっている。

エ　2015年以降，その他の発電は減り続けている。

問３　その他の発電の中には，再生可能エネルギーが含まれます。再生可能エネルギーにあたるものを，１つ答えなさい。

日本の発電量の推移

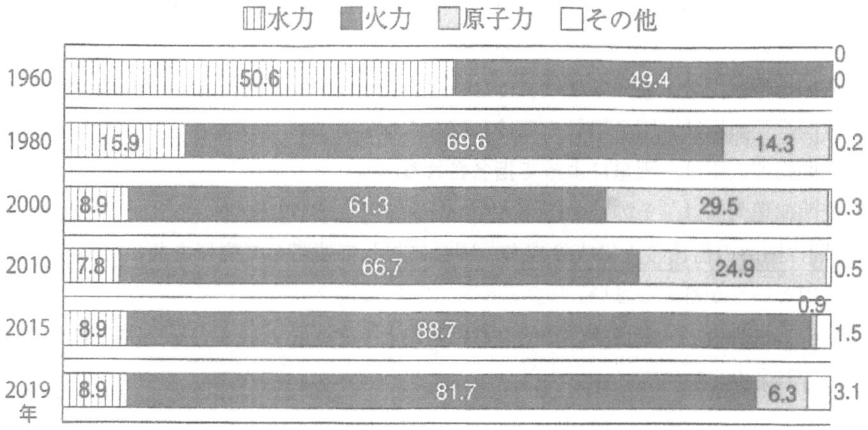

電気事業便覧2020より作成

3　**次の文章を読んで，以下の問いに答えなさい。**

2022年７月８日，元①**内閣総理大臣**で自由民主党所属の安倍晋三が，（　１　）議員選挙の演説中に銃撃され死亡した事件は世の中に衝撃を与えた。そのような暴力行為は許されることではない。ただ，歴史を見てみると，そのような暴力にたよる事件は時に，歴史を大きく変えてしまうことにつながっている。

古代では，中大兄皇子が中臣鎌足とともに蘇我蝦夷・入鹿の親子を滅ぼして，新しい支配の仕組みをつくる改革を始めた。その後の天武天皇の時に，中央集権国家が確立されたことを考えると意義は大きい。②**奈良時代**，③**平安時代**はテロ事件こそ少ないものの，時の権力者である藤原氏は他の有力者達を政界から追放していった。

武士の時代になると，源頼朝の子供である頼家･実朝が暗殺され，④**鎌倉幕府**の権力は執権の北条氏に移行した。さらに，⑤**南北朝の動乱**を経て室町幕府では，第６代将軍である足利義教は守護大名の赤松満祐に暗殺され，下剋上《げこくじょう》の風潮から戦国時代に突き進むことになる。尾張の戦国大名である（　２　）も家臣の⑥**明智光秀に裏切られ，全国統一を目前にして自害した**。その後，豊臣秀吉によって全国統一が完成し，豊臣家の衰退後は徳川家康が⑦**江戸幕府**を開き，以後250年以上の安定した体制が構築された。その江戸幕府も，ペリー来航を機に⑧**開国し幕末の動乱を迎える**。

幕府滅亡後，⑨**明治時代**になると言論による主張が国民の中で芽生え始め，自由民権運動が盛んになる一方で，重要人物が次々と襲われるようになった。政府の内政担当であった大久保利通は紀尾井坂で不平士族に暗殺され，初代内閣総理大臣を務めた（　３　）もハルビンで韓国の青年運動家である安重根《あんじゅうこん》に暗殺され，⑩**日韓併合**につながった。現役の内閣総理大臣が襲撃されることも少なくなく，平民宰相《へいみんさいしょう》とよばれた原敬もテロ行為の前に倒れた。昭和に入り，軍部の発言力が増すと，1932年に海軍の青年将校によって犬養毅首相が暗殺された五・一五事件や，1936年には陸軍の青年将校が大臣などを殺傷し，東京の中心部を占拠するという⑪**二・二六事件**が起こった。

このような行動が時代を変革してきたということは事実ではあるが，現代社会において二度と起こることがないよう我々は祈るばかりである。

問1　空欄（1）～（3）に当てはまる語句や人物名を答えなさい。

問2　下線部①について，

ⅰ）内閣総理大臣に関して述べた文として，誤っているものを，次の**ア**～**エ**から1つ選び，記号で答えなさい。

ア　内閣総理大臣は，文民でなければならない。

イ　内閣総理大臣は，国会議員でなければならない。

ウ　内閣総理大臣は，天皇によって指名される。

エ　内閣総理大臣は，その他の国務大臣を任命することができる。

ⅱ）内閣は国会の信任の上に成り立ち，国会に対して連帯して責任を負っている。このような制度を何というか答えなさい。

問3　下線部②について，奈良時代に使われた貨幣として，正しいものを，次の**ア**～**エ**から1つ選び，記号で答えなさい。

ア　　　　イ　　　　ウ　　　　エ

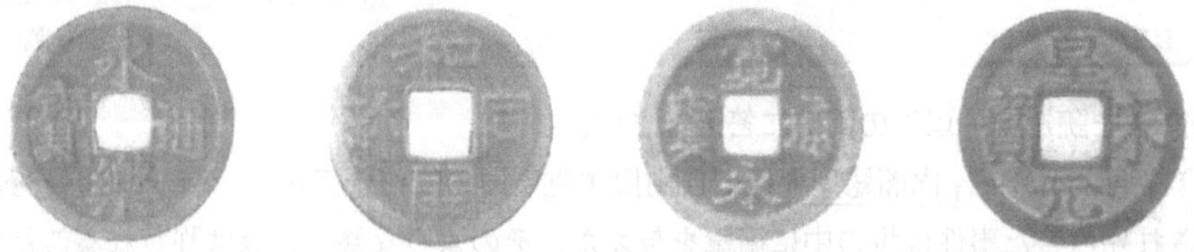

問4　下線部③について，平安時代について述べた文として，誤っているものを，次の**ア**～**エ**から1つ選び，記号で答えなさい。

ア　貴族の中で藤原氏は，自分の娘を天皇の妃《きさき》にして政治を独占した。

イ　寝殿造の建物の中には，障子《しょうじ》や襖《ふすま》があり，冬でもあたたかく過ごすことができた。

ウ　日本風の文化が発達し，紫式部は『源氏物語』，清少納言は『枕草子』を書いた。

エ　7世紀前半に開始した遣唐使は，菅原道真の提案により894年に廃止された。

問5　下線部④について，鎌倉時代の武士はどのような生活をしていたのか。正しいものを，次の**ア**～**エ**から1つ選び，記号で答えなさい。

ア「いざ鎌倉」に備えて，流鏑馬《やぶさめ》・笠懸《かさがけ》・犬追物《いぬおうもの》などで武芸を磨いていた。

イ　館のまわりを石垣や土塁で囲み，天守閣をつくった。

ウ　城下町に一族と住み，家来や農民を使って田畑を耕した。

エ　寄合《よりあい》という会議を母屋《おもや》で開き，自治を行った。

問6　下線部⑤について，この頃，日本人を中心として朝鮮半島や中国北部の沿岸を荒らし回った海賊を何というか答えなさい。

問7　下線部⑥について，この事件を何というか答えなさい。

問8　下線部⑦について，下の史料を読んで，次の問いに答えなさい。

一．文武と弓馬の道をもっぱら心がけること。

一．大名，小名は領国と江戸に交代に住むこと。

一．諸国の城は補修するといっても必ず届け出ること。
新しく城を築くことは堅く禁止する。

ⅰ）　前のページの史料の法令を何というか。漢字五文字で答えなさい。

ⅱ）　史料中の下線部について，この事柄を実施した目的を説明しなさい。

問９　下線部⑧について，この頃の出来事を年代順に並び替えなさい。

ア　桜田門外の変　　**イ**　大政奉還　　**ウ**　日米修好通商条約　　**エ**　薩長同盟

問10　下線部⑨について，右の資料は明治初期に発行された地券である。この資料を参考にして，誤っているものを，次の**ア**～**エ**から１つ選び，記号で答えなさい。

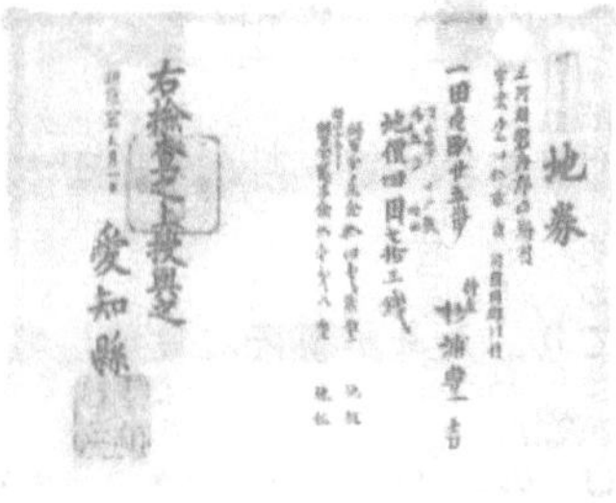

ア　土地の所有権・売買権を認めて，所有者に地券を与えた。

イ　地租の税率を３％とし，現金で納めさせた。

ウ　新政府は財政の安定をはかるため，1873年に地租改正条例を出した。

エ　地租改正後，農民たちの負担は減り生活が豊かになる者も多く，彼らは豪農《ごうのう》になった。

問11　下線部⑩について，この出来事に関係する風刺画を，次の**ア**～**エ**から１つ選び，記号で答えなさい。

ア

イ

ウ

エ

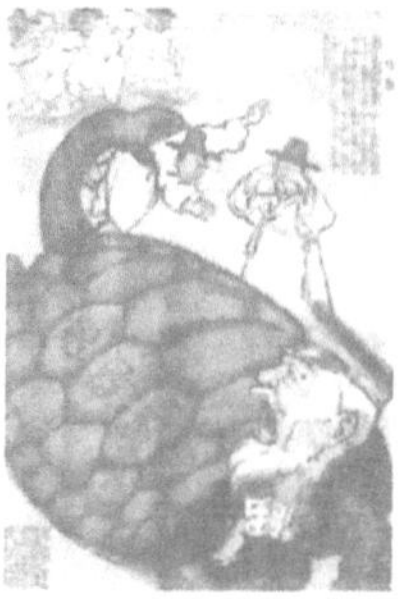

問12　下線部⑪について，この事件の背景には度重なる恐慌《きょうこう》があった。大正～昭和の日本経済について，誤っているものを，次の**ア**～**エ**から１つ選び，記号で答えなさい。

ア　第一次世界大戦による好景気は，やがて物価の急上昇を招き，庶民の生活は苦しくなった。

イ　物価高やシベリア出兵による米の買い占めが原因で日比谷焼き打ち事件が起こった。

ウ　1927年に金融恐慌が起こり，人々が銀行に殺到して預金を引き出したため，銀行の休業や倒産が相次いだ。

エ　1929年に起きた世界恐慌の影響で，日本では農産物の価格が暴落した。

ウ　聞き手が理解できるような、簡単な内容を選ぶこと。
エ　頼《たの》みやお願いを、確実に実行してもらえること。
オ　自分と相手が、交互《こうご》に話をするように工夫《くふう》すること。

問5　⑤に入る適切な語句はどれですか。次のア～オから一つ選び、記号で答えなさい。

ア　短絡《たんらく》的　イ　一般的　ウ　抽象《ちゅうしょう》的　エ　楽観的
オ　具体的

問6　――線⑥「読み手が受ける印象はまったく異なるものになるはずです」とありますが、本文中にあるAとBとではどのように印象が異なりますか。三十字以内で答えなさい。

問7　「⑦」に、「わかりやすく説明する力がある」場合に起こると考えられることがらを一つ考え、答えなさい。

問8　⑧には、「とても・大きく」という意味の言葉が入ります。適切な言葉を本文中から二字で抜《ぬ》き出して答えなさい。

問9　この文章は、「説明」をテーマにして書かれたものです。内容をふまえた上で、以下の問いに答えなさい。

①　あなたの「得意な教科」「好きな食べ物」「苦手な動物」を書きなさい。

②　①の理由をそれぞれ説明しなさい。そのとき「好きな食べ物」のことが一番相手の印象に残るように工夫して書きなさい。

三　次の四字熟語の問いに答えなさい。

①　あなたの今の気持ちをオリジナルの四字熟語で表しなさい。※すでにある四字熟語は絶対に使ってはいけません。

②　①で表した四字熟語についてわかりやすく説明しなさい。

四　次の――線①～⑩のカタカナを漢字に直しなさい。

①　彼とはチクバの友だから考えがわかる。
②　私はガンライ気が強い性分《しょうぶん》だ。
③　彼はサイカクを発揮し事業を拡大した。
④　危ないので車のケイテキを鳴らした。
⑤　風呂が壊《こわ》れたのでセントウに行った。
⑥　勝手な要求ばかりだが、そうはトンヤが卸《おろ》さないぞ。
⑦　かなり夜遅《おそ》くなってしまったのでイエジを急ぐ。
⑧　驚《おどろ》きのあまりソットウした。
⑨　科学の分野で大きなコウセキを残す。
⑩　フンマツの風邪《かぜ》薬を飲む。

これは同じ内容の文章ですが、⑥読み手が受ける印象はまったく異なるものになるはずです（「親近効果」と呼ばれるもので、最後に伝えた情報が強く印象に残ります）。

　このように、人は、何をどの順番で伝えられるかだけで、受け取る情報が大きく変わってしまうのです。

　わかりやすく説明する力がある。それは、

◦プレゼンや提案・主張が通りやすくなり、仕事がスムーズに進む
◦伝えたいことを早々に理解してもらえるため、話が早い
◦自分の頭の整理をする力が磨《みが》かれ、物事を構造的に捉《とら》えられるようになる
◦人の話を聞きながら整理できるようになり、話を理解する力が高まる
◦頭がいい人だと思ってもらえるために、チャンスや縁《えん》に恵《めぐ》まれる
◦「　⑦　」

などの、人生をいい方向に動かす大きな力となります。

たかが説明、されど説明。

「難しいことをわかりやすく説明できる」

それだけで、仕事や日常における、結果・印象・評価は［⑧］に変わります。

田中耕比古『一番伝わる説明の順番』（フォレスト出版株式会社）

問1　［①］には、この文章の主題となるような小見出しが入ります。最も適切なものを次の**ア**～**オ**から一つ選び、記号で答えなさい。

ア　他人とのトラブル　　**イ**　仕事のミス　　**ウ**　伝えたつもり
エ　わかったつもり　　**オ**　書けたつもり

問2　――線②「話がわかりやすい人と、わかりにくい人がいます」とありますが、次の**ア**～**カ**はそれぞれどちらになりますか。「わかりやすい人」の場合は「A」、「わかりにくい人」の場合は「B」とそれぞれに答えなさい。

ア　シンプルな話を複雑に伝える人。
イ　話した相手を納得《なっとく》させられる人。
ウ　「難しい内容なのに理解できた」と言われる人。
エ　考えがあふれてきて、多くのことを一度に話す人。
オ　あることがらについて、簡潔に短い時間で説明する人。
カ　あることがらについて、遠回しに長い時間で説明する人。

問3　――線③「仕事においては大きな問題となります」とありますが、なぜですか。その説明として正しくないものを次の**ア**～**オ**から一つ選び、記号で答えなさい。

ア　他の人に、上手《じょうず》に仕事を依頼《いらい》することができないから。
イ　仕事が完了したことを、すばやくわかってもらえないから。
ウ　一緒《いっしょ》に仕事をするチームが、バラバラに動いてしまうから。
エ　他の人をまとめることができず、リーダーになれないから。
オ　仕事の内容を説明した企画《きかく》書を、自分で正確に理解することができないから。

問4　――線④「コミュニケーション」とありますが、コミュニケーションについての筆者の考えを説明したものとして最も適切なものを次の**ア**～**オ**から一つ選び、記号で答えなさい。

ア　他人に多くの情報を、一度に伝えられること。
イ　相手の様子をよく見て、その状況《じょうきょう》に合わせること。

も、多くの場合、「この問題って○○なんだと思う」「僕《ぼく》はこうやったほうがいいと思う。だって××が□□で……」など、自分の考えを説明することになるでしょう。

こういった説明をしたときに、②話がわかりやすい人と、わかりにくい人がいます。

（中略）

もちろん、日常生活における友人との雑談であれば、説明が拙《つたな》くても問題はありません。しかし、③仕事においては大きな問題となります。

「伝わらない説明」をしていると、あなた自身の評価や、仕事の質やスピードにも悪影響《えいきょう》が出ている恐《おそ》れがあります。

プレゼンが苦手で企画《きかく》が通らない、業務報告の際に何度も再提出を言い渡《わた》されてしまうなどの目に見える失敗もありますが、それよりも、説明ベタなせいで、情報の流れを止めてしまい、仕事の効率を無自覚に下げてしまっていることのほうが危険です。

ではどうすれば、わかりやすい説明ができるようになるか？

そのカギは、「説明はコミュニケーション（情報伝達）である」ということを理解することにあります。

説明というと、話し手が一方的にしゃべっているシーンを想像するかもしれません。しかし、それは独りよがりに話しているだけで、④コミュニケーションではありません。

話し手が「伝えたつもり」になっているだけで、聞き手が理解しておらず、お願いしたとおりの行動をしてくれない、などということが起こります。

コミュニケーションは、話し手と聞き手が、互《たが》いに正しく情報を伝え合うものです。

そのために、「相手の頭を整理しながら伝える」ということが重要になります。

相手がしっかり理解しているか、話の流れについてきているか、などといった相手の状況《じょうきょう》を把握《はあく》し、それに合わせて話し方を変えるのが、伝わる説明のコツなのです。

⑤に、説明力を劇的に上げる方法をお伝えしましょう。

それは「説明の順番」を意識することです。

ビジネス書ではよく「どう伝えるか」が書かれています。言い方だったり、話し方だったり、抑揚《よくよう》や声のトーンなどです。

しかし、それ以上に大事なのが「情報を伝える順番」なのです。

物事を説明するだけに限らず、話したり、文章で伝えたりするときに、話す順番を変えるだけで伝わり方は大きく変化します。

わかりやすい説明ができる人の多くは、何をどの順番で伝えるかを意識して話しています。逆に、説明が苦手な人は、この順番を意識していません。

極めてシンプルな例を挙げてみましょう。

A「彼《かれ》は嘘《うそ》つきだ。しかし、いい人だ」

B「彼はいい人だ。しかし、嘘つきだ」

オ　おばちゃんのことを思い出し、買い物をしているどころではないと思ったから。

問7　――線⑦「美帆ちゃん、さっき道で見かけたんだよ」とありますが、どうして美帆ちゃんの方が先におばちゃんの家に着いたのですか。三十字以内で答えなさい。

問8　――線⑧「死んじゃったほうはいいかもしれないけどさ」、⑨「死んじゃったほうはあきらめがつくのかしら」とありますが、それぞれ誰《だれ》の発言ですか。本文中から抜《ぬ》き出して答えなさい。

問9　――線⑩「人間ってよくできてるのよ」とありますが、どういうところが「よくできてる」のですか。最も適切なものを次の**ア**～**オ**から一つ選び、記号で答えなさい。

ア　人間には状況《じょうきょう》に応じて喜怒哀楽《きどあいらく》を使い分けていく性質があるところ。

イ　人間には自分にとって不都合な記憶《きおく》を自然に消していく性質があるところ。

ウ　人間には大切な気持ちでも長期間は保持できない流動的な性質があるところ。

エ　人間には悲しみよりも楽しさを追い求めようとする性質があるところ。

オ　人間には意図せずとも前向きな気持ちになっていく性質があるところ。

問10　本文中の人物や植物の説明として最も適切なものを次の**ア**～**オ**から一つ選び、記号で答えなさい。

ア　「あたし」は、基本的には素直《すなお》だが、おしゃれや体型を意識する年頃《としごろ》の女の子らしい一面も持つ人物である。

イ　ママは、あえて「あたし」にお使いを頼《たの》むことで、おばちゃんを一人にしないように計らう心優《こころやさ》しい人物である。

ウ　おばちゃんは、自分の見た目にも家を訪《おとず》れる人たちにもまったく気を遣《つか》うことのないサバサバした人物である。

エ　美帆ちゃんは、悲しみの気持ちを自分の飼っている犬と共有しようとする幼くも純粋《じゅんすい》な心を持つ人物である。

オ　マグノリアの木は、香《かお》りがよく魔《ま》よけにもなるといわれている、おばちゃんの家を守っている太い木である。

二　**次の文章を読んで、後の問いに答えなさい。なお、問題の都合上、一部本文を変えてあります。**

「［①］」はなぜ起こるのか？

「君の話はよくわからない」

「結局、何が言いたいの？」

などと言われたことはないでしょうか。仕事はもちろん、プライベートにおいても、人に何かを説明するシチュエーションというのは多くあります。

プレゼンテーション、電話や対面営業での説明、業務内容や進捗《しんちょく》報告……など、物事を説明して、相手に理解してもらうことは、仕事の基本動作だと言えます。

また、日常的な会話においても、ほとんどの場合、説明を行っています。ニュースについて話したり、最近の出来事の話をしたりするとき

イ　「あたし」が、おばちゃんの家までわざわざその容器を返しに行くということ。

ウ　「あたし」が、おばちゃんの家までママが受け取らなかったブリのアラ煮ごと容器を戻《もど》しに行くということ。

エ　「あたし」が、おばちゃんの家まで今度ママと一緒《いっしょ》にその容器を返しに行くということ。

オ　「あたし」が、自分の家までおばちゃんと一緒にお土産《みやげ》を入れた容器を持って行くということ。

問2　――線②「それでもいちおうママには不服を並べたてる」とありますが、どうしてですか。最も適切なものを次の**ア**～**オ**から一つ選び、記号で答えなさい。

ア　配達用の自転車を買ってもらいたいから。

イ　実際、届け物のお使いは疲《つか》れるから。

ウ　ほしいものをすべて買ってもらいたいから。

エ　片道十五分の時間がかかることには多少の抵抗《ていこう》があるから。

オ　宅配便の報酬《ほうしゅう》がほしいから。

問3　――線③「並木道の木が葉っぱを風にゆらせている」とありますが、主語と述語はそれぞれどの言葉ですか。最も適切なものを次の**ア**～**オ**から一つずつ選び、記号で答えなさい。

ア　並木道の　**イ**　木が　**ウ**　葉っぱを　**エ**　風に

オ　ゆらせている

問4　――線④「泣いているみたい」とありますが、美帆《みほ》ちゃんはどうして泣いているのですか。最も適切なものを次の**ア**～**オ**から一つ選び、記号で答えなさい。

ア　約束されたままおじいさんに死なれてしまったから。

イ　自由に生きられない犬がかわいそうだったから。

ウ　書道教室に行く日にちを間違《まちが》えてしまったから。

エ　先日、おじいさんが寿命《じゅみょう》で死んでしまったから。

オ　習字の習い事は苦手で、行くのは気が重いから。

問5　――線⑤「並木のかげにかくれるようにしてその場を離れた」とありますが、どうしてですか。最も適切なものを次の**ア**～**オ**から一つ選び、記号で答えなさい。

ア　美帆ちゃんとは面識がなく声をかけられないから。

イ　早くおばちゃんの家に行かなければいけないから。

ウ　美帆ちゃんをそっとしておいてあげたかったから。

エ　声をかけるとよけい悲しみが深まると思ったから。

オ　お使いの途中《とちゅう》で面倒《めんどう》事にまき込《こ》まれたくないから。

問6　――線⑥「あわててレジに向かった」とありますが、どうしてですか。最も適切なものを次の**ア**～**オ**から一つ選び、記号で答えなさい。

ア　おばちゃんへの届け物が遅《おく》れるとママにしかられると思ったから。

イ　空想の世界に入り込んでいた自分を客観的に見つめて恥《は》ずかしく思ったから。

ウ　リップグロスがこうしている間に売り切れてしまうかもしれないと思ったから。

エ　お土産の焼き豚は傷《いた》みやすいので、ぐずぐずしていられないと思ったから。

「ああ、美帆ちゃんよ。お教室の日は明日なんだけど、まちがえちゃったみたい」
　めったにないけれどね、とおばちゃんはかがみこんで小さなスニーカーの向きをかえた。
「⑦美帆ちゃん、さっき道で見かけたんだよ」
「あらそう。せっかく来てくれたんだからお菓子《かし》でも食べていきなさいって、今あがってもらったところよ」
　おばちゃんにせかされるまま靴《くつ》をぬいだ。さっき見かけた美帆ちゃんのようすが気になった。
　先に立って行こうとするおばちゃんの袖《そで》をひっぱって耳打ちした。美帆ちゃん、お教室がいやなんじゃないの？　習字で怒《おこ》ったりしてない？　最後のハネが元気がないとかなんとか言って。
　するとおばちゃんは、お習字のせいではないと首をふって声をひそめた。さいきん、美帆ちゃんのおじいさんが亡《な》くなったというのだ。防波堤《ぼうはてい》でつりをしている最中に、高波にさらわれてしまったという。
「つりに行く日、美帆ちゃんにおじいさんは約束したそうなの。こんどいっしょにお出かけするって」
「そんな。約束したまま死なれちゃったらあきらめがつかないよ」
「ほんとにねぇ」
「⑧死んじゃったほうはいいかもしんないけどさ」
「そう？　死んじゃったほうはいいの？」おばちゃんは長い首をかしげた。「⑨死んじゃったほうはあきらめがつくのかしら」
「よくわかんないけど……とにかく、これ」届け物をおばちゃんの手に押しつけた。「九州から送ってきた焼き豚だって。悪くなっちゃうから早く冷蔵庫にってママが言ってた」
　おばちゃんは袋の中をのぞきこんで、「いただいてて言うのもなんだけど、お菓子だったらよかったのに。今日お菓子をきらしちゃってんのよ」
「美帆ちゃんにお菓子を食べていけってさそったくせに？」
　きまりが悪そうな顔でおばちゃんはうなずく。
「じゃ、この焼き豚出したら？」
「まさか」
　ろうかを歩きだしてから、
「人ってねぇ」
　おばちゃんがふりかえった。
「人ってのはねぇ、悲しいときだってずっと悲しいままじゃいられないものなの。おもしろい話なんかをきくと、悲しかったことを一瞬《いっしゅん》忘れてふきだしちゃったり。ほら、今だって気の毒な話をしていてもふっと焼き豚が気になったりするじゃない。でも、そうやって気持ちがまぎれて少しずつ元気になっていくの。⑩人間ってよくできてるのよ」
「ふうん」
「だから、灯子も美帆ちゃんと話してやって。なんだっていいのよ」
　うん、わかった。あたしは居間《いま》に向かい、おばちゃんは台所にひっこんだ。

安東みきえ『夕暮れのマグノリア』（講談社）

問1　――線①「あたしつきで」とありますが、どういうことですか。最も適切なものを次の**ア**～**オ**から一つ選び、記号で答えなさい。

ア　「あたし」が、自分の家までブリのアラ煮《に》が入った容器を配達するということ。

ぺにほんのちょっとぼかしたらどうだろう。

うきうきとながめているうちに焼き豚をぶらさげていることを思い出し、⑥あわててレジに向かった。

グロス一本を買っただけで足もとが軽くなるのはほんとにふしぎ。緑がまぶしい風の中、「空駆《か》ける天馬《てんま》」をハミングしながら袋をふりまわしておばちゃんの家をめざした。

神社のわきの坂道を一気にかけあがった。

坂道から見上げるとおばちゃんの家の庭に植えられたマグノリアの木がまっさきに目につく。白く丸い花がひらきはじめたところで、清々《せいせい》とした香《かお》りがあたりにただよっている。太い木は枝をのばして青い空を支えているって感じで、その木の下で守られているのがおばちゃんの住む家っていうところだ。

おばちゃんというのはママの義理のおねえさんにあたる人だ。おばちゃんの夫、つまりおじちゃんは、ママの年の離れたおにいさんだったのだけれど、あたしが小さいころに亡《な》くなってしまった。それからずっとおばちゃんはこの平屋の家にひとりきりで暮らしている。庭ばかりが広い古い家だけれど、手入れがゆきとどいているせいで居心地《いごこち》がいい。低い生け垣《がき》に囲まれている庭にはいつも何かしらの花が咲《さ》いているから、道に立ちどまって花をながめている人をよく見かける。

書道教室と書かれた看板をウツギの花がおおっている。それをかきわけるようにインターホンを押《お》した。

「灯子《とうこ》です」

中からの返事を待たずに鉄の門扉《もんぴ》をあけて庭に入る。

飛び石のわきに低いヒイラギが植えてある。そこをよけてげんかんに向かう。とげが魔《ま》よけになるというのだけれど、それで足をちくんとやられるたびに、何か自分のよくないところを見つけられたようであまりいい気がしない。

げんかんの前に立ったところでからからと引き戸があく。

「いらっしゃい」

背の高いおばちゃんは、前かがみで首をかしげて人を見るくせがある。だからいつも何かしらたずねられている気分になってしまう。

「ママにたのまれてきた」届け物のつつみを顔の前まで持ちあげてみせる。

「それはごくろうさま」

おばちゃんは化粧《けしょう》をめったにしない。白髪《しらが》さえも染めようとしない。グレーの髪を白いバレッタでまとめているだけだ。眉毛《まゆげ》が細い三日月形のところと、なで肩《かた》で首が長いところはモディリアニの描《か》く女の人に似ている。あたしのママとは対照的。ママは眉も太くて、肩もおしりもばんと大きい。絵でいうならばゴーギャンのモデルに近いかもしれない。

おしりの大きいところは似なくてよかった。いつかママにそう言ったら、まだ安心できないとくぎをさされた。ママもあんたくらいのころはそんなふうにちびすけで、きょとんとしたヒヨコみたいだったって。ヒヨコが大人になって牝牛《めうし》みたいになるとしたら油断がならない。

「今日はあがっていけるでしょ？」

「うん」

おばちゃんのあとについて墨《すみ》と線香《せんこう》の匂《にお》いのするげんかんに入る。

ピンクのスニーカーがあるのに気づいた。

「ねえおばちゃん、だれか生徒さん、来てるの？」

【国　語】（五〇分）〈満点：一〇〇点〉

【注意】　字数指定のある問題は、句読点《くとうてん》や「　」などの記号も一字と数えます。

一　次の文章を読んで、後の問いに答えなさい。

中学校に入学してから一か月。学校から帰るなりママが用事を言いつけてきた。おばちゃんの家に届け物をしてほしいって。

おばちゃんの家までは歩いて十五分、あたしはよく宅配便がわりに使われていた。いただきもののせんべい、おみやげのスルメ、家庭菜園でとれたナスなどをぶらさげておばちゃんのところに行かされる。そしておばちゃんからはプラスチック容器に入ったブリのアラ煮《に》なんかを持たされて帰ってくるのだ。その容器はまた同じ道をもどることになる、もちろん①あたしつきで。

でも、べつにそれが面倒《めんどう》ってわけじゃない。おばちゃんの家に行くのはきらいじゃない。

②それでもいちおうママには不服を並べたてる。疲《つか》れているだとか、坂道だからチャリが使えなくてたいへんだとか。

ほしいものがたくさんあるのだ。ロゴの入ったペンケース。かわいいキャラクターのスケジュール帳。それなのにおこづかいはぜんぜん足りない。そろそろ宅配便の報酬《ほうしゅう》というものをママに考えてもらってもいいころじゃないのかな。

ママとのかけひきの末、今月の宅配料はリップグロスで、というところに落ちついた。

「焼き豚《ぶた》だからね、寄り道してたら悪くなるからまっすぐ行くのよ。いい？」

「わかってるって」ママの気持ちの変わらないうちに、届け物の袋《ふくろ》をかかえておばちゃんの家に向かった。

③並木道の木が葉っぱを風にゆらせている。

とちゅう、美帆《みほ》ちゃんを見かけた。

書道教室をひらいているおばちゃんの家に習いにきている子だった。目が合うとすぐにわらいかけてくるような人なつっこい女の子で、肩《かた》までの髪《かみ》をふたつに結《ゆ》い、小学校の二年生というわりには幼く見えた。

美帆ちゃんは道の反対側で、どこかの家のげんかん先につながれている犬のそばにしゃがみこんでいた。片手で犬をなで、もう片方の手でしきりに自分の顔をぬぐっている。

④泣いているみたい。しゃくりあげるたびに髪のボンボンがふるえている。

いったいどうしたのだろう。何があったのかわからないけれど、声をかけるのもいけない気がした。

⑤並木のかげにかくれるようにしてその場を離《はな》れた。

リップグロスを買うためにドラッグストアに立ちよった。

買うってきめていたラズベリー色は棚《たな》の中でちゃんとまっていてくれた。

ともだちのきぃちゃんがつけている色。同じ色をつけたらあたしもかわいくなれる気がする。

マニキュアにマスカラ、コロンにヘアカラー。ひとつひとつを手にとりながら、つけたときをイメージする。チークならきぃちゃんはピンク系がいいけれど、あたしはオレンジ系のほうがいいかもしれない。ほっ

MEMO

大切なことはメモしておこうネ！

一般Ⅰ期

2023年度

解　答　と　解　説

《2023年度の配点は解答欄に掲載してあります。》

＜算数解答＞

1　(1)　8.901　(2)　81　(3)　$\frac{3}{4}$　(4)　420　(5)　8

2　(1)　9人　(2)　2時間24分　(3)　①　20％　②　60点以上70点未満
(4)　20通り　(5)　120人　(6)　195　(7)　100g

3　(1)　37.68cm^3　(2)　90度　(3)　60.56cm^3　(4)　127.5cm^2

4　(1)　毎秒2cm　(2)　30cm^2　(3)　3，9秒後　(4)　解説参照

5　(1)　16km　(2)　9時40分　(3)　時速9.6km

6　(1)　4倍　(2)　解説参照　(3)　5cm^2　(4)　10cm^2
(5)　3，6，7，11，12，14，15，19cm^2

○推定配点○

1　各3点×5　2　各3点×8　3　(4)　4点　他　各3点×3
4　各4点×4　5　各4点×3　6　各4点×5　計100点

＜算数解説＞

1　(四則混合計算)

基本　(1)　四則混合計算では計算の順番を書いてから取り組むことで計算間違いを防ぐ。かけ算はひき算よりに計算する。①1.03×8.7＝8.961，②8.961－0.06＝8.901

基本　(2)　小かっこの中，次に中カッコの中から，かけ算はひき算より先に計算する。①5－2＝3，②7×3＝21，③29－21＝8，④8×1.25＝10，⑤91－10＝81

重要　(3)　小数は分数にしてから計算する。$0.75=\frac{3}{4}$，$3.2=3\frac{2}{10}=3\frac{1}{5}$，分数のわり算は逆数をかけ算する。かけ算・わり算はたし算・ひき算より先に，順番を書いてから計算する。①$1\frac{1}{5}\times\frac{3}{4}=\frac{6}{5}\times\frac{3}{4}=\frac{9}{10}$，②$\frac{4}{5}\div3\frac{1}{5}=\frac{4}{5}\times\frac{5}{16}=\frac{1}{4}$，③$\frac{9}{10}+\frac{1}{10}=1$，④$1-\frac{1}{4}=\frac{4}{4}-\frac{1}{4}=\frac{3}{4}$

重要　(4)　分配法則を利用する。8.4×16＋4.2×29＋2.1×78＝4.2×2×16＋4.2×29＋2.1×2×39＝4.2×(32＋29＋39)＝4.2×100＝420

(5)　計算の順番を書いてから取り組む。①$\frac{1}{7}+1\frac{1}{6}=\frac{6}{42}+1\frac{7}{42}=1\frac{13}{42}$，②$1\frac{13}{42}-\frac{9}{14}=1\frac{13}{42}-\frac{27}{42}=\frac{55}{42}-\frac{27}{42}=\frac{28}{42}=\frac{2}{3}$，③$3\div\frac{1}{2}=3\times2=6$，④$\frac{2}{3}\times3=2$，⑤6＋2＝8

2　(集合算，仕事算，統計グラフ，割合，場合の数，概数，濃度)

重要　(1)　成分表を書いて情報を整理する。ア　30－16＝14，イ　14－5＝9(人)

	国語　好き	国語　きらい	合計
算数　好き	7人		16人
算数　きらい	イ	5人	ア
合　計			30人

(2)　全体を6と4の最小公倍数⑫とする。1時間あたりの仕事量は日出君⑫÷6＝②，明君⑫÷4＝③，2人でいっしょにすると，⑫÷(②＋③)＝2.4(時間)，0.4(時間)×60＝24(分)，よって求める答えは，2時間24分

重要　(3)　①　(2＋4)÷30×100＝20(%)　　②　2＋3＋4＝9，よって，上から10番目の児童は60点以上70点未満

(4)　できた小数が1より大きく2より小さくなるのはAさんが1を選ぶ場合。Bさんは0，2，3，4，5の5つの中から選び，Cさんは残りの4つの中から選ぶので，できる小数は，5×4＝20(通り)

重要　(5)　□を使って式を立てる。2022年の新入生は□×(1＋0.15)－10＝128，□＝(128＋10)÷1.15＝120(人)

重要　(6)　四捨五入して8になるのは7.5以上，8.5未満。ある整数Nは7.5×23＝172.5以上，8.5×23＝195.5未満。最も大きい数は195。

(7)　8%の食塩水300gに含まれる食塩は，300×0.08＝24(g)，水を蒸発させても食塩の量は変わらないので，食塩水の重さは24÷0.12＝200(g)になった。蒸発させた水の重さは300－200＝100(g)

3　**(回転体，平面図形・角度，立体図形・体積，平面図形・面積)**

(1)　できる回転体は，半径2cm・高さ3cmの円柱。2×2×3.14×3＝12×3.14＝37.68(cm^3)

重要　(2)　図にわかる角度を書き込む。(右図1参照)正六角形の1つの内角は120度，対頂角は等しいので①は360－(90＋60＋120)＝360－270＝90(度)

(3)　展開図を立体図形にすると底面が半円の柱体と直方体をあわせた図形になる。6×4×2＋2×2×3.14÷2×2＝48＋4×3.14＝48＋12.56＝60.56(cm^3)

(4)　紙を折り曲げたので角AFB＝角AFE，辺ADと辺BCは平行なので，角AFB＝角FAE，(右図2参照)
AE＝FE＝17cm，よって三角形AFEの面積は17×15÷2＝127.5(cm^2)

図1

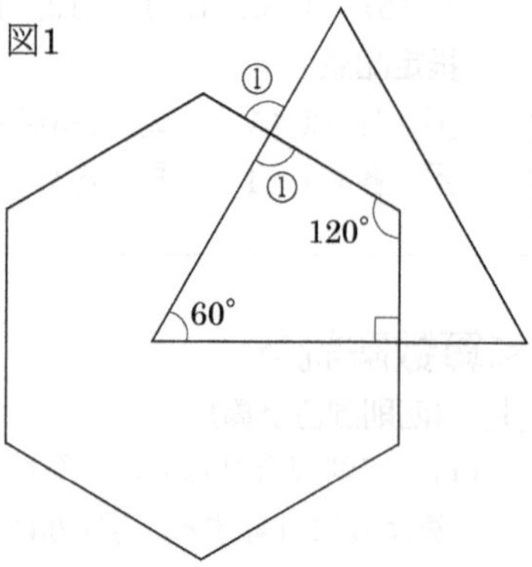

図2

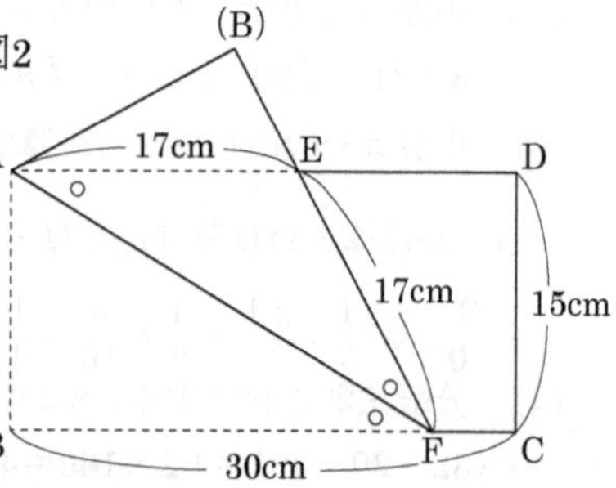

4　**(点の移動)**

(1)　三角形ABPが最初に30cm^2になるのは点Pが点Dに進んだ時。グラフから5秒後だとわかる。10(cm)÷5(秒)＝2(cm/秒)

(2)　6(cm)÷3(cm/秒)＝2(秒)(DC間を進むのにかかる時間)より，6秒後，点PはDC上にある。よって，三角形ABPの面積は6×10÷2＝30(cm^2)

(3)　AP×6÷2＝18より，AP＝18×2÷6＝6，6÷2＝3，(10－6)÷2＝2，5＋2＋2＝9，よって求める答えは，3秒後と9秒後である。

(4)　5秒後から7秒後までは30cm^2で，12秒後には0cm^2になる。30÷5＝6，1秒あたり6cm^2ずつ面積が減るのをグラフにする。(右図3参照)

図3

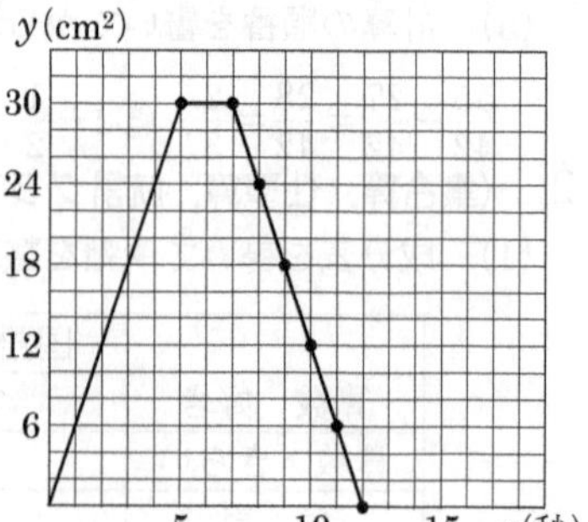

5　**(速さ)**

(1)　時速8kmで行くと時速12kmで行くより20＋20＝40

(分)遅く着く。時速12kmで駅に着いた時，時速8kmで向かう場合，$8\times\frac{40}{60}=\frac{16}{3}$(km)手前にいる。つまり，時速12kmで向かうと駅まで$\frac{16}{3}\div(12-8)=\frac{4}{3}$(時間)かかる。よって駅までの距離は$12\times\frac{4}{3}=16$(km)

(2)　$\frac{4}{3}$時間$=1\frac{1}{3}$時間，$\frac{1}{3}$時間$\times60=20$分，8時＋1時間20分＋20分＝9時40分

(3)　待ち合わせちょうどの時間に着くには16kmを1時間40分で進めばよい。$16\div1\frac{40}{60}=16\times\frac{3}{5}=$ 9.6(km/時)

6　**(面積の応用)**

基本　(1)　4÷1＝4(倍)

重要　(2)　対角線が2cmの正方形の面積は2×2÷2＝2，(右図参照)

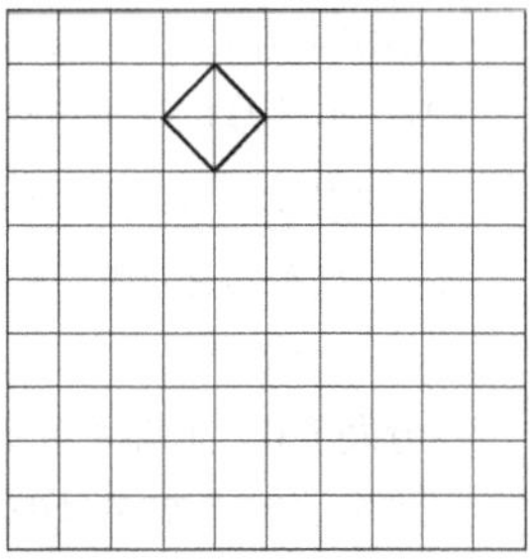

(3)　合同な直角三角形4つと真ん中の正方形の面積の和を求める。
2×1÷2×4＋1×1＝5(cm^2)

や難　(4)　横1cm・たて3cmの対角線に注目する。3×1÷2×4＋2×2＝10(cm^2)

や難　(5)　横1cm・たて4cmの対角線に注目すると4×1÷2×4＋3×3＝17，(右図参照)
横2cmたて3cmの対角線に注目すると3×2÷2×4＋1×1＝13，横2cm・たて4cmの対角線に注目すると4×2÷2×4＋2×2＝20，
面積が整数になる正方形は1cm^2，4cm^2，9cm^2，16cm^2，2cm^2，8cm^2，18cm^2，5cm^2，10cm^2，17cm^2，13cm^2，20cm^2，

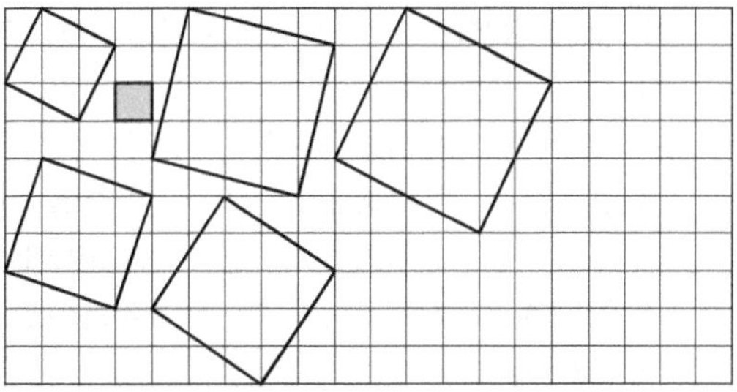

よって求める答えは，3，6，7，11，12，14，15，19(cm^2)である。

★ワンポイントアドバイス★

基礎的な知識を身につけ，応用的な問題までていねいに取り組む練習しておこう。図形問題は発展的な問題も練習しておこう。複雑な問題では情報を整理し，新しい情報を見つける手がかりを探す練習をするとよいだろう。

＜理科解答＞

1　Ⅰ　(1)　A：B＝2：1　(2)　26.5℃　(3)　15℃　(4)　ウ　Ⅱ　(5)　①　カ　②　イ　③　ア　④　オ　(6)　イ・エ・カ

2　(1)　水　(2)　17％　(3)　双子葉類　(4)　ア　(5)　気孔

3　(1)　メスシリンダー　(2)　①　イ　②　ア　③　ウ　(3)　黄色
(4)　195cm^3　(5)　30cm^3の塩酸に0.75g以上のアルミニウムを加える

4　(1)　エ　(2)　ウ　(3)　13.6g　(4)　エ　(5)　エ

○推定配点○

1 各2点×9((6)完答)　2 (4)・(5) 各1点×2 他 各2点×3

3 各2点×7((5)完答)　4 各2点×5　計50点

＜理科解説＞

1 (電流－電流のはたらき・環境)

基本 (1) Aは2分間で28(℃)－10(℃)＝18(℃)水温が上昇し，Bは2分間で19(℃)－10(℃)＝9(℃)水温が上昇したので，水そうAとBに入れた電熱線の発熱量の比はA：B＝18：9＝2：1である。

基本 (2) 水そうCの電熱線は2分間で16(℃)－10(℃)＝6(℃)水温が上昇するので，5分30秒(5.5秒)後の水温は，$10(℃)+6(℃)\times\frac{5.5(分)}{2(分)}=26.5(℃)$である。

やや難 (3) 水そうBの電熱線は水100gを2分間で9℃上昇させるので，水300gでは2分間で3℃上昇させることができる。よって，6分間電流を流すと水温は9℃上昇する。水そうCの電熱線は水100gを2分間で6℃上昇させるので，水300gでは2分間で2℃上昇させることができる。よって，6分間電流を流すと水温は6℃上昇する。水そうBとCの電熱線は並列につながっているので，6分間で9(℃)＋6(℃)＝15(℃)上昇する。

基本 (4) 熱が水だけでなく水そうを温めたり，熱が空気中に逃げたりすると，(a)＞(b)となることがある。

重要 (5) ① 原子力発電の長所は，少量の燃料で多大な電気を得ることができ，発電時に二酸化炭素を出さないことである。 ② 火力発電の短所は，化石燃料に限りがあり，発電時に二酸化炭素が発生することである。 ③ 太陽光発電の長所は，エネルギーを使い切ることがなく，環境にやさしいことである。 ④ 水力発電の短所は，発電所を建設する際，自然破壊の恐れがあることである。

重要 (6) ア マグネシウムに塩酸を加えると水素が発生する。 イ 石灰石に塩酸を加えると二酸化炭素が発生する。 ウ 過酸化水素水に二酸化マンガンを加えると酸素が発生する。 エ ドライアイスを放置すると二酸化炭素が発生する。 オ 塩化アンモニウムと水酸化ナトリウムを混ぜて加熱するとアンモニアが発生する。 カ 炭酸カルシウムを加熱すると二酸化炭素が発生する。

重要 2 (生物―植物)

(1) 乾いた脱脂綿に置いた種子は発芽しなかったので，アマナツの種子の発芽には水が必要だとわかる。

基本 (2) $\frac{4}{24}\times100=16.6\cdots$より，17％である。

(3) 双葉が出てくる植物を，双子葉類という。

(4) アマナツは双子葉類なので形成層がある。形成層の内側が道管である。

(5) 水蒸気は気孔から出される。

3 (物質と変化―気体の発生)

重要 (1) 図2の器具をメスシリンダーという。

基本 (2) 図1から，塩酸20cm^3は0.5gのアルミニウムと過不足なく反応し，650cm^3の水素を発生させることがわかるので，①はイ，②はア，③はウとなる。

基本 (3) アルミニウム0.2gに塩酸20cm^3を加えると，塩酸が余るのでBTB液の色は黄色になる。

基本 (4) アルミニウム0.15gは塩酸20cm^3にすべて溶ける。アルミニウム0.5gがすべて反応すると650cm^3の水素を発生させるので，アルミニウム0.15gでは，0.5(g)：650(cm^3)＝0.15(g)：□

(cm^3)より，195cm^{3}の水素が発生する。

基本 (5)　塩酸20cm^{3}がすべて反応すると，650cm^{3}の水素が発生するので，水素を975cm^{3}発生させるのに必要な塩酸は20(cm^3)：650(cm^3)＝□(cm^3)：975(cm^3)より，30cm^{3}である。塩酸30cm^{3}と過不足なく反応するアルミニウムは20(cm^3)：0.5(g)＝30(cm^3)：□(g)より，0.75gである。

重要 4 (気象)

(1)　降水量の単位はmmである。

基本 (2)　13時に降水量が激減しているので，台風の目に入っていたのは12時から13時の間である。

基本 (3)　9月3日7時の気温は22℃なので，このとき，空気1m^{3}に含まれる水蒸気は19.4(g)×0.7＝13.58(g)より，13.6gである。

(4)　台風の風のふき方は，外側から台風の中心に向かって左回り(反時計回り)にふく。

(5)　台風の右側(エ)は，台風の進行方向と風向きが一致するので，風の強さが最も強くなる。

★ワンポイントアドバイス★

問題の条件を見逃さないようにしよう。

<社会解答>

1 問1　ウ　　問2　福沢諭吉　　問3　ウ　　問4　ア　　問5　ウ　　問6　日本銀行
問7　内閣　　問8　地域経済の活性化のため。　　問9　イ　　問10　ウ　　問11　ウ
問12　富本銭　　問13　イ　　問14　ウ　　問15　女性の社会的活躍

2 問1　A　ケ　　B　コ　　C　ア　　D　エ　　問2　マニフェスト　　問3　1)　一票の格差が生じる　　2)　ア・ウ　　問4　1)　促成栽培　　2)　作物の成長スピードをはやめ，出荷時期をずらせる。　　問5　⑤　　問6　1)　ア　㊺　　イ　⑤　　ウ　⑲　　2)　エ
問7　第一次産業就業者の割合の減りが著しく，食糧自給率が低下する。

○推定配点○

1 問2・問6・問7・問12　各2点×4　　問8・問15　各4点×2　　他　各1点×9
2 問2・問41)　各2点×2　　問31)・問42)　各3点×2　　問7　5点　　他　各1点×10
計50点

<社会解説>

1 (日本の歴史・地理・政治の総合問題，時事問題)

重要 問1　ユニバーサルデザインとは，年齢や性別，国籍，障害の有無などに関わらず，だれもが使いやすいようにデザインされた建物や製品，サービス，環境などのことである。英語では，「Universal (＝普遍的な，万能の)」と「Design (＝設計，デザイン)」となり，この頭文字をとって「UD (ユーディー)」と呼ばれることもある。

問2　1万円札の肖像画は，1984年の改訂以来，現在も福沢諭吉である。

問3　野口英世は，黄熱病の研究などで世界的に有名な医学者である。アは杉田玄白や前野良沢のこと。イは福沢諭吉のこと。エは北里柴三郎のこと。

問4　聖徳太子は，推古天皇の摂政として，仏教を中心とした国づくりをした。イは中大兄皇子と中臣鎌足。ウは卑弥呼。エは天智天皇。

問5　租調庸は男子に課せられた税なので，ウが誤りとなる。

問6　日本銀行は，唯一の発券銀行である。

基本　問7　1885年，明治政府は，内閣制度を初めて採用し，初代の内閣総理大臣に伊藤博文が就任した。

問8　地域通貨は，その地域にのみ流通する通貨であり，その地域の経済の発展に寄与するものである。

問9　貨幣の発行量が多くなると，その価値が下がり，一般的には物価が上昇するインフレーションとなる。

問10　グラフを注意深く考察すると，慶長小判の金の含有量は，宝永小判のそれよりも多いといえるので，ウは誤りとなる。

問11　鎌倉幕府の執権北条時宗は，フビライの申し入れを無視したため，元寇が起こって，日本と元の関係は悪化したので，ウは誤りとなる。

問12　富本銭は，683年(天武天皇12年)頃に日本でつくられたと推定される銭貨である。鋳造年代は708年(和銅元年)に発行された和同開珎より古いとされている。

やや難　問13　埼玉県は主に近郊農業によって，ねぎ(全国2位)，ほうれん草(全国1位)，きゅうり(全国3位)などをつくっている。

問14　958年ごろというと，10世紀ということになるので，平将門の乱(935年)，藤原純友の乱(939年)と同時代である。

問15　2024年に新しくなる5,000円札の図柄に選ばれたのは津田梅子である。彼女は，新しい女子教育のスタイルをつくり，女性の自立を推進することに力を尽くした人物である。日本を代表する人物の一人に選ばれるほど，彼女の功績は現在も高く評価されている。

2　(日本の地理・歴史・政治の総合問題，時事問題)

問1　2018年の公職選挙法の改正で，2019年からの参議院選挙は，定数が「3」増えて「245」になった。参議院選挙は3年ごとに半数が改選する。比例代表は，投票用紙に政党・政治団体の名前か候補者の個人名，いずれかを書いて投票する。選挙区選挙においては，島根県・鳥取県，徳島県・高知県は，それぞれ合区となる。

問2　マニフェストとは，選挙の際に，政党や立候補者が発表する公約集である。具体性を欠く選挙スローガンや公約と異なり，政策の数値目標，実施期限，財源などを明示している。

問3　1)　一票の格差とは，地域によって有権者の数が異なることで，一人一人が投じる一票の価値に差が生じることである。一票の格差が生まれると，有権者数が少ない地域では一票の価値が高くなり，有権者数が多い地域では一票の価値が低くなるという事態が生ずる。　2)　アは選挙権が18歳に引き下げられたことによって，獲得した権利である。ウは成年年齢が18歳に引き下げられることによって，獲得した権利である。

問4　1)　促成栽培とは，野菜や花を温室やフレームを利用して，普通栽培より短期間で収穫する栽培法である。　2)　促成栽培により，出荷時期を早めることで，商品価値を高めることにつながる。たとえば，夏野菜をハウス 栽培等により，春に収穫するなどの例がある。

重要　問5　憲法改正の手続きは，日本国憲法は96条で「この憲法の改正は，各議院の総議員の3分の2以上の賛成で，国会が，これを発議し，国民に提案してその承認を経なければならない」と定めている。

問6　(1)　アの桜島は鹿児島県にあるので㊺にあたる。イの最上川は山形県を流れているので⑤

基本 にあたる。イタイイタイ病は富山県を流れる神通川流域で起きているので⑲にあたる。　(2) 千葉市は太平洋側の気候でエが該当する。長野市は内陸の気候でウ，岡山市は瀬戸内の気候でア，那覇市は南西諸島の気候でイ，それぞれが該当する。

や難 問7　グラフを注意深く分析すると，第一次産業就業者の割合が減り，第三次産業就業者が増えている。第一次産業は主に農業，林業，鉱業，漁業(水産業)などであり，食糧の供給源ともいえる。つまり，この割合の減少が著しいと食糧自給率の低下を引き起こすことになる。

★ワンポイントアドバイス★

[1]問4　聖徳太子の政策は，十七条の憲法，冠位十二階，遣隋使派遣などである。遣隋使として派遣されたのは小野妹子である。[1]問6　日本銀行は「発券銀行」の他に「政府の銀行」，「銀行の銀行」とも呼ばれている。

<国語解答>

[一] 問1　ウ　　問2　ア　　問3　ウ　　問四　穴からでる日　　問5　オ　　問6　イ
問7　エ　　問8　ア　　問9　ア　　問10　人間　　問11　Ⅰ　まっかな太陽が，山のむこうにしずもうとしています　　Ⅱ　山　　Ⅲ　(例)　クマの様子を想像しやすくさせる

[二] 問1　(例)　慣れないうちは，みんなが拍手をしたらいっしょに拍手をすればいい
問2　(例)　観客の作品に浸っていたい　　問3　ウ　　問4　ウ　　問5　オ　　問6　イ
問7　ウ　　問8　ア・カ

[三] (例)　ハナコさんは，タロウくんに「一生けん命にがんばっていたよ。その姿がとてもかっこよかった。」とタロウくんの取り組みについてほめました。

[四] ①　太古　　②　孝行　　③　土足　　④　典型　　⑤　今朝　　⑥　快方　　⑦　自然
⑧　権利　　⑨　感→関　　⑩　率→律

○推定配点○

[一] 問4・問10・問11Ⅱ　各4点×3　　問11Ⅰ・Ⅲ　各6点×2　　他　各2点×8
[二] 問1・問2　各6点×2　　他　各2点×7　　[三] 14点　　[四] 各2点×10　　計100点

<国語解説>

[一] **(小説－心情・情景の読み取り，文章の細部の読み取り，言葉の意味，表現技法，記述力)**

基本 問1 「彼岸」は，春分・秋分を中心にした七日間のこと。春分は，三月の中旬。

問2　ア 「沢にも水が音をたてて流れます」とある。　イ 「春の彼岸が，まもなくやってきます」とあるのだから，彼岸はまだやってきていない。　ウ 「雨が，雪やみぞれにまじってふってきます」とあるから，光が山を常に照らしているのではない。　エ 「雨が，雪やみぞれにまじってふってきます」とあるから，雪が降らなくなったのではない。　オ 「木や草も，ぐんぐんとのびようとしています」とあるが，色あざやかな花がさき始めたわけではない。

問3　続く三つの文に，穴の中にいる理由が書かれている。子グマをだいていること，子ぐまは穴から出ると危険なことを説明し，それで，めすグマは穴の中で子グマを抱いて守っているのである。

やや難 問4　続く部分に「待っていました」とある。何を待っていたのかを，前の部分から探すと「穴からでる日を待っていました」とある。

問5　一文全体を読むと，「めすグマは，なるべく陽のあたらない，まだかたくこおっている雪の上や，岩の上をとび歩くようにこころがけました」とある。めすグマは，なぜそのようなことをしたのかは，直前の二つの文に書かれている。「人間のこわさをよく知っていました」「穴からでたての足あとが，人間やイヌにすぐわかることも知っています」とある。こおっていないやわらかい雪には足あとがついて，すぐに人間やイヌに知られてしまうのである。そこで，「かたくこおっている雪の上や，岩の上をとび歩くように」することで「自分たちの命をねらっている猟師たちに自分の存在が感じ取れないように」注意しているのである。

問6　続く文に「クマうちの名人といわれています」とある。さらに，「片目の猟師は～」の形で書かれているなかに，「じいさんのころからおしえられているクマ穴を，二百ばかり知っていました」とある。この二つの内容にふれているのは，イ。　ア 「たいていのクマはうたれてしまいます」とある。「すべて」ではない。　ウ 「わかいころ……片目をつぶされたそうなのです」とある。「最近」ではない。　エ 「めすグマを……ねらい続けている」という内容はない。
オ 「子グマだけをねらっている」という内容はない。

問7 「ざいさん」は，個人や団体などがもつ，金銭・土地・建物・品物など経済的に価値があるもの。クマ穴は，そこに住むクマをとってしまっても別のクマが引きついでいくので，二百も知っていれば，猟師として生きていくうえで経済的に価値のある情報になるのである。

問8　問5と関連させて考える。直前に「この時期は，いちばん危険」とあるが，問5でたしかめたように，めすグマは，「なるべく陽のあたらない，まだかたくこおっている雪の上や，岩の上をとび歩くようにこころがけ」ていたが，「しかたなく雪の上を歩く」こともあるので「穴の近くの雪は，ぎしぎしとふみかためられて」いたのである。「近くの雪にあしあとが残っているので」人間に見つかってしまうと命がうばわれるから危険なのである。エがまぎらわしいが，「猟師が身近にせまっているという危険を感じ取った」わけではない。

問9　問8でとらえた危険と関連させて考える。人間に見つかってしまうと命がうばわれるという危険がある。そういう意識でいる母グマにとって「いやなにおい」「なかまのにおいと，ぜんぜんちがいます」ということは，「自分たちの命をねらっている人間の気配を感じたということ」である。

重要 問10　前の部分に，「なにか危険なものが近づくのが，はっきり感じられました」とある。母グマにとって危険ななにかとは，「人間」である。

重要 問11　Ⅰ 「空の景色」とあるので，「まっかな太陽が，山のむこうにしずもうとしています」の一文があてはまる。「この後の展開を予感させる表現」については，続く部分に「不吉なにおいが，ますます強くなってきます」とあって，危険の度合いがじょじょに強くなっていく。
Ⅱ 「『さあ，春だよ。春がきたんだよ』と，山も言っているようです」の部分に擬人法を用いている。　Ⅲ 「せきをするような」に直喩が用いられている。「せき」という誰でもが知っているものを使って，けいかいの声を出している「クマの様子を想像しやすくさせる」効果である。

二 (論説文－要旨・大意の読み取り，文章の細部の読み取り，指示語の問題，接続語の問題，空欄補充の問題，ことばの意味，記述力)

問1 「いつ拍手をすればいいのか」という質問について，さまざまな場合について説明をした後に「いずれにせよ，慣れないうちは，急いで拍手をする必要はありません。周りが拍手したら，自分も拍手する。それでいいと思います」と述べている。この部分を使って，解答例のようにまとめればよい。

問2　段落の終わりに，長編小説を読む読者が感じることとして，「このまま作品世界に浸ったまま一気に最後まで読みきってしまいたい」という表現がある。この言葉を使って，誰のどんな気持ちかをまとめればよい。

問3　接続語の「もっとも」は，前の文にある条件を付け加えるのに使う。「ただし」と同じ意味。前の段落で述べた楽章と楽章の間に拍手をしないという内容に付け加えて，ただし，大変な熱演に心から感動して拍手してしまったようなケースでは，拍手をしても仕方がないというのである。

問4　「暗黙の了解」は，何も言わずにだまっていても理解するということ。ウは，誰も何も言わなくても，授業前に授業準備をすませることを生徒たちが理解しているということ。ア，「暗黙の」が不要。「納得がいかなかったが，了解をした」なら正しい。イ，「暗黙の了解」ではなく，するどい視線があって，母親の意図を了解したということ。エ，初めて会う人との間で「暗黙の了解」は成り立たない。オ，「暗黙の了解」をしているのなら話し合う必要はない。

問5　「阿吽の呼吸」は，共に一つのことをしようとするときに互いが感じる微妙な心の動き。拍手のタイミングについて，ピアニストと観客が互いに「いま」と感じる微妙な心の動きがあって，拍手が起きるということ。

問6　「『いまので終わり？　まだ続くの？』みたいなとまどい」が起きる原因は，新作の初演の際は，その曲について初めて聴くので曲についての知識がなく，曲が終わったのか終わっていないのかの判断がつかないからである。

や難　問7　「フライング拍手」について，筆者は「演奏が終わった後の余韻を壊してしまう」と述べている。「余韻」は，事が終わったあとまで残る味わい。ここでは，「曲が終わったあとの深みや味わい」である。

重要　問8　ア　「ぼくの行い」は「フライング拍手」と同じ性質のものである。「『オレはこの曲の終わりを知っている！』とばかりにだれよりも早く拍手をする態度は，決してかんげいされません」とあるように，「問題を読み終える前に答えを言って得意げになった」ので，「他の人はぼくの行いを良く思っていなかった」のである。　イ　怖いシーンを少し前のタイミングで教えるという内容に当たることは述べていない。　ウ　「他人がよろこぶことをする」という内容に当たることは述べていない。　エ　「変だと思ったら，できるだけ早く『おかしい』と声をあげるべき」という内容に当たることは述べていない。　オ　「周りが拍手したら，自分も拍手する」と述べているが，「無理をしてでも」とは述べていない。　カ　自分が知らないことについて，友人たちの意思を尊重することにして満足したというのは，「周りが拍手したら，自分も拍手する」という筆者の考えと共通する。

三　(思考力・記述力・表現力)

「転」については，「話の内容が本題にうつっていくところ」と説明されている。「本題」は「物語が終わりに向かうところ」である「結」に示される。物語の導入部分である「起」で，タロウとハナコという登場人物が紹介され，絶対に勝つぞと意気ごむタロウと楽しみにしているハナコの姿が示されている。「承」では，チームが負けたのは「自分のせいだ」と泣いてくやしがるタロウが描かれる。そこで，「転」には，タロウの気持ちを前向きにするようなハナコの機転の利いた言動が入ると判断できる。解答例は，タロウの取り組みについてほめるハナコの具体的な会話になっている。他に，「タロウくんのひたむきな姿に，勝ち負けよりも大切なものがあることを教えられたよ」のような解答も考えられる。

四　(漢字の書き取り)

①「太古」は，ずっと遠い昔。大昔。「太」を「大」と誤らない。「太」には「タ」の音もある。訓は「ふと-い・ふと-る」。「太平」「太刀(たち)」などの熟語がある。　②「孝行」は，子がその

親に愛情をもち，そのために尽くすこと。「親孝行」の形でよく使われる。「孝」は同音で形の似た「考」と区別する。「忠孝」「孝子」などの熟語がある。　③「土足」は，靴などの下ばきをはいたままの足。「素足」は，靴下や足袋などをはいていない，はだかむきだしの足。　④「典型的」は，同類の中で，その種類の特徴を最もよく表している型やものとされる様子。「典」の熟語には「出典」「祭典」などがある。「型」の訓は「かた」。「模型」「類型」などの熟語がある。　⑤「今朝(けさ)」は熟字訓。「コンチョウ」という音読みもある。「昨日(きのう)」「今日(きょう)」「明日(あす)」などの時間を表す熟字訓も覚えておこう。　⑥「快方」は，病気やけがなどがよくなってくること。「快」の訓は「こころよ-い」。「快適」「軽快」などの熟語がある。　⑦「人工」は，人間の力を加えること，人間の力で作り出すこと。対義語は，人間の手を加えない，そのものありのままの状態の意味を表す「自然」。「天然」も対義語。　⑧「義務」は，法律上または道徳上，人が行わなければならぬ，また，行ってはならない行為の意味。対義語は，ある物事を自由に自分の意志で行いうる資格の意味の「権利」。　⑨「感心」は，りっぱなものや行動に対して，深く心を動かされること。「関心」は，特に心をひかれること。　⑩「自率」という熟語はない。「自律」は，自分で自分の気持ちをおさえたり，自分の規範に従って行動したりすること。「自立」という同音語もあるので区別する。

★ワンポイントアドバイス★

小説は，行動・情景などの表現を手がかりに，場面の様子や心情の理由，描写の特徴，表現の意味，人物像などを正確に読み取る。また，出来事の背景をとらえる。論説文は，筆者の説明を文脈をたどって正確に読み取り，筆者の考えや，考えの根拠となる具体例などをとらえる。

一般Ⅱ期

2023年度

解　答　と　解　説

《2023年度の配点は解答欄に掲載してあります。》

＜算数解答＞

1　(1)　53.71　(2)　12　(3)　105　(4)　15　(5)　$\frac{7}{20}$

2　(1)　6個　(2)　3時間12分　(3)　①　80％　②　7人　(4)　4132　(5)　45m
(6)　173　(7)　5％

3　(1)　169.56cm^2　(2)　53度　(3)　225度　(4)　$12\frac{3}{5}$cm^2

4　(1)　10時00分　(2)　分速200m　(3)　9時46分

5　(1)　ア　16　イ　6　ウ　2　エ　正三角形　オ　AC　カ　AB
(2)　15cm^2　(3)　36cm^2

6　(1)　①　7.5GB　②　A社　(2)　①　57本　②　52本

○推定配点○

1　各3点×5　2　各3点×8　3　(4)　4点　他　各3点×3

4　各4点×3　5　(1)　各2点×6　他　各4点×2　6　各4点×4　計100点

＜算数解説＞

1　(四則混合計算)

基本　(1)　小数のかけ算は小数点の位置に気を付けて計算する。$8.2\times6.55=82\times655\div10\div100=53.71$

(2)　カッコ内を先に計算する。わり算・かけ算はひき算より先に計算する。計算の順番を書いてから取り組む。①$12\div6=2$，②$2\times7=14$，③$18-14=4$，④$16-4=12$

重要　(3)　小数は分数にしてから，かけ算・わり算は帯分数を仮分数にして約分してから計算する。分数のわり算は逆数をかけ算する。$0.5=\frac{1}{2}$，$0.75=\frac{3}{4}$，$0.25=\frac{1}{4}$，$14\times10\frac{1}{2}\div1\frac{3}{4}\times1\frac{1}{4}=14\times\frac{21}{2}\div\frac{7}{4}\times\frac{5}{4}=14\times\frac{21}{2}\times\frac{4}{7}\times\frac{5}{4}=21\times5=105$

(4)　計算を工夫し，積の形に分解して，分配法則を利用する。$4.5\times4-0.15\times50+1.5\times3=1.5\times3\times4-0.15\times10\times5+1.5\times3=1.5\times(12-5+3)=1.5\times10=15$

(5)　小数は分数にしてから，分数のひき算は通分してから計算する。わり算は逆数をかけ算する。$0.35=\frac{7}{20}$，①$1\frac{1}{2}-\frac{5}{6}=\frac{9}{6}-\frac{5}{6}=\frac{4}{6}=\frac{2}{3}$，②$\frac{7}{6}\div\frac{2}{3}=\frac{7}{6}\times\frac{3}{2}=\frac{7}{4}$，③$\frac{7}{20}\times4=\frac{7}{5}$，④$\frac{7}{4}-\frac{7}{5}=\frac{35}{20}-\frac{28}{20}=\frac{7}{20}$

2　(倍数の個数，割合，統計と表，場合の数，速さ，およその数，濃度)

重要　(1)　3でも5でも割り切れる数は，3と5の最小公倍数15の倍数である。倍数の個数はわり算で求める。$100\div15=6$あまり10，よって求める答えは，6である。

重要　(2)　1日＝24時間，1日の$\frac{1}{3}$は，$24\times\frac{1}{3}=8$(時間)，残りは$24-8=16$(時間)，残りの20％は，$16\times0.2=3.2$(時間)，1時間＝60分より，$0.2\times60=12$(分)，よって求める答えは，3時間12分である。

(3)　①　9.0秒未満で走った人は，1＋2＋4＋5＝12，12÷15×100＝80(％)　　②　8.5秒以上の人は5＋2＋1＝8(人)，いる。A君を除くと7人

(4)　一番大きな整数から順に書いて調べる。4321，4312，4231，4213，4132，よって，求める答えは，4132である。

(5)　27－24＝3，1時間で3kmの差になる。3×1000÷60＝50，1分で50mの差。54秒では，50÷60×54＝$\frac{50\times54}{60}$＝45(m)

重要　(6)　四捨五入の範囲を考える。小数第一位を四捨五入して8になるのは，7.5以上8.5未満。整数Nは7.5×23＝172.5以上になる。よって求める答えは，173である。

(7)　7％の食塩水300gに含まれる食塩は300×0.07＝21(g)，4％の食塩水600gに含まれる食塩は600×0.04＝24(g)，濃度(％)＝食塩の重さ(g)÷食塩水の重さ(g)×100で求める。(21＋24)÷(300＋600)×100＝5(％)

3　(立体図形・回転体・表面積，円すい・展開図，平面図形・角度，面積)

重要　(1)　1回転してできる立体は半径3cm・高さ6cmの円柱になる。表面積は半径3cmの円2個分と横が半径3cmの円周と同じ長さでたてが6cmの長方形の和になる。3×3×3.14×2＋3×2×3.14×6＝(3×3×2＋3×2×6)×3.14＝(18＋36)×3.14＝54×3.14＝169.56(cm^2)

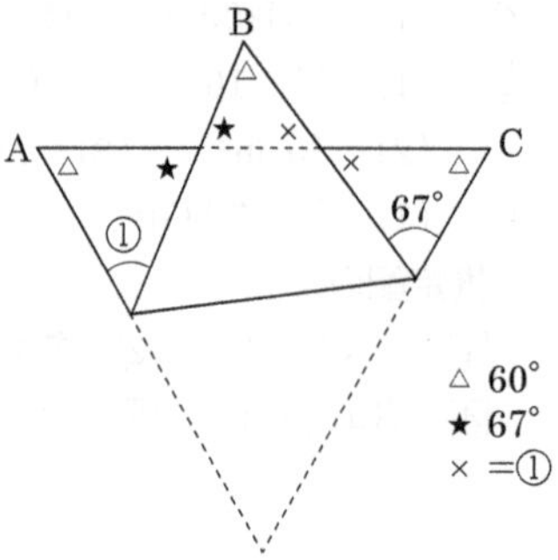

(2)　同じ大きさの角に印をつける。正三角形の1つの内角△＝60°，対頂角は等しい。×＝①，★＝67°，角①の大きさは180－60－67＝53(度)(右図参照)

(3)　円すいの展開図の等しい部分に着目する。底面の円周の長さと側面のおうぎ形の弧の長さが等しい。2.5×2×3.14＝4×2×3.14×□，□＝5×3.14÷(8×3.14)＝$\frac{5\times3.14}{8\times3.14}$＝$\frac{5}{8}$　　おうぎ形の中心角の角②の大きさは，360×$\frac{5}{8}$＝225(度)

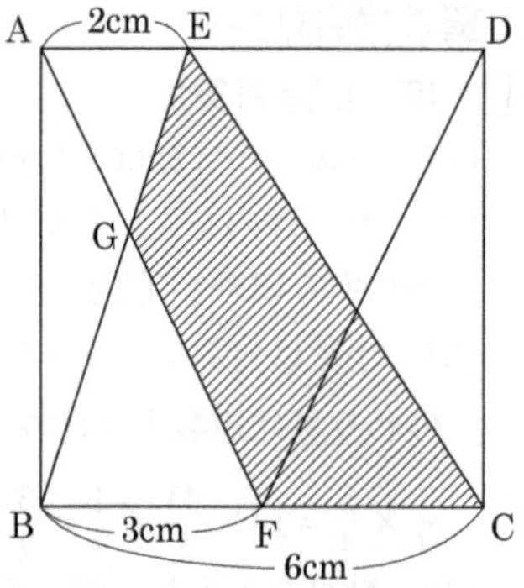

(4)　AFとBEの交点をGとする。かげをつけた部分の面積は三角形BCEから三角形BFGを除いた図形(右図参照)。三角形EAGと三角形BFGは相似形なので，三角形BFGの高さは6÷(2＋3)×3＝$\frac{18}{5}$，6×6÷2－3×$\frac{18}{5}$÷2＝18－$\frac{27}{5}$＝17$\frac{5}{5}$－5$\frac{2}{5}$＝12$\frac{3}{5}$(cm^2)

4　(速さとグラフ)

重要　(1)　図書館までの道のりは3.6km＝3600m，かかる時間は3600÷60＝60(分)，よって求める答えは，10時00分である。

(2)　弟が10分で進む道のりを兄は10－7＝3(分)で進む。60×10÷3＝200(m/分)

(3)　兄は図書館まで3600÷200＝18(分)かかる，7＋18＋15＝40，兄は図書館を9時40分に出発する。その時，弟は図書館の手前3600－60×40＝1200(m)のところにいる，出会うのは，1200÷(140＋60)＝6(分)，40＋6＝46，よって求める答えは，9時46分である。

5　(平面図形の応用)

(1)　ア　この三角定規を2つあわせると正三角形になる。ABの長さはACの長さの2倍である。8×2＝16　　イ　アより，12÷2＝6　　ウ　アより，求める答えは，2である。　　エ　アより，求める答えは，正三角形である。　　オ　オ2つ分が正三角形の1辺になるので，求める答えは，ACである。　　カ　正三角形の1辺の長さと同じなのはAB

(2)　10cmの辺に三角形の頂点から垂直に線を書く。すると，30°，60°，90°の三角形ができる

(右図参照)。三角形の高さは6÷2=3，面積は10×3÷2=15(cm^2)

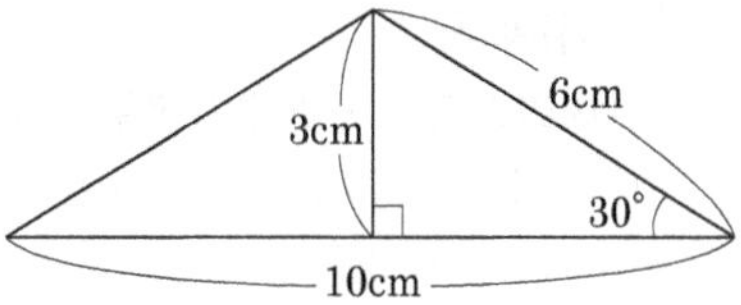

(3)　二等辺三角形の頂角は180−75×2=30(°)，12cmの辺に三角形の頂点から垂直に線を書くと，30°，60°，90°の三角形ができる(右下図参照)。三角形の高さは12÷2=6(cm)，面積は12×6÷2=36(cm^2)

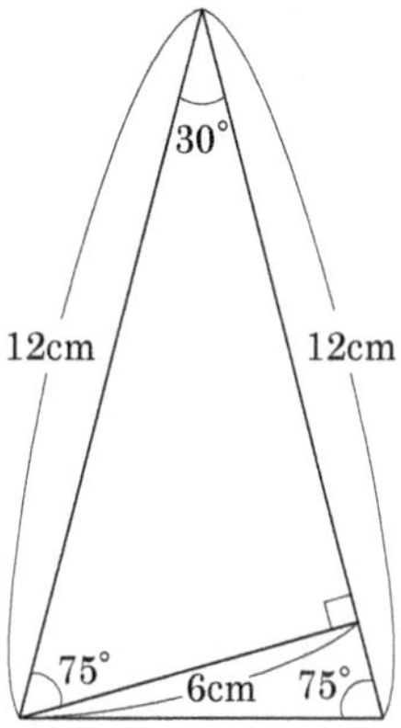

6　(数論・比例の応用問題)

(1)　①　100分の映画9本で，100×9=900(分)，120分で1GBなので，900÷120=7.5(GB)

②　8GB使えるA社の場合，5500+500=6000(円)，B社は7.5−5=2.5，3GB追加が必要。2500+1000×3+800=6300(円)，よってA社の方が安い。

や難

(2)　①　1年間で映画に使えるのは(8−4)×12=48(GB)，映画を120×48=5760(分)観ることができる，5760÷100=57.6(本)，よって求める答えは，57本である。　②　A社の追加料金無し1年間の料金は(5500+500)×12=72000(円)，B社の追加料金無し1年間の料金は(2500+800)×12=39600(円)，あと72000−39600=32400(円)まで追加料金として使うことができる。32400÷1000=32(GB)余り400(円)，(5−4)×12+32=44(GB)，120×44=5280(分)，5280÷100=52(本)余り80(分)，よって求める答えは，52本である。

★ワンポイントアドバイス★

基礎的な知識を身につけ，基本問題をていねいに取り組むよう日頃からの練習が大切である。計算問題は工夫の練習を必ずしておこう。図形や速さの問題は応用的な問題も練習しておくとよいだろう。

<理科解答>

1　(1)　図1　ア　　図2　オ　　(2)　液体A　ク　　固体B　イ　　(3)　ア　　(4)　オ
　(5)　図1　ア　　図2　シ　　(6)　イ・ウ・ア

2　(1)　①　オ　　②　キ　　③　ウ　　(2)　①　イ　　②　キ　　③　エ　　(3)　消化液
　(4)　アミノ酸　　(5)　反すう

3　(1)　①　C・A・B　　②　B　　③　ウ　　④　ウ　　(2)　①　600cm^3　　②　0.6g/cm^3
　(3)　高くなったとき

4　(1)　ア　　(2)　ウ　　(3)　イ・エ・カ　　(4)　①　扇状地　　②　ア　　(5)　ウ

○推定配点○

1　(6)　2点(完答)　　他　各1点×8　　2　各2点×9

3　(1)　各1点×4(①完答)　　他　各2点×3　　4　各2点×6((3)完答)　　計50点

<理科解説>

重要 1 **(物質と変化―気体の発生・性質)**

(1) 図1は液体を注ぐろうとの長さは，三角フラスコの底につく程度にし，気体が出ていく管は短めのアが正解である。図2は，二酸化炭素は重いので下方置換法で集める。その際のガラス管は，集気びんの底につくぐらいにのばすので，オが正解である。

(2) うすい塩酸と石灰石を反応させると二酸化炭素が発生する。

基本 (3) 二酸化炭素が発生した分，装置の重さは軽くなる。

(4) 木炭を燃やすと二酸化炭素が発生する。水素を燃やすと水蒸気が発生する。ろうそくを燃やすと二酸化炭素と水蒸気が発生する。

(5) 酸素は水上置換法で集める。

基本 (6) 酸素は助燃性の気体である。ウは空気中の酸素の割合より酸素量が多いので，激しく燃える順に並べると，イ・ウ・アの順となる。

重要 2 **(生物―人体)**

(1) 肝臓はオ，小腸はキ，すい臓はウである。

(2) ① たんぱく質の一部を消化するのは胃である。 ② 消化されたものを吸収するのは小腸である。 ③ 水分を吸収するのは大腸である。

(3) だ液や胃液など，消化にかかわる液体を消化液という。

(4) たんぱく質はアミノ酸という物質に変わってから小腸で吸収される。

基本 (5) ウシやヒツジなどの生物で行う，いったん飲み込んだ食物を再び口に戻しさらにかんで飲み込む動作を，反すうという。

基本 3 **(力のはたらき―浮力)**

(1) ① 浮力が大きいほど，食塩水の濃さが濃いので，濃さがうすい順に並べるとC・A・Bの順になる。 ② 濃い食塩水ほど重いので下側になった食塩水はBである。 ③ 浮力の大きさは変わらないので，物体Xの食塩水に沈んでいる部分の体積の割合は，大きさを比べる前と変わらない。 ④ 良い種ほど重いので，米づくりにおいて種を食塩水につけることがある。

やや難 (2) ① 10(cm)×10(cm)×(10(cm)−4(cm))＝600(cm^3) ② 浮力は押しのけた液体と重さで表される。物体Yは600cm^3水を押しのけたので，1(g/cm^3)×600(cm^3)＝600(g)の浮力を受ける。物体Yは水に浮いているので，600gの重さである。よって，物体Yの密度は600(g)÷1000(cm^3)＝0.6(g/cm^3)である。

(3) 4℃以上の水は温度が高くなると軽くなる。

重要 4 **(地形―流水)**

(1) 流れが速いのは傾きが大きいA～B間である。

(2) ふつう下流にいくほど，川幅は広くなる。よって，C～D間である。

(3) 川の上流は，流れが速く，角ばった大きな石が多い。また，けわしい谷(V字谷)がある。

(4) ① 山あいから平地にかけて，川の流れが急に遅くなってできる地形を扇状地という。
② 扇状地は水はけがよく，果物の栽培に向いている。

(5) 曲がっている川は曲がっている外側の方が流れが速い。

★ワンポイントアドバイス★

時間配分を考えた学習を心がけよう。

<社会解答>

1 問1 アメリカ　問2 ⅰ 琉球王国　ⅱ ウ　問3 ⅰ リアス海岸
ⅱ イ　問4 福島県

2 問1 (例) 2011年の東日本大震災による，福島第一原子力発電所事故の影響で，原子力発電を停止させたため。　問2 エ　問3 地熱発電［太陽光発電／風力発電］

3 問1 1 参議院　2 織田信長　3 伊藤博文　問2 ⅰ ウ　ⅱ 議院内閣制
問3 イ　問4 イ　問5 ア　問6 倭寇　問7 本能寺の変　問8 ⅰ 武家諸法度　ⅱ (例) 大名の経済力を削るため。［幕府へ反抗する力をなくすため。］
問9 ウ→ア→エ→イ　問10 エ　問11 エ　問12 イ

○推定配点○

1 問2ⅱ・問3ⅱ 各1点×2　他 各2点×4　2 問1 6点　問2 1点　問3 4点
3 問8ⅱ 6点　問2ⅰ・問3～問5・問10～問12 各1点×7　他 各2点×8
計50点

<社会解説>

1 (日本の歴史・地理の総合問題)

問1 太平洋戦争後，沖縄は，アメリカに占領統治され，1972年に日本へ返還された。

問2 沖縄は古来，アジア各国との交易が盛んで，そのため，国際色豊かな文化が育まれてきた。かつて，独立した国家である琉球王国として栄えながらも，時代の潮流によって激動の歴史を歩んできた。沖縄で盛んな農作物は，サトウキビやゴーヤーなどがある。

問3 三陸海岸は，日本有数のリアス海岸である。天橋立は京都府北部にあるので，Yは誤りとなる。

やや難 問4 白河の関は，鼠ヶ関(ねずがせき)・勿来関(なこそのせき)とともに，奥州三関の一つに数えられる関所である。都から陸奥国に通じる東山道の要衝に設けられた関門として名高い。福島県白河市旗宿付近にあった。

2 (地理―環境問題，時事問題)

問1 2011年3月の東日本大震災による福島第一原子力発電所事故の影響で，原子力発電の安全性の問題が議論されるようになり，それ以後，全国で原子力発電の停止が相次いだ。

問2 グラフを考察すると，2015年より2019年の方が，その他が増加しているので，エが誤りとなる。

重要 問3 再生可能エネルギーとは，太陽光発電や地熱発電，風力発電や水力発電などのように，自然界に存在する環境や資源を利用するエネルギーのことをいう。石油・石炭・天然ガスなどの化石燃料は使い続けると，いずれ底をついてしまう。それに対し，くり返し使えて枯渇しないことから「再生できる」エネルギーという意味で，再生可能エネルギーと呼ばれている。

3 (日本の歴史・政治の総合問題)

問1 2022年7月，元首相である安倍晋三は，参議院議員選挙の演説中に銃撃され死亡した。織田信長は家臣の明智光秀にそむかれて自害した。伊藤博文は，韓国を植民地化する過程で，ハルビンで安重根に暗殺された。

問2 内閣総理大臣は国会で指名されるので，ウは誤りとなる。議院内閣制とは「議会の意思で政府が成立し，政府が議会に対して責任を負う制度」を指す。

基本 問3 奈良時代に使われた貨幣は，和同開珎で，選択肢の中ではイが正解となる。

問4　障子や襖があるのは書院造なので，イは「寝殿造」というところが誤りである。

問5　鎌倉時代の武士は，農業を営み，戦いに備えて，武芸で腕を磨いていた。

問6　倭寇とは，13世紀から16世紀，朝鮮半島・中国大陸の沿海地域を侵犯・略奪した日本人に対する朝鮮・中国側の呼称である。その中心勢力は，北九州・瀬戸内の土豪や沿岸漁民であり，元来私貿易を目的としていたが，14世紀半ばから海賊化した。

基本　問7　1582年，織田信長は，毛利氏を討つ途中，滞在した京都の本能寺で家臣の明智光秀にそむかれ敗死した。これを本能寺の変という。

問8　江戸幕府は，武家諸法度をつくり，大名が許可なく城を修理したり，大名どうしが縁組をしたりすることを禁止した。また，江戸への参勤なども，この法律の中で規定した。このようにして，幕府は，大名の力を弱め，抵抗できないようにしていった。

問9　ウ：日米修好通商条約(1858年)→ア：桜田門外の変(1860年)→エ：薩長同盟(1866年)→イ：大政奉還(1867年)。

やや難　問10　地租改正の厳しさに耐えかねて，農民などによる反対一揆が起きている。したがって，エが誤りである。

重要　問11　エは，韓国統監の伊藤博文が韓国皇太子を抱え込んで，韓国人民を迫害していることから，韓国併合に対する風刺画である。アは日英同盟に対する風刺画。イは日清戦争に対する風刺画。ウは中国分割に対する風刺画。

問12　日露戦争後のポーツマス条約で，日本がロシアから賠償金をとれなかったことに対する国民の不満が爆発し日比谷焼き打ち事件が起きたので，イは誤りとなる。

★ワンポイントアドバイス★

③問6　明が倭寇の取りしまりを求めたため，足利義満は，倭寇を禁じるとともに，日明貿易(勘合貿易)を始めた。③問8　参勤交代の制度を定めたのは，江戸幕府3代将軍徳川家光である。

<国語解答>

一　問1　イ　問2　オ　問3　主語　イ　述語　オ　問4　ア　問5　ウ　問6　エ
問7　(例)　「あたし」がドラッグストアで買い物をして時間を使ったから。
問8　⑧　灯子[あたし]　⑨　おばちゃん　問9　オ　問10　ア

二　問1　ウ　問2　ア　B　イ　A　ウ　A　エ　B　オ　A　カ　B　問3　オ
問4　イ　問5　オ　問6　(例)　Aはいい人という印象が強く，Bは嘘つきという印象が強くなる。　問7　(例)　この人に仕事を任せよう　問8　劇的
問9　(例)　①　(得意な教科)　国語　(好きな食べ物)　ハンバーグ　(苦手な動物)　犬
②　犬が苦手な理由は，3歳の時にかまれたからです。それ以来，犬がこわくなりました。国語が得意なのは，本を読むのが好きなことが理由です。そして，ハンバーグが好きなのは，母が作るハンバーグが最高においしいからです。

三　①　(例)　過程達成　②　(例)　受験のためにやるべきことはやってきた自信はあり，いまその過程が達成されて満足しているということ。

四　①　竹馬　②　元来　③　才覚　④　警笛　⑤　銭湯　⑥　問屋　⑦　家路

⑧　卒倒　⑨　功績　⑩　粉末

○推定配点○

一　問3・問8　各2点×4　問7　5点　他　各3点×7

二　問2　各1点×6　問6　5点　問9　9点(完答)　他　各3点×6

三　①　3点　②　5点　四　各2点×10　計100点

<国語解説>

一　(小説－心情・情景の読み取り，文章の細部の読み取り，文と文節)

問1　文の初めの「その容器」は，おばちゃんから持たされたプラスチック容器を指している。「また同じ道をもどることになる」とは，「宅配便がわりにつかわれていた」「あたし」が，そのプラスチック容器をおばちゃんの家まで返しに行くということである。

問2　不服の具体的な内容を並べたあとに，「ほしいものがたくさんあるのだ」とある。それを買うためのおこづかいがぜんぜん足りないので，「宅配便の報酬というもの」をほしいというのである。

基本　問3　主語は「だれが・何が」を表すので，「木が」が主語。述語は「どうする・どんなだ・何だ・ある(いる・ない)」を表すので，「ゆらせている」が述語。「並木道の」「葉っぱを」「風に」は修飾語である。

問4　美帆ちゃんが泣いている理由は，近くには書いていない。読み進めると，灯子がおばちゃんから，さいきん，美帆ちゃんのおじいさんが突然に亡くなったことを知らされる場面がある。さらに，つりの約束をしたまま死なれてしまったことを聞いた灯子が，「約束したまま死なれちゃったらあきらめがつかないよ」と言っている。これが，美帆ちゃんが泣いている理由である。

やや難　問5　直前の文に，「声をかけるのもいけない気がした」とある。美帆ちゃんの様子を見て，「そっとしておいてあげたかった」のである。

やや難　問6　直前に「焼き豚をぶらさげていることを思い出し」とある。さらに「焼き豚」については，家を出るときにママから「焼き豚だからね，寄り道してたら悪くなるからまっすぐ行くのよ」と言われている。この二つの理由を説明したエが適切。

重要　問7　美帆ちゃんを見かけたあとの「あたし」の行動をとらえる。すると，「リップグロスを買うためにドラッグストアに立ちよった」とある。この内容を，「あたしがどうしたから」の形で三十字以内でまとめる。

問8　会話の始まりから見ていくと，初めの「釣りに行く日～」は美帆ちゃんの事情を説明するおばちゃんの会話である。会話は交互にされていくので，「死んじゃったほうはいいかもしんないけどさ」は灯子の会話である。次の「そう？　死んじゃったほうはいいの？」はおばちゃんの会話である。さらに，「おばちゃんは長い首をかしげた」とあって，続けておばちゃんの疑問が「死んじゃったほうはあきらめがつくのかしら」という会話で示されている。

問9　直前の焼き豚の話を例にして，おばちゃんは「(人間は)そうやって気持ちがまぎれて少しずつ元気になっていくの」と言っている。こういうところが，「人間ってよくできてるのよ」というのである。オの「意図せずとも」とは「ふっと焼き豚が気になったりするじゃない」ということの説明である。「そうやって気持ちがまぎれて少しずつ元気になっていく(＝前向きな気持ちになっていく)」というのである。ア・エがまぎらわしいが，ア「喜怒哀楽を使い分けていく」，エ「楽しさを追い求めようとする」という説明と焼き豚の話とは合わない。

重要　問10　アは，リップグロスの色について「かわいくなれるかもしれない」と思ったり，「おしりの大きいところは似なくてよかった」と思ったりしているところから当てはまる。イ，おばちゃんに対する心優しさについては描かれていない。ウ，庭について，「手入れがゆきとどいているせいで居心地がいい」とあり，また，美帆ちゃんに「お菓子でも食べていきなさい」と言っているので適切でない。エ，「自分の飼っている犬」が誤り。「どこかの家のげんかん先につながれている犬」である。

二 (論説文－要旨・大意の読み取り，文章の細部の読み取り，空欄補充の問題，ことばの意味，記述力・表現力)

基本 問1　直後の「君の話はよくわからない」，「結局，何が言いたいの？」という言葉は，言いたいことが相手に伝わっていないことを表している。「『伝えたつもり』はなぜ起こるのか？」について筆者は説明をしている。三つ目のまとまりに「伝えたつもり」とあるのも手がかりになる。

やや難 問2　ア　話が複雑であれば，わかりにくくなる。B。　イ　相手が納得しているのは，話がわかったからである。A。　ウ　相手が理解しているのは，話がわかったからである。A。　エ　多くのことを一度に話したのでは，相手は整理できないのでわかりにくい。B。　オ　簡潔に短い時間で説明すれば，相手は整理しやすくなる。A。　カ　遠回しに長い時間で説明すると，相手は整理しにくくなるのでわかりにくい。B。

問3　説明が相手に伝わっているかという観点から考える。　ア「聞き手が理解しておらず，お願いしたとおりの行動をしてくれない」のは，説明が伝わらずに，上手に仕事を依頼することができないということである。正しい。　イ　相手に「すばやくわかってもらえない」のは，説明がわかりにくく，聞き手が理解していないからである。正しい。　ウ　説明が伝わっておらず「聞き手が理解して」いないから，「バラバラに動いてしまう」のである。正しい。　エ　説明が伝わっていないから，「他の人をまとめることができ」ないのである。正しい。　カ「自分で正確に理解できない」のは自分ひとりの問題であり，相手に伝える前の段階のことである。正しくない。

問4「コミュニケーション」について，筆者は「話し手と聞き手が，互いに正しく情報を伝え合うもの」，「相手の状況を把握し，それに合わせて話し方を変える」と述べている。

やや難 問5「具体的」は，頭の中で考えて形を伴わないものではなく，はっきりした形を備えている様子。「『説明の順番』を意識する」という説明力を上げる方法を示し，「A『彼は嘘つきだ。しかし，いい人だ』 B『彼はいい人だ。しかし嘘つきだ』」という具体例を挙げて説明している。ア「短絡的」は，物事を正常で論理的なすじみちをたどらず，簡略なやり方で結びつけること。イ「一般的」は，全体に広く取り上げる様子。ウ「抽象的」は，頭の中だけで考えて現実性を持たない様子。エ「楽観的」は，将来に対して明るい見通しをもつこと。

重要 問6「最後に伝えた情報が強く印象に残ります」とある。Aは「いい人」という印象が強く残り，Bは「嘘つき」という印象が強く残るのである。

問7「ビジネス書ではよく『どう伝えるか』が書かれています」とあるように，この文章は仕事の場において「わかりやすく説明する力がある」ということについて，説明をしている。その観点から，「人生をいい方向に動かす」という内容について考えると，解答例のような「この人に仕事を任せよう」という内容が適切であると判断できる。

問8「説明力を劇的に上げる方法を説明しましょう」とあって説明を始めて，説明力をつけることで，「結果・印象・評価は劇的に変わります」としめくくっている。

重要 問9　①は，「得意な教科」・「好きな食べ物」・「苦手な動物」について自分のことを書けばよい。②については，「最後に伝えた情報が強く印象に残ります」とあるので，「好きな食べ物」についての理由を一番最後に書く。

三 (四字熟語，記述力・表現力)

四字熟語は，二字＋二字で考えると作りやすい。その場合，熟語の構成は「○○が○○する」のような主語・述語の関係か，「○○の○○」のような修飾・被修飾の関係で考える。また，気持ちを表すのであるから，②には気持ちについての説明を盛り込む。解答例は，「○○が○○する」の主語・述語の関係で作り，過程が達成されて満足しているという気持ちの説明をしている。

四 (漢字の書き取り)

① 「竹馬の友」は，竹馬でいっしょに遊んだということから，幼いころからの親しい友達。「竹馬の友」という慣用句で使う場合は「チクバ」と音読みする。 ② 「元来」は，もともとの意味。「元」は「ゲン・ガン」の二つの音がある。「元祖」「元年」などの熟語がある。 ③ 「才覚」は，物事をするときのすばやい頭のはたらき。「覚」の訓は「おぼ‐える・さ‐ます・さ‐める」。「発覚」「不覚」などの熟語がある。 ④ 「警笛」は，警戒や注意を呼び起こすために鳴らす笛やらっぱ。「警」の熟語には「警護」「警告」などがある。「笛」の訓は「ふえ」。「鼓笛隊」「汽笛」などの熟語がある。 ⑤ 「銭湯」は，入浴料を取って入浴させる浴場。「銭」の訓は「ぜに」。「金銭」「悪銭」などの熟語がある。 ⑥ 「そうは問屋が卸さない」は，物事は自分の思っている通り都合よくは運ばないの意味。「とん」は訓。「問」を「とん」と読むのは「問屋」くらいなので覚えておく。 ⑦ 「家路」は，家へ帰るみち。「じ」は訓。音は「ロ」。「家」の音は「カ・ケ」。訓は「いえ・や」。「ケ」と読む熟語には「本家」「良家」などがある。 ⑧ 「卒倒」は，急に意識を失って倒れること。「卒」は同音で形の似た「率」と区別する。「卒」の熟語には「兵卒」「卒然」などがある。「倒」には「圧倒」「抱腹絶倒」などの熟語がある。 ⑨ 「功績」は，すぐれた働き。「功」は同音で形の似た「巧」と区別する。「績」は同音で形の似た「積」と区別する。「功」には「ク」の音もある。「功徳(クドク)」「功利」などの熟語がある。「績」には「実績」「業績」などの熟語がある。 ⑩ 「粉末」は，薬品・食品などを粉状にしたもの。「粉」は同音で形の似た「紛」と区別する。「受粉」「粉砕」などの熟語がある。「末」の訓は「すえ」。形の似た「未(ミ)」と区別する。「末端」「始末」などの熟語がある。

★ワンポイントアドバイス★

小説は，行動・会話・情景などの表現を手がかりに，場面の様子や心情の理由，時間の経過などを正確に読み取る。論説文は，筆者の説明を文脈をたどって正確に読み取り，筆者の考えや，考えの根拠となる具体例などをとらえる。また，筆者の考えや主張を具体的な例に置き換える。

MEMO

大切なことはメモしておこうネ！

2022年度

★★★★★★★★★★★★★★★★★★★★★★★★

入　試　問　題

2022年度

日出学園中学校入試問題（一般Ⅰ期）

【算　数】（50分）〈満点：100点〉

【注意】 ①分数は約分された形で答えなさい。
②比はもっともかんたんな整数を使って表しなさい。
③円周率は3.14とします。

1　次の計算をしなさい。

（1）　$123-8\div\{40-(72-68)\}\times 9$

（2）　$\frac{1}{5}+\frac{1}{10}\div 0.25-\frac{2}{3}\times 0.12$

（3）　$79\times 1.57\times 2-220\times 0.314+43\times 3.14$

（4）　$67\times 0.3-0.9\times 1.3$

2　次の□に当てはまる数を答えなさい。

（1）　$\frac{3}{14}\times\left(9.1-\square\div 1\frac{1}{9}\right)=\frac{3}{5}$

（2）　右のグラフは，日出学園中学校1年生の数学の小テストの結果をまとめたものです。
例えば，10点以上15点未満の人は5人います。

①　20点未満の人は□人います。

②　Aさんは28点でした。
Aさんは点数の高い方から数えて，□番目から□番目の範囲にいます。

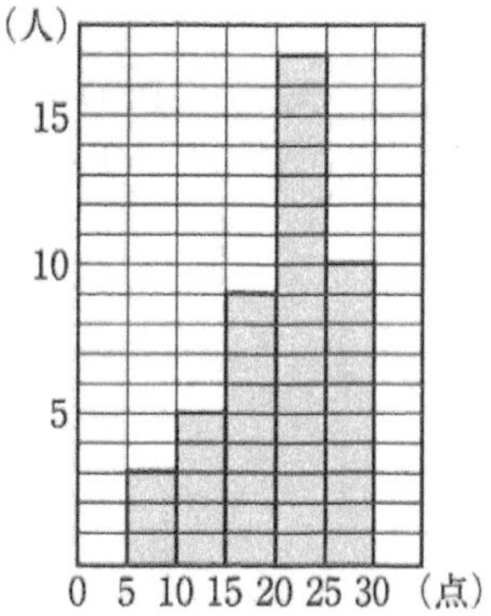

（3）　今年の千葉県の梨の出荷量は，昨年と比べて5％減少して18000トンでした。昨年の出荷量を小数第一位を四捨五入して答えると□トンです。

（4）　下の図のような地上絵が発見されました。この航空写真に定規を当てて横はばを測ると2 cmでした。航空写真の縮尺が5万分の1であるとき，実際の地上絵の横はばは□mです。

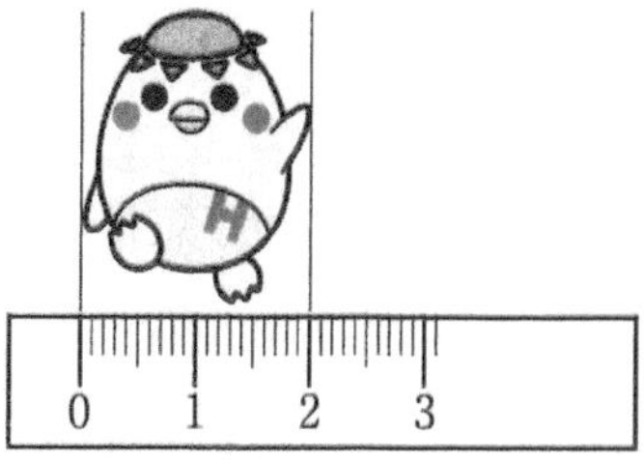

（5） まことさんの歩く速さと自転車の速さの比は2：5です。ある日，まことさんが家から駅まで9.5 kmの道のりを最初の7.5 kmは自転車で，残り2 kmは歩いて行ったところ，ちょうど1時間で着きました。まことさんの歩く速さは時速□kmです。

（6） [0]，[1]，[5]，[9]の数字が書かれたカードが1枚ずつあります。このカードを並べて4桁の整数をつくるとき，1600未満の整数は全部で□通りできます。

（7） 52と39と30の最小公倍数は□です。

（8） 原価1000円の商品に2割増しの金額で定価をつけました。しかし売れなかったので，定価の2割引きで売ったところ，売価は□円になりました。

（9） 濃度70%の消毒液150 gに濃度80%の消毒液100 gを加えました。濃度は□%になります。

3 次の問いに答えなさい。

（1） 下の図は，3辺の長さがそれぞれ6 cm，8 cm，10 cmの直角三角形を反時計回りに90°回転させた図です。影の部分の面積を求めなさい。

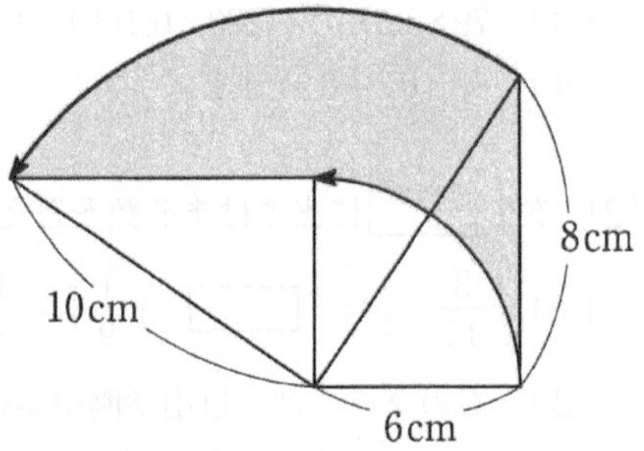

（2） 長方形ABCDを頂点Aが辺BC上に重なるように線分EFでおると，下の図のようになりました。角①の大きさを求めなさい。

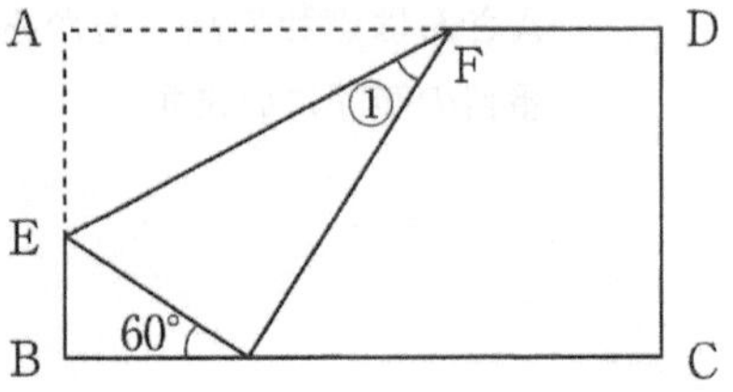

（3） 下の図のように，直径が4 cmの円を底面とする円柱を切断した立体があります。この立体の体積を求めなさい。

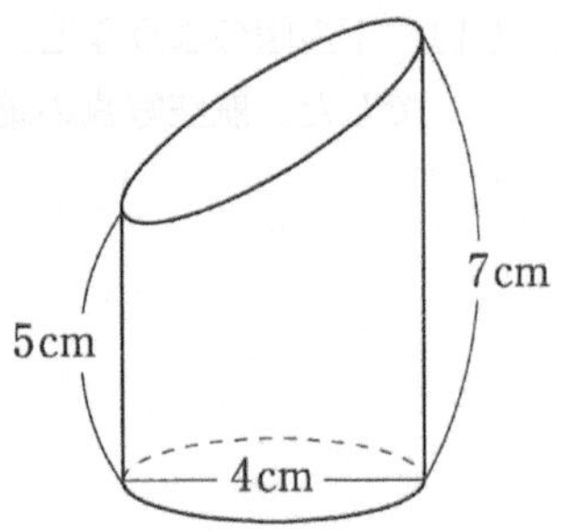

（4） 右の四角柱の表面積を求めなさい。

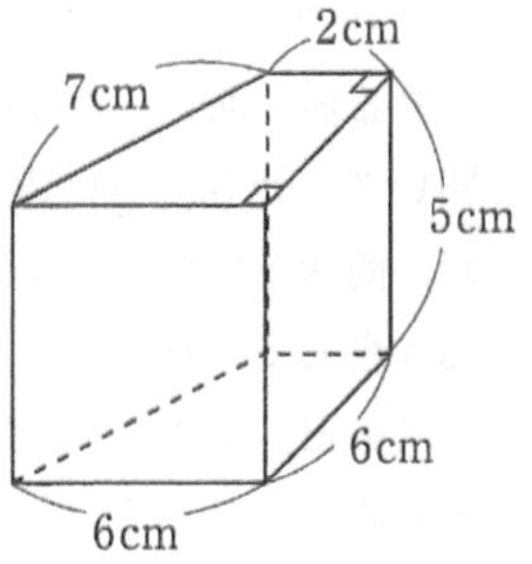

4 次のように，あるきまりにしたがって分数が並んでいます。

$\frac{3}{1}$, $\frac{3}{2}$, $\frac{6}{2}$, $\frac{3}{3}$, $\frac{6}{3}$, $\frac{9}{3}$, $\frac{3}{4}$, $\frac{6}{4}$, $\frac{9}{4}$, $\frac{12}{4}$, ・・・・・

（1） $\frac{9}{11}$は何番目の数か求めなさい。

（2） 80番目の分数を求めなさい。

（3） 1番目から50番目までの分数のうち，整数になるものは何個あるか求めなさい。ただし，約分して整数になるものも含みます。

5 直径24 cmの半円に，下の図のような操作をします。1回目は，直径が12 cmになる半円を半円内につくります。2回目は直径が6 cmになる半円を半円内につくります。以下，この操作をくり返します。

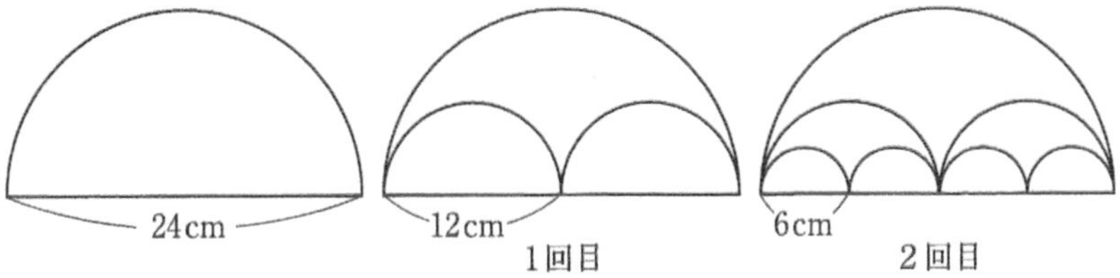

（1） 4回目の操作で新しくできる半円は何個あるか求めなさい。

（2） 操作をくり返して新しくできる半円の個数をx個，その半円の直径をy cmとします。xとyの関係を表にまとめると，下のようになりました。空欄ア，イに当てはまる数を求めなさい。ただし，$x=1$のとき$y=24$であるとします。

x	1	2	4	8	イ
y	24	12	6	ア	1.5

（3） 10回目にできる最も小さな半円について，これらすべての周の長さの和を求めなさい。

6 次の文章を読んで下の問いに答えなさい。

ある日，あきらさんは家族にみそ汁をつくってあげようと思いました。そこで，両親に作り方を聞いて，水800 gにみそを80 g入れてみそ汁を作りました。（普通，「だし」や具材も入れますが，問題を簡単にするためにここではそれらについては考えないことにします。）すると家族はみんな喜んでくれました。

次の日，あきらさんは，もっとおいしいみそ汁を作りたいと思いました。そこで，インターネットで調べたところ，「おいしいみそ汁の塩分濃度は0.8%から1.0%」と書いてあるのを見つけました。前日のみそ汁に入れたみその栄養成分表を見たところ，「100 gあたりの塩分相当量は12 g」と書いてありました。

（1） あきらさんが作ったみそ汁の塩分濃度を求めなさい。ただし，答えは小数第2位で四捨五入したパーセントで答えること。

前日に作ったみそ汁の塩分濃度が濃いことに気づいたあきらさんは，みその量を正確に測って塩分濃度がちょうど0.8%のみそ汁を作りました。するとお父さんがおいしいと喜んでおかわりをしてくれました。しかし，あきらさんがインターネットで調べたところ，「健康のためには塩分を取り過ぎないほうが良く，1日8.0 g以下にすることが目標」と書いてあるのを見つけました。

（2） お父さんが一日の食事で取った塩分の量は，みそ汁を除くとちょうど6 gでした。みそ汁1杯が200 gだとすると，一日に取る塩分の量を8.0 g以下にするためには，お父さんが一日に飲んで良い，塩分濃度が0.8%のみそ汁は何杯までか求めなさい。ただし，答えは小数で答えること。

【理　科】（25分）〈満点：50点〉

1　夏休みにヒデオくんはお父さんと磁石について調べました。下の文章は，そのときの会話です。次の問いに答えなさい。

ヒデオくん：お父さん，磁石は公園にあるすべり台にはついたけれど，木のベンチにはつかなかったの。磁石は金属にはつくけれど，金属でないものにはつかないのかな？

お父さん　：では，磁石がどのようなものにつくのかを調べてみよう。

ヒデオくんとお父さんは，a 家にあるさまざまなものについて，磁石がつくかどうかを調べました。

ヒデオくん：磁石はすべての金属につくと思っていたけれども，そうではなかったんだね。

その後も，ヒデオくんは磁石がつくものを調べ続けました。ところが，手をすべらせて棒磁石を落とし，二つに折ってしまいました。

ヒデオくん：お父さん，磁石を折ってしまったの。ごめんなさい。もう使えないよね。

お父さん　：素直《すなお》にあやまったことは，えらいね。これからは気を付けようね。でも，b 折れた磁石はまだ使えるよ。

ヒデオくん：本当だ！折れた磁石どうしを近づけると引き合ったり，しりぞけ合ったりする。

お父さん　：折れてしまったことは残念だけれど，そこから新しいことが学べたね。ところで，磁石は家にあるものでもつくれるよ。たとえば，ぬい針を磁石でこすってごらん。ぬい針が磁石になるはずだよ。

ヒデオくん：すごい！本当だ！ c 磁石でこすったぬい針を鉄粉に近づけると鉄粉がついたよ！

お父さん　：鉄くぎも同じように磁石でこすって鉄粉がつくか調べてごらん。

ヒデオくん：磁石でこすった鉄くぎを鉄粉に近づけてもあまりつかないね。鉄くぎは，磁石にならなかったということかな？

お父さん　：そうではないよ。鉄くぎは，d 磁石にふれているときは磁石になっているのだけれど，磁石からはなれると磁石の性質がほとんどなくなってしまうのだよ。

ヒデオくん：ぬい針のように磁石からはなしても磁石の性質が残っているものもあれば，はなすと性質がなくなってしまうものもあるということだね。

お父さん　：そうだね。磁石にはおもしろい性質がたくさんあるから，もっと調べてみよう。

（1）　下線部 a について，磁石がつくものを次の**ア**～**ク**から二つ選び，記号で答えなさい。

ア　アルミニウムでできた缶　　**イ**　鉄でできた缶　　**ウ**　ペットボトル

エ　消しゴム　　**オ**　カッターナイフの刃　　**カ**　鉛筆の芯

キ　1円玉　　**ク**　10円玉

（2） 下線部bについて，図1のように，棒磁石が真ん中で切断されたとき，Xの②の部分をYの④の部分に近づけるとどうなりますか。次のア～ウから一つ選び，記号で答えなさい。

ア　引き合う

イ　しりぞけ合う

ウ　何もおこらない

図1

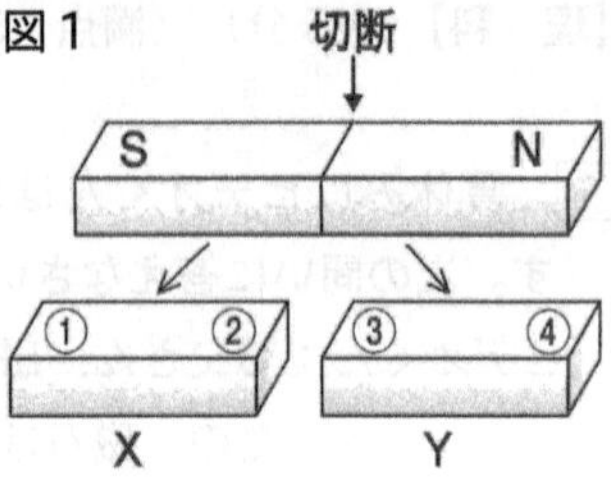

（3） 下線部cについて，図2のように，ぬい針を磁石のN極側で一方向に数回こすりました。次の①～②の問いに答えなさい。

①　ぬい針の「みみ」は，何極になりますか。

②　ぬい針を鉄粉に近づけたとき，ぬい針の「両端《りょうたん》」と「中央」のどちらがより多く鉄粉をひきつけますか。

図2

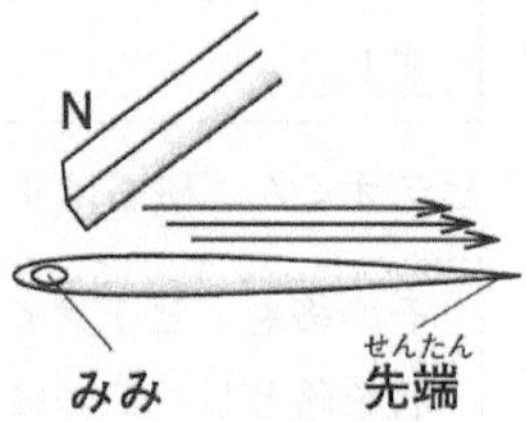

（4） 下線部dについて，図3のように，3本の鉄くぎが磁石のS極についています。鉄くぎがN極になっているのは，どの部分ですか。あ～かからあてはまるものをすべて選び，記号で答えなさい。

図3

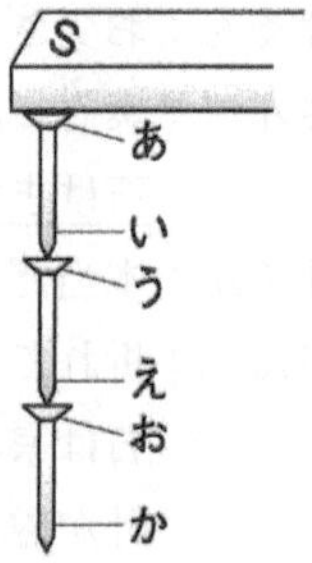

（5） 方位磁針は，磁石を水平方向に回るようにしたもので，南北の方向をさすため，方角を調べるのに使われています。このことから，図4のように，棒磁石を水平に天じょうからつるし，自由に回転できるようにして，棒磁石も方位磁針と同じように方角を示すか調べました。すると，棒磁石は南北をさして止まりました。次の①～②の問いに答えなさい。

①　磁石のS極は図4のあ，いのどちらですか。

②　図5は，図2のぬい針をコルク片につきさし，水に浮かべた様子です。ぬい針の「みみ」は東西南北のどの向きをさしますか。

図4

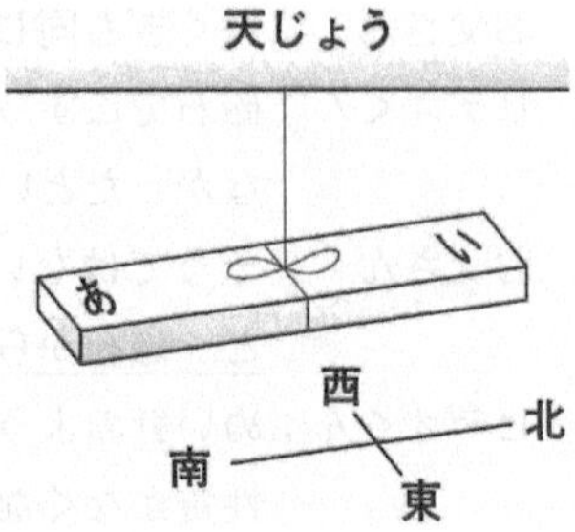

図5

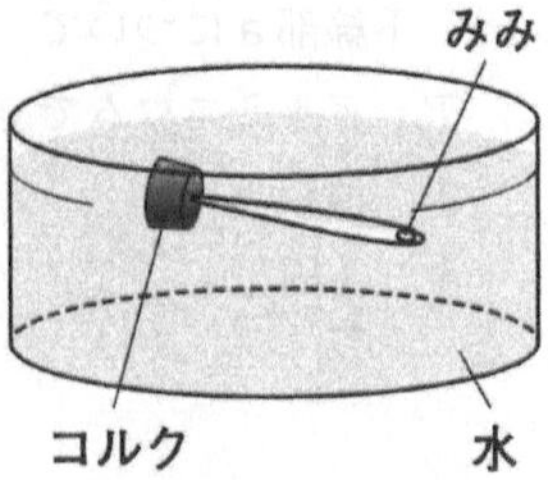

2　**下の図は，ある地層のようすを示しています。次の問いに答えなさい。**

（1）　図の地層**A**～**F**のうち，最も古い地層はどれですか。**A**～**F**から一つ選び，記号で答えなさい。

（2）　サンヨウチュウやアンモナイトのように，その地層ができた時代を推定するのに役立つ化石を何といいますか。漢字で答えなさい。

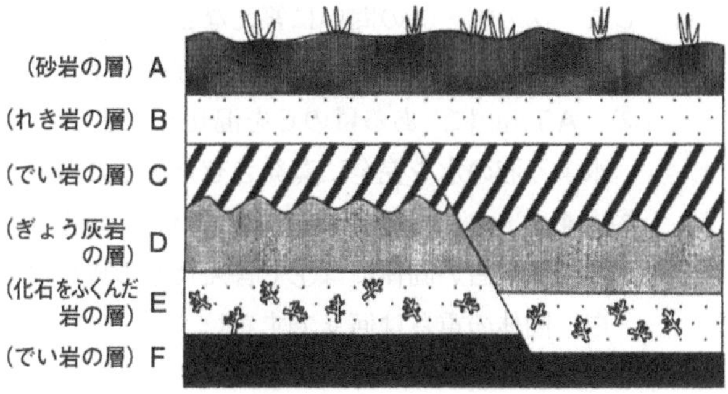

（3）　図の地層のずれを何といいますか。次の**ア**～**エ**から一つ選び，記号で答えなさい。

ア　正断層　　**イ**　逆断層　　**ウ**　横ずれ断層　　**エ**　しゅう曲

（4）　図の地層のずれは，どのような力が加わることでできますか。次の**ア**～**エ**から一つ選び，記号で答えなさい。

ア　上下からおす強い力が加わった　　**イ**　上下に引く強い力が加わった

ウ　左右からおす強い力が加わった　　**エ**　左右に引く強い力が加わった

（5）　**E**層からはサンゴの化石が見つかりました。このことから当時の海の温度と深さはどのようであったと考えられますか。簡単に答えなさい。

3　**5種類の水よう液A～Eがあります。これらについて，いろいろな実験をしました。次の問いに答えなさい。**

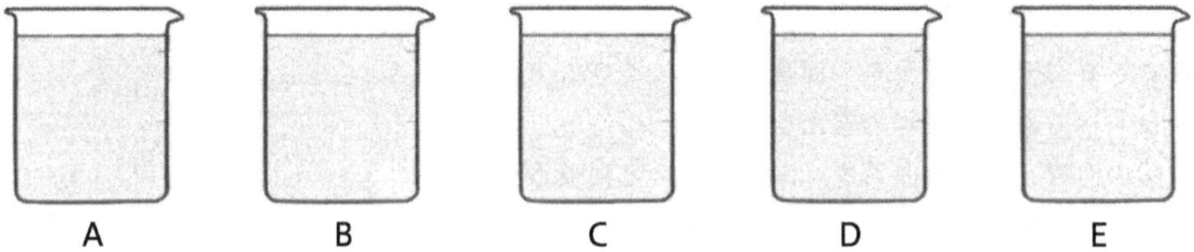

〔実験１〕　各水よう液にBTBよう液を滴下すると，青色に変わったのは**C**と**E**でした。

〔実験２〕　各水よう液にアルミニウムを入れると，**A**と**C**は気体がさかんに発生しました。

〔実験３〕　各水よう液に息を吹き込むと，**E**は白く濁りました。

〔実験４〕　各水よう液を１滴ずつガラス板に取り，加熱したところ，**B**，**C**，**E**は白い固体が残りました。

（1）　**A**～**E**には，次の**ア**～**オ**のいずれかが入っています。実験１～４の結果から，何が入っていると考えられますか。次の**ア**～**オ**から一つずつ選び，記号で答えなさい。

ア　水酸化ナトリウム　　**イ**　水酸化カルシウム　　**ウ**　二酸化炭素

エ　塩化水素　　**オ**　塩化ナトリウム

（2）　**A**～**E**のうち，はなをさすような強いにおいのするものはどれですか。**A**～**E**から一つ選び，記号で答えなさい。

（3）　**A**～**E**を青色リトマス紙につけると，赤色に変化するものはどれですか。**A**～**E**からあてはまるものをすべて選び，記号で答えなさい。

（4）　**A**10 mLと**C**15 mLを混ぜ合わせたよう液にBTBよう液を加えると，緑色になりました。

また，**A**20 mL と**C**30 mL を混ぜ合わせ，水を完全に蒸発させると，白い固体が5.8 g 残りました。次の①～③の問いに答えなさい。

① 下線部の固体は何ですか。名称《めいしょう》を漢字二文字で答えなさい。

② **A**5 mL に，ある量の**C**を混ぜ合わせて BTB よう液を加えると，緑色になりました。この水よう液の水を完全に蒸発させたあとに残った白い固体は何 g ですか。

③ **A**16 mL と**C**30 mL を混ぜ合わせ，水を完全に蒸発させると，白い固体が5.44 g 残りました。この白い固体には①で答えたもの以外にもう一種類の固体が含まれています。①以外の白い固体の重さは何 g ですか。

4 下の文章を読み，次の問いに答えなさい。

ソラさんは，体育の授業で持久走を行ったときに呼吸数が増加し，心ぱく数が上がったように感じました。このとき，呼吸によって吸い込んだ空気は，肺に送られます。肺はのどから続く（　**A**　），そこから二手に分かれた気管支，その先にある小さなふくろ状の（　**B**　）からできています。また，心臓から送り出された血液は，肺で酸素を取り入れ，全身の毛細血管で酸素を放出します。

（1） 文章中の（　**A**　），（　**B**　）に入る適切なことばを漢字で答えなさい。

（2） 右の表はソラさんが走っているときの１分間の脈はく数と，はく動１回あたりに心臓が送り出す血液の体積を表しています。ソラさんの心臓が１分間に送り出す血液の量は何 L ですか。

１分間あたりの脈はく数	140回
はく動１回あたりに心臓が送り出す血液の体積	60mL

（3） 右の図は人の血管について表したものです。図の血管 **a** ～ **e** の中で，弁をもつ血管はどれですか。**a** ～ **e** からすべて選び，記号で答えなさい。

（4） 図の血管 **a** ～ **d** の血管を，ふくんでいる酸素が多い順に左から記号で並べなさい。

（5） 心臓は右心ぼう，左心ぼう，右心室，左心室に分かれています。血液が心臓から肺へ出ていく部屋を何といいますか。次の**ア**～**エ**から一つ選び，記号で答えなさい。

ア 右心ぼう　　**イ** 左心ぼう

ウ 右心室　　**エ** 左心室

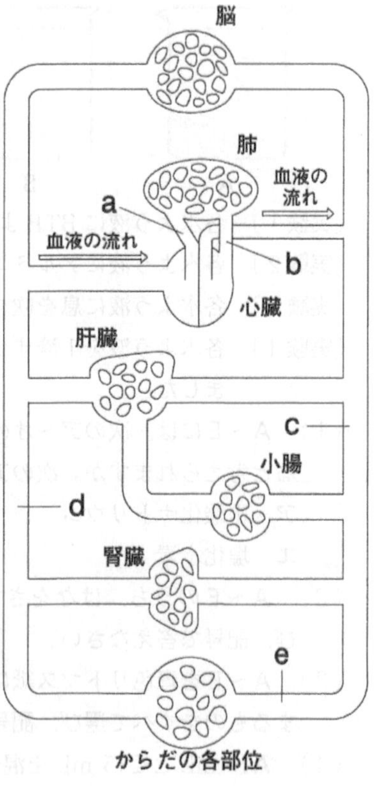

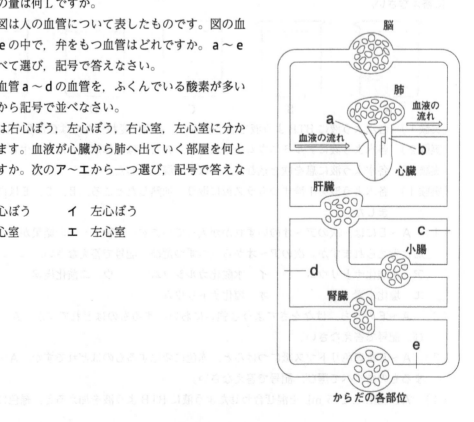

【社　会】（25分）〈満点：50点〉

1　世界遺産についての文章を読んで後の問いに答えなさい。

2021年に世界文化遺産として「北海道・北東北の**A 縄文遺跡**群」，世界自然遺産として「奄美大島，徳之島，沖縄島北部及び西表島」の登録が決定された。

世界遺産は，1972年の**B ユネスコ**総会で採択《さいたく》された「世界の文化遺産及び自然遺産の保護に関する条約」（世界遺産条約）に基づいて世界遺産リストに登録された，文化財，景観，自然など，人類が共有すべき「顕著《けんちょ》な普遍的《ふへんてき》価値」を持つ物件のことで，移動が不可能な不動産が対象となっている。

日本で世界遺産に登録されているのは，文化遺産20件，自然遺産5件の合計25件であり，**C 世界で11番目に登録が多い国**となっている。

文化遺産の中には，「**D 古都奈良**の文化財」「**E 古都京都**の文化財」のように奈良や京都という地域全体を含むような文化遺産も存在する。奈良や京都は歴史の中で長い間中心的な役割を果たした地域であったことから，歴史的な事件の舞台や文化の中心となった多くの「遺産」が存在する。

そのほかにも，瀬戸内海の海運を支配した平氏の棟梁《とうりょう》である**F 平清盛**が信奉した「厳島神社」，**G 江戸幕府**を開いた徳川家康がまつられている日光東照宮が中心となった「日光の社寺」など，歴史上の人物と関係の深い「遺産」が多い。

また，「**H 琉球王国**のグスク及び関連遺産群」や「長崎と天草地方の**I 潜伏キリシタン関連遺産**」などの宗教的信仰を中心とした「遺産」も多くある。そのなかで「富士山―信仰の対象と芸術の源泉」は自然遺産として登録しようとしたが失敗し，**J 富士山信仰**という文化遺産として登録された珍しい事例である。

ほかにも「富岡製糸場と絹産業遺産群」「**K 明治日本の産業革命遺産製鉄・製鋼，造船，石炭産業**」などの日本の近代化を支えた産業の「遺産」や，**L 負の世界遺産**と呼ばれる「原爆ドーム」など近現代の歴史に関わる「遺産」など様々な遺産が存在する。

自然遺産は，**M「屋久島」「小笠原諸島」**「奄美大島，徳之島，沖縄島北部及び西表島」「白神山地」「知床」で，近年の温暖化などによる生態系への影響も心配されるところである。

文化遺産・自然遺産共に，登録されることが目的ではなく，人類が共有すべき「顕著な普遍的価値」を持つ物件として，管理・保存して後世まで伝えることが大事である。

問1　下線部Aに関連して，縄文時代に関するものを次の写真①～④から2つ選び，番号で答えなさい。

①

②

③

④

問２　下線部Ｂに関する次の問いに答えなさい。

⑴　ユネスコ（UNESCO）は，国際連合の経済社会理事会の下におかれた教育・科学・文化の発展と推進を目的とした専門機関である。ユネスコのように国際連合と連携《れんけい》協定を締結《ていけつ》している専門機関を次の①～④から１つ選び，番号で答えなさい。

①NATO　②WHO　③TPP　④ASEAN

⑵　国際連合の本部のある国を次の①～④から１つ選び，番号で答えなさい。

①

②

③

④

問３　下線部Ｃに関連して，［世界遺産の多い国］と［ヒント］から①～③に該当する国をそれぞれ答えなさい。

	世界遺産の登録の多い国	ヒ　ン　ト
1位	イタリア	①の国は、人口が世界で１番目である。
2位	①	①の国は、面積が世界で４番目である。
3位	ドイツ	①の国は、小麦の生産量は世界で１番目である。
4位	スペイン	
5位	フランス	②の国は、人口は世界で２番目である。
6位	②	②の国は、面積は世界で７番目である。
7位	メキシコ	②の国は、小麦の生産量が世界で２番目である。
8位	英　国	
9位	③	③の国は、人口は世界で９番目である。
10位	イラン	③の国は、面積は世界で１番目である。
11位	日　本	③の国は、小麦の生産量が世界で３番目である。

問４　下線部Ｄに関連して，奈良時代に関する次の文章①～④を正しい順番に並び替えなさい。

①　墾田永年私財法が制定される。　②　元明天皇が平城京へ遷都《せんと》する。

③　桓武天皇が平安京へ遷都《せんと》する。　④　東大寺で大仏開眼《かいげん》供養《くよう》が行われる。

問５　下線部Ｅについて，京都に関する次の設問に答えなさい。

⑴　1052年，藤原頼通によって建てられた寺院の名称を漢字３字で答えなさい。

(2)　慈照寺銀閣を建てた室町幕府第８代将軍は誰か答えなさい。

(3)　戦国時代の幕開けとされる，各地の武士が東軍と西軍に分かれ京都を舞台に戦った戦乱を何というか答えなさい。

問６　下線部Ｆについて，平清盛に関する次の文章①～④のうち誤っているものを１つ選び，番号で答えなさい。

①　大輪田泊を改修して瀬戸内海航路の安全をはかった。

②　宋との国交を樹立した。

③　自分の娘を天皇の中宮とし，その子を次期天皇とした。

④　清盛およびその一門は，朝廷内の高位高官を独占したことから周囲の反感を買い，それが平氏滅亡の一要因となった。

問７　下線部Ｇに関連して，江戸時代の農具の写真［ア］・［イ］に当てはまる説明を下の①～③よりそれぞれ選び，番号で答えなさい。

［ア］

［イ］

①　籾を落とす（脱穀する）道具。

②　田を耕すための道具。

③　籾殻《もみがら》・ゴミなどを除去する選別の道具。

問８　下線部Ｈに関する次の問いに答えなさい。

(1)　［沖縄の農業の特徴］について述べた次の文章の空欄【①】【②】に適語を入れなさい。

農作物を育てる時にこまるのは，夏から秋にかけて発生する【　①　】や冬の北風です。沖縄では農作物を守るため，昔から【　①　】にそなえて暴風林や石垣を造ったりしてきました。また，【　②　】や長雨によっても農作物は大きなえいきょうを受けます。最近では，【　②　】にそなえた農業用ダムを造ったり，水をまくためのスプリンクラーを取り付けたりしています。

(2)　次の表は，平成30年沖縄の農業産出額上位５品目である。
この表を参考に，後の問いに答えなさい。

平成30年 沖縄の農業産出額上位５品目	
1位	肉用牛
2位	A
3位	B
4位	きく
5位	葉たばこ

［農林水産省統計部『生産農業所得統計』より作成］

ＡとＢの組み合わせとして正しいものを次の①～④から１つ選び，番号で答えなさい。

① Ａ　米　―　Ｂ　小麦　　② Ａ　りんご　―　Ｂ　とうもろこし

③ Ａ　さとうきび　―　Ｂ　豚　　④ Ａ　い草　―　Ｂ　さつまいも

問９　下線部Ｉに関連して，キリシタンに関する次の表の空欄（A）（B）に適語を入れなさい。

年号	できごと
1613年	全国に禁教令を出す。
1624年	スペイン船の来航を禁止。
1637年	領主からの厳しい課税やキリスト教徒弾圧に抵抗した百姓らによって（　Ａ　）が起こる。
1639年	ポルトガル船の来航を禁止。
1641年	オランダ商館を長崎の（　Ｂ　）に移す。

問10　下線部Ｊに関連して，次の絵①～③の中から【葛飾北斎】が描いた作品を１つ選び，番号で答えなさい。

①

②

③

問11　下線部Ｋに関連した次のグラフを読み取りなさい。

次のグラフは日本の 1896 ～ 1901 年の銑鉄《せんてつ》の生産高（単位：ｔ）を表している。1901 年に生産高が急増している理由として考えられることを説明しなさい。

【注】銑鉄：鉄鉱石を還元して取り出した鉄のこと。

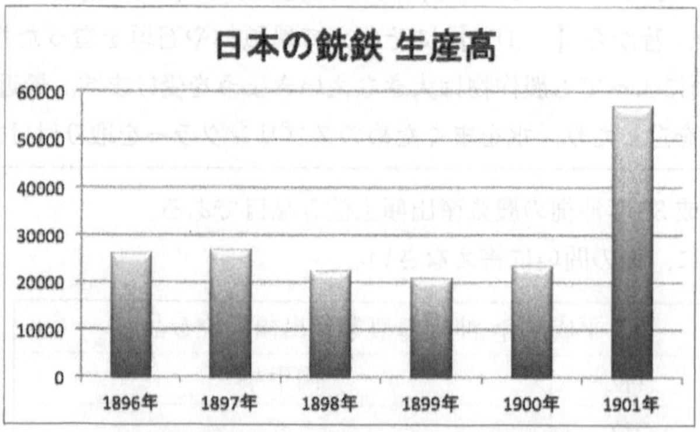

（出典「農商務省鉱山局調『製鉄業ニ関スル参考資料』」より作成）

問12　下線部Ｌについて，負の世界遺産は，「原爆ドーム」以外に，「アウシュヴィッツの収容場」や「ビキニ環礁《かんしょう》核実験場跡」などがある。このような負の世界遺産が世界遺産として登録される理由を，「原爆ドーム」という語を用いて説明しなさい。

問13　下線部Mについて，Ⅰ「屋久島」・Ⅱ「小笠原諸島」のそれぞれの島は，どの都道府県に所属しますか。下の【日本地図】①～㊼の中からそれぞれ選び，番号で答えなさい。

ウ　⑨ 現代語・⑩ 古語《こご》　　エ　⑨ 流行語・⑩ 死語

オ　⑨ 若者語・⑩ 述語

問10　この文章は、「視線や表情」をテーマにして書かれたものです。内容をふまえた上で、次の①～③の問いに答えなさい。

①　次のア～キの「顔文字」から、メールで使用できると思うものを一つ選び、記号で答えなさい。

ア (^^；)　イ (>_<)　ウ (T_T)　エ (^^)　オ (^. ^)/~~~　カ (+_+)　キ (° Д°)

②　①で選んだ「顔文字」を使用する場面を考え、「　　」に当てはまるように書きなさい。

「　　　　　　」場面。

③　その場面で実際に送るメールの文章を一〇〇字以内で書きなさい。ただし「だれに」「どんな気持ち」を伝えるのかが分かるように書きなさい。(「顔文字」は書く必要はありません)

三　**次の①～③の問いに順番に答えなさい。**

①　あなたが文学賞を主催《しゅさい》するとしたらどのようなネーミングの賞を作りますか。「～～～賞」という形で答えなさい。

②　①で答えた賞にふさわしいと考える作品を次の中から一つ選び、記号で答えなさい。

ア　ごんぎつね　　イ　ちいちゃんのかげおくり

ウ　注文の多い料理店　　エ　ドラえもん

オ　ハリー・ポッター　　カ　鬼滅《きめつ》の刃《やいば》

キ　千《せん》と千尋《ちひろ》の神隠《かみかく》し

③　②で選んだ作品のどのようなところが①で答えた賞にふさわしいと思いましたか。作品の内容を紹介《しょうかい》しつつ答えなさい。

四　**次の――線①～⑩のカタカナを漢字に直しなさい。**

①　人工エイセイを打ち上げる。

②　日本海をコウカイする。

③　マグロのギョギョウが盛《さか》んな地域。

④　セキセツの深さをメジャーで測る。

⑤　いちごにレンニュウをかけて食べる。

⑥　教会でセイカをうたう。

⑦　都内のヤチンは高い。

⑧　私はショクンの意見が聞きたい。

⑨　ヒダイしたプライドをへし折る。

⑩　町のケイカンを損ねる高層ビル。

ウ　こちらを向いている視線に強く反応してしまい、逆の状態に注意を向けるのが遅《おく》れてしまうから。

エ　こちらを向いている視線の方が数が多すぎて、一つしかない別のものを見つけるのは難しいから。

オ　こちらを向いている視線に緊張してしまって、顔を見分ける本来の力を上手く使えなくなるから。

問3　――線③「超能力」とありますが、どういう力ですか。次の**ア**～**オ**から一つ選び、記号で答えなさい。

ア　ぼんやりと何かを見つめていても、実は細かいところまでしっかり観察できる力。

イ　電車など人がたくさん居る場所で、自分と気が合う人物をすぐに見つけることができる力。

ウ　だれかに見つめられていたときに、気配を感じ取ってその人物を的確に発見できる力。

エ　視力が高い人でなくても、自分が思った以上に遠くのものを見分けることができる力。

オ　どこから「見られている」ときでも、一つのものを最優先にせずに同じように判断できる力。

問4　［④］に入る適切な語句はどれですか。次の**ア**～**オ**から一つ選び、記号で答えなさい。

ア　そこで　**イ**　ところが　**ウ**　そのとき

エ　そのうえ　**オ**　たとえば

問5　――線⑤「このような見方では、肝心な話の状況や文脈を把握できない恐れがあります」とありますが、なぜですか。三十字以内で答えなさい。

問6　――線⑥「彼らの特有な見方」を説明している連続した二文を探し、はじめの十字を答えなさい。

問7　――線⑦「こうした人たち」とありますが、どんな人たちですか。次の**ア**～**オ**から一つ選び、記号で答えなさい。

ア　注意力が足りないわけではないが、他者の視線や表情に注目するのが苦手な人たち。

イ　だれの周囲にも一人は存在する、自分が話すばかりでちゃんと話を聞けない人たち。

ウ　会話の肝心《かんじん》なポイントに気づくことは得意なのに、わざと分からないふりをする人たち。

エ　視線や表情を読み取ることに集中して、他への注意力が散漫《さんまん》になってしまう人たち。

オ　ものの見方がとても特徴《とくちょう》的で、意図的に周囲と違《ちが》う特別なことをやってしまう人たち。

問8　――線⑧「文化」について説明した次の文の「　　」に当てはまる語句を、本文から五字以内で抜き出しなさい。

文化とは、国や世代など近いコミュニケーションの仕方を持つ「　　」の中で作られる、その人々に特有のものである。

問9　［⑨］・［⑩］に入る語句の組み合わせで、適切なものはどれですか。次の**ア**～**オ**から一つ選び、記号で答えなさい。

ア　⑨特別語・⑩私語　**イ**　⑨日本語・⑩外国語

いることは、どれくらいあるでしょうか。言葉だけのメールにも、「顔文字」を多発するのは、顔の力を借りているということです。表情や視線のコミュニケーションのポイントを、言語で伝える努力をしてみたことはありますか。

　こうした努力は、本来は、特殊なことではないはずです。先生や両親や目上の人たち、自分たちと違うタイプの人には、言葉を使わないと正確には気持ちは伝わりません。それは、外国でのコミュニケーションの際にも必要とされます。

　コミュニケーションの仕方には、文化差があります。どこに視線を合わせて、どんな表情をするのか、それは<u>文化</u>⑧によって異なるのです。私達のコミュニケーションには、言葉だけでなく視線や表情のやり取りを含《ふく》めて、日本人特有のところがあります。

　しかもその文化は、さらに世代別に洗練されるところがあるようです。学校という年齢《ねんれい》や住んでいる所が近い人ばかりの均質集団にいる若者の間では、特にこの傾向《けいこう》が強いでしょう。それは、若者言葉に象《しょう》徴《ちょう》されるのではないでしょうか。現代の「ヤバイ」だけでなく、若者の間だけで通用する言葉は、あらゆる世代で存在します。その世代が過ぎれば、かつての［ ⑨ ］であった「ぶりっこ」「どっちらけ」「ナウい」「おっはー」のように、やがて［ ⑩ ］となり、消えていくのです。

　こうした言葉を使っての仲間内だけで通じるコミュニケーションは、楽かもしれません。しかし若者言葉が次々と消え去るように、いつかは巣立っていくのです。異なる文化にも通じる、コミュニケーション様式が必要となるからでしょう。自分のコミュニケーションの仕方を意識して切り替《か》えることが、いつかは必要とされるのです。

山口　真美『自分の顔が好きですか？』（岩波書店）

問1　――線①「いい意味でも悪い意味でも、気になるものです」とありますが、「いい意味」で相手から見つめられている具体例として適切でないものはどれですか。次の**ア**～**オ**から一つ選び、記号で答えなさい。

ア　緊張《きんちょう》して演技の途中《とちゅう》で失敗してしまったが、大観衆の中で最後まで堂々とやりきった。

イ　テストで一番を取ったことをほこらしく思ったので、クラス全員の前で自慢《じまん》した。

ウ　困っている人に一人で声をかけるのは恥《は》ずかしく、友達みんなでその人を助けに行った。

エ　母に秘密でプレゼントを買うために、店長に事情を話してアルバイトをさせてもらった。

オ　空手を始めたばかりの初心者だが、先生に頼《たの》んで格上の人と試合をさせてもらった。

問2　――線②「こちらを向いている群集の中に、一人だけ視線をそらしている人がいたら、気づきは鈍くなったのです」とありますが、なぜですか。次の**ア**～**オ**から一つ選び、記号で答えなさい。

ア　こちらを向いている視線は人と認識できるが、こちらを向いていないと人だと気づきにくいから。

イ　こちらを向いている視線が好意的に見える一方、視線をそらされると興味が持てなくなるから。

たくさんの顔の中に一つだけこちらを向いている視線があると、その視線に気づく反応速度が速いことが、実験からわかりました。これがこちらに向いた視線特有であることを示す証拠《しょうこ》として、全く逆の状態、つまりこちらを向いている群集の中に、②一人だけ視線をそらしている人がいたら、気づきは鈍《にぶ》くなったのです。

　人の視線の感知能力は、実に優《すぐ》れたものなのです。その精度は想像するよりもずっと高く、視力で弁別できるよりももっと細かく、視線方向の読み取りができることが、実験からわかっています。見つめられていると感づいて相手を見返した場合、たいていその判断に間違《まちが》いがないのではありませんか。それは超《ちょう》能力と呼んでもいいほど、特殊《とくしゅ》な能力なのです。

　にもかかわらず、別の実験から、このような視線に気づかない人が発見されたのです。それは、自閉症《じへいしょう》者でした。視線の方向への感度はあるのですが、こちらへ向いた視線を最優先するという規則がないのです。視線の方向はどこに向いていても、公平に判断していたのです。逆にいえば③超能力といえるほど特殊で敏感な視線への能力は、「見られている」という感情を伴《ともな》うような確実な実感に裏付けされていると思われます。そして公平に視線を見るタイプは、この実感が薄《うす》いのかもしれません。

　こうしたタイプの特徴《とくちょう》、周囲もよくよく把握《はあく》しておく必要があるでしょう。［④］自閉症者は、先にも説明したように、顔を見る際に目を見ないで口に注目していました。口がよく動いて目立つためという説もありますが、目を避《さ》けていた可能性もあります。別の研究からは、話をしている話者への注意も希薄《きはく》であることがわかっています。

友達同士が話をしている映像を見ているときの視線の動きを記録すると、普通《ふつう》は話をしている人に注目するのに、自閉症者は、話とはまったく関係のないところを見ていました。⑤このような見方では、肝《かん》心《じん》な話の状況《じょうきょう》や文脈を把握できない恐《おそ》れがあります。

　たとえば、話をしている人が相手に視線を合わせているか、視線をそらしているかだけでも、さまざまな情報を伝えています。真剣《しんけん》な話なのか、ふざけた話なのか、あるいは嘘《うそ》をついている可能性があるのか、などといったことがわかります。その上さらに話している人の表情をみれば、嫌味《いやみ》な話なのか、にこやかな話なのか、どちらなのかがわかります。会話は、話の中身だけでなく、その時の視線や表情で、まったく違う内容になるのです。もちろん自閉症者は、わざといい加減な方向を注目しているわけではないのです。⑥彼らの特有な見方なのです。

　ふだんの生活を、考えてみましょう。視線の動きを察して、自分と関係のある人にすばやく気づくこと、話をしている人に注目すること……一つ一つの動作はなんでもないことですが、こうした行動をとれないとすると、会話の肝心なポイントを聞きもらしてしまうことになるでしょう。周囲と話がずれている、ちゃんと話を聞いてくれない、みなさんの周囲にもそんな人がいるのではないでしょうか。それは、わざとやっているわけではなく、注意が散漫《さんまん》なわけでもないのです。

　⑦こうした人たちとは、どのようにコミュニケーションをとったらいいのでしょうか。見方が特徴的であることを考えてみて、ふだん無意識に行っている自身のコミュニケーションの癖《くせ》にも気づいてみましょう。友達同士で視線や表情を使って、なんとなく気持ちを伝え合って

ウ　教師たちの高圧的な指導に不満を持つ者がいたことをよろこび、反抗《はんこう》心を最後まで貫《つらぬ》いてほしいと祈《いの》っている。

エ　謝罪など書いてしまったらますますエビセンの思うつぼになると思い、心の中で沖田に注意を投げかけている。

オ　生徒の言い分を聞く気もない教師たちに対する自らの反抗心を沖田の行為に重ね、彼を心の中で応援《おうえん》している。

問10　⑩に入れるのにふさわしい、体の一部を指す言葉を、漢字で答えなさい。

問11　――線⑪「沖田は自分でびっくりしたようにエビセンを見つめていた」とあるが、沖田が「自分でびっくりした」理由として最もふさわしいものを、次の**ア**～**オ**から一つ選び、記号で答えなさい。

ア　エビセンが自分の命よりも答案を守ろうとしたことに、教師としての生徒への思いやりを感じたから。

イ　鉛筆を使った不意打ちとはいえ、エビセンが自分の攻撃《こうげき》を避《さ》けられなかったことを意外に感じたから。

ウ　教師にここまで深い傷を負わせてしまった以上、もう厳重注意どころではすまされないと思ったから。

エ　反射的にエビセンにした攻撃がきっかけとなり、それがとてつもない騒《さわ》ぎにつながってしまったから。

オ　反撃《はんげき》に出たエビセンのあまりの迫力《はくりょく》に恐怖《きょうふ》したが、なぜ急に答案を守ったのか理解できなかったから。

問12　**【文章Ⅰ】**の登場人物の説明として最もふさわしいものを、次の**ア**～**オ**から一つ選び、記号で答えなさい。

ア　和平は、自らはおもしろいことをやっているつもりが、毎回空回りして全員の反感を買ってしまう、かわいそうな人物として描《えが》かれている。

イ　クラスメイトたちは、仲間と騒ぐことに夢中になり大人の視線を気にすることができない、未熟な存在として描かれている。

ウ　沖田は、誰であろうとかまわず日常的にすぐに手を出してしまう、危険な不良として描かれている。

エ　エビセンは、生徒からの人望がないことをわかったうえでの行動ができる、計算高い人物として描かれている。

オ　「ぼく」は、教師に対し反抗心を抱《いだ》いたり心中であだ名を使ったりと、年ごろの少年らしい人物として描かれている。

二　**次の文章を読んで、あとの問いに答えなさい。**

群衆の中に、一人だけこちらを見ている人がいたら、すぐに気づくことができるでしょうか。誰《だれ》かに見つめられることは、①いい意味でも悪い意味でも、気になるものです。多くの人は、自分を見つめている視線には、すばやく気づくのではないでしょうか。その敏感《びんかん》さに、気づいたことはありませんか。

電車の中などで気になる人をぼんやりと見つめていたら、相手に気づかれてしまった体験はありませんか。逆に自分に向けられた視線も、なんとなしに気づいたことはあるでしょうか。その相手はどんな人か……気になる相手なのか、それとも不審《ふしん》な人物ではないか、確かめたくなるものではありませんか。

今後この件がどうなっていってしまうのか非常に不安だという心情。

オ　自らの行いを激しく後悔《こうかい》していたところ、それとは対照的なみんなの脳天気さに囲まれて考えがまとまらなくなり、もうどうしたらよいのかわからないという心情。

問6　――線⑥「生きちゃいけない」とありますが、これはどういう意味ですか。最もふさわしいものを、次の**ア**～**オ**から一つ選び、記号で答えなさい。

ア　生きていてはいけない

イ　生きていくことができない

ウ　生きていたことにはならない

エ　生きている意味がない

オ　生きたためしがない

問7　――線⑦「百七十八センチ、八十キロの体」とありますが、このエビセンの身長・体重の表記は物語上どのような効果を持っていますか。最もふさわしいものを、次の**ア**～**オ**から一つ選び、記号で答えなさい。

ア　エビセンは中学生ならそれほど威圧《いあつ》感を感じない存在であると読者に印象づける効果。

イ　エビセンは一般《いっぱん》成人男性よりもあらゆる面で優《すぐ》れた人物であると読者に印象づける効果。

ウ　エビセンは中学生ではとてもかなわない力の強そうな教師であると読者に印象づける効果。

エ　エビセンはいかにもひとりよがりで気もとても短そうな大人であると読者に印象づける効果。

オ　エビセンのことをここまで詳《くわ》しく分析《ぶんせき》する「ぼく」の観察眼の鋭《するど》さを読者に印象づける効果。

問8　――線⑧「くらっと目まいがした。体から力がぬけて、しぼんでいくような気分になった」とありますが、この時の「ぼく」の心情の説明として最もふさわしいものを、次の**ア**～**オ**から一つ選び、記号で答えなさい。

ア　自分が呼び出されると思っていたが違ったので、一時的に緊《きん》張《ちょう》の糸が切れ、どっと疲労《ひろう》を感じている。

イ　自殺した女子高生に自分の未来を重ねて絶望していたが、そんな心配がなくなったので安心している。

ウ　自分の身代わりに沖田が叱《しか》られてしまうことになりそうなので、非常に申し訳なく思っている。

エ　沖田も自分と同罪になることがこれでわかったので、仲間ができたと思い、心の底からほっとしている。

オ　沖田の次は自分が激しく叱られることになると思い、その近い未来のことを想像して肝《きも》を冷やしている。

問9　――線⑨「書くな、そんなもの、書くな」とありますが、この時の「ぼく」の心情の説明として最もふさわしいものを、次の**ア**～**オ**から一つ選び、記号で答えなさい。

ア　緊張で汗をかくほどつらいのだと沖田の心中を察し、口には出さないが彼《かれ》を心の中で勇気づけようとしている。

イ　沖田がエビセンに屈《くっ》してしまったら自分一人で教師たちに抵《てい》抗《こう》しなければならなくなると思い、動揺《どうよう》している。

問1　――線①「机にしがみついていたみんなが、いっせいに頭をあげた」とは、「みんな」のどのような様子を表していますか。最もふさわしいものを、次の**ア**～**オ**から一つ選び、記号で答えなさい。

ア　期末試験を早く解き終わって退屈《たいくつ》だったところ、心待ちにしていた終了《しゅうりょう》の合図が鳴ってよろこぶ様子。

イ　チャイムの音がいつもと違《ちが》って間のぬけたものだったので、試験に集中するどころではなかった様子。

ウ　まじめに試験を受けるふりをしていたところ、ようやく解放合図のチャイムが鳴って気がぬけた様子。

エ　難しい数学の問題に苦戦していたところ、時間通りにチャイムが鳴ってしまったことに絶望する様子。

オ　期末試験に集中していたところ、不意に鳴ったチャイムの音で終了時間が来たことに気づいた様子。

問2　――線②「とうとう、やっちまった……」とありますが、「ぼく」は何を「やっちまった」と思っているのですか。その内容を二十字以内で答えなさい。

問3　――線③「爆弾犯人＝志木悠」とありますが、なぜ「ぼく」は自分のことを「爆弾犯人」などといっているのですか。**【文章Ⅱ】**も読み、五十字以内で答えなさい。

問4　――線④「いつもそんなふうにふざける」とありますが、「ぼく」は和平のどのような行為《こうい》を指してこう感じているのですか。最もふさわしいものを、次の**ア**～**オ**から一つ選び、記号で答えなさい。

ア　エビセンのじょうだんを無視することで、教師などは眼中にない大物を気取っているところ。

イ　エビセンに注意されているにもかかわらず、夢中で試験を解き続けようとしているところ。

ウ　顔を真っ赤にすることで、今回の試験の難しさをエビセンにうったえようとしているところ。

エ　鉛筆をたたきつけ、得意のポーズで一連の流れをしめるほど、役者になりきっているところ。

オ　うけなかったエビセンのじょうだんに対して、高度な買収《ばいしゅう》劇のギャグをかぶせてきたところ。

問5　――線⑤「しんと冷えきったような体の中で、心臓の音だけがやけに大きかった」とありますが、この時の「ぼく」の心情の説明として最もふさわしいものを、次の**ア**～**オ**から一つ選び、記号で答えなさい。

ア　クラスメイトたちのつまらない漫才《まんざい》で心は冷え切ったが、それよりも自分の答案の今後のことが心配で仕方がないという心情。

イ　もうどうしようもないことはわかっているが、周囲の状況《じょうきょう》をよく観察して答案を取り返すことをあきらめきれないという心情。

ウ　やってしまった事実は変えられないので、どうすればこの最大のピンチを乗り切れるのかを冷静になって考えたいという心情。

エ　取り返しのつかないことをしてしまった重大さをかみしめ、

と、もろ正面衝突《しょうとつ》してしまった。ぶっとんだのはトンビ。自慢《じまん》の白髪《しらが》をふりみだしていかりくるった。ぼくはすっかり犯人にされてしまった。

「爆弾なんかしかけやがって！」

と、トンビはぼくをこづきまわした。いくらいいわけしたって、わかってくれるようなやつじゃない。ごちゃごちゃやりあっているうちに、人だかりがすごくなってきた。そうなると、両方とも、もうあとにはひけないって感じになってきた。

「どこに証拠《しょうこ》があんだよ！」

なんて、ぼくがわめき、

「きさまのようなやつに、わたしの試験は受けさせない！」

トンビもヒステリーを起こした。

「おんもしれえや！」

と、ぼくはいきりたった。

（なんでこんな白髪のミイラ野郎《やろう》にへえこらしなきゃならないんだ！）

身動きもできないほど集まったやじうまの中に、心配そうな夏美の顔がちらっと見えた。それでぼくは、なおイキがってしまった。

注5
モンタがとんできて、どうにかおさめてくれたけど、そうでなかったら、ぼくも沖田みたいに一発やっちゃってたんじゃないかと思う。トンビなんかぶっとばして、学校とはグーバイだ、日本国じゅうをさすらってやるんだ、なんて、一瞬だけど、本気で考えた。

モンタになだめられて教室にはいったけど、もう試験なんか受ける気分じゃなかった。それに、試験問題の半分はちんぷんかんぷんだった。和平や夏美みたいにデキるやつなら、いい点取ってざまあみろっていうような芸当もできるだろうけど、ぼくみたいに必死でがんばっても平均点すれすれなんてやつは、どうあがいたって勉強じゃ勝負にならない。

（答案を返されるときには、またトンビにねちっこくおちょくられるんだ。）

そんなことをあれこれ考えているうちに、時間はどんどんすぎて、ええい、いっそのこと、と、やけになって白紙で出してしまったのだ。

注1　ディスコ……………客が飲食しながら踊《おど》れるダンスホール。70年代から90年代前半までブームになっていた。

注2　成績表事件…………以前、鷹野《たかの》（トンビ）が、数学のテストを毎週行い、全員の成績と順位を廊下《ろうか》にはりだしていた。「ぼく」と和平は生徒たちを代表して、やめてもらうよう鷹野に交渉《こうしょう》したが、まったく相手にされなかった。一ヶ月が経過するうちに生徒たちはあきらめて何も言わなくなったが、「ぼく」と和平はうんざりした。なお、原因は不明だが、しばらくした後、この制度は消滅《しょうめつ》した。

注3　謹慎《きんしん》……………一定期間、登校禁止などにする罰《ばつ》。

注4　棟《むね》………………ここでは建物のことをいう。

注5　モンタ………………「ぼく」のクラスの担任。

れた。チョーク箱が床に落ちて、色とりどりのチョークが散らばった。

悲鳴があがり、幾人《いくにん》かが興奮して立ちあがった。

エビセンは答案用紙を守るように、両手をいっぱいにひろげて教卓の上におおいかぶさっていた。

⑪沖田は自分でびっくりしたようにエビセンを見つめていたけど、黒板に力いっぱい鉛筆をたたきつけて、教室からとびだしていった。

「きさま、ネンショー（少年院）に送られたいのか！」

と、エビセンが廊下《ろうか》まで追いかけていってわめいた。

その瞬間、教卓の上に散らばっていた答案用紙が、風にあおられていちどに舞《ま》いあがった。

どよめきが起こり、エビセンがふりかえった。

「窓を閉《し》めろ！」

エビセンはすごい早さで教室にもどり、自分で窓を閉めてまわった。

四十二枚の答案用紙は、廊下側の窓から吹《ふ》きこむ風にのって、ひらひらととびまわった。

「拾え、おい、拾え！」

エビセンは答案用紙を追いかけまわして、何度もぼくらをどなりつけた。

だれも動かなかった。

答案用紙は机や通路のあちこちにゆっくりと舞いおりて、ひからびた生きもののようにカサコソとうごめいていた。

それを、拾いあげようとする者はいなかった。教室は静まりかえっていた。

あわてふためいて答案用紙を拾い集めるエビセンのすがたを、ぼくらは無表情に身じろぎもせずにながめていた。

【文章Ⅱ】

数学の試験の直前。混雑するのをさけて、時間ぎりぎりに便所にいき、手なんか洗ってたら、大用の便所の中ですごい爆発音がした。

二年生の番長、丹下《たんげ》と、手下のふたりがたばこを吸ってたけど、びっくりしてぱっと逃げてしまった。もちろんぼくもおどういたけど、爆発音はすぐにやんだし、爆竹《ばくちく》をごっそりまとめて鳴らしただけのことだと、すぐにわかったから、

（だれがやったのかな？　どこから投げこんだのかな？）

なんて、悪いくせで、こわごわ便所の中をのぞきこんだりしていた。

丹下たちでないことは、はっきりしていた。

やつらはぼくにたばこをすすめて、ぼくがことわると、あれこれちょっかいを出してきた。根性焼きやったうか、なんてイキがってた。ぼくは神経ぴりぴりさせて、三人の動きをすっかり見ていたから、まちがいはない。

（だれが？　どうやって？）

爆竹のからを指でつまみあげたりしてたら、廊下のほうがさわがしくなった。

それで、ぼくもはっとした。

（ヤバイな。）

ようやくあせって、便所をとびだした。

だけどおそすぎた。とびだしたとたんに、かけつけてきたトンビ

「………」

「しかしなあ、沖田。おれもかかしじゃないんだ。白紙を持って帰るわけにはいかんのだ。まあ、白紙提出の理由くらいは書けや。」

エビセンは余裕《よゆう》しゃくしゃくという感じで沖田を呼んだ。

沖田は窓の外をながめたままだった。つやのあるシャツのえりもとから、首にかけた細い銀色のチェーンがちらちら見えて、それがときどき刺《さ》すようにきらっと光った。

エビセンに数回呼ばれてから、沖田はかったるそうに立ちあがった。細い白皮ベルトのボンタンに両手をつっこんで、学校のスリッパをずるずるひきずりながら、ぐたーと教卓の前に立った。

「ほら、書け。」

エビセンは沖田の胸《むね》もとに先のとがった鉛筆をつきつけた。

沖田はポケットに両手をつっこんだままだった。

「おい、あまったれんなよ。おまえと遊んでる時間はないんだ。――それにな、おれだって、これ以上おまえに恥《はじ》をかかせたくはないんだ。」

エビセンは太い息をはいて、沖田の肩《かた》をポンとたたいた。

沖田はびくっとして肩をゆすりあげた。まともにエビセンをにらみつけたようだった。

「なんだ、その目つきは！」

と、エビセンがどなった。

「おれにガンたれようってのか。いっぱしのワルぶりやがって！　なめんじゃないよ。ほら、書け。『ぜんぜんわかりませんでした。すみませんでした。』と書け！」

エビセンは力ずくで沖田の手に鉛筆をにぎらせた。沖田はちょっとさからったけど、柔道《じゅうどう》四段の体育教師にかなうはずもなく、鉛筆をにぎらされたまま、またぐたーと立ちつくしていた。

「おら、もたもたするな。こっちもいそがしいんだ。ひとことわび入れれば、それですむんだ。かんたんなことだろうが。」

「………」

沖田の光るシャツが、汗《あせ》でべったりと背中にはりついていた。出席簿《しゅっせきぼ》とチョーク箱に重しをされた答案のたばが、風にぺらぺらとめくられていた。

ぼくは自分の背中を見つめているような錯覚《さっかく》の中にいた。

⑨（書くな、そんなもの、書くな！）

（白紙で出す権利もないってのかよ！）

しかし、ひとことも、声に出してはいえなかった。

「おい、おれをおこらせるなよ。」

と、エビセンがすごんだ。

「ひとこと書けば、それで、おれもおまえも［⑩］が立つ。――な、沖田、さあ、書いてくれや。」

エビセンは自信たっぷりの口調でいって、ぐっと教卓に両手をついた。大きな体が、沖田におおいかぶさるようなかっこうになった。

その瞬間だった。ぐたーとしてた沖田が、はじかれたようにぱっと上体をのけぞらせると、ほとんど反射的に、逆手《さかて》ににぎりしめていた鉛筆を、エビセンの左手の甲《こう》につき立てた。

エビセンはほえるような声をあげて、右手を大きくふりまわした。

沖田は体をしずめて、まわしげりで教卓をけった。教卓がぐらっとゆガッツポーズをした夏美や、みえみえにふざける和平にまで腹をたてた。

沖田はやっぱり窓の外を見ていた。岸川はうつむいていた。髪がたれて、顔は見えなかった。

エビセンは教室のばかさわぎには無関心のようだった。教卓《きょうたく》の上に集められた答案用紙をていねいにそろえて、一枚一枚、名前や落書きを調べはじめた。

（ヤバイぜ。）

かっと頭に血がのぼった。もう、教室のさわぎもきこえなくなった。

（ばれることくらい、さいしょから覚悟《かくご》してたはずじゃないか！）

イキがって自分をはげましてみたけど、名前をよばれる瞬間《しゅんかん》を思ってかりかりした。職員室に連行されるなんてことは、よくあることなのに、やっぱり不安だった。

（悪事やったわけじゃないんだ。へえこらしちゃうわけにはいかないんだ。）

こころの中でつっぱってみた。だけど、ひらきなおれなかった。トンビ（数学の鷹野《たかの》先生）やエビセン相手に、いったいなにができるってんだ！ いらだち、そして、こわかった。なぐられるのだろうか？ 注3謹慎《きんしん》とかさせられるのだろうか？ そうなると、ぼくはどうなっちゃうのだろう？

教室の窓からとびおりて逃《に》げてしまいたくなった。死ぬだろうな。四階だもんな。団地の同じ注4棟《むね》、十一階のベランダからとびおりた女の人のことを、ぱっと思いだしてしまった。高校一年生。有名高校に受かったばかりなのに、と、みんながいっていた。一か月ほど前。即死《そくし》だった。それを、見てしまった。夕暮れだった。団地の全部のベランダや窓から、たくさんの人たちの顔がひしめきあうようにのぞいていた。

（四階からでも、死ぬな。とべないんだもんな……。）

ぴくっと、エビセンの手がとまった。ぼくの心臓もとまった。

エビセンは宝物でも発見したように、すっと一枚の答案用紙をぬき取ると、⑦百七十八センチ、八十キロの体を起こした。直立不動。無言で教室じゅうをにらみまわした。

さわがしさが、信じられないほどの早さですうっと消えていった。

「沖田。」

と、エビセンが呼んだ。静かな声が、はりつめた空気をぴりぴりとふるわせた。

（あ………！）

と思った。ぼくの名ではなかった。沖田。あいつも、白紙で出したのか――！ ⑧くらっと目まいがした。体から力がぬけて、しぼんでいくような気分になった。

「なんだ、これは？」

エビセンは白紙の答案を指先でつまんで、ひらひらとふった。

「どういう気なんだ？ なにをかっこつけてんだ、あ？」

沖田は一列め、前から三番めの席にいた。机にほおづえをついて、がらんとした校庭をながめていた。エビセンのほうなんか、見ようともしない。短くパーマをかけて、額にソリを入れている。

「だんまり作戦か。まあ、いい。あとで職員室にこいや。」

「あと一秒、あと一秒あれば、すかあっと満点パパだったんだぜ。」

テレビのCMでいって、長髪をかきむしった。得意のポーズ。

「先生、これで手をうちませんか？　時は金なり、というでしょうが。」

和平はきゅうにとぼけた表情になって、エビセンに百円玉をつきつけた。

「シャンプーでも買えよ、ふけ男。」

と、坊主《ぼうず》頭の笹島史門がやじった。

たいしておもしろいヤジでもないのに、わらい声がはじけて、二年D組の教室はようやくよみがえったかのようにさわがしくなった。

「百円じゃなあ。パチンコもできんぜ。」

エビセンも、ものわかりのよさそうな顔になってわらっていた。

わらってなかったのは、沖田《おきた》。さっきからずうっと、窓の外のどんよりした空をながめてた。そして、ぼく。女子では、岸川《きしかわ》。だれとも口をきいたことのないやつ。

やけっぱちみたいに明るいわらい声の中を、数学の答案用紙がうしろから順に前の席へと送られていく。五十分間、ただにらみあっていただけのぼくの白紙の答案も、サワサワと鳴って流れていった——。

（やっちまったんだ……。）

取り返すことなんて、できない。

⑤しんと冷えきったような体の中で、心臓《しんぞう》の音だけがやけに大きかった。

風が強くなったのか、たばねたカーテンがふくらんで、くねるようにゆれていた。

「終わったよう。」

と、答案を前に送った和平が、とつぜん立ちあがってばんざいをした。

「夏美《なつみ》ちゃーん、注1ディスコいこうぜぇ。」

和平は両手を胸でにぎりあわせてしなをつくった。まるい眼鏡をわざとずりおとしている。

みんながいっせいに歓声《かんせい》をあげて、女子学級委員の甲斐《かい》夏美を見つめた。

長い髪《かみ》をむぞうさにうしろでたばねた夏美は、ひろい額の面長《おもなが》の顔をゆっくりとふりむかせて、にこっとわらった。

「オー、ワシモ、ヤケニナットンジャアッ。」

めったに羽目をはずすことのない夏美が、テレビタレントの声音《こわね》を使って、ほっそりとした腕《うで》でガッツポーズまでしてみせた。

教室じゅうがわいた。

じょうだんやヤジがとびかって、もうだれもおさえようのないほどのさわぎになった。

ぼくは、わらうことさえできずにいた。

まわりではしゃいでるみんなの声が、ひどく遠くにきこえていた。

（あんなこと、もうだれも気にはしていないんだ。）

そうさ、カンケーない。あほなぼくだけが、つまらない意地をはりとおしただけのことだ。いやなことは、ぱっと忘れよう。なんでもいいから、ゆかいにやろう！　そうでもしなきゃ、⑥生きちゃいけない。

（そうさ、注2成績表事件のときとおんなじさ。）

ばかさわぎの教室の中で、ぼくはますますいじけた気分になった。

【国　語】〈五〇分〉〈満点：一〇〇点〉

【注意】　字数指定のある問題は、句読点《くとうてん》や「　」などの記号も一字と数えます。

一　【文章Ⅰ】は、『少年たち』（後藤《ごとう》竜二《りゅうじ》　著　講談社）という小説の一場面です。続く【文章Ⅱ】は、【文章Ⅰ】の前に起きた出来事について、その当事者である「ぼく」が【文章Ⅰ】の後で回想している場面です。これらを読み、後の問いに答えなさい。なお、作中の舞台《ぶたい》は中学校です。

【文章Ⅰ】

チャイムが鳴った。

ぴったり十二時〇〇分。

問のぬけた音にびくっとして、①机にしがみついていたみんなが、いっせいに頭をあげた。

「やめ！」

と、体育のエビセンが号令をかけた。

「鉛筆《えんぴつ》を置け。答案を裏がえせ。」

二年生一学期の期末試験が、いま、終わった。

あきらめ。なげやりな解放感。ざわめきのひろがる教室の中で、ひとり、ぼくは机に両ひじをついて、体をかたくしていた。

②（とうとう、やっちまった……。）

出席番号順にならびかえた座席。二列めの最後。③爆弾《ばくだん》犯人＝志木悠《しぎゆう》。

（こんなことして、なんになるってんだ！）

くりかえし考えつづけたことを、また考えた。どうにもならない。

だけど、やっちまった。――ぼくは笹島史門《ささじましもん》の大きな背にかくれて、じっと息をころしていた。

「おい、そこの長髪族《ちょうはつぞく》。」

と、エビセンがいった。

「いいかげんに、あきらめろ。へたの考え休むに似たり、というだろうが。」

エビセンは窓ぎわの列の唐沢《からさわ》和平《わへい》を指さして、じょうだんっぽくいった。が、だれもわらわなかった。みんな、エネルギーを使いはたしたみたいに、ぐたーとしている。

「よし、答案を集めろ。」

うけなかったものだから、エビセンはきゅうにクールになった。

「おい、そこ、失格にするぞ。」

和平は眼鏡《めがね》の顔を真っ赤にして、まだ答案にしがみついていた。学年でトップ。デキないわけじゃなく、④いつもそんなふうにふざける。

だけど、まわりの連中は殺気だっていた。

「せこいぞ、和平！」

「失格だ、失格だ！」

なんて、ぎゃあすかいった。男子学級委員の池上《いけがみ》なんか、立ちあがって、血相かえてわめいてた。

（よう、やるわ……。）

ぼくは一瞬《いっしゅん》自分のやったことも忘《わす》れて、うんざりした気分になった。

「ちっきしょう！」

と、和平が立ちあがって、床《ゆか》に鉛筆をたたきつけた。

2022年度

日出学園中学校入試問題（一般Ⅱ期）

【算　数】（50分）〈満点：100点〉

【注意】 ①　分数は約分された形で答えなさい。
②　比はもっともかんたんな整数を使って表しなさい。
③　円周率は3.14とします。

1　次の計算をしなさい。

（1）　$(64-16\times2)\div(18\div2-1)-3$

（2）　$1\frac{1}{2}+2\frac{2}{3}-3\frac{3}{4}\times4\frac{4}{5}\div5\frac{1}{7}$

（3）　7.28×6.5

（4）　$3.14\times\frac{5}{6}-3.14\times\frac{1}{3}+3.14\times\frac{1}{2}$

（5）　$62682\div31$

2　次の□に当てはまる数を答えなさい。

（1）　$2\times\{(18-\square)\div3\}=(6-3)\times2$

（2）　下の図は，2020年度の千葉県船橋市における，一日の最高気温と最低気温の月ごとの平均値を表にしたものです。平均値の差が最も大きかった月は□月です。

月	1	2	3	4	5	6	7	8	9	10	11	12
最高気温	10.4	12.5	15.0	17.5	23.5	26.9	27.3	33.6	27.7	20.8	17.1	11.9
最低気温	2.8	3.0	5.6	7.8	15.7	19.7	21.6	25.1	21.6	13.7	9.1	2.6

（3）　市川市の人口は千の位を四捨五入すると49万人で，船橋市の人口は百の位を四捨五入すると64万5千人です。市川市と船橋市の人口の和は，最も少なくて□人です。

（4）　長さ220 mの列車が500 mの橋をわたり終えるのに30秒かかりました。列車の速さは秒速□mです。

（5）　100円玉が3枚，50円玉が7枚，10円玉が7枚あります。370円ちょうどとなる支払い方は□通りあります。

（6）　あるライブ会場の収容人数は□人です。政府の方針により，収容人数の50%でライブを行うことになり，チケットを販売しました。当日，来場したのは販売したチケット数の90%にあたる，3537人でした。

（7）　お菓子を□人に分けます。1人3個ずつ分けると49個余り，1人5個ずつ分けると15個余ります。

（8）　濃度80%のアルコール消毒液400 gに水100 gを加えると，濃度は□%になります。

3 次の問いに答えなさい。

（1） 1辺の長さが10 cmの正方形の頂点Aに，長さ15 cmのひもの片方を固定します。もう一方のひものはしを，図の状態からひもを張って時計回りに動かすとき，ひもの動く範囲の面積を求めなさい。

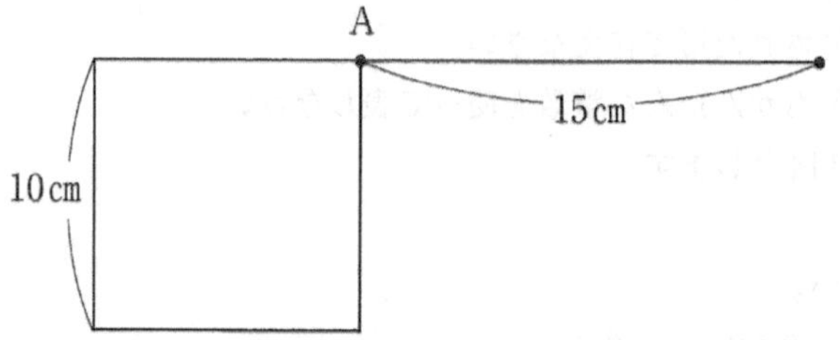

（2） 下の図は，正方形の一部をおって作った図形です。図中の点線が，各辺の中点を結んでできる線分であるとき，図中の角①の大きさを求めなさい。

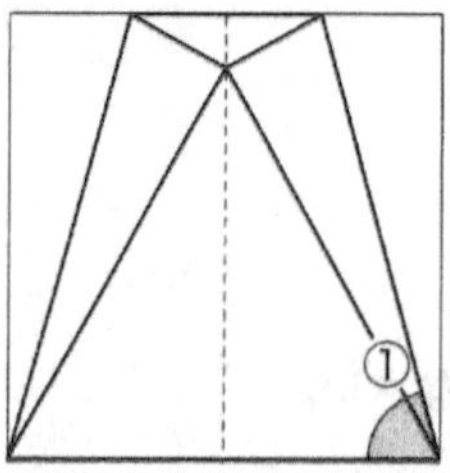

（3） 下の図は，底面が直径10 cmの円で高さが12 cmの円柱から，底面が直径8 cmの円で高さが8 cmの円柱をくりぬいた立体です。この立体の体積を求めなさい。

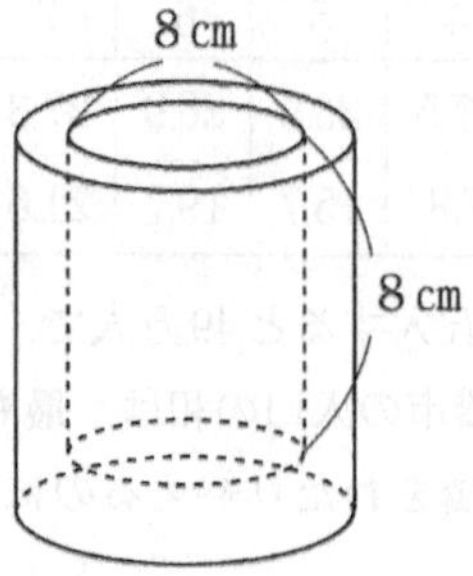

（4） 下の図のように半径3 cmの2つの円がくっついています。しゃ線部分の面積を求めなさい。

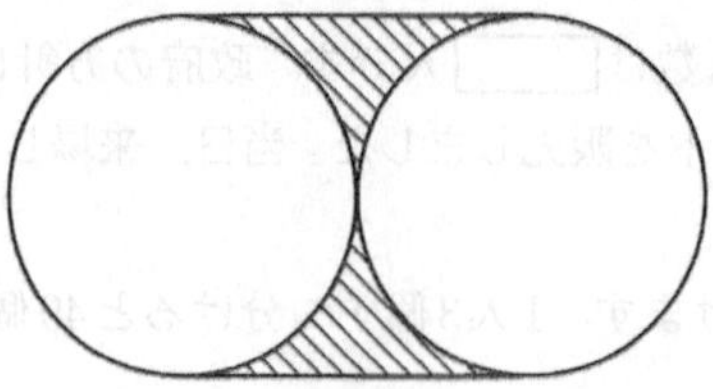

4 **図のような仕切りのある直方体の水そうに①から水を入れます。ただし，厚さは考えないものとする。**

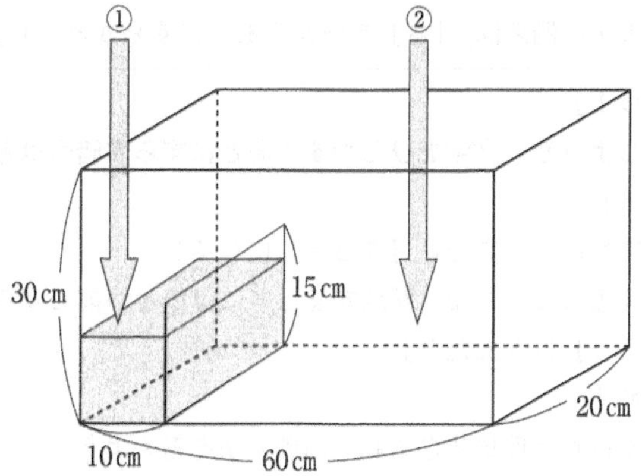

（1） 空の状態から水を毎秒30 cm^3ずつ入れたとき，水が仕切りと同じ高さになるのは何秒後か求めなさい。

（2） （1）で水が仕切りをこえるのと同時に，②からも水を毎秒20 cm^3ずつ入れます。このとき，水そう全体の水の高さが15 cmになるのは，空の状態から何秒後か求めなさい。

5 **日出王国では次のような，アルファコイン，ベータコインと，ガンマ札，デルタ札が使用されています。**

ただし，7枚のアルファコインは1枚のベータコインに両がえでき，7枚のベータコインは1枚のガンマ札に両がえでき，7枚のガンマ札は1枚のデルタ札に両がえができます。

（1） 6000枚のアルファコインを両がえすると，コインやお札はそれぞれ何枚になるか答えなさい。ただし，合計の枚数が最も少なくなるように両がえするとします。

（2） 何枚かのアルファコインを合計の枚数が最も少なくなるように両がえしたところ，ちょうどお札が20枚だけになりました。アルファコインは最も少なくて何枚あったと考えられるか答えなさい。

6 次のたけしさんとあおいさんの会話文を読んであとの問いに答えなさい。
ただし，会話中に出てくる「文字をひとつずらす」とき，だく点がもともとついている場合はつけたままずらすこととします。例えば，「ざ」を一文字あとにずらすと「じ」になります。

たけし「暗号文を作ろう！」
あおい「どんな暗号にしようか。文字をひとつずつあとにずらす暗号はどうだろう？」
たけし「どういうこと？」
あおい「例えば『ひので』は暗号文だと【ふはど】になる」
たけし「五十音表を考えるってことね。解読するときにはひとつ前にずらせばいいんだ。じゃあ暗号文の【こうそう】はなんだ？」
あおい「『(a　　)』だね！」
たけし「ひとつずらすだけだと簡単すぎるね。別の方法を考えよう」
あおい「ずらし方はそのままで，いくつずらすかも暗号にしてみよう」
たけし「今度はひとつずらすとは限らないんだね」
あおい「暗号文の前に数字をつけて，その数字で50をわった余りの数だけずらすことにしよう」
たけし「どういうこと？」
あおい「例えば【⑦せぎは】だったら，50を7で割ったあまりは1。つまりひとつだけずらしたことになるから，暗号文【⑦せぎは】はもとの文にもどすと『すがの』になる」
たけし「うーん，難しいね。同じ『すがの』でも，頭の数字が変わると暗号文も変わりそうだ。頭の数字を④にすると，『すがの』の暗号文は【④(b　)】になるのかな」
あおい「そうだね。じゃあ僕は『すがの』を⑥で暗号文にしてみようかな……あれ，④のときと同じだ」
たけし「本当だ！頭の数字は④でも⑥でも暗号文は変わらないんだね！不思議なこともあるんだなあ」
あおい「他の数字でも，同じ暗号文になることはないのかな」

（1） カッコa，bに当てはまる文字列をひらがなで答えなさい。
（2） 暗号文の頭につける数字として，④，⑥と同じ暗号文になる数字は何個あるか求めなさい。ただし，数字は1以上50未満で④と⑥はのぞきます。
（3） 次の暗号文をもとの文にもどし，ひらがなで答えなさい。

【⑨つくざすなほちきへ】

【理　科】（25分）〈満点：50点〉

1　光の性質について，次の問いに答えなさい。

（1）　光の色について書かれた次の文章の空らん①，②にあてはまる語句の組み合わせとして正しいものを次の**ア**，**イ**から選び，記号で答えなさい。

白い光の正体は赤や黄色や緑や紫などのさまざまな色の光が集まったものである。そのため，赤い色をした物体に白い光をあてると，［　①　］は吸収され，［　②　］は反射する。その結果，私たちの目には物体が「赤く」見える。

ア｛①　赤い色の光　②　赤以外のすべての色の光｝
イ｛①　赤以外のすべての色の光　②　赤い色の光｝

（2）　光の3原色の色をすべて答えなさい。ただし，順序は問いません。

（3）　黒い紙と凸レンズのルーペを用いて，「太陽光を集めて紙をこがす実験」を行いました。次の問いに答えなさい。

①　図のように光が集まる点を何といいますか。

②　この実験で，白い紙ではなく黒い紙を使うと，よりはやく紙をこがすことができます。それはなぜですか。理由を簡単に説明しなさい。

③　解答らんの3本の矢印の続きをかき，実験の原理を図で示しなさい。ただし，解答らんのは凸レンズを，×印は光が集まる点を表しています。

（4）　暗くした部屋で，（3）の実験に用いた凸レンズと火をつけたろうそくと白い紙を図のように置いたところ，火がついたろうそくが逆さまにうつりました。この実験について，次の問いに答えなさい。

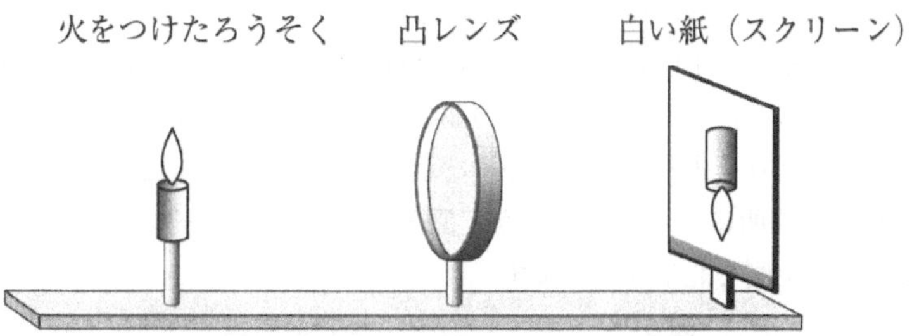

①　ろうそくの火の「先端」から出た光が凸レンズを通過して像を結ぶまでの道すじを2本かき，この実験の原理を図で示しなさい。ただし，解答欄の×印は光が集まる点を表しています。

②　図のように，ろうそくの代わりにL形をした「光る物体」を使って同じ実験をしました。凸レンズ側から見たときに白い紙にはどのようにうつりますか。次の**ア**～**エ**から一つ選び，記号で答えなさい。

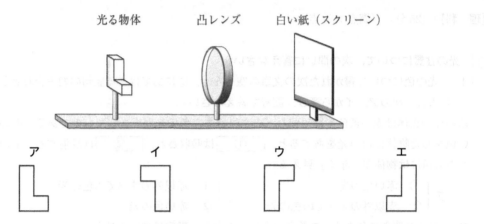

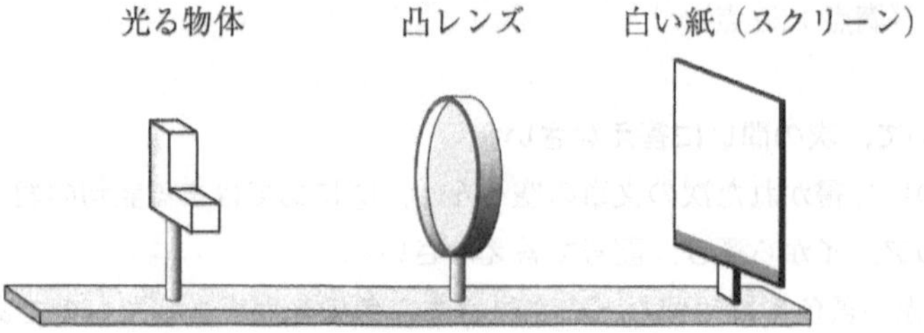

2 下の図は日本の南の空で観察のできる代表的な星座です。次の問いに答えなさい。

図１

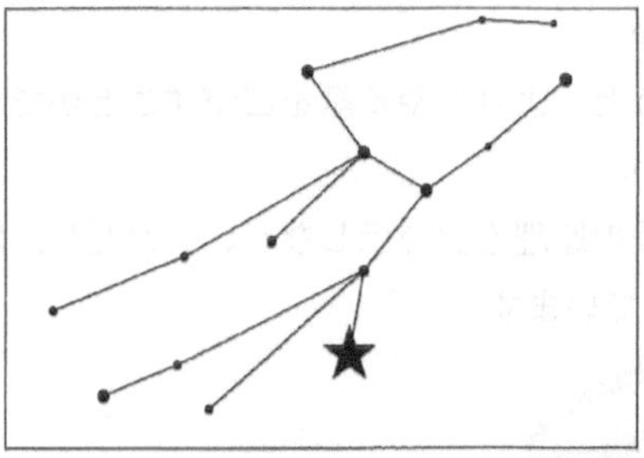

図２

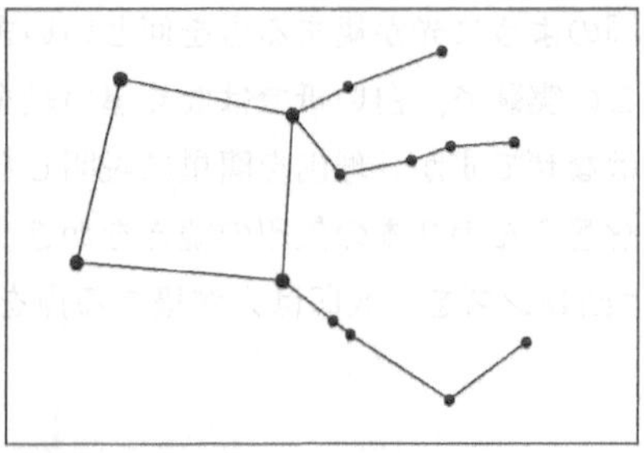

（１） 次の文章に当てはまる言葉を，次のア～ケから一つずつ選び，記号で答えなさい。

図１は（ ① ）座で，（ ② ）によく見ることができる。

図２は（ ③ ）座で，（ ④ ）によく見ることができる。

ア ふたご　　イ ペガスス　　ウ さそり　　エ おとめ　　オ オリオン

カ 春　　キ 夏　　ク 秋　　ケ 冬

（２） 図１の★で示した星はとても明るく見える１等星です。また，ふつう私たちが目で見ることのできる最も暗い星は６等星です。１等星と６等星の明るさのちがいは何倍でしょうか。最も適当なものを，次のア～オから一つ選び，記号で答えなさい。

ア 約５倍　　イ 約10倍　　ウ 約20倍　　エ 約50倍　　オ 約100倍

（３） 図２の星座の中の四角い形に見える星の並びを何といいますか。

（４） 図３は，太陽の周りをまわる地球の様子を示しています。図１と図２の星座を夜観察できるのは，地球がどの場所にあるときですか。図３のア～エから一つずつ選び，記号で答えなさい。ただし，図の上側を北半球とします。

図３

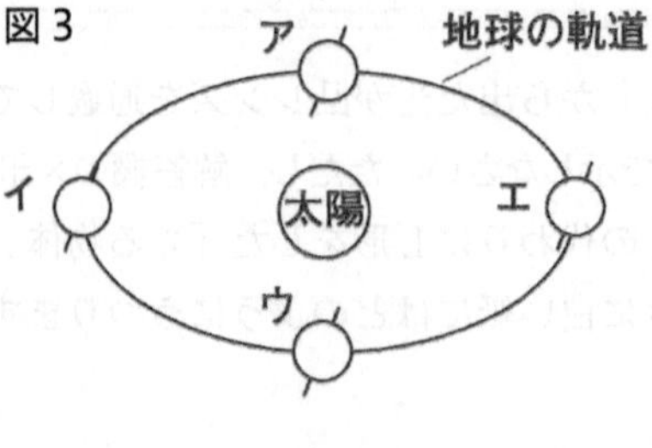

3　**物質の状態変化について，次の問いに答えなさい。**

図１は氷を加熱してとかした実験のようすを，図２はその時の温度変化を示しています。

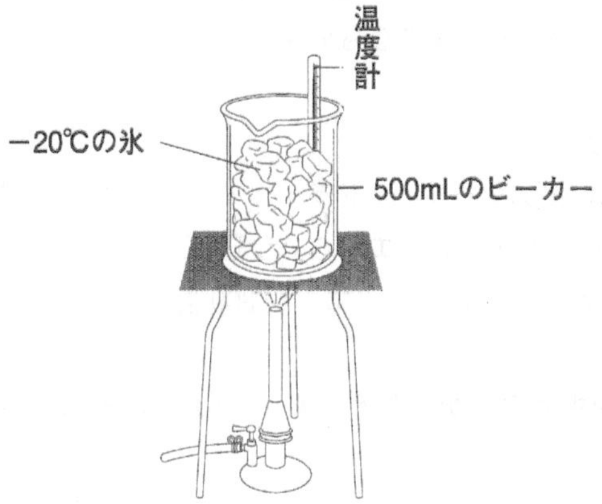

図１

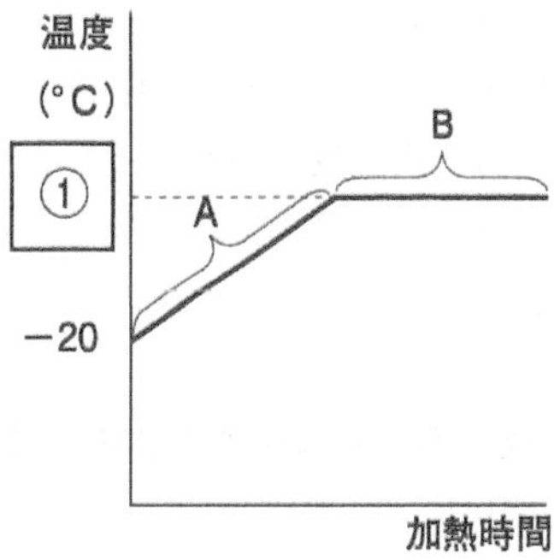

図２

（１）　図２の①にあてはまる温度を数値で答えなさい。

（２）　図２の①の温度の名称を答えなさい。

（３）　図２のA，Bのとき，ビーカー内のようすはどうなっていますか。最も適当なものを，次のア～カから一つずつ選び，記号で答えなさい。

ア　すべて固体　　　　イ　すべて液体

ウ　すべて気体　　　　エ　固体と液体が混ざっている

オ　液体と気体が混ざっている　　　　カ　固体と気体が混ざっている

（４）　図２のA，Bのときのビーカー内の重さについて，正しいものを，次のア～ウから一つ選び，記号で答えなさい。ただし，蒸発はしないものとします。

ア　Aの状態の方がBの状態の方にくらべて重い

イ　Aの状態の方がBの状態の方にくらべて軽い

ウ　A，Bどちらの状態であっても同じ重さである

（５）　図２のBでは，加熱をし続けているにもかかわらず，温度が上がりませんでした。加えた熱は何に使われましたか。次のア～イから一つ選び，記号で答えなさい。

ア　氷をとかすこと　　　　イ　氷を動かすこと

図３は−150℃に冷やしたドライアイスをビーカーに入れたようすです。室温で放置し，ドライアイスがとけるようすを観察しました。

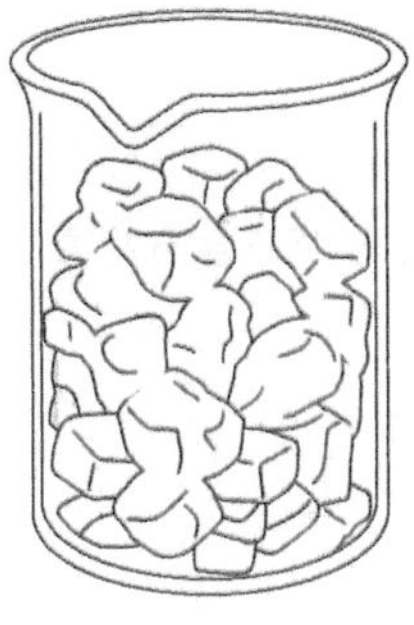

図３

（6） ドライアイスがとける温度は何度ですか。次の**ア**～**オ**から一つ選び，記号で答えなさい。ただし，実験は１気圧のもとで行ったものとします。

ア －78.5℃　　**イ** －8.5℃　　**ウ** 0℃　　**エ** 8.5℃　　**オ** 78.5℃

（7） ドライアイスはとけるとどうなりますか。最も適当なものを次の**ア**～**ウ**から一つ選び，記号で答えなさい。

ア 固体　　**イ** 液体　　**ウ** 気体

（8） ビーカー内の変化が起こらなくなるまで放置すると，ドライアイスの体積は実験開始時に比べて約何倍になりますか。最も適当なものを次の**ア**～**エ**から一つ選び，記号で答えなさい。

ア 約２倍　　**イ** 約５倍　　**ウ** 約30倍　　**エ** 約800倍

4 **次の表はいろいろな動物の体のつくりや生活のしかたなどでＡ～Ｆのグループに分けたものです。次の問いに答えなさい。**

A	B	C	D	E	F
ヘビ トカゲ	ヒトデ クラゲ	ペンギン スズメ	マグロ サケ	カエル イモリ	イルカ ライオン

（1） 背骨を持っていないグループを表より一つ選び，記号で答えなさい。

（2） 一生，肺で呼吸するグループを表よりすべて選び，記号で答えなさい。

（3） 次のグラフの①と②は**D**と**F**のグループの生き物について，生まれてから寿命《じゅみょう》がくるまでの数の変化を相対的にあらわしたものです。図中①・②には，どちらの生物があてはまりますか。記号で答えなさい。また，その理由を次の**ア**～**エ**からそれぞれ一つずつ選び，記号で答えなさい。

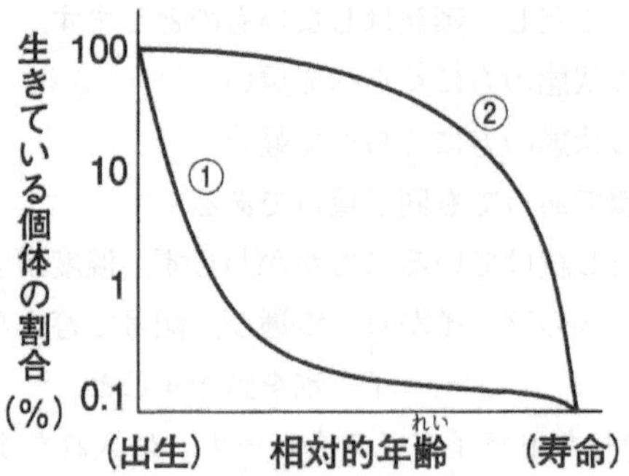

【理由】

ア 親が子供に乳をあたえて育てるため

イ 親が子の世話をしないため

ウ 卵のからが硬いため

エ うまれてすぐ自分でえさをとることができるため

（4） 次の表は，あるこん虫の成長時期になったときの最初の数を示しています。次の問いに答えなさい。

成長時期	各成長時期の最初の数
卵	240
幼　虫	212
さなぎ	105
成　虫	20

① このこん虫の，もっとも数が減ってしまう成長時期はいつですか。表の成長時期から一つ選び，ことばで答えなさい。

② このこん虫は，成虫まで育ったもののうち，２割が子孫を残すことができました。一度産卵したら死んでしまうとすると，メス１ひきあたり何個の卵をうめば，増えも減りもせず一定数を保つことができるでしょうか。卵の数を答えなさい。ただし，オスとメスの卵から生まれる数と，成体になるまでの死亡率は同じものとします。

【社　会】（25分）〈満点：50点〉

1　次の文章【　A　】・【　B　】を読んで，以下の問に答えなさい。

【　A　】

2021年7月～9月，（　1　）年以来，2度目のオリンピック・パラリンピックが東京都で開催された。競技は① **東京都**の他に，神奈川県・② **千葉県・埼玉県・茨城県**・静岡県・福島県・③ **北海道**で行われ，新型コロナウィルスの感染防止の影響で，原則無観客で実施された。

問1　空欄（　1　）に入る年号を西暦で答えなさい。

問2　下線部①について，東京都の工業生産額の割合が高いものを，次の**ア**～**エ**から1つ選び記号で答えなさい。

ア　食料品　　**イ**　化学　　**ウ**　金属　　**エ**　印刷

問3　下線部②について以下の問に答えなさい。

下の表は，農作物の都道府県別生産量割合を示したものである。表中のX・Y・Zには千葉県・埼玉県・茨城県のいずれかが入る。X・Y・Zに入る県として正しいものを，次の**ア**～**エ**から1つ選び，記号で答えなさい。

	全国計（t）	都道府県別生産割合（%）
ねぎ	45.3万t	【　Y　】(13.8%)・【　Z　】(12.3%)・【　X　】(11%)
ほうれんそう	22.8万t	【　Y　】(11.2%)・【　Z　】(10.6%)・群馬（9.4%）
はくさい	89万t	【　X　】(26.5%)・長野（25.4%）・群馬（3.7%）
落花生	1.5万t	【　Y　】(83.3%)・【　X　】(9.8%)・神奈川（1.8%）

農林水産省資料による（2018）

ア　X：埼玉県　Y：千葉県　Z：茨城県　　**イ**　X：茨城県　Y：千葉県　Z：埼玉県

ウ　X：千葉県　Y：埼玉県　Z：茨城県　　**エ**　X：千葉県　Y：茨城県　Z：埼玉県

問4　下線部③について，以下の問に答えなさい。

ⅰ）北海道の政治・経済・文化の中心である道庁所在地を答えなさい。

ⅱ）北海道について述べた文章として，誤っているものを，次の**ア**～**エ**から1つ選び，記号で答えなさい。

ア　北海道はかつて蝦夷地と呼ばれ，先住民族であるアイヌの人々が暮らしていた。

イ　北海道では乳牛を飼育し，牛乳・バターなどの乳製品をつくる酪農が盛んである。

ウ　北海道東部，釧路湿原はラムサール条約に登録された湿原である。

エ　北海道西部に広がる，ブナの原生林の白神山地は世界遺産に登録された。

【　B　】

2021年9月，菅義偉総理大臣は就任から約1年で退陣した。この④ 内閣は，新型コロナウィルスの対応に追われたが，その他の政策としては携帯料金の引き下げや行政の手続きを円滑化するために（　2　）庁を発足させた。また，脱炭素社会に向けて「⑤ 2050年までに温室効果ガスの排出を全体としてゼロにする」と表明した。

問5　空欄（　2　）に当てはまる語句を答えなさい。

問6　下線部④について，内閣の仕事として誤っているものを，次の**ア**～**エ**から1つ選び，記号で答えなさい。

ア　外国との条約を承認する。　　　**イ**　法律案や予算案を作成する。

ウ　政令を制定する。　　　　　　　**エ**　天皇の国事行為について助言と承認を行う。

問７　下線部⑤について，以下の問に答えなさい。

ｉ）なぜ温室効果ガスの排出をゼロにする必要があるのか，簡単に説明しなさい。

ⅱ）二酸化炭素をはじめとする温室効果ガスの「排出量」から，森林などによる「吸収量」を差し引いて，合計を実質的にゼロにすることを，カタカナで何というか答えなさい。

問８　下の図は三権分立についてである。以下の問に答えなさい。

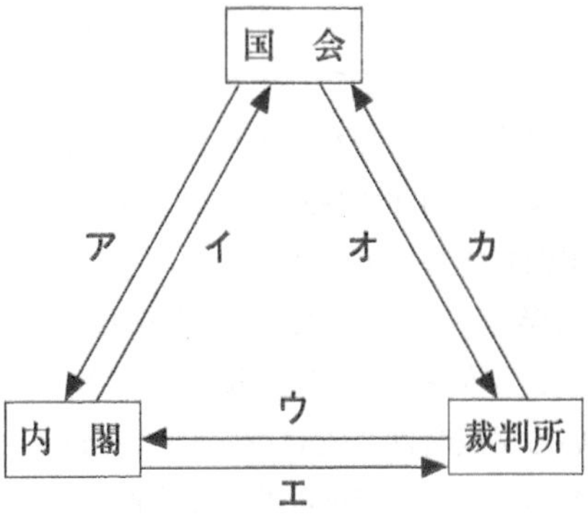

ｉ）次の①～③は図の矢印**ア～カ**のどれに当てはまるか，適当なものをそれぞれ１つ選び，記号で答えなさい。

①　衆議院の解散　　　②　最高裁判所長官を指名　　　③　内閣総理大臣を指名

ⅱ）図のように，権力を３つに分けているのはなぜか，その理由を説明しなさい。

2　**総合学習の時間に日本語の歴史を調べた生徒の会話を読み，あとの問に答えなさい。**

千葉さん　私は日本語，とくに平仮名について調べました。まず，漢字が中国・朝鮮半島からの渡来人によって日本に伝わったのが**① ４世紀後半**のことです。

市川くん　57年に日本列島の小国が後漢と交流があった証とされる金印に（「　Ａ　」）の５文字漢字が刻まれていましたよね。

千葉さん　57年の金印は後漢の皇帝から与えられたものです。日本で制作されたわけではありませんから，「漢字資料の最初のもの」という位置づけになりますね。

市川くん　では，日本人が漢字を使いこなすようになったのは，いつの頃でしょうか。

千葉さん　７世紀と考えられます。というのも**② 聖徳太子**が仏教経典の注釈書『三経義疏《さんぎょうのぎしょ》』の作成にたずさわっており，ここに漢字が伝われています。また，『天皇記』『国記』とよばれる史書も計画されましたが，これは**③ 大化の改新**の際に焼失しています。ただ，その内容は720年に作られた歴史書（『　Ｂ　』）に伝わったとされています。ちなみに『古事記』（『　Ｂ　』）はともに漢文調＊で書かれています。

市川くん　その少しあと，８世紀末に完成したとされる**④『万葉集』**では「万葉仮名」を使っていると授業で習いました。あれは仮名と言いつつ，漢字だったと思いますが…。

千葉さん　万葉仮名は日本語を漢字だけで表したものです。日本語１音節に対して漢字１字をあてました。例えば「イ」の音を表すのに「以」や「伊」，「意」などの漢字があてられています。

市川くん　「イ」という音に対し，常に同じ漢字を用いるわけではないのですね。

千葉さん　その後，公的文書や記録はすべて漢字で書き，私的なものは万葉仮名を用いた文体となりました。この時，（　D　）。こうして平仮名が誕生しました。10世紀になると『古《こ》今和歌集《きんわかしゅう》』がつくられ，この選者である紀貫之《きのつらゆき》が⑤**『土佐日記』**を著しました。

市川くん　たしか土佐守《とさのかみ》としての任期を終え，土佐から京都に帰るまでの旅を記したものですよね。

千葉さん　はい，興味深いのは，紀貫之が自らを女性と偽《いつわ》り書いている点です。それは，仮名が女性の使う字という考え方が当時あったことや，繊細《せんさい》で微妙《びみょう》な感情を表現するのに平仮名がふさわしかったとも言われます。

そんな平仮名が普遍《ふへん》的に用いられるようになると，漢文体の書状の中にも平仮名を交えたものがあらわれます。11世紀初頭⑥ **藤原道長**の日記『御堂《みどう》関白記』では記事は漢文，和歌や文章は平仮名で書いています。この頃『源氏物語《げんじものがたり》』や『枕草子《まくらのそうし》』が書かれており，平安の女流文学の代表とされ，平仮名を女手と呼ぶようになりました。そして12世紀前半までには，平仮名の字体も完成されていきます。

市川くん　私たちが使っている平仮名は，成立から1000年近くも経っているのですね。

千葉さん　ところが800年たった後の⑦ **1900年**，文部省が「小学校令施行規則」を公布し，このとき平仮名・片仮名ともに字体を一つに定め，それ以外の字体は教育現場では教えなくなるのです。

市川くん　これが平仮名の完成と考えられますね。

参考文献：世界の文字研究会『世界の文字の図典』吉川弘文館 2014年

＊「漢文調」：中国古来の文語体の文章のこと。漢字だけの文章。

問1　下線部①について，この時期の出来事として誤っているものを，次の**ア**～**エ**から１つ選び，記号で答えなさい。

ア　高床倉庫に食料などをたくわえることができた。

イ　稲作開始にともない定住生活が始まっていた。

ウ　防御力の高い環濠集落に住んでいた。

エ　打製石器を用いて，土器の使用は見られなかった。

問2　空欄Aに当てはまる語句を解答欄に当てはまるように答えなさい。

問3　下線部②について，聖徳太子に関する記述として正しいものを，次の**ア**～**エ**から１つ選び，記号で答えなさい。

ア　世界最古の木造建築である興福寺をたてた。

イ　小野妹子を初の遣唐使として派遣した。

ウ　摂政となり，蘇我馬子とともに推古天皇を支えた。

エ　壬申の乱と呼ばれる皇位継承争いに勝利した。

問4　下線部③について，大化の改新について述べた文として，誤っているものを，次の**ア**～**エ**から１つ選び，記号で答えなさい。

ア　中央集権国家を目指し，中大兄皇子が中臣鎌足とともに起こした大改革である。

イ　これを機に，都を奈良の平城京にうつし旧勢力からの離脱をはかった。

ウ　これを機に，戸籍の作成や耕地の調査による班田収授法の実施が宣言された。

エ　この改革をおこした人物がのちに天智天皇として即位した。

問５　空欄Ｂに当てはまる歴史書を答えなさい。

問６　下線部④について，『万葉集』の説明として誤っているものを，次の**ア**～**エ**から１つ選び，記号で答えなさい。

ア　日本初の勅撰和歌集で，醍醐天皇の命令でつくられた。

イ　約 4500 首と多数の和歌が収められた。

ウ　貴族だけでなく民衆など幅広い階層の人の和歌が収められた。

エ　『貧窮問答歌』で有名な山上憶良の歌が収められた。

問７　空欄Ｄには平仮名がどのように成立したかを示す短文が入る。下の図を参考にし，「万葉仮名」「平仮名」という語句を使用し，空欄に当てはまる短文を答えなさい。

【図】

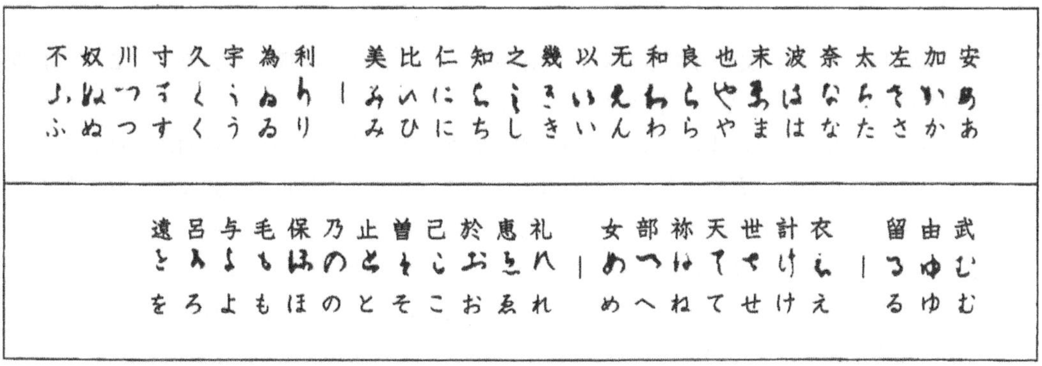

問８　下線部⑤について，次の問に答えなさい。

（ｉ）土佐とは現在の高知県である。高知県を示す雨温図を次の**ア**～**エ**から１つ選び，記号で答えなさい。

ア

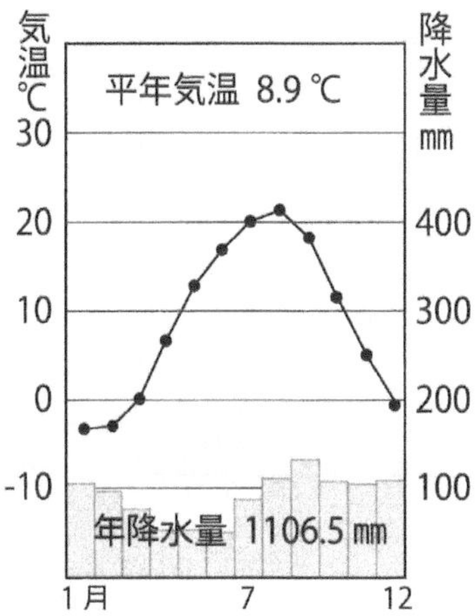

イ

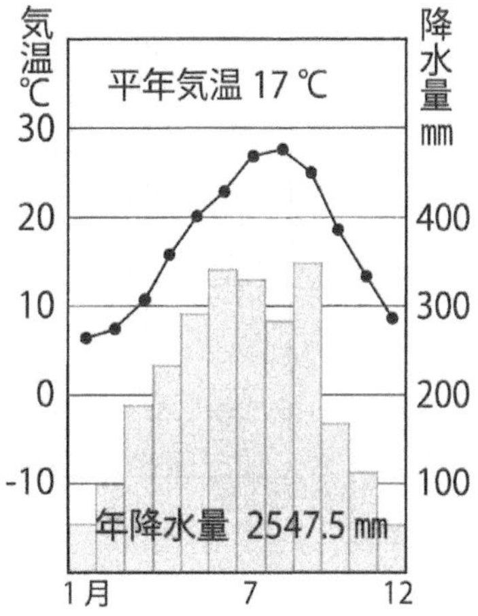

ウ

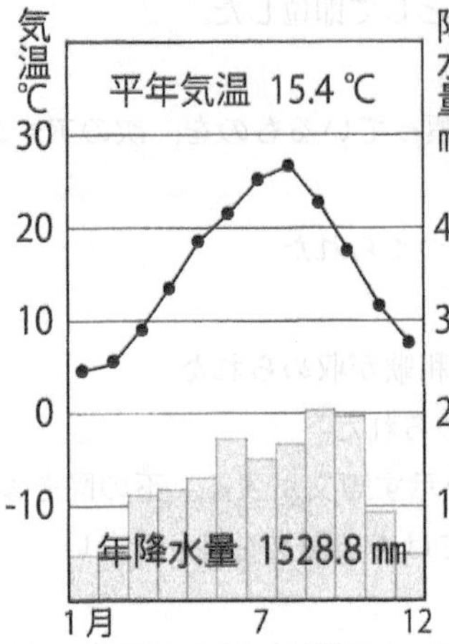

エ

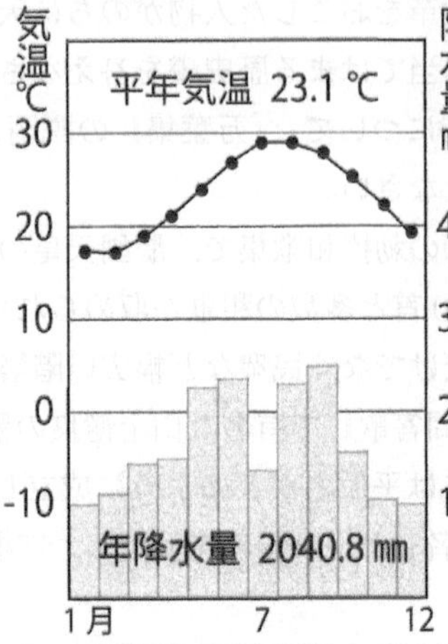

（ⅱ）土佐日記の冒頭の文としてふさわしいものを，会話文から推測し，次の**ア**～**エ**から１つ選び記号で答えなさい。なお，冒頭の文は現代語に直してある。

ア　手持ちぶさたなのにまかせて，一日中硯《すずり》に向かって，心に浮かんだり消えたりしてうつっていくつまらないことを，とりとめもなく書きつけると，妙に正気を失った気分になる。

イ　男も書く日記というものを，女の私もしてみようと思いするのである。

ウ　ゆく河の流れは絶えることなく，またその上，元の水と同じではない。

エ　春は明け方がいい。だんだんと白くなってゆく山際の方の空が，少し明るくなって，紫がかった雲が細くたなびいているのがいい。

問９　下線部⑥について，藤原道長は父子二代にわたり摂関政治を行い，政治を独占した。これを可能にしたのはどのような手法を用いたと考えられるか。下の図を参考にして答えなさい。

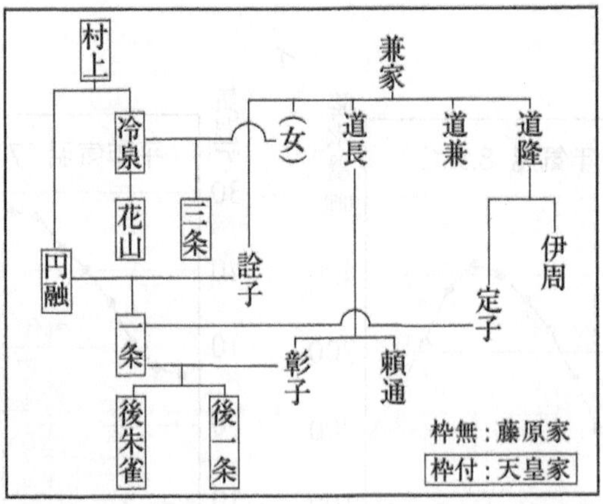

問10　下線部⑦について，1900 年前後の日本の様子として誤っているものを次の**ア**～**エ**から１つ選び，記号で答えなさい。

ア　日本は日露開戦に備え，ロシアと対立するイギリスと日英同盟を締結した。

イ　日清戦争に勝利した日本は，多額の賠償金だけではなく中国遼東半島も手に入れ，すぐに遼東半島開発に着手した。

ウ　朝鮮半島の植民地化を進めた伊藤博文は，韓国併合条約締結直前に反対派の安重根により暗殺された。

エ　日露戦争に勝利した日本は，中国における権益や朝鮮半島の支配権を得たが，賠償金を得ることはできなかった。

問11　中国から日本に伝わったものには，文字以外に仏教・茶・水墨画・暦《こよみ》など，宗教から文化・制度など多岐にわたる。これについて，以下の問に答えなさい。

（ⅰ）茶は，臨済宗を開いた栄西が中国に渡った際，禅僧の飲茶の風習を見聞し，帰国後に日本にもちこんだものである。栄西によって茶が持ち込まれた頃の日本の様子について述べた文として，正しいものを次の**ア**～**エ**から１つ選び，記号で答えなさい。

ア　中国・朝鮮半島近海で活動した倭寇対策として，勘合と呼ばれる渡航許可書を用いて，日本は中国と貿易を開始した。

イ　天皇親政を目指した後醍醐天皇が建武の新政を開始したものの武家を軽んじたため，２年半の短命政権となった。

ウ　幕府将軍の後継をめぐる問題を機に，政治の主導権をめぐって山名宗全と細川勝元が対立し，これに多くの守護大名をまきこむ応仁の乱が起きた。

エ　平氏打倒のために侍所・政所・問注所といった武士を統制する機関の設置や，守護・地頭といった武士が全国に配置され，日本初の武家政権，幕府成立の動きが見られた。

（ⅱ）暦とは，時の流れを年・月・日などを単位として区切った体系のことで，私たちはカレンダーに見ることができる。日本では古代より中国から伝えられた暦を利用していた。日本人の手によってつくられるのは，1685 年渋川春海《しぶかわしゅんかい》によるものが初となる。この当時の日本の様子について述べた文として，正しいものを次の**ア**～**エ**から１つ選び，記号で答えなさい。

ア　徳川家康が関ヶ原の戦いに勝利し，征夷大将軍となって江戸幕府を開いた。

イ　貿易開始にともなう市場・経済の混乱の責任を問われ，大老井伊直弼が桜田門外の変で暗殺された。

ウ　徳川綱吉は生類憐れみの令を出し動物の殺生を禁止したが，これにともなう費用が幕府財政を圧迫した。

エ　ポルトガルから種子島へ鉄砲が伝来したのを機に，日本国内の戦い方は，騎馬隊から足軽鉄砲隊の集団戦法に変化した。

三 次の□にはそれぞれ漢字一字が当てはまり、矢印の方向にその漢字を組み合わせると熟語となります。例を参考にそれぞれ□に漢字を当てはめなさい。当てはめた漢字を順番に並べ替えるとある四字熟語になります。その四字熟語を答えなさい。

（例）

起 ↓ □ ↑ 直

案 ← □ → 派

正解：「立」（起立・直立・立派・立案）

《問題》

方 ↓ □ ↑ 指

分 → □ → 金

鉄 ↓ □ ↓ 状

金 → □ ← 相

巨 ↓ □ ↓ 河

広 → □ → 王

雨 ↑ □ ↑ 弱

縮 → □ → 豆

四 次の――線①～⑧のカタカナは漢字に直し、⑨、⑩の漢字はひらがなに直しなさい。

① 川のスイゲンを確かめに行く。
② 地表からタイヨウが顔を出す。
③ 会議のキロクを取る。
④ 学級委員のヤクワリを決める。
⑤ 博覧会がカイマクした。
⑥ 彼はメイロウ快活な性格だ。
⑦ おとなしいキショウの子ども。
⑧ 映画のセイサクを行う。
⑨ 成功と失敗は表裏一体だ。
⑩ 友人の車に便乗する。

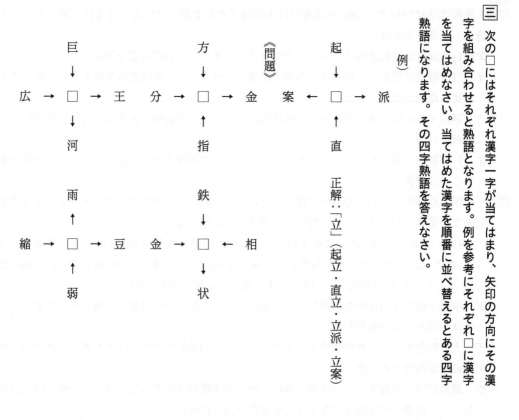

ウ　身近な人たちを中心に、自分も含めて幸せになるようにすること。
エ　他人に頼《たよ》らず、自分の力だけで自分一人の幸せを追求すること。
オ　自分を犠牲《ぎせい》にしてでも、他人の幸せを第一に考えること。

問2　――線部②「人間にとってとても大切な問題」とありますが、筆者がそう考えるのはなぜですか。次のア～オから一つ選び、記号で答えなさい。
ア　将来の夢を考え、天職を早いうちに見つけることが肝心《かんじん》だから。
イ　幸せになりたいという思いが、生きることの根幹をなしているから。
ウ　生活していく上で、人をうまく利用することが重要になってくるから。
エ　たとえ気恥《きはず》かしいことでも、挑戦することが何より大事だから。
オ　目標を明確かつ具体的にすることで、気力がわいてくるから。

問3　――線部③「人それぞれ、いろいろ多種多様」とありますが、これを四字熟語で言い換えると次のようになります。空らんにはそれぞれ漢数字が当てはまりますが、一番小さい数字を漢数字で答えなさい。
□人□色　□差□別　□者□様

問4　④・⑤・⑧にふさわしい語を次のア～オからそれぞれ一つずつ選び、記号で答えなさい。
ア　たとえば　イ　それとも　ウ　でも
エ　くわえて　オ　つまり

問5　――線部⑥「裏方《うらかた》に徹《てっ》して陰《かげ》で何かを支える」とありますが、これを表すことわざとしてふさわしいものを次のア～オから一つ選び、記号で答えなさい。
ア　袖振り合うも他生の縁《えん》　イ　寄らば大樹の陰
ウ　陰徳《いんとく》あれば陽報あり　エ　縁の下の力持ち
オ　三人寄らば文殊《もんじゅ》の知恵《ちえ》

問6　――線部⑦「『これが幸福の形だ』という、具体的な形をあげることは不可能」とありますが、筆者がそう考えるのはなぜですか。次のア～オから一つ選び、記号で答えなさい。
ア　誰もが自分の望む将来の夢を実現できるとは限らないから。
イ　幸せというものは目に見えないものなので、形では表せないから。
ウ　その人にとっての天職は人によって異なるから。
エ　すべての人が幸せになれる方法など存在するはずがないから。
オ　何が幸福かはその人によってさまざまだから。

問7　――線部⑨「二つのモメント（契機《けいき》）」とありますが、それは何と何ですか。文章中から一つは漢字四字で、一つは九字でぬき出し、答えなさい。

問8　⑩にふさわしい語を本文の内容から考えて漢字二字で答えなさい。

問9　――線部⑪「『自己充実』というモメントを得ている」とありますが、本文中の「自己充実」の意味をよく考えた上で、あなたの「自己充実」体験を紹介《しょうかい》しなさい。

題について考えてみたいと思います。

誰《だれ》でも「この学校に行きたい」とか、「こういう仕事に就きたい」とか、「こういう人と結婚《けっこん》したい」ということは考えたことがあるでしょうし、そんな将来の夢を、友だちと語り合ったこともあるでしょう。それは、結局のところ「私はどうやったら幸福になれるんだろう」ということを、具体的な形として表現し、追究しようとしたものなのです。

この、人間の「幸福の具体的な形」は③人それぞれ、いろいろ多種多様です。

ある人にとっては、［④］歌手になって、テレビやステージでたくさんの聴衆《ちょうしゅう》を前に自己を表現することが幸福なのかもしれません。［⑤］ある人にとっては、人前に出て歌うなんてまっぴらだ、という人もいるでしょう。自分が目立つことをしたい人もいれば、⑥裏方に徹《てっ》して陰《かげ》で何かを支えることに幸福を感じる人だっているのです。

人によっていろいろなタイプがありますから、⑦一言で「これが幸福の形だ」という、具体的な形をあげることは不可能でしょう。

ただ、さまざまある幸福の形から、グッと本質を抽出《ちゅうしゅつ》してくることは可能なのです。［⑧］、いろいろな幸福の形はあるのだけれども、どんな形にもそれぞれに共通する本質を取り出してみることはできると私は考えているのです。

人間の幸福にとって本質的なもの、それは結局⑨二つのモメント（*契機《けいき》）に絞《しぼ》られると私は考えています。そして、その二つのモメントしか、幸福を語るときの大事な核はないのではないかと思うのです。

ひとつが「自己充実」というモメントです。これは「自己［⑩］」という言葉でも言いあらわすことができます。つまり自分が能力を最大限発揮する場を得て、やりたいことができることです。これはとても大きな幸福に違《ちが》いありません。

天職という言葉がありますが、これは英語ではcallingといいます。「これをやるのは君だよと、呼ばれた仕事」なわけですね。呼ぶのは「天の声」、つまり神様ですね。天から与《あた》えられた「天与《てんよ》の資質」などという言い方もあります。そんな、天から与えられた才能を発揮できてそれが仕事になっている場合、これはいかにも幸福なのではないでしょうか。大リーガーのイチローや、ちょっとマイナーかもしれませんが女子のアマチュアレスリングの吉田沙保里《よしださおり》選手（アテネ五輪を含め、二〇〇二年から五年連続で世界大会を制覇《せいは》）などをみていると、こうした「天職」といったものを感じますね。

そこまでいかなくても、「これは自分に向いてるな」「やっていて楽しいな」と思えることに自分の能力が発揮できていれば、⑪「自己充実」というモメントを得ていると言ってもいいでしょう。

菅野　仁『友だち幻想　人と人の〈つながり〉を考える』（筑摩書房）

＊契機……………変化・発展を起こす要素。

問1　――線部①「幸せ（幸福）」とありますが、筆者が「幸せ」になる上で最も大切だと思っていることは何ですか。次のア～オから一つ選び、記号で答えなさい。

ア　他人とのつながりを利用して、自分だけの幸せを求めること。

イ　一人にならないよう、とにかく他人とのつながりを求めること。

【条件】

・図書委員会の立場を意識すること。

・三島会長の意見に反対すること。

【三島会長の意見】

図書委員会の首脳の皆様《みなさま》もおそろいですので、ここですっかりカタをつけてしまいましょう。つまりですね、あなたたちのような優秀な方々がどうして、紙の本などに固執《こしつ》するのかということです。気がついてください。古びた文学作品など、現代では読む必要はありません。時間の無駄《むだ》です。特に、紙の本は場所を取るし、中身のアップデートもないため存在価値はありません。すべて電子書籍《しょせき》かネット情報に差し替えるべきです。今活躍《かつやく》する政財界人……多くの方々と懇意《こんい》にさせていただいていますが、その方々の知恵《ちえ》を写したビジネスログや最新のテクノロジーを伝える技術ツールで学んで毎日、いや毎時間ごとに知恵をアップデートしていくのが望ましい形です。それこそが社会の求める、私たちの若い人材の理想のありようです。

問10　文章の表現上の特徴を説明したものとしてふさわしくないものを次の**ア**～**オ**から一つ選び、記号で答えなさい。

ア　「……」を用いて登場人物の発言に間があることを示し、やりとりに臨場感をもたせている。

イ　「しかめっ面」や「むっとした顔」などのように表情を描写《びょうしゃ》することで、登場人物の心情を読者に伝えようとしている。

ウ　「三島会長」について多くの人が表現することで、彼の人となりを多角的に表そうとしている。

エ　私の視点で物語を進めることで、私の思っていることや感じたことを読者がわかるように工夫している。

オ　課題に対して委員会の面々が意見を言い合う描写から、「図書委員会の団結」という作品のテーマを伝えようとしている。

二　**次の文章を読んで、後の問いに答えなさい。なお、問題の都合上、一部本文を変えてあります。**

さて、私たちは人と人とのつながりにおいて、いったい何を求めているのでしょうか。それはやはり「①幸せ（幸福）」になることである、と私は考えています。ただし一言で「幸せ（幸福）」といっても、人とのつながりをいわば利用し手段とすることによって自分（だけ）の幸福を求めようとする場合もあれば、人とつながることそのものを味わう、つまり人との心からの交流を求めることによって、「幸せだなあ」という実感を得ようとする場合がありますよね。

人間にはいろいろな考え方はあるけれども、やはり自分が、さらに自分の周りの人も含《ふく》めて幸せになりたいということが「生きる」ということの一番の核《かく》となっているのだと私は思うのです。さらにいえば、自分一人だけで幸せを得るよりも、身近な人たちを中心にできれば多くの人と幸せを感じることができれば、その方が人はより大きな幸福を味わえたことになるのではないでしょうか。

日ごろはあまり、「幸せとは何か」などと意識はしないし、恥《は》ずかしくてそういうことを人と話したりはしないかもしれません。

だからこそ、あえて、「幸福って何だろう」という、人に直接語るのはちょっと気恥《きはず》かしい感じがする、でも②人間にとってとても大切な問

ているということ。

イ　性悪《しょうわる》男である三島会長にあこがれをいだいているかれんを不気味に思っているということ。

ウ　多くの生徒からしたわれている三島会長の良さを知らないことに驚いているということ。

エ　かれんが三島会長のことを正確に理解していないことに対してあきれているということ。

オ　多くの男性と付き合った経験から、三島会長の外面《そとづら》の良さを疑っているということ。

問5　――線部⑥「決して生徒会長やその取り巻きを良く思ってはいない」とありますが、リョウがこのように考えていると「私」が感じたのはなぜですか。次の**ア**～**オ**から一つ選び、記号で答えなさい。

ア　三島会長の能力を高く評価しながらも、言葉の最後に「ですがね」を用いているから。

イ　三島会長のことを小学生のころから知っているのに、あえて「彼《かれ》」と表現しているから。

ウ　ひろしが三島会長のことを「あの方」と表現したことに否定することをしていないから。

エ　三島会長は人望よりも「金」の力によって、友人付きあいをしていると言っているから。

オ　三島会長のことを「悪い男」と決めつけて、よくない評判だけを話しているから。

問6　――線部⑦「この人が光り輝《かがや》いているように見えた」とありますが、どういうことですか。次の**ア**～**オ**から一つ選び、記号で答えなさい。

ア　「意見表明」という大事な役割を買ってでたため、普段《ふだん》の印象よりもよく見えたということ。

イ　三島会長と同じように、多くの人から絶賛されているキサラギの容姿をほめているということ。

ウ　みんなの敵である三島会長を「泣かせる」と発言したことを頼《たの》もしく思っているということ。

エ　書架《しょか》の陰《かげ》から出てきたことで、実際にキサラギに光が当たり、まぶしくみえているということ。

オ　希望を見いだせないような状況《じょうきょう》の中で、キサラギが状況を打開してくれることを予感したということ。

問7　――線部⑧「陶子《とうこ》」とありますが、この人物は文章中で他の呼び方もされています。その呼び方を文章中から三字以内でぬき出して答えなさい。

問8　――線部⑨「あいつの鼻をへし折る」とありますが、この言葉とほぼ同じ意味を表す言葉を本文中から十七字でぬき出し、答えなさい。

問9　――線部⑩「図書委員会は最後にやっと呼ばれた」とありますが、この後に本文では意見表明の場面が描かれます。あなたが意見表明をするとしたら、どのような意見を伝えますか。左に示した条件を満たして八十字以内で答えなさい。

「日常会話で『ぎゃふん』と言うやつを初めて見たよ。実在するのだな」
私はむっとした顔を作った。しかし内心では、こんなやり取りは楽しい。
「実のところ、自信はない、策も何もない」
まっすぐ前を向いて進みながら、キサラギは言った。
「陶子ががっかりしてたから、気休めを言っただけだ」
私はちょっと意地悪な気持ちになる。本気でむっとした顔になった。
「キサラギ先輩も……やっぱり、委員長がお好きなんですね」
キサラギはまた私を見下ろす。半笑いに口がゆがむ。
「カン違《ちが》いするな。陶子とは昔から家が近所で……いわゆる幼馴染《おさななじ》みというやつだ。おれの家にいろいろあった時、あいつのおふくろさんにはお世話になった。ただそれだけだ」
自分の幼さを笑われたような気がして、私は『元老院』の開かれる会議室へ着くまで、ずっとふくれっ面をしていた。
会議室前の廊下《ろうか》にはベンチがあって、数人の委員会や部の代表が順番を待っている。私とキサラギが待っていると、後から委員長とリョウが追いついた。
私たちは黙りこくってベンチに並んで座《すわ》る。⑩図書委員会は最後にやっと呼ばれた。

櫻井とりお『図書室の奥は秘密の相談室』（ＰＨＰ研究所）

問1　――線部①「皆……ごめん」とありますが、このときの委員長の心情を説明したものとしてふさわしいものを次の**ア**～**オ**から一つ選び、記号で答えなさい。

ア　自分たちが望む通りの結果が出せず、ふがいなく思う気持ち。
イ　あえて謝罪することによって、周囲の人々を驚《おどろ》かせようとする気持ち。
ウ　提出書類に間違《まちが》いがあり、資料費が削減《さくげん》されたことにいきどおる気持ち。
エ　予算の組み立てがうまくいかず、自身の能力を悲しく思う気持ち。
オ　六割削減という結果になってしまったことを、残念がる気持ち。

問2　――線部②「ハンカチをにぎりしめ目に押《お》しあてた」、――線部③「ばんと、両手をテーブルにつく」とありますが、この行動はそれぞれどのような心情を表しているか、その組み合わせとしてふさわしいものを次の**ア**～**オ**から一つ選び、記号で答えなさい。

ア　②　つらさ　　③　よろこび
イ　②　かなしみ　③　いかり
ウ　②　よろこび　③　おどろき
エ　②　おどろき　③　はずかしさ
オ　②　いかり　　③　かなしみ

問3　［④］にふさわしい四字熟語を次の**ア**～**オ**から一つ選び、記号で答えなさい。

ア　自画自賛　**イ**　絶体絶命　**ウ**　言語道断
エ　前代未聞　**オ**　完全無欠

問4　――線部⑤「訳知り顔にため息をつく」とありますが、どういうことですか。次の**ア**～**オ**から一つ選び、記号で答えなさい。

ア　三島会長と交友があるサヤカは、三島会長の裏の顔を熟知し

「でもでも、三島生徒会長って、カッコよくてさわやかで親切で、皆に、特に女の子の間では大人気ですよ。そんな悪い人っぽく言うのかわいそう」

かれんが首を傾《かし》げながら言うと、サヤカは⑤訳知り顔にため息をつく。

「かれんちゃーん。あんたきっと将来悪い男に引っかかるよ。外面《そとづら》のいい男こそ気をつけなくっちゃ。あの三島はかなりの性悪《しょうわる》よ。わたしにはピンとくる」

「サヤカおまえ、三次元の男と恋愛《れんあい》したことねえくせに」

「ああ？　なんだって、ひろしが」

ひろしが口をはさんでサヤカが言い返し、後ろでケンカが始まった。いつものことなので、他の皆は振《ふ》り向きもしない。

「三島くんが言うには、電子書籍《しょせき》だったらこの倍つけてもいいんだって。でも紙の本は……増やすメリットがほとんどないって……ひどい」

委員長はぐすんと鼻をすする。

私にはわからない。それほど影響力のある人が、本の予算を削《けず》るだなんて。

「三島生徒会長って、人望のある人じゃないんですか？」

「人望なんかじゃない、金さ、か――ね。あの方は金を持ってらっしゃるの」

ひろしが人差し指と親指で輪っかを作ってみせると、リョウも言った。

「彼《かれ》は小学生の時から投資を始め……もちろん親の名義ですが……中一で起業し、会社経営を通じて業界の重鎮《じゅうちん》ともつながりがあるとか。彼と親しくなればその恩恵《おんけい》を受けられる、といったところでしょう。独自の哲学《てつがく》を貫《つらぬ》く、才能ある人物であるのは間違《まちが》いない、ですがね……」

いつもの冷静な口調だが、⑥決して生徒会長やその取り巻きを良く思ってはいないのが、びしびしと伝わってくる。

「……このままだと、次の『元老院』の投票ですんなり決まっちゃう」

委員長の沈《しず》んだ声に、皆はどんより黙《だま》りこくる。

「『元老院』の投票前には、当事者の意見表明が認められているはずだ」

奥《おく》の書架《しょか》から響《ひび》く声に、皆はいっせいに振り向いた。

書架の陰《かげ》から、キサラギが出てきた。⑦断じてさわやかではないし、カッコいいかどうかも微妙《びみょう》だが、私には、この人が光り輝《かがや》いているように見えた。

「⑧陶子《とうこ》、泣くことはない。おれが意見表明してやる」

キサラギはたまに見せる、やさしげな微笑《ほほえ》みを浮《う》かべた。

「常々《つねづね》、三島のことは気に食わなかった。いい機会だ、あいつを泣かせてやる。予算のことはともかく、⑨あいつの鼻をへし折る自信はある」

「予算のことはともかく、じゃ困るんだが、キサラギ……」

リョウの声も聞こえないようで、キサラギの微笑みはすっかり邪悪《じゃあく》だった。

落ち葉を踏《ふ》みしめ、キサラギは校庭をずんずん行く。その後を私がついていく。委員長が、『元老院』を知らない一年生を連れていけばと提案してくれたのだが、かれんは朝比奈《あさひな》先輩《せんぱい》とのデートのためスルーで、結局私ひとりがつき添《そ》うはめになった。

「何か策はあるんですか？　三島生徒会長をぎゃふん、と言わせるような策は」

私が聞くと、キサラギにあきれたような目で見下ろされた。

【国　語】〈五〇分〉〈満点：一〇〇点〉

【注意】字数指定のある問題は、句読点《くとうてん》や「　」などの記号も一字と数えます。

一　次の文章をを読んで、後の問いに答えなさい。なお、問題の都合上、一部本文を変えてあります。

①「皆《みんな》……ごめん」

委員長が、ワークルームへ入ってくるなりつぶやいた。その深刻な顔に皆が驚《おどろ》く。

「……ふがいない委員長で……わたしが全部ダメなせいだ……」

委員長はリョウにタブレットを手渡《てわた》すと、そのままがっくりテーブルに突《つ》っ伏《ぷ》す。

タブレットを見たリョウの顔は、みるみる青くなる。

「バカな！　資料費……六割削減《さくげん》ですって？」

毎年今の時期になると、来年度の各委員会・各部の予算の組み立てが始まる。委員長とリョウは、毎日遅《おそ》くまでかかって話し合ったり計算したりして、完璧《かんぺき》な予算要求書を作り上げた。

委員長はなんとか起き上がったが、②ハンカチをにぎりしめ目に押《お》しあてた。

「そんなに欲ばりではないはず……現状が少なすぎるから、ほんの二パーセント増やしてくださいって、ささやかなお願いだったはずなのに……」

状況《じょうきょう》がよくわからずそわそわする私とかれんに、アキが教えてくれた。

「資料費って、紙の本を買うお金のこと。予算要求書は、こういう活動をするためお金がこれくらい必要です、だから予算をください、と生徒会にお願いする文書のことだよ。正式に決まる前に、予算要求書を生徒会事務局に見てもらうの。学園全体の予算の大きさや方向性に合ってるかチェックされる。委員長は今、それに行ってきて、その場で六割削減、つまりマイナス六〇パーセントの宣告を受けたらしいね」

③ひろしがばんと、両手をテーブルにつく。

「生徒会書記長はあの嵐山《あらしやま》だろ？　幽霊《ゆうれい》話の一件での恩を忘れたのか？」

リョウも、今まで見たこともないようなしかめっ面《つら》を見せる。

「委員長を泣かすなんて［　④　］、もっと義を重んずる男だと思っていたが」

委員長は赤い顔からハンカチを離《はな》した。

「嵐山くんに権限はないの。大きな方向性を決めるのは『元老院』の仕事だし」

「げ、元老院？　あの、古代ローマで共和制の政治を行った、元老院ですか？」

私が驚いて聞くと、アキは肩《かた》をすくめる。

「そ。本当は生徒会予算執行《しっこう》なんちゃらっていう名称《めいしょう》だけど、皆『元老院』って呼んでいる。それほど権力は大きく、学園への影響力《えいきょうりょく》は強い」

サヤカが声をひそめる。

「建前としては、十三人のメンバーの話し合いで決めるんだけど、今のメンバー全員、生徒会長の三島勇魚《みしまいさな》の息がかかってる。つまり、『元老院』の意志イコール三島生徒会長の意志、この学園の予算を牛《ぎゅう》耳《じ》っているのはヤツなんだよ」

MEMO

大切なことはメモしておこうネ！

一般Ⅰ期

2022年度

解 答 と 解 説

《2022年度の配点は解答欄に掲載してあります。》

＜算数解答＞

1 (1) 121　(2) $\frac{13}{25}$[0.52]　(3) 314　(4) 18.93

2 (1) 7　(2) ① 17人　② 1番目から10番目　(3) 18947トン　(4) 1000m

(5) 時速5km　(6) 4通り　(7) 780　(8) 960円　(9) 74%

3 (1) $50.24cm^2$　(2) 15度　(3) $75.36cm^3$　(4) $153cm^2$

4 (1) 58番目　(2) $\frac{6}{13}$　(3) 15個

5 (1) 16個　(2) ア 3　イ 16　(3) 61.68cm

6 (1) 1.1%　(2) 1.25杯まで

○推定配点○

1 各4点×4　2 (2) 各2点×2　他 各4点×8　3 各4点×4

4 各4点×3　5 各3点×4　6 各4点×2　計100点

＜算数解説＞

1 (四則混合計算)

基本 (1) 四則混合計算では計算の順番を書いてから取り組むことで計算間違いを防ぐ。小かっこの中中かっこの中を先に計算する。かけ算やわり算はひき算より先に計算する。かけ算とわり算のみの場合は分数の形にして約分してから計算する。 ①72－68＝4，②40－4＝36，③・④8÷36×9＝$\frac{{}^{2}\cancel{8}\times 9}{\cancel{36}_{9}}$＝2，⑤123－2＝121

重要 (2) 小数は分数にしてから計算する。0.25＝$\frac{1}{4}$，0.12＝$\frac{12}{100}$＝$\frac{3}{25}$，分数のわり算は逆数をかけ算する。かけ算わり算はたし算やひき算より先に，順番を書いてから計算する。

①$\frac{1}{10}\div\frac{1}{4}=\frac{1}{10}\times 4=\frac{2}{5}$，②$\frac{2}{3}\times\frac{3}{25}=\frac{2}{25}$，③$\frac{1}{5}+\frac{2}{5}=\frac{3}{5}$，④$\frac{3}{5}-\frac{2}{25}=\frac{15}{25}-\frac{2}{25}=\frac{13}{25}$[0.52]

重要 (3) 分配法則を利用する。79×1.57×2－220×0.314＋43×3.14＝79×3.14－22×10×0.314＋43×3.14＝79×3.14－22×3.14＋43×3.14＝(79－22＋43)×3.14＝100×3.14＝314

(4) かけ算はひき算より先に計算する。小数のかけ算は積の小数点の位置に気を付ける。67×0.3－0.9×1.3＝20.1－1.17＝18.93

2 (四則混合逆算，統計グラフ，割合，縮尺，速さ，場合の数，最小公倍数，売買算，濃度)

(1) 計算の順番を考えてから逆にたどる。③$\frac{3}{5}\div\frac{3}{14}=\frac{{}^{1}\cancel{3}\times 14}{5\times\cancel{3}_{1}}=\frac{14}{5}=2\frac{4}{5}$，②$9\frac{1}{10}-2\frac{4}{5}=8\frac{11}{10}-2\frac{8}{10}=6\frac{3}{10}$，①$6\frac{3}{10}\times 1\frac{1}{9}=\frac{{}^{7}\cancel{63}\times\cancel{10}^{1}}{{}_{1}\cancel{10}\times\cancel{9}_{1}}=7$

重要 (2) ① 20点未満の人は5点以上10点未満の3人と10点以上15点未満の5人と15点以上20点未満の9人の和，3＋5＋9＝17(人)　② 28点の人が含まれる25点以上30点未満の人は10人いる。よって求める答えは「高い方から数えて1番目から10番目の範囲」である。

重要 (3) 昨年の梨の出荷量を□とすると，□×(1－0.05)＝18000(トン)になる。□＝18000÷0.95＝

18947.3…，よって求める答えは18947トンである。

重要 (4) 縮尺5万分の1なので，実際の長さ(はば)は5万倍である。2cm×50000＝100000cm，1m＝100cmなので，100000(cm)÷100＝1000(m)

やや難 (5) 道のり÷速さ＝時間の関係を利用する。道のりの比は歩き：自転車＝2km：7.5km＝4：15，速さの比は歩き：自転車＝2：5，よってかかる時間の比は歩き：自転車＝(4÷2)：(15÷5)＝2：3，1時間を比例配分すると歩きにかかった時間は1(時間)$\times\frac{2}{2+3}=\frac{2}{5}$(時間)，2(km)$\div\frac{2}{5}$(時間)$=2\times\frac{5}{2}=5$(km/時)

(6) 小さい方から書いて調べる。1600未満は千の位が1，百の位が0か5の場合。1059，1095，1509，1590，よって求める答えは4通りである。

(7) 3個以上の整数の最小公倍数を求める場合は，3個ともわれる整数が無い場合，2個以上われる整数でわる。すだれ算を書いて調べる。52と39と30の最小公倍数は2×3×13×2×1×5＝780

2) 52 39 30
3) 26 39 15
13) 26 13 5
2 1 5

重要 (8) 定価は商品の2割増しなので，1000円×(1＋0.2)＝1000×1.2＝1200(円)，定価の2割引きで売ったので売価は1200円×(1−0.2)＝960(円)，求める答えは960円である。

(9) 消毒の薬の重さ(g)÷消毒液の重さ(g)×100＝消毒液の濃度(％)より，それぞれの消毒の薬の重さを求め，その和を消毒液の重さの和でわって百分率で求める。150×0.7＝105，100×0.8＝80，105＋80＝185，150＋100＝250，185÷250×100＝0.74×100＝74(％)

3 (平面図形・面積・角度，立体図形・体積・表面積)

(1) 影の部分の面積は，半径10cm中心角90°のおうぎ形と6cm・8cm・10cmの直角三角形の和から半径6cm・中心角90°のおうぎ形と6cm・8cm・10cmの直角三角形の和を除いたもの。つまり半径10cmのおうぎ形から半径6cmのおうぎ形を除いた形と同じ大きさになる。$10\times10\times3.14\times\frac{90}{360}-6\times6\times3.14\times\frac{90}{360}=(100-36)\times3.14\times\frac{1}{4}=16\times3.14=50.24(\text{cm}^2)$

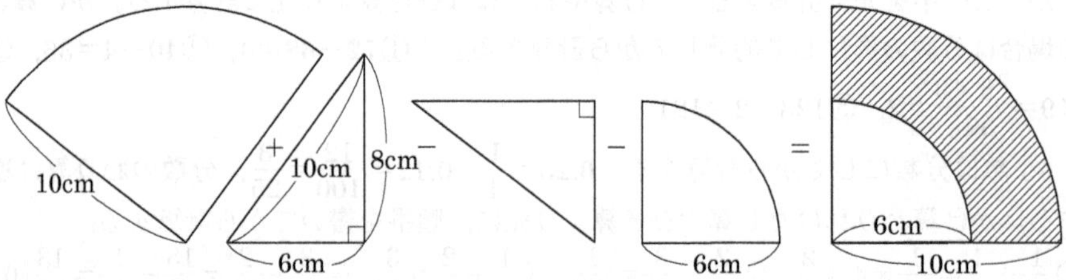

重要 (2) 線分EFで折って頂点Aが辺BCと重なる点をGとすると，角BEGは180−90−60＝30(度)，角AEF＝角GEFより，角GEFは(180−30)÷2＝75(度)，角①は180−90−75＝15(度)

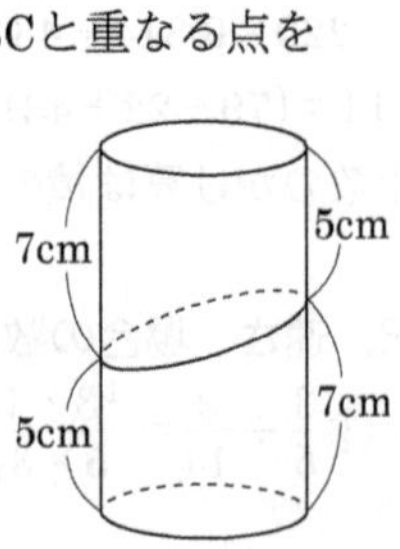

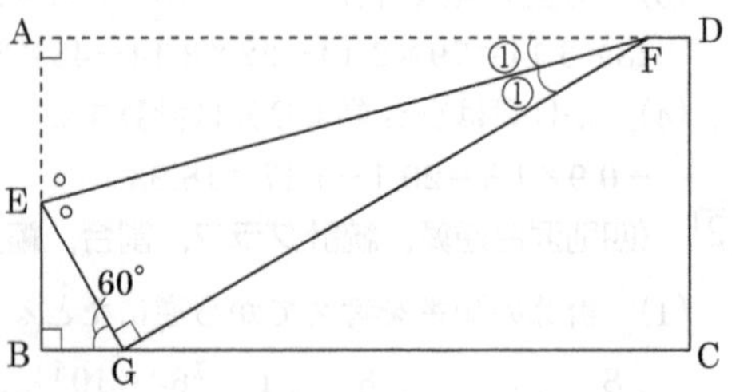

(3) この立体を2つあわせると高さが5＋7＝12(cm)の円柱になる。4÷2＝2，2×2×3.14×12÷2＝24×3.14＝75.36(cm^3)

(4) 四角柱の表面積は上底2cm・下底6cm・高さ6cmの台形2つ，たてと横が5cmと6cmの長方形が2つ，たてと横がそれぞれ5cmと7cm，5cmと2cmの長方形が1つずつの面積の和(次ページ図参照)。(2＋6)×6÷2×2＋5×6×2＋5×7＋5×2＝48＋5×(6×2＋7＋2)＝48＋5×21＝48＋105＝153(cm^2)

4 (規則性)

(1) 分母の数が変わるところで区切って考える。$\frac{3}{11}$は分母11の3番目なので，$1+2+3+4+5+6+7+8+9+10+3=(1+10)\times10\div2+3=55+3=58$(番目)

(2) 分母が12の最後の分数は，$55+11+12=78$(番目)，80番目は分母が13の$80-78=2$(番目)の分数。$2\times3=6$，よって求める答えは$\frac{6}{13}$である。

(3) $50-(1+9)\times9\div2=50-45=5$，$3\times5=15$，50番目の分数$\frac{15}{10}$までの分数のうち整数になるのは，区切りの最後の分数と分母が3の倍数の場合にさらに2個ずつある。$9+2\times3=15$，書き出すと，$\frac{3}{1}$，$\frac{6}{2}$，$\frac{3}{3}$，$\frac{6}{3}$，$\frac{9}{3}$，$\frac{12}{4}$，$\frac{15}{5}$，$\frac{6}{6}$，$\frac{12}{6}$，$\frac{18}{6}$，$\frac{21}{7}$，$\frac{24}{8}$，$\frac{9}{9}$，$\frac{18}{9}$，$\frac{27}{9}$になる。よって求める答えは15個である。

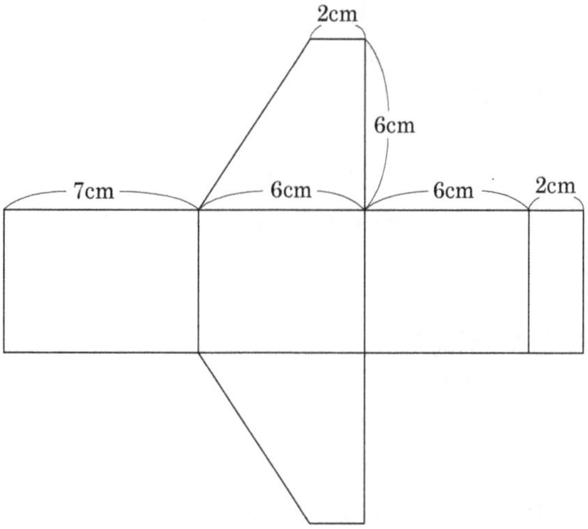

5 (比例・反比例)

(1) 1回目2個，2回目4個というように2倍，2倍…になるので，$2\times2\times2\times2=16$(個)

(2) $x\times y=12$，反比例の関係になっている。ア $24\div8=3$， イ $24\div1.5=16$，よって求める答えは， ア 3 イ 16 である。

(3) 最も小さな半円の周りの長さの和は常に$24\times3.14\times\frac{1}{2}+24=37.68+24=61.68$(cm)

や難 6 (濃度の応用)

(1) みそ100gに食塩12gが含まれているので，みそ80gに対して食塩は$12\times\frac{80}{100}=12\times\frac{4}{5}=\frac{48}{5}=9.6$(g)含まれる。みそ汁$800+80=880$(g)に対して食塩9.6g含まれるので，塩分濃度は$9.6\div880\times100=1.09\cdots$(%)，よって求める答えは1.1%である。

(2) みそ汁でとってとっていい塩分は$8-6=2$(g)，みそ汁1杯に含まれる塩分は$200\times0.008=1.6$(g)，$2\div1.6=1.25$，よってみそ汁は1.25杯までである。

★ワンポイントアドバイス★

基礎的な知識を身につけ，応用的な問題まで丁寧に取り組む練習しておこう。図形問題は発展的な問題も練習しておこう。複雑な問題では情報を整理し，新しい情報を見つける手がかりを探す練習をするとよいだろう。

＜理科解答＞

1 (1) イ，オ (2) イ (3) ① N極 ② 両端 (4) あ，う，お
(5) ① あ ② 北

2 (1) F (2) 示準化石 (3) ア (4) エ (5) あたたかく浅い海

3 (1) A エ B オ C ア D ウ E イ (2) A (3) A，D

(4)　①　食塩　②　1.45g　③　0.8g

4　(1)　A　気管　B　肺胞　(2)　8.4L　(3)　b，d　(4)　b＞c＞d＞a　(5)　ウ

○推定配点○

1　各2点×7((1)・(4)各完答)　2　各2点×5

3　(1)・(2)　各1点×6　他　各2点×4((3)完答)

4　各2点×6((3)・(4)各完答)　計50点

＜理科解説＞

重要 **1　(磁石の性質)**

(1)　磁石につくのは鉄でできたものである。

(2)　②はN極，④もN極なので，しりぞけあう。

基本 (3)　①　図2のようにぬい針をこすると，針の先端にS極が向くので，みみの部分はN極となる。

②　磁石の性質は両端部分でよくはたらく。

(4)　あはN極，いはS極，うはN極，えはS極，おはN極，かはS極である。

(5)　①　N極は北を示すので，S極はあである。　②　みみの部分はN極なので，みみは北を向く。

重要 **2　(地形―地層)**

(1)　最も古い地層は，最も下にあるF層である。

(2)　地層ができた年代がわかる化石を示準化石，地層ができた当時の環境がわかる化石を示相化石という。

(3)　断層の斜めの線に対して上に載っている地層が下にずれているので，正断層である。

(4)　正断層は，左右に引く強い力が加わってできる。

(5)　サンゴは今現在，暖かく浅い海に生息しているので，地層ができた当時もそのような環境であったと考えられる。

3　(物質と変化―水溶液の性質)

基本 (1)　実験3から，Eは石灰水(水酸化カルシウムが溶けている)であることがわかる。よって，実験1でアルカリ性の性質を示すCは水酸化ナトリウム水溶液(水酸化ナトリウムが溶けている)であることがわかる。また，実験2からアルミニウムを入れると気体が発生する液体のうちAは塩酸(塩化水素が溶けている)とわかる。実験4からBは固体が溶けた水溶液だとわかるので，Bは食塩水(塩化ナトリウムが溶けている)である。よって，残りのDが炭酸水(二酸化炭素が溶けている)だとわかる。

重要 (2)　塩酸は鼻をさすような強いにおいを持つ。

重要 (3)　青色リトマス紙を赤色にするのは酸性の性質を持つものである。A～Eのうち，酸性の性質を持つ水溶液は，A(塩酸)とD(炭酸水)である。

重要 (4)　①　塩酸と水酸化ナトリウム水溶液が過不足なく反応すると，食塩と水ができる。

基本 ②　A20mLがすべて反応すると，5.8gの食塩が取り出せるので，A5mLをすべて反応させると，

やや難 20(mL)：5.8(g)＝5(mL)：□(g)より，1.45gである。　③　A：C＝2：3で完全中和するので，A16mLはC24mLと過不足なく中和し，20(mL)：5.8(g)＝16(mL)：□(g)より，4.64gの食塩を作り出す。よって，C6mL(30(mL)－24(mL))に溶けている水酸化ナトリウムの量は，5.44(g)－4.64(g)＝0.8(g)である。

4　(生物―人体)

(1)　Aは気管，Bは肺胞である。

基本 (2)　60(mL/回)×140(回)＝8400(mL)＝8.4(L)

(3)　静脈は弁を持つ。

基本 (4)　肺から心臓に血液を送るbが最も酸素が多く，次に酸素が多いのは動脈であるcである。最も酸素が少ないのは，全身から肺に血液を送るaである。

(5)　血液が心臓から肺に出ていく部屋を，右心室という。

★ワンポイントアドバイス★

問題文の情報，条件をしっかりと読み取る練習をしよう。

＜社会解答＞

問1　①，③　　問2　(1)　②　　(2)　③　　問3　①　中国　　②　アメリカ(合衆国)
③　ロシア　　問4　②→①→④→③　　問5　(1)　平等院[鳳凰堂]　　(2)　足利義政
(3)　応仁の乱　　問6　②　　問7　[ア]　③　　[イ]　①　　問8　(1)　①　台風
②　日照り[干ばつ，干害]　　(2)　③　　問9　A　島原の乱[島原・天草一揆，島原・天草の乱]
B　出島　　問10　②　　問11　日清戦争で得た賠償金によって建てられた八幡製鉄所が1901年に操業を開始したから。　　問12　戦争被害を表す原爆ドームなど，人類が犯した負の側面を忘れないようにするために登録されている。　　問13　Ⅰ　㊺　　Ⅱ　⑫

○推定配点○

問11・問12　各3点×2　　他　各2点×22　　計50点

＜社会解説＞

(日本と世界の歴史・地理・政治の総合問題)

基本 問1　①は土偶，③は縄文土器で，いずれも縄文時代のものである。②は銅鐸，④は弥生土器で，いずれも弥生時代のものである。

問2　(1)　②のWHOは世界保健機構の略称でユネスコ(UNESCO)と同様の国連専門機関である。NATOは北大西洋条約機構，TPPは環太平洋パートナーシップ，ASEANは東南アジア諸国連合，それぞれの略称であり，国連の専門機関ではない。　(2)　国際連合の本部はアメリカ合衆国のニューヨークにある。したがって，アメリカ合衆国の国旗である③が正解である。

やや難 問3　面積の広い国ベスト10は，1位ロシア連邦，2位カナダ，3位アメリカ合衆国，4位中華人民共和国，5位ブラジル。6位オーストラリア，7位インド，8位アルゼンチン，9位カザフスタン，10位アルジェリア。人口の多い国ベスト10は，1位中華人民共和国，2位インド，3位アメリカ合衆国，4位インドネシア，5位ブラジル，6位パキスタン，7位バングラデシュ，8位ロシア，9位ナイジェリア，10位日本。

問4　②平城京遷都(710年)→①墾田永年私財法(743年)→④大仏開眼供養(752年)→③平安京遷都(794年)。

問5　(1)　頼通の建てた平等院の阿弥陀堂は，鳳凰がつばさを広げたような美しい形をしている
基本 ことから鳳凰堂と呼ばれるようになった。　(2)　義政が京都の東山の別荘に建てた銀閣には，

この時期の文化の特色がよくうかがえることから，特に東山文化という。 (3) 義政の将軍あとつぎ問題をめぐって，有力な守護大名の細川氏と山名氏が対立すると，1467年には11年にわたる応仁の乱が始まった。

問6 清盛は宋との貿易を始めたのであり，国交を樹立したのではない。

重要 問7 [ア]は唐箕，[イ]は千歯ごき。

問8 (1) 沖縄では台風の暴風雨に備えるために，住居は屋根のかわらをしっくいで固めたり，石垣で囲ったりしていたが，最近は鉄筋コンクリートの住居が多くなっている。また，沖縄には大きな川がなく，水不足が起こりやすいという問題もある。そのため，住居の屋根に給水タンクを設置したり，地下にダムをつくってかんがい用水に利用したりするなど，さまざまな工夫をしている。 重要 (2) 沖縄の農業は，温暖な気候を生かしたさとうきびやパイナップルの栽培が中心であるが，最近は豚の飼育や菊の電照栽培のような，もっと収入の多い産業が増えている。

問9 キリスト教の迫害や重い年貢の取り立てに苦しんだ島原や天草の人々は，1637年，神の使いとされる天草四郎(益田時貞)という少年を大将にして島原・天草一揆を起こした。翌年，これを鎮圧した幕府は，1639年，ポルトガル人を追放して，1641年には平戸のオランダ商館を長崎の出島に移した。

問10 北斎の作品は②の「神奈川沖浪裏」(富嶽三十六景より)である。

問11 八幡製鉄所は，日清戦争で得た賠償金をもとに建設され，1901年に操業を開始した。国内での鉄鋼生産の大部分をしめ，日本の重化学工業発展の基礎となった。

やや難 問12 戦争被害を表す原爆ドームなどは，人類の負の遺産である。2度とそのようなことがないように，この負の遺産を後世代に伝えるために登録されている。

問13 屋久島は鹿児島県，小笠原諸島は東京都に属する。したがって，それぞれの位置は鹿児島が㊺，東京都が⑫である。

★ワンポイントアドバイス★

問6 清盛は武士として初めて太政大臣になったことも覚えておこう。問9 鎖国下での外国との四つの窓口(松前藩：アイヌとの交易，対馬藩：朝鮮との国交，長崎：清とオランダとの貿易，薩摩藩：琉球王国との国交)も覚えよう。

＜国語解答＞

一 問1 オ 問2 (例) 白紙の答案を出してしまったこと。 問3 (例) 便所で爆竹を鳴らした犯人としてトンビから疑われてしまったので，反発心から皮肉をこめていっている。
問4 イ 問5 エ 問6 イ 問7 ウ 問8 ア 問9 オ 問10 顔
問11 エ 問12 オ

二 問1 イ 問2 ウ 問3 ウ 問4 オ 問5 (例) 視線や表情など，さまざまな情報を見落としてしまうから。 問6 視線の方向への感度は 問7 ア
問8 均質集団 問9 エ 問10 ① (例) エ ② (例) 遠足で母親のお弁当を食べた ③ (例) お母さん，おいしいお弁当をありがとう。遠足は天気にもめぐまれて，クラスのみんなと楽しい時間を過ごしています。山頂でお弁当を食べました。外で食

べるお弁当はおいしさもいつもとはちがっていました。

三 ① (例) 悪いのはどっちなんだろう(賞) ② (例) ウ ③ (例) 「注文の多い料理店」に出てくる二人の男は，動物を早く撃ちたいとか犬がだめになって損をしたとか，自分たちの都合しか考えていない。人間を食べようとする山猫は悪い動物なのだろうが，自分たちの都合で動物の命を軽く見る人間は悪くはないのかと考えさせられたところ。

四 ① 衛星 ② 航海 ③ 漁業 ④ 積雪 ⑤ 練乳 ⑥ 聖歌 ⑦ 家賃 ⑧ 諸君 ⑨ 肥大 ⑩ 景観

○推定配点○

一 問2・問3 各4点×2 他 各2点×10

二 問5 4点 問6・問8 各3点×2 問10 15点(完答) 他 各2点×6

三 15点(完答) 四 各2点×10 計100点

＜国語解説＞

一 **(小説－心情・情景の読み取り，文章の細部の読み取り，言葉の意味，慣用句，記述力・表現力)**

問1 直前に「びくっとして」とある。期末試験に集中していたところに鳴ったチャイムの音を聞いて「びくっとし」たのである。「机にしがみついていた」は試験に集中していた様子，「いっせいに頭をあげた」は試験時間の終了に気づいた様子を表現している。

やや難 問2 読み進めていくと，「沖田。あいつも，白紙で出したのか」とある。「ぼく」も「白紙の答案を出してしまった」のである。解答は「答案」という言葉を補う。

問3 「爆弾犯人」については，【文章Ⅱ】に「『爆弾なんかしかけやがって！』と，トンビはぼくをこづきまわした」とある。「ぼく」は爆弾犯人ではないが，便所に居合わせたために爆弾犯人に疑われてしまったのである。「トンビ」というあだ名の数学の教師と対立した「ぼく」は，「もう試験なんか受ける気分じゃなかった」し「試験問題の半分はちんぷんかんぷんだった」うえに，答案を返されるときには，またトンビにねちっこくおちょくられるんだ」という反発心から，「いっそのこと，と，やけになって白紙で出してしまった」のである。

問4 「そんなふうに」が指しているのは，「和平は眼鏡の顔を真っ赤にして，まだ答案にしがみついていた」という行為である。その前に，和平は試験の終了を告げるエビセンを無視して問題を解いて注意を受ける様子が描かれている。

問5 直前に「(やっちまったんだ……。)取り返すことなんて，できない」とある。問3でとらえたように，「ぼく」は数学の試験の答案を白紙で出している。「しんと冷え切ったような体」は，自分の行為の重大さをかみしめて寒気のような緊張を覚えている様子の表現。「心臓の音だけがやけに大きかった」は，不安で鼓動が大きくなっている様子の表現。

基本 問6 「生きちゃいけない」はくだけた言い方で，普通の言い方をすると「生きてはいけない」となる。「いけない」は「いくことができる」の打ち消しで「いくことができない」ということ。「生きていくことができない」という意味である。

問7 直後に「直立不動。無言で教室じゅうをにらみまわした。さわがしさが，信じれらないほどの早さですうっと消えていった」とある。生徒たちはエビセンの力の強さを知っているので，威圧感を感じて，しかられないように静かにしたのである。エは「ひとりよがり」が誤り。「ひとりよがり」は，自分だけでよいと思い込み，他の意見を受けつけないこと。この場面にそのような描写はない。オは，身長と体重だけでは「詳しく分析する『ぼく』の観察眼の鋭さ」は読み取れない。

問8　前の部分に「ぴくっと，エビセンの手がとまった。ぼくの心臓もとまった」とある。問5でとらえたように数学の答案を白紙で出したことで緊張して不安な気持ちになっている「ぼく」は，エビセンが答案を調べている様子を緊張して見つめているのである。「『沖田』と，エビセンが呼んだ」ことで，自分のことではなかったとわかって「一時的に緊張の糸が切れ，どっと疲労を感じている」のである。

問9　エビセンの態度や発言は沖田に対して威圧的であり，生徒の言い分を聞く気もないものである。問3でとらえたように，「ぼく」も一方的に教師に「爆弾犯人」にされてしまっている。そのような教師への反抗心を「沖田の行為に重ね，彼を心の中で応援している」のである。

基本　問10　「顔が立つ」は，面目を保つの意味。エビセンも沖田も，周囲からの評価が保たれるということである。

問11　「反射的に」は，意図しないでということである。沖田にはっきりした攻撃の意図はなく，はずみで攻撃する形になってしまったのである。その結果として大騒ぎになってしまったのである。つまり，はずみでした攻撃がもとになって大騒ぎになってしまい，沖田自身がびっくりしているのである。

重要　問12　「ぼく」は，教師にトンビ・エビセン・モンタというあだ名をつけている。また，問3・問9でとらえたようにトンビやエビセンには反抗心を抱いている。思春期にある中学2年生の少年ならば，年ごろらしい状態と言える。ア，和平はかわいそうな人物として描かれてはいない。イ，「未熟な存在として描かれている」という描写はない。ウ，沖田について「危険な不良」として描かれている」という描写はない。エ，エビセンについて，「生徒からの人望がない」，「計算高い人物」というような描写はない。

二　(論説文－文章の細部の読み取り，指示語の問題，接続語の問題，空欄補充の問題，記述力・表現力)

問1「いい意味」での視線は，よい感情に基づく視線である。アは応援，ウは感謝，エは感心・応援，オは感心の気持ちが相手にあると考えられる。イは「自慢」に対してよい感情をもつことは考えにくいので適切ではない。

問2　直前の「これがこちらに向いた視線特有であることを示す証拠」とは，その直前の「こちらを向いている視線があると，その視線に気づく反応速度が速いこと」である。つまり，人は「こちらを向いている視線に強く反応してしま」うということである。その反動として，「逆の状態に注意を向けるのが遅れてしまう」のである。言いかえれば，「一人だけ視線をそらしている人がいたら，気づきは鈍くなった」のである。

基本　問3　ここでの「超能力」は直後に「特殊で敏感な視線への能力」と説明されている。それを前の段落では「見つめられていると感づいて相手を見返した場合，たいていその判断に間違いがない……超能力と呼んでもいいほど，特殊な能力」と説明している。

やや難　問4　直前の文の「こうしたタイプ」は，その前の文の「公平に視線を見るタイプ」である。そのタイプの例として「自閉症者」を挙げている。

問5　「このような見方」とは自閉症者の見方である。どのような見方をしているかを抜き出すと，「顔を見る際に目を見ないで口に注目していました」「話をしている話者への注意も希薄」「話とはまったく関係のないところを見ていました」とある。そして「肝心な話の状況や文脈を把握できない」については，視線は「さまざまな情報を伝えています」「その時の視線や表情で，まったく違う内容になる」とあることから，自閉症者の見方では「視線や表情など，さまざまな情報を見落としてしまう」ことになる。この内容を理由を述べる形にまとめればよい。

基本　問6　問5と関連させて考える。「彼ら」とは自閉症者である。自閉症者の見方そのものについて説明しているのは第五段落。他人の視線に気づかない自閉症者の見方を「視線の方向への感度はあるのですが……公平に判断していたのです。」と連続した二文で説明している。

問7　問5と関連させて考える。「こうした人たち」とは自閉症者である。自閉症者の見方については,「視線や表情など,さまざまな情報を見落としてしまう」という特徴があるが,直前の段落にあるように「注意が散漫なわけでもない」のである。この内容を説明しているのはア。

問8　文化については,「世代別に洗練されるところがあるようです。学校という年齢や住んでいる所が近い人ばかりの均質集団にいる若者の間では,特にこの傾向が強いでしょう」とある。そして「コミュニケーション」については,「仲間内だけで通じるコミュニケーションは,楽かもしれません」とある。これらの説明から空欄には「均質集団」が当てはまる。

問9　「ぶりっこ」「どっちらけ」「ナウい」「おっはー」はかつての流行語である。「死語」は,現在使われなくなった語。

重要　問10　①の顔文字は表情を表し,その表情で示される気持ちを相手に伝える働きがある。ア～キのどの顔文字も使用して問題はないと言えるが,メールを送る相手とどんな関係にあるかに注意する必要がある。それぞれの顔文字の一般的な意味は次の通りである。ア・あせり,イ・困惑や悲しみ,ウ・泣き顔,エ・笑顔,オ・さようなら,カ・がっかり,キ・驚き。顔文字で表された気持ちを言葉で相手に伝えた時に,相手が不愉快になったり怒ったりしないかということも考えに入れて使用する必要がある。ここでは,エを選んだ。②で示した解答例は,エと関連づけてお弁当を作ってくれた母親に感謝の気持ちを伝えるという場面を設定したものである。そして,③に示したのが実際のメール文の例である。笑顔で表される気持ちとして母親への感謝の他に,クラスのみんなと楽しい時間を過ごしていること,お弁当がおいしかったことなど具体的なことがらを盛り込んでいる。

三 (思考力・記述力・表現力)

この大問は,①～③の問いを総合的に考える必要がある。考える順序としては,まず②の作品の中から自分が内容をよく知っていて,他人に内容を簡潔に紹介できる作品を選ぶ。紹介する内容はあらすじではなく,主題に関するものや印象的なエピソードである。そのようなことを考えて,適切な作品を選ぶ。

作品を選んだら,①の賞のネーミングを考える。このネーミングは,②で考えた主題に関するものや印象的なエピソードを端的に表すネーミングを考える。

最後に,③で具体的な紹介文を書く。解答例にそって説明すると,「注文の多い料理店」に出てくる二人の男の会話や行動を紹介したうえで,人間を食べようとする山猫とどちらが悪いのだろうかという疑問を投げかけている。そして,そのような主題に関する「悪いのはどっちなんだろう(賞)」というネーミングの賞を作っているのである。

四 (漢字の書き取り)

①「衛星」は,同音異義語の「衛生」と区別する。「衛星」は,惑星のまわりを運行する天体。「衛」は,まもるの意味。「護衛」「防衛」などの熟語がある。　②「航海」は,「公開」や「後悔」という同音異義語がある。また,「航」を同音で形の似た「抗」と区別する。「航空」「難航」などの熟語がある。　③「漁」を「魚」と書かないように注意する。「漁」は「リョウ」の音もあり,魚をとるの意味。「漁業」は,魚をとる仕事。「漁船」「漁師」などの熟語がある。　④「積」を同音で形の似た「績」と区別する。「積」の訓は「つ-む・つ-もる」。「蓄積」「山積」などの熟語がある。　⑤「練乳」は,砂糖を加えて濃縮した牛乳製品。コンデンスミルク。「練」の訓は「ね-る」。「熟練」「洗練」などの熟語がある。「乳」の訓は「ちち」。「乳児」「授乳」などの熟語がある。
⑥「聖歌」は,神や仏をたたえる歌。特に,キリスト教で神や聖人をほめたたえる歌。「聖夜」「神

聖」などの熟語がある。 ⑦「家」の音は「カ・ケ」。訓は「いえ・や」。「家賃」は訓＋音の読み方。「賃」は，形の似た「貸(か‐す・タイ)」と区別する。「賃金」「賃貸」などの熟語がある。 ⑧「諸君」は，自分より下の立場の多数の人を指す言葉。「諸」は，同音で形の似た「緒」と区別する。「諸国」「諸侯」などの熟語がある。 ⑨「肥大」は，ふとり大きくなること。「肥」の訓は「こ‐える・こえ・こ‐やす・こ‐やし」。「肥満」「肥料」などの熟語がある。 ⑩「景観」は，けしき，ながめ。「景色」は熟字訓。「背景」「光景」などの熟語がある。

★ワンポイントアドバイス★

小説は，行動・会話・情景などの表現を手がかりに，場面の様子や心情の理由，描写の特徴，表現の意味，人物像などを正確に読み取る。また，出来事の背景をとらえる。論説文は，筆者の説明を文脈をたどって正確に読み取り，筆者の考えや，考えの根拠となる具体例などをとらえる。

一般Ⅱ期

2022年度

解　答　と　解　説

《2022年度の配点は解答欄に掲載してあります。》

＜算数解答＞

1 (1) 1　(2) $\frac{2}{3}$　(3) 47.32　(4) 3.14　(5) 2022

2 (1) 9　(2) 4月　(3) 1129500人　(4) 秒速24m　(5) 8通り
(6) 7860人　(7) 17人　(8) 64%

3 (1) 196.25cm^2　(2) 75度　(3) 540.08cm^3　(4) 7.74cm^2

4 (1) 100秒後　(2) 400秒後

5 (1) アルファ　1枚　ベータ　3枚　ガンマ　3枚　デルタ　17枚　(2) 5096枚

6 (1) a　けいせい　b　そぐひ　(2) 6個　(3) すうがくたのしいね

○推定配点○

各4点×25(5(1)完答)　計100点

＜算数解説＞

1 (四則混合計算)

基本 (1) カッコ内を先に計算する。わり算はひき算より先に計算する。64－16×2＝64－32＝32, 18÷2－1＝9－1＝8, 32÷8－3＝4－3＝1

(2) 分数のたし算ひき算は通分してから，わり算は逆数をかけ算する。$1\frac{1}{2}+2\frac{2}{3}-3\frac{3}{4}\times4\frac{4}{5}\div5\frac{1}{7}$ $=1\frac{3}{6}+2\frac{4}{6}-\frac{15}{4}\times\frac{24}{5}\times\frac{7}{36}=3\frac{7}{6}-\frac{7}{2}=3\frac{7}{6}-3\frac{3}{6}=\frac{4}{6}=\frac{2}{3}$

重要 (3) 小数のかけ算は小数点の位置に気をつけて計算する。7.28×6.5＝728×65÷100÷10＝47320÷1000＝47.32

(4) 計算の工夫，分配法則を利用する。$3.14\times\left(\frac{5}{6}-\frac{1}{3}+\frac{1}{2}\right)=3.14\times1=3.14$

(5) 62682÷31＝2022

2 (四則混合逆算，統計と表，およその数，通過算，場合の数，割合，過不足算，濃度)

重要 (1) 計算できるところは計算し，順番を考え逆にたどる。(6－3)×2＝3×2＝6, ③6÷2＝3, ②3×3＝9, ①18－9＝9

重要 (2) 差を調べる。1月10.4－2.8＝7.6, 2月12.5－3.0＝9.5, 3月15.0－5.6＝9.4, 4月17.5－7.8＝9.7, 5月23.5－15.7＝7.8, 6月26.9－19.7＝7.2, 7月27.3－21.6＝5.7, 8月33.6－25.1＝8.5, 9月27.7－21.6＝6.1, 10月20.8－13.7＝7.1, 11月17.1－9.1＝8.0, 12月11.9－2.6＝9.3, よって平均値の差が最も大きかった月は4月である。

(3) 四捨五入の範囲を考える。千の位を四捨五入して49万人になるのは，485000人以上495000人未満。百の位を四捨五入して64万5千人になるのは644500人以上645500人未満。485000＋644500＝1129500(人)

(4) 列車が30秒で進む距離は橋の長さと列車の長さの和に等しい。(500＋220)÷30＝720÷30＝24(m/秒)

(5) 枚数を書き出して調べる。(100円，50円，10円)とすると，(3，1，2)，(3，0，7)，(2，3，2)，(2，2，7)，(1，5，2)，(1，4，7)，(0，7，2)，(0，6，7)の8通り

(6) 販売したチケット数×0.9＝来場者3537，販売したチケットは3537÷0.9＝3930，収容人数×0.5＝販売したチケット数3930，収容人数は3930÷0.5＝7860(人)

重要 (7) 1人に5－3＝2(個)ずつ多く分けると49－15＝34(個)必要になることから，34÷2＝17(人)

(8) 濃度80％のアルコール消毒液400gに含まれるアルコールは400(g)×0.8＝320(g)，水100gを加えると，消毒液は400(g)＋100(g)＝500(g)になり，濃度は320(g)÷500(g)×100＝64(％)

3 **(平面図形・線の移動と面積・角度，立体図形・体積，平面図形・複合図形の面積)**

重要 (1) ひもの動く範囲は半径15cm・中心角90度のおうぎ形と半径5cm・中心角90度のおうぎ形の面積の和になる(右図参照)。$15\times15\times3.14\times\frac{90}{360}+5\times5\times3.14\times\frac{90}{360}=\left(225\times\frac{1}{4}+25\times\frac{1}{4}\right)\times3.14=\left(\frac{225}{4}+\frac{25}{4}\right)\times3.14=\frac{250}{4}\times3.14=\frac{785}{4}=196.25$(cm^2)

図①

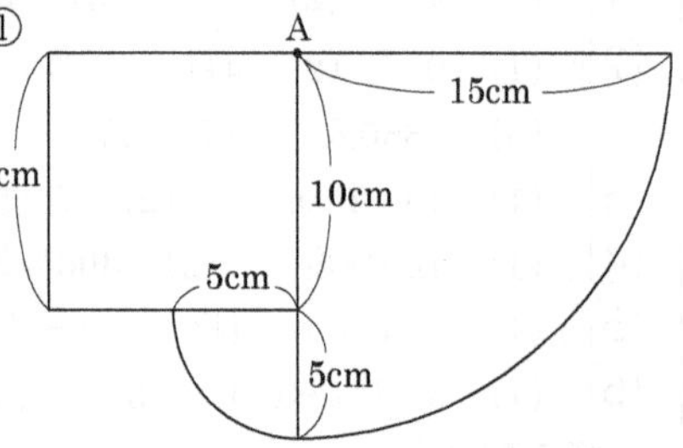

(2) 同じ長さの辺，同じ大きさの角に印をつけると内側に正三角形ができる。図②の角①は(90－60)÷2＋60＝75(度)

図②

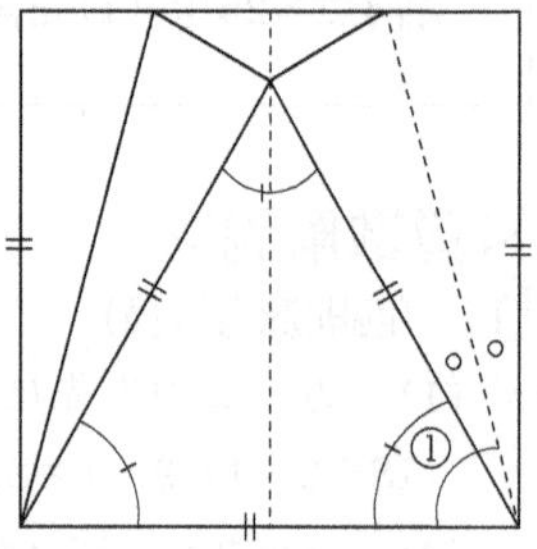

(3) 底面の直径10cm・高さ12cmの円柱から直径8cm・高さ8cmの円柱を除いた図形の体積を求める。10÷2＝5，8÷2＝4，5×5×3.14×12－4×4×3.14×8＝(300－128)×3.14＝172×3.14＝540.08(cm^3)

図③

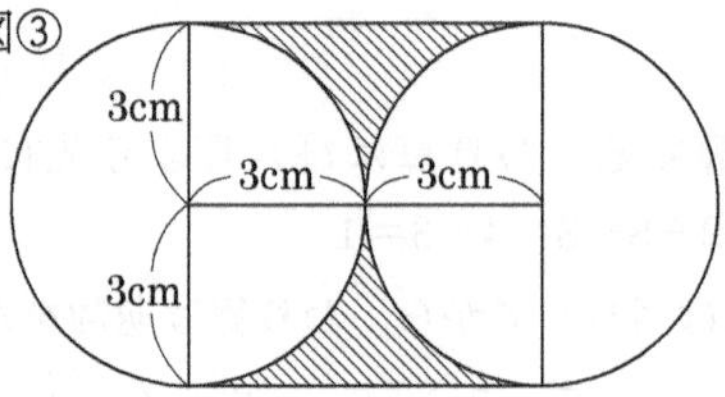

(4) 図③のように2つの円の直径に線を引くと正方形ができる。かげをつけた部分の面積は1辺6cmの正方形から半径3cmの半円2つを除いた図形。$6\times6-3\times3\times3.14\times\frac{180}{360}\times2=36-9\times3.14=36-28.26=7.74$(cm^2)

4 **(水そうと水位)**

(1) 仕切りと同じ高さになるまでに仕切りの左側に入る水の体積は10×20×15＝3000(cm^3)，高さが15cmになるのにかかる時間は3000÷30＝100(秒)

(2) 仕切りをこえて15cmになるまでに入る水の体積は(60－10)×20×15＝15000(cm^3)，仕切りをこえると②からも水を入れるので高さが15cmになるまでにかかる時間は15000÷(30＋20)＝300(秒)，100＋300＝400(秒)

5 **(N進法)**

(1) 7枚で大きなコインやお札と両がえできるので，7進法の考えを利用する。6000枚のアルファコインは6000÷7＝857余り1より，ベータコイン857枚に両がえできて1枚余る。857枚のベータコインは857÷7＝122余り3より，ガンマ札122枚に両がえできて3枚余る。ガンマ札122枚は122÷7＝17余り3より，デルタ札17枚に両がえできて3枚余る。よって求める答えは，アルファコイン1枚，ベータコイン3枚，ガンマ札3枚，デルタ札17枚。

(2) 最も少ない枚数を求めるので，ガンマ札が最も多くなる場合を考える。ガンマ札は7枚でデルタ札と両がえできるので，最も多くて6枚である。デルタ札は20－6＝14(枚)，ガンマ札1枚はアルファコイン7×7＝49(枚)，デルタ札1枚はアルファコイン49×7＝343(枚)，49×6＋343×

14＝294＋4802＝5096(枚)

やや難 **6** **(数論・数の性質の応用問題)**

(1)　1つずらす場合，けこ，いう，せそより，けいせい→こうそう，50÷④＝12余り2，2つずらす場合，すせそ，がぎぐ，のはひより，すがの→そぐひ，よって求める答えは，a　けいせい，b　そぐひ，である。

(2)　50を割って2余る整数，50−2＝48，つまり48の約数のうち2より大きい整数で4と6以外は3，8，12，16，24，48の6個

(3)　50÷9＝5余り5，5つずらす場合を考える。すせそたちつ，うえおかきく，がぎぐげござ，くけこさしす，たちつてとな，のはひふへほ，しすせそたち，いうえおかき，ねのはひふへより，すうがくたのしいね→⑨つくざすなほちきへ，求める答えは，すうがくたのしいね

★ワンポイントアドバイス★

基礎的な知識を身につけ，基本問題をていねいに取り組むよう日頃からの練習が大切である。計算問題は工夫の練習は必ずしておこう。図形の問題は基礎知識を使いこなせるよう練習しておこう。

<理科解答>

1　(1)　イ　(2)　赤・青・緑　(3)　①　焦点

②　黒い方が光を吸収しやすいから。　③　右図1

(4)　①　右下図2　②　イ

図1

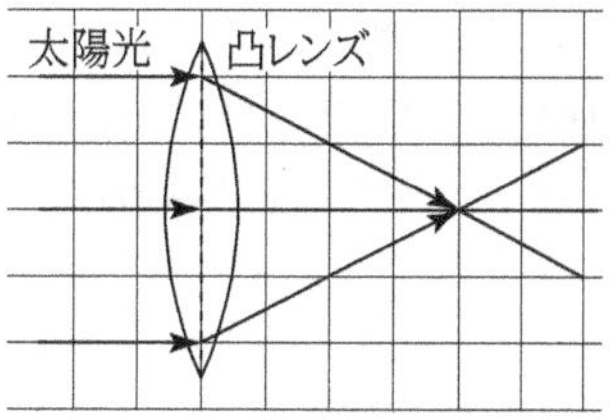

2　(1)　①　エ　②　カ　③　イ　④　ク

(2)　オ　(3)　秋の四辺形

(4)　図1　ア　図2　ウ

3　(1)　0℃　(2)　融点　(3)　A　ア　B　エ

(4)　ウ　(5)　ア　(6)　ア　(7)　ウ

(8)　エ

図2

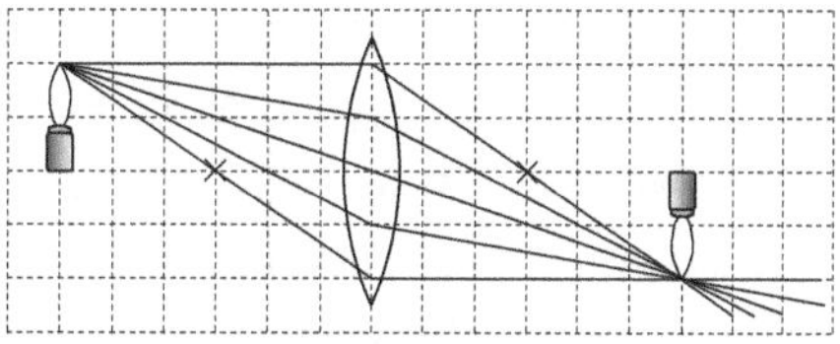

4　(1)　B　(2)　A・C・F

(3)　①　グループ　D　理由　イ

②　グループ　F　理由　ア

(4)　①　幼虫　②　120個

○推定配点○

1　各2点×7((2)完答)　**2**　(1)・(2)　各1点×5　(3)・(4)　各2点×3

3　各1点×9　**4**　各2点×8((2)完答)　計50点

<理科解説>

1　**(光―光の性質)**

基本　(1)　赤い色をした物体に白い光を当てると，赤以外のすべての色の光は吸収され，赤い光が反射する。

(2) 赤・青・緑が光の3原色である。

重要 (3) ① 虫眼鏡に当たった平行な光が1点に集まる点を焦点という。 ② 黒い色は白い色よりも多くの光を吸収しやすい。 ③ 凸レンズの光軸に平行な光は，焦点を通る。

基本 (4) ① 凸レンズの光軸に平行な光は，焦点を通る。レンズの中心を通る光は，そのまままっすぐに進む。ろうそく凸レンズの間にある焦点を通った光は光軸に平行な光となって進む。以上3
重要 つの光の道筋から2本線を書き，倒立した像を作図する。 ② 凸レンズを通してできた像は，上下左右が逆になる。

2 (天体―星と星座)

(1) 図1はおとめ座で春によく見える星座，図2はペガスス座で秋によく見える星座である。

重要 (2) 1等星は6等星よりも約100倍明るい。

(3) ペガスス座の四角形を，秋の四辺形という。

基本 (4) 地軸の傾きから，イが夏至，エが冬至である。地球の公転の向きは反時計回りなので，アが春分の日，ウが秋分の日を示すおとめ座(図1)は春によく見えるので，地球がアの位置にあるとき見ることができる。ペガスス座(図2)は秋によく見えるので，地球がウの位置にあるとき見ることができる。

3 (物質と変化―物質の状態変化)

重要 (1) 氷は0℃で溶け始める。

重要 (2) 固体から液体に状態が変化するときの温度を，融点という。

基本 (3) A 氷がまだ溶けていないので，すべて固体の状態である。 B 氷が解け始めているので，固体と液体が混ざっている状態である。

基本 (4) Bは氷が溶けているだけなので，A，Bどちらも同じ重さである。

基本 (5) Bでは氷を溶かすためだけに熱が使われている。

(6) ドライアイスは－78.5℃で溶け始める。

重要 (7) ドライアイスは溶けると二酸化炭素という気体に変化する。固体から気体，気体から固体に変化することを昇華という。

(8) ドライアイスが二酸化炭素になると体積は約814倍となる。

4 (生物―動物)

(1) 背骨を持たない動物を無脊椎動物という。

(2) 一生，肺で呼吸する動物は，は虫類，鳥類，ほ乳類である。

(3) ① 親が子の世話をしないため，生まれたばかりの時の死亡率が高くなる。これに当てはまる生物は魚類である。 ② 親が子の世話をするため，この時代の生存率が高い。これに当てはまる生物は，鳥類，ほ乳類である。

基本 (4) ① 卵から幼虫にかけての死亡数は，240－212＝28，幼虫からさなぎにかけての死亡数は，212－105＝107，さなぎから成虫にかけての死亡数は，105－20＝85より，幼虫の時期に最も数
やや難 が減ってしまう。 ② 20(匹)×0.2＝4(匹)が子孫を残すことができる。オスとメスの卵から産まれる数と成体になるまでの死亡率は同じものとしているので，4匹のうち2匹がメスである。この2匹で合わせて240個の卵を産めば，数は保たれる。よって，1匹のメスは240(個)÷2(匹)＝120(個/匹)産めばよい。

★ワンポイントアドバイス★

わからない問題は先送りするなどして，有効に試験時間を活用しよう。

<社会解答>

1 問1 1964(年) 問2 エ 問3 イ 問4 (i) 札幌 (ii) エ
問5 デジタル(庁) 問6 ア 問7 (i) (例) 温暖化を防止するため。
(ii) カーボンニュートラル 問8 (i) ① イ ② エ ③ ア
(ii) (例) 独裁を防ぐため。[権力の集中を防ぐため。]

2 問1 エ 問2 漢委奴国王 問3 ウ 問4 イ 問5 日本書紀 問6 ア
問7 (例) 「万葉仮名」をくずして,「平仮名」が成立した。 問8 (i) イ (ii) イ
問9 (例) 娘たちを天皇に嫁がせ,その間に生まれた皇子が天皇になると,天皇の外祖父[外戚・摂政関白]として権力をもった。 問10 イ 問11 (i) エ (ii) ウ

○推定配点○
1 問4 2点(完答) 他 各2点×24 計50点

<社会解説>

1 (日本の歴史・地理・政治の総合問題)

問1 1回目の東京オリンピックは,高度経済成長期の1964年10月に開かれている。

重要 問2 人口が集中すると,情報が多く集まるため,情報を扱う産業もさかんになる。東京の中心部には印刷・出版業が集中し,情報を各地に発信している。

問3 関東平野は野菜の生産がさかんで,各地に特産地ができている。茨城県のはくさいやピーマン,千葉県のねぎやほうれんそうなどは,全国有数の生産量をあげている。

問4 北海道の道庁所在地は札幌である。白神山地は,青森県から秋田県に広がっているので,エが誤りとなる。

問5 デジタル社会の形成に関する内閣の事務を助け,迅速かつ重点的な遂行を図ることを目的として内閣にデジタル庁が設置された。

問6 外国との条約を承認するのは国会である。

やや難 問7 二酸化炭素などの温室効果ガスは,地球温暖化を促進する。そのためにその排出を抑えていく必要がある。カーボンニュートラルとは,CO_2の排出量をプラス・マイナスでゼロにし,大気中のCO_2全体の量を増減させないということである。ここでいうニュートラルとは増減に対して「中立(=ゼロ)」という意味になる。

重要 問8 国の権力は,立法(国会),行政(内閣),司法(裁判所)の三権に分かれている。これを三権分立という。三権分立は,国の権力が一つの機関に集中すると極めて強大となり,国民の自由をおびやかすことになるので,それを防ごうという考え方にもとづいている。

2 (日本の歴史—旧石器時代から明治時代)

問1 エは旧石器時代の説明であり,4世紀後半には当てはまらないので誤りである。

問2 「後漢書」には,1世紀半ばに現在の福岡平野にあった倭の奴国王が後漢に使いを送り,皇帝から金印を授けられたとあり,江戸時代に志賀島(福岡県)で発見された「漢委奴国王」と刻まれた金印は,そのときのものと考えられている。

問3 豪族同士の争いを和らげるために女性の推古天皇が即位すると,おいの聖徳太子が摂政となり,蘇我馬子と協力しながら中国や朝鮮に学んで天皇を中心とする政治制度を整えようとした。

基本 問4 大化の改新では都は難波(大阪府)に移されたので,イは誤りとなる。

基本 問5 当時は,神話や伝承,記録などをもとにまとめた歴史書の『古事記』と『日本書紀』,地方に,

自然，産物，伝説などを記した『風土記』がつくられた。

問6　『万葉集』は奈良時代の末に，大伴家持がまとめたもので，天皇や貴族だけでなく，防人や農民の歌もおさめられている。したがって，アは誤りである。

やや難　問7　漢字の音を使って，一字一音で日本語を書き表していたのが万葉仮名で，それをくずすことによって平仮名ができた。

問8　(i)　高知県は，冬には季節風の風下になるために晴れることが多くなり，夏は太平洋からふく湿った季節風によって降水量が多くなる太平洋側の気候で，イの雨温図が該当する。

(ii)「紀貫之が自ら女性と偽り書いている――」という会話文の箇所からイの文章が当てはまる。アは徒然草，ウは方丈記，エは枕草子の冒頭の文である。

問9　藤原氏の系図を考察すると摂関政治の概要が分かる。すなわち，娘を天皇のきさきにし，その子を次の天皇にたてることで勢力を伸ばした。9世紀後半には，天皇が幼いときは摂政に，成長すると関白という天皇を補佐する職について実権をにぎった。

問10　アの日英同盟は1902年，ウの韓国併合は1910年，エのポーツマス条約は1905年で，いずれも1900年前後に該当する。イの下関条約は1895年なので，1900年前後には該当しない。

問11　(i)　臨済宗は鎌倉仏教の1つであり，エの鎌倉時代の頃に該当する。アは室町時代，イは鎌倉時代と室町時代の間に位置する建武の新政(南北朝時代初期)，ウは室町時代であるが戦国時代の幕開けの頃である。　(ii)　1685年は生類憐みの令が出た年で江戸幕府5代将軍徳川綱吉の時代である。アの関ケ原の戦いは1600年，イの桜田門外の変は1860年，エの鉄砲伝来は1543年である。

★ワンポイントアドバイス★

1問5　デジタル庁に必要な事項はデジタル庁設置法に規定されている。2問9　藤原氏は摂関政治で国司の人事などの政治の実権をにぎった。摂関政治は，11世紀前半の藤原道長と，その子頼通のころが最も安定した。

<国語解答>

一　問1　ア　　問2　イ　　問3　ウ　　問4　エ　　問5　ア　　問6　オ　　問7　委員長
問8　三島生徒会長をぎゃふん，と言わせる　　問9　(例)　私たちは予算を現状より二パーセント増やしてほしいです。また，三島会長は「文学作品を読むことを時間の無駄。」と言っていますが，私は読む価値があると考えます。　　問10　オ

二　問1　ウ　　問2　イ　　問3　三　　問4　④　ア　　⑤　ウ　　⑧　オ　　問5　エ
問6　オ　　問7　自己充実(と)人と人とのつながり　　問8　実現
問9　(例)　私は本を読むことや，自分でお話を考えて書くことが好きです。そのため，勉強では国語が得意科目で，この間の学校のテストでは満点を取ることができました。

三　針小棒大

四　①　水源　　②　太陽　　③　記録　　④　役割　　⑤　開幕　　⑥　明朗　　⑦　気性
⑧　制作　　⑨　ひょうり　　⑩　びんじょう

○推定配点○

一　問7・問8　各5点×2　　問9　9点　　他　各3点×7

二　問4・問7　各2点×4　　問8　4点　　問9　9点　　他　各3点×5

三　4点　　四　各2点×10　　計100点

＜国語解説＞

一 **(小説－心情・情景の読み取り，文章の細部の読み取り，空欄補充の問題，ことばの意味，四字熟語，記述力・表現力)**

問1　続く会話文に「ふがいない委員長で……わたしが全部ダメなせいだ……」とある。「資料費……六割削減」という結果になったことをふがいないと思っている。

基本　問2　②「ハンカチをにぎりしめ目に押しあてた」は，涙をふく動作である。かなしみの心情を表す。　③「ばんと，両手をテーブルにつく」は，いかりの心情からテーブルをたたいている様子である。

やや難　問3　「言語道断」は，あきれて批評・非難の言葉も出ないほどであること。委員長を泣かせたことにあきれているのである。　ア「自画自賛」は，自分で自分のことをほめること。　イ「絶体絶命」は，きりぬける方法が見当たらないほど困難な立場。　エ「前代未聞」は，今まで聞いたこともない変わった，珍しいこと。　オ「完全無欠」は，完全で全く欠点のない様子。

問4　「訳知り顔」は，物事の事情をよく理解している様子。サヤカはかれんに向かって，自分は三島という人物についてよく理解しているということを言っている。「ため息」は，心配したり失望したり感心したりしたときなどに出る大きな息。ここでは，かれんの発言にあきれている気持ちを表している。

問5　「ですがね」は，続く部分に前で言った内容とは反対の内容の言葉が続くことを表す言い方。前の部分では「才能ある人物であるのは間違いない」と言っているが，「ですがね……」の「……」の部分には否定的な言葉が続くことがわかる。

問6　「このままだと，次の『元老院』の投票ですんなり決まっちゃう」という絶望的な状況に皆が沈みこんでいるときに，キサラギが「『元老院』の投票前には，当事者の意見表明が認められているはずだ」という，絶望的な状況の解決の道を切り開くような発言をしたことで，「この人(＝キサラギ)が光り輝いているように見えたというのである。

問7　キサラギは委員長の沈んだ声の発言に対して助言をして，「陶子，泣くことはない」と呼びかけている。委員長＝陶子である。

問8　「あいつ」は，三島生徒会長である。「鼻をへし折る」は，いばっている人を言い負かすの意味。直前に「あいつを泣かせてやる」ともある。「ぎゃふんと言わせる」は，完全に降参させるの意味。「あいつ」が「三島生徒会長」を指すことがわかるように「三島生徒会長をぎゃふん，と言わせる」の部分をぬき出す。

重要　問9　【条件】の「図書委員会の立場を意識すること」については，文章の初めに「現状が少なすぎるから，ほんの二パーセント増やしてくださいって，ささやかなお願いだった」とある。「三島会長の意見に反対すること」については，「古びた文学作品など，現代では読む必要はありません」という意見に反対する。この考え方や「紙の本は……増やすメリットがほとんどない」という考え方によって，三島生徒会長は「紙の本を買うお金」である資料費を六割削減したのである。

やや難　問10　図書委員会は課題に対して意見を言い合っているのではなく，資料費が六割削減されたことに対して，三島生徒会長にどう対抗するかを話し合っている。「図書委員会の団結」が作品のテーマではない。したがって，オはふさわしくない。ア，「……」が多用されている。イ，「しかめっ面」や「むっとした顔」という表現で人物の心情を表現している。ウ，かれんは三島会長に同情的であり，サヤカやひろしは否定的である。また，キサラギは三島生徒会長の「鼻をへし折る」と言っている。エ，物語は「私」の目を通して描かれている。

二 **(論説文－要旨・大意の読み取り，文章の細部の読み取り，接続語，空欄補充の問題，ことばの意味，四字熟語，記述力・表現力)**

問1　第二段落に，「自分一人だけで幸せを得るよりも，身近な人たちを中心にできれば多くの人と幸せを感じることができれば，その方が人はより大きな幸福を味わえたことになるのではないでしょうか」とある。

問2　第二段落に，「自分が，さらに自分の周りの人も含めて幸せになりたいということが『生きるということ』の一番の核となっているのだと私は思うのです」とある。「生きることの根幹」とは「生きるということの一番の核」ということである。

基本　問3　それぞれ「十人十色」「千差万別」「三者三様」となる。

問4　「人間の『幸福の具体的な形』」の具体例が，④のあとで述べられている。そこで，④には例であることを示す「たとえば」が当てはまる。⑤のあとでは，前に挙げた例である歌手になることと反対の内容が述べられている。逆接の「でも」が当てはまる。⑧は，前で述べた「さまざまある幸福の形から，グッと本質を抽出してくる」を，あとでは「どんな形にもそれぞれに共通する本質を取り出してみる」と言いかえている。言いかえ・要約の「つまり」が当てはまる。

やや難　問5　「縁の下の力持ち」は，他人の気づかないところで，他人のために苦労や努力をすること・人。　ア　「袖振り合うも他生の縁」は，袖が触れ合うようなちょっとした出来事も前世からの因縁によって起こるものだということ。　イ　「寄らば大樹の陰」は，守ってもらえるならば，勢力のある人の方がよいということ。　ウ　「陰徳あれば陽報あり」は，人に知られずよい行いをすれば，必ずよいお返しがあること。　オ　「三人寄らば文殊の知恵」は，平凡な人間でも，三人集まって考えれば，知恵をつかさどる文殊菩薩のような良い知恵が出るものだということ。

問6　直前に「人によっていろいろなタイプがありますから」とある。これを，――線③を含む文では「人間の『幸福の具体的な形』は人それぞれ，いろいろ多種多様です」と表現している。

問7　続く段落で，「ひとつが『自己充実』というモメントです」と述べている。もう一つは，文章の初めに「私たちは人と人のつながりにおいて，いったい何を求めているのでしょうか。それはやはり『幸せ(幸福)』になることである，と私は考えています」とある。

問8　「つまり」のあとで，「自分が能力を最大限発揮する場を得て，やりたいことができることです」と言いかえている。「自分のやりたいことができること」とは「自己実現」である。

重要　問9　「自己充実」については，直前に「『これは自分に向いているな』『やっていて楽しいな』と思えることに自分の能力が発揮できていれば」とある。自分の好きなことをやった結果として，自分の能力が発揮されてよい形として現れた体験をまとめればよい。解答例では，本を読むことやお話を考えて書くことが好きで，その結果として，国語が得意科目になりテストで満点を取るという形で現れた体験をまとめている。

三 **(四字熟語)**

漢字パズルを解くカギは，音読み・訓読みの両方から熟語を考えることである。熟語だからと音読みにこだわっていると正解にたどりつけない。いちばん上にあるパズルは，「方針・分針・指針」は音読みだが，「針金」は訓読みである。二つ目のパズルは，「金棒(かなボウ)」の読みが難しい。訓＋音の読み(湯桶読み)である。他は「鉄棒・相棒・棒状」である。三つ目のパズルは，「大河(タイガ)」の読みがカギになる。「大」には「ダイ・タイ」の二つの音がある。他は「巨大・広大・大王」である。四つ目のパズルは，「小豆(あずき)」が熟字訓である。また，「小雨(こさめ)」の読みにも注意する。「小」には「ちい‐さい・こ・お」の三つの訓がある。他は「縮小・弱小」である。□に当てはまる漢字は「針・棒・大・小」で，並べ替えると「針小棒大」となる。「針小棒大」は，針のように小さいことを棒のように大きく言うということから，ちょっとしたことを大げさに言うこと。

四 (漢字の読み書き)

① 「水源」は，川・地下水などの水が流れ出てくるもと。「源」を同音で形の似た「原」と区別する。「源」の訓は「みなもと」。「起源」「根源」などの熟語がある。 ② 「太」を同音で形の似た「大」と区別する。「太」には「タ」の音もある。訓は「ふと - い・ふと - る」。「太古」「太平」などの熟語がある。 ③ 「録」を形の似た「緑(リョク・みどり)」や「縁(エン・ふち)」と区別する。「登録」「目録」などの熟語がある。 ④ 「役」には「エキ」の音もある。「兵役」「服役」などの熟語がある。「割」の音は「カツ」。「わり・わ - れる・さ - く」の訓もある。「分割」「割愛」などの熟語がある。 ⑤ 「幕」は，形の似た「墓(ボ・はか)」や「募(ボ・つの - る)」，「慕(ボ・した - う)」と区別する。「幕」は「バク」の音もある。「暗幕」「幕府」などの熟語がある。 ⑥ 「明朗」は，明るく朗らかでわだかまりがないこと。「朗」は，同音で形の似た「郎」と区別する。「朗」の訓は「ほが - らか」。「朗読」「朗詠」などの熟語がある。 ⑦ 「気性」は，生まれつきの心の性質。「性」を「ショウ」と読む熟語には「性分」「本性」などがある。 ⑧ 「制作」は，芸術作品を作ること。道具や機械などの実用品を作る「製作」と区別する。 ⑨ 「表裏一体」は，二つのものの関係が密接で切り離せないこと。「裏」の訓は「うら」。「脳裏」「裏面」などの熟語がある。 ⑩ 「便乗」は，他の目的に使用される車や船に，ついでに乗せてもらうこと。「便」の音は「ベン・ビン」。訓は「たよ - り」。「ビン」と読む熟語には「便覧」「郵便」などがある。

★ワンポイントアドバイス★

小説は，行動・表情・会話・情景などの表現を手がかりに，場面の様子や心情の理由，描写の特徴などを正確に読み取る。論説文は，筆者の説明を文脈をたどって正確に読み取り，筆者の考えや，考えの根拠となる具体例などをとらえる。ことわざなど語句の意味もおさえておこう。

MEMO

大切なことはメモしておこうネ！

2021年度

★★★★★★★★★★★★★★★★★★★★★★★★★

入　試　問　題

2021年度

日出学園中学校入試問題（一般Ⅰ期）

【算　数】（50分）〈満点：100点〉

【注意】　①　分数は約分された形で答えなさい。

②　比はもっともかんたんな整数を使って表しなさい。

③　円周率は3.14とします。

1　次の計算をしなさい。

（１）　$(27-5\times3)\times135\div180$

（２）　$\frac{1}{4}-\frac{1}{6}+\frac{3}{8}$

（３）　$(0.301+0.4771)\times50$

（４）　$2\frac{1}{2}-0.4\div\frac{5}{3}-0.8$

（５）　$3.14\times9+6\times3.14-10\times1.57$

2　次の□にあてはまる数を答えなさい。

（１）　$(4\times$□$\div5+4)\div6=2$

（２）　濃度10％の食塩水200 gに水を50 g加えると，濃度は□％になります。

（３）　片道60 kmの道路を，行きは時速30 kmで，帰りは時速60 kmで往復しました。往復の平均の速さは時速□kmです。

（４）　一郎くんだけで行うと10日間かかり，次郎くんだけで行うと15日間かかる仕事があります。この仕事を一郎くんと次郎くんの2人で行うと□日間かかります。

（５）　下の図のように，横線が3本，たて線が5本でできた四角形があります。この中に四角形は全部で□個あります。

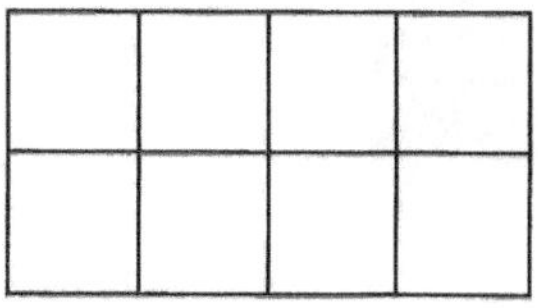

（６）　6で割っても7で割っても3あまる2けたの整数をすべて求めると□です。

（７）　毎秒200 mLでお湯が出るじゃ口があります。このじゃ口を使って220 Lのお風呂をいっぱいにするには□分□秒かかります。

（8） 右の図のように，机から球を転がして発射する装置を作りました。球を転がし始める高さ（図のhの高さ）と球の飛きょりに表のような関係が成り立つとき，50 cmの高さから球を転がすと，□ cm球は飛びます。

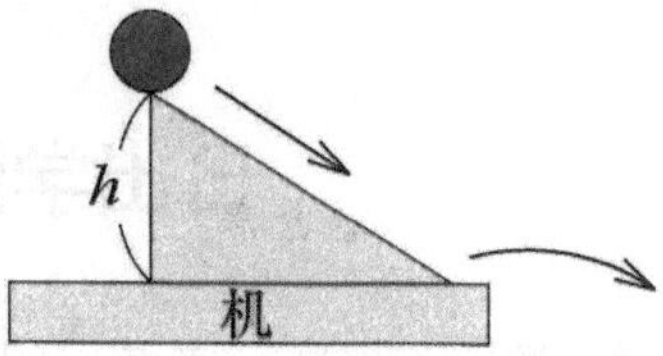

h	10cm	20cm	40cm	50cm
飛きょり	49cm	98cm	196cm	□ cm

3 次の問いに答えなさい。

（1） 右の図の正五角形でBとEを結んでできる角①の大きさを求めなさい。

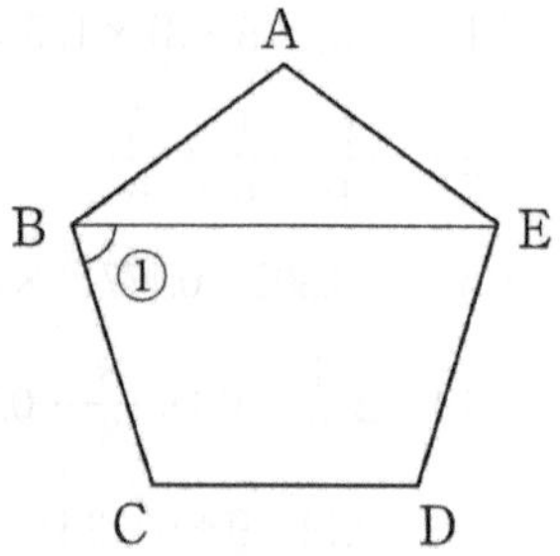

（2） 右のおうぎ形のしゃ線部の面積を求めなさい。ただし，点Oはおうぎ形の中心で，中心角は180°です。

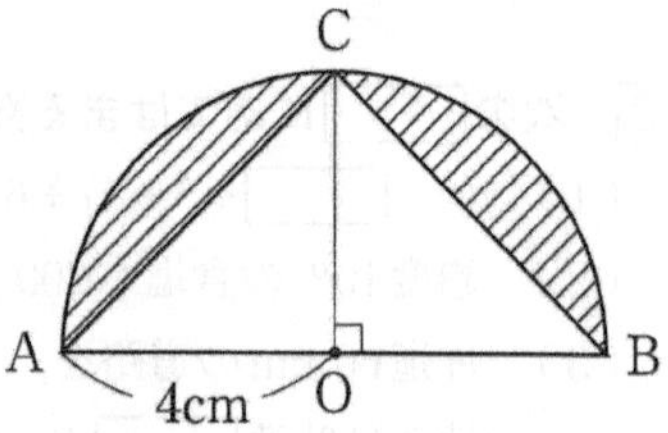

（3） 下の図は，あるビルから100 mはなれた場所から，ビルの頂上を見上げた様子です。直角三角形ABCの縮図は下の図のようになりました。ビルの高さを求めなさい。

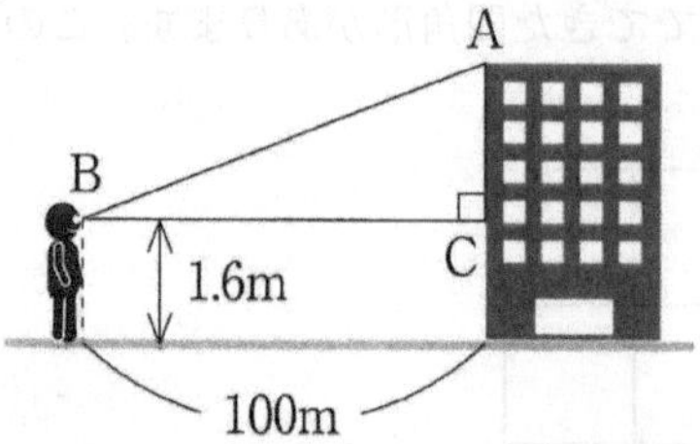

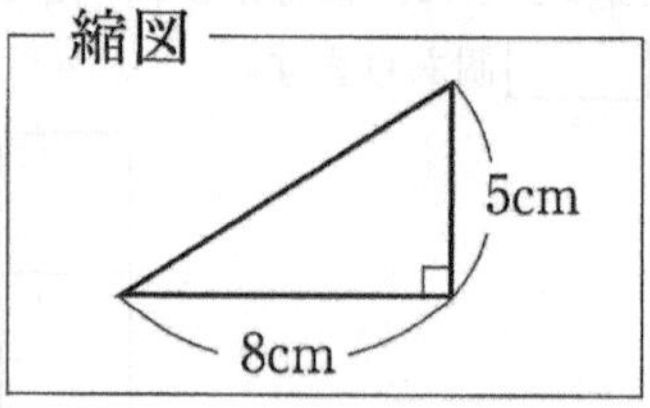

（4） 下の図のように，1辺の長さが3 cmの正三角形ABCが直線上をすべらずに1回転するとき，頂点Aが動いてできる線の長さを求めなさい。

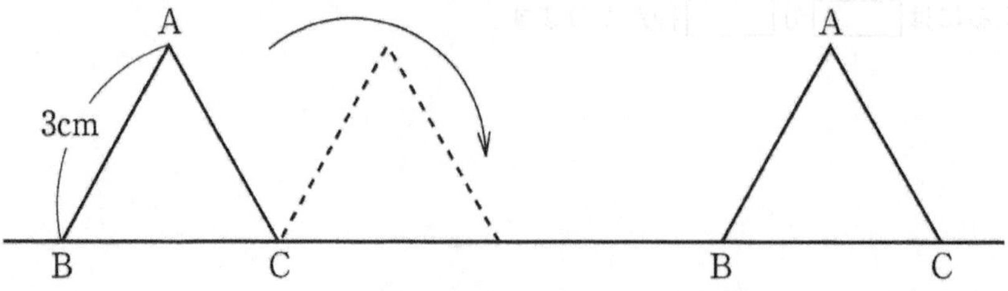

4 次の表は面積が一定の大きさとなる三角形の底辺の長さx cmと高さy cmの関係を表したものです。次の問いに答えなさい。

底辺（cm）	2	ア	6
高さ（cm）	イ	8	4

（1） アとイにあてはまる数を答えなさい。

（2） xとyの関係を表すグラフをかいたとき，グラフについて正しく説明しているものを次のア～オからすべて選び，記号で答えなさい。

ア：右上がりの直線である。

イ：xの値が4で，yの値が6の点を通る。

ウ：xの値が小さくなると，yの値は大きくなる。

エ：xの値が0で，yの値が0の点を通る。

オ：直線が折れ曲がった形になる。

5 ある映画館は座席数が60席であり，営業時間の8:30～21:00の間，映画の上映を40分，客席の清掃を20分とし，以下のようなスケジュールで映画を上映しています。

8:30　開館
8:30～ 9:00　準備
9:00～ 9:40　上映
9:40～10:00　清掃
10:00～10:40　上映
10:40～11:00　清掃
・
・
・
20:00～20:40　上映
20:40～21:00　清掃
21:00　閉館

しかし来月から，次のような衛生ルールに基づいて営業するよう行政から指示がありました。

衛生ルール
①上映の後には必ず毎回消毒をすること
②上映の合間には10分間の換気をすること
③座席数の半分で入場制限をすること

この映画館では毎回の消毒にかかる時間は10分で，これは清掃の時間とは別に取ることにしました。また，換気の時間はもとからある清掃の時間に含めることにしました。入場制限によって，1回の上映で入れるお客さんの人数は30名になりました。

（1） 来月も開館時刻と1日の上映回数を変えないようにするには，閉館時刻を何時にすればよいですか。ただし，最後の上映の後にも消毒と清掃は行い，それが終わる時間を閉館時刻とします。

（2） 1か月このように営業していましたが，行政のチェックが入った結果，10分間の換気を清掃の時間とは別に取るように指導されてしまいました。また，夜遅くまで営業すると人件費がかさむので，消毒や換気，清掃の時間をルール通り取った上で，営業時間をもとの8:30～21:00に戻すことにしました。このとき1日の上映回数は何回になりますか。

（3）（2）の条件のもと営業をすると，衛生ルールがないときと比べて1日のお客さんの数は何人減りますか。ただし，すべての上映で満席になり，同じお客さんが複数回来ても別々に数えることとします。

6 ある数aの約数の個数を〈a〉と表すことにします。

たとえば，1の約数は1のみなので　〈1〉=1

2の約数は1と2なので　〈2〉=2

4の約数は1，2，4なので　〈4〉=3　となります。

このとき，次の問いに答えなさい。

（1）〈36〉を求めなさい。

（2） aを1から10までの数とする。〈a〉が奇数になるとき，aにあてはまる数をすべて求めなさい。

（3） aを1から100までの数とする。〈a〉が奇数になるとき，aにあてはまる数をすべて加えるといくつになるか求めなさい。

【理　科】（25 分）〈満点：50 点〉

1　水よう液による金属の変化について，次の問いに答えなさい。

（1）　いろいろな金属をうすい塩酸や水酸化ナトリウム水よう液にいれ，とけるかとけないかを調べました。下の表は，その結果を表したものです。とけた場合は○印，とけない場合は×印で示しました。次の問いに答えなさい。

	アルミニウム	マグネシウム	鉄	銅
うすい塩酸	○	**A**	○	**C**
水酸化ナトリウム水よう液	○	×	**B**	×

①　表の**A**～**C**の結果はどうなりますか。○印または×印で答えなさい。

②　表の４種類の金属が，うすい塩酸や水酸化ナトリウム水よう液にとけた場合，気体が発生します。その気体はすべて同じですか。それとも異なりますか。

③　アルミニウムが水酸化ナトリウム水よう液にとけたときに発生する気体の名前を答えなさい。

④　③で発生した気体の性質としてあてはまるものを次の**ア**～**エ**から一つ選び，記号で答えなさい。

ア　刺激臭《しげきしゅう》がある

イ　他のものを燃やすはたらきがある（助燃性）

ウ　燃える気体である（可燃性）

エ　空気より重い

（2）　いろいろな重さの亜鉛《あえん》を同じ濃《こ》さの塩酸 50 cm^3 にそれぞれ入れ，入れた亜鉛の重さと発生した気体の体積の関係をグラフで表しました。次の問いに答えなさい。単位が必要なものには，単位をつけなさい。

①　塩酸 50 cm^3 に亜鉛 0.3 g を入れたとき，発生する気体の体積は何 cm^3 ですか。

②　塩酸 50 cm^3 に亜鉛 0.6 g を入れたとき，塩酸にとけきれず残っている亜鉛は何 g ですか。

③　同じ濃さの塩酸 150 cm^3 に亜鉛 1.2 g を入れたとき，亜鉛はすべてとけましたか，とけきれず残りましたか。

④　同じ濃さの塩酸 100 cm^3 に亜鉛 0.8 g を入れたとき，発生する気体の体積は何 cm^3 ですか。

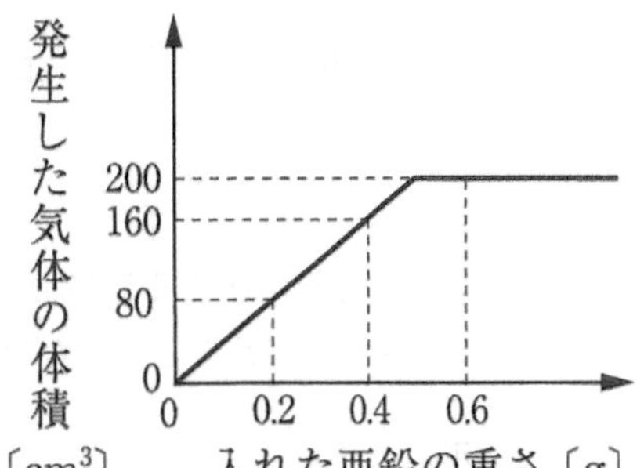

2 日本付近での月の見え方について，次の問いに答えなさい。

（1） 晴れた日の空を見上げたら上弦の月を見ることができました。上弦の月が見える時間帯と方角として，もっとも適するものを次の**ア**～**エ**から一つ選び，記号で答えなさい。

ア 朝方 南の空　**イ** 正午 南の空　**ウ** 夕方 南の空　**エ** 深夜 南の空

（2） 満月の南中高度は季節によって変化します。最も低くなるのはいつごろですか。次の**ア**～**エ**から一つ選び，記号で答えなさい。ただし，地球が太陽の周りをまわっている面と，月が地球の周りをまわっている面とは同じ面であるとします。

ア 春分のころ　**イ** 夏至のころ　**ウ** 秋分のころ　**エ** 冬至のころ

（3） 月は満ち欠けをしても，もようが変わりません。その理由は月の動き方で何と何の周期が同じだからですか。それぞれ漢字で答えなさい。

（4） 2020年6月21日の夕方に日本全国で「月によって太陽がかくされる現象」が起こりました。次に日本全国で同様の現象が観察できるのは，2030年6月1日といわれています。この現象について，次の問いに答えなさい。

① 「月によって太陽がかくされる現象」を漢字2文字で答えなさい。

② **図1**は，太陽・地球・月の位置関係を表したものです。①が起きるときの月の位置を，図の**ア**～**ク**から一つ選び，記号で答えなさい。

図1

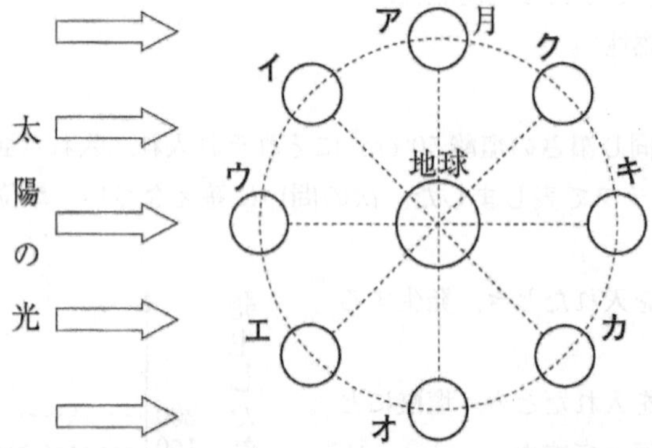

③ ①の現象が起こる日に地球から月はどのように観察できますか。次の**ア**～**カ**から一つ選び，記号で答えなさい。ただし，**イ**は満月，**オ**は新月です。

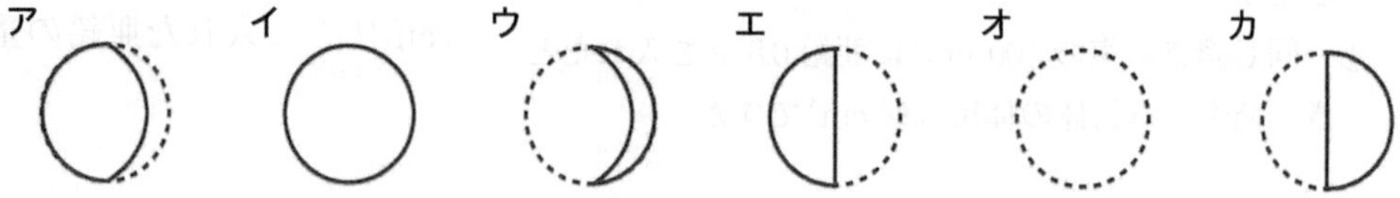

3 もののあたたまりかたを調べるために，さまざまな実験をしました。これについて，次の問いに答えなさい。

（1） 図1は試験管に，図2はビーカーに水を入れ，それぞれアルコールランプで加熱しているようすを表しています。次の問いに答えなさい。

図1

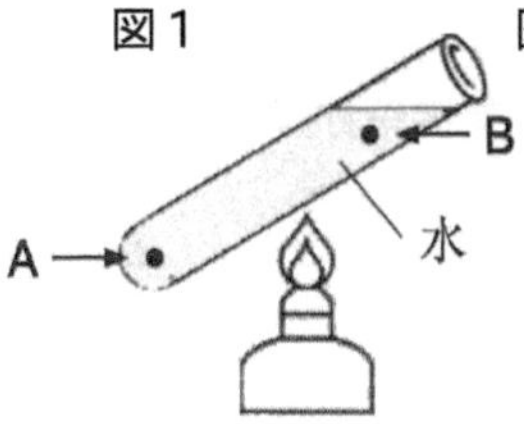

図2

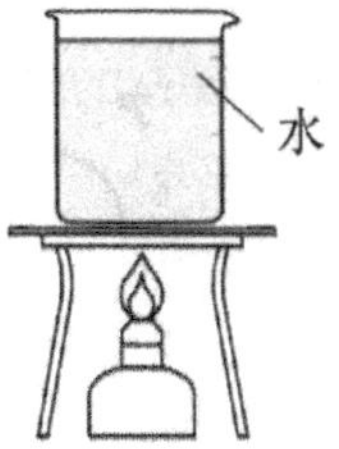

① 図1で，AとBの部分ではどちらの方が先にあたたまりますか。

② ①のようになる理由を次のア～エから一つ選び，記号で答えなさい。

ア あたためられた水は体積が増え，重くなってしずむから

イ あたためられた水は体積が増え，軽くなってうき上がるから

ウ あたためられた水は体積が減り，重くなってしずむから

エ あたためられた水は体積が減り，軽くなってうき上がるから

③ 図2で，ビーカーの中の水の動き方を図で表すとどうなりますか。次のア～エから一つ選び，記号で答えなさい。

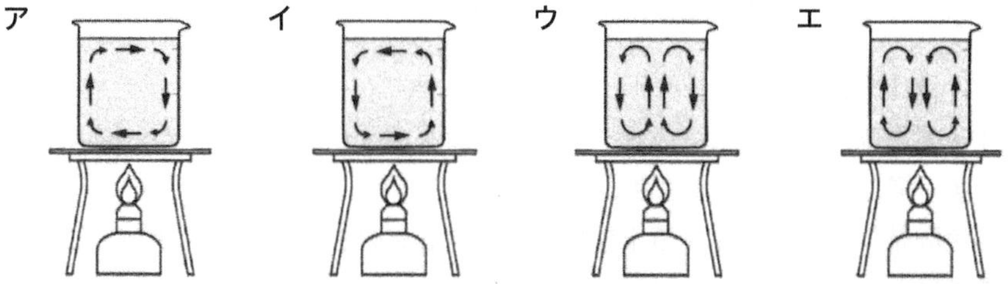

（2） 図3のように，20℃の水50 gが入っているビーカーの中に，80℃の水25 gが入っているビーカーを入れてしばらくおいたところ，2つのビーカーの温度が同じになりました。このときの温度は何℃になりましたか。ただし，熱は容器や空気中に逃《に》げないものとします。

図3

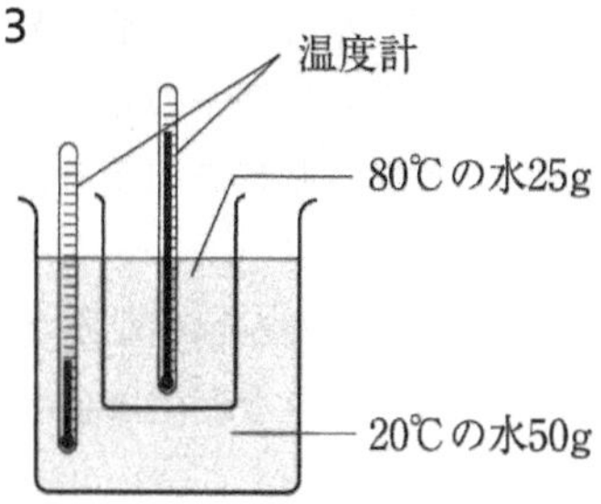

（3） 図4のように，金物の板のA～Dの各点にロウを使ってマッチ棒を立て，◎印のところを熱し，マッチ棒のようすを観察しました。次の問いに答えなさい。

図4

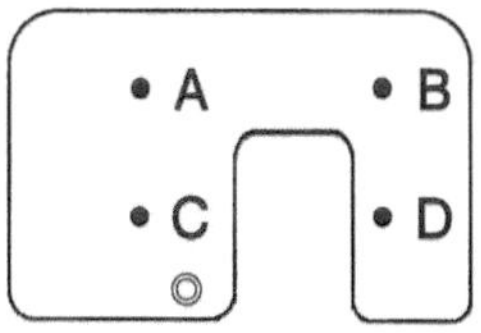

① 加熱してしばらくすると，ロウがとけてマッチ棒がたおれていきました。たおれるのがはやいものから順にA～Dの記号で答えなさい。

② ①のような熱の伝わり方を何といいますか。漢字で答えなさい。

③ 鉄，アルミニウム，銅の3種類の板を用いて，同じように実験をしました。すべてのマッチ棒がたおれるまでの時間が短い順番にならんでいるものを，次のア～エから一つ選び，記号で答えなさい。

ア　鉄　アルミニウム　銅　　**イ**　鉄　銅　アルミニウム
ウ　銅　アルミニウム　鉄　　**エ**　銅　鉄　アルミニウム

4　**種子の発芽に必要な条件について予想をたて，実験をしました。これについて，次の問いに答えなさい。**

【予想】

①　土が必要である　　②　水が必要である
③　光（日光）が必要である　　④　適度な温度が必要である

【実験】　同じ大きさのシャーレにインゲンマメを入れ，条件を変えて，発芽するかどうかを調べました。A～Cは明るい場所に置き，Dは箱をかぶせ光が当たらないようにしました。また，A～Dは温度を25℃にし，Eは冷蔵庫の中で，光を当てず5℃にしました。

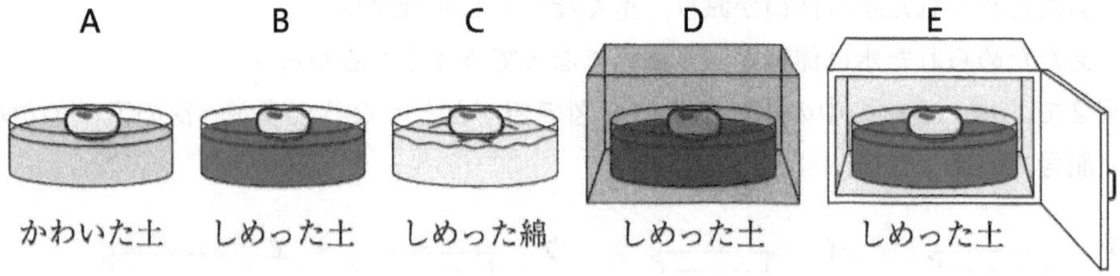

【結果】　B，C，Dは発芽しました。

（1）　予想①～④を確かめるには，それぞれどの実験を比べればよいですか。図A～Eからそれぞれ二つずつ選び，記号で答えなさい。

（2）　今回の実験結果より，発芽する条件に関係のあるものを，次の**ア**～**オ**から二つ選び，記号で答えなさい。

ア　水分　**イ**　光　**ウ**　土　**エ**　空気　**オ**　適度な温度

（3）　さらに種子の発芽について調べるため，図Cに少量の肥料を加えました。種子の発芽のようすは肥料を加えるとどうなりますか。最も適するものを次の**ア**～**エ**から一つ選び，記号で答えなさい。

ア　発芽が早くなった　　**イ**　発芽が遅くなった
ウ　大きな変化はなかった　　**エ**　発芽しなくなった

【社　会】（25分）〈満点：50点〉

1　次の文章を読んで，以下の問いに答えなさい。

（特に指示がない場合は，漢字で書けるものについては漢字で答えること。）

人類は長い歴史の中で多くの厄災《やくさい》にみまわれてきました。特に日本は，地震・①**台風**など数々の災害にみまわれてきました。最近でも，2019年9月に②**千葉県**に上陸し，90万戸以上の大規模な停電を引き起こした台風15号や，2016年4月に③**熊本県**を中心に震度7を観測した熊本地震などは記憶に新しいところです。

これから先も，南海トラフ地震などが心配されています。「南海トラフ」とは，駿河《するが》湾から遠州《えんしゅう》灘《なだ》，熊野灘《くまのなだ》，④**紀伊半島**の南側の海域及び土佐湾を経て日向灘《ひゅうがなだ》沖までのフィリピン海プレート及びユーラシアプレートが接する地形をいいます。すなわち関東から九州までの広い地域が被害を受ける可能性があるということです。南海トラフ地震は100年から150年間隔で繰り返し発生しており，⑤**江戸時代**には宝永《ほうえい》地震の影響で，⑥**世界遺産**にも登録された⑦**富士山**が噴火しており，宝永噴火の様子については，⑧**新井白石**『折《おり》たく柴《しば》の記』や⑨**伊能忠敬**の先々代がつけた『伊能景利《かげとし》日記』などに記録されており，富士山の火山灰は首都圏にも大きな影響をあたえるものと考えられています。

我々の生活に大きな影響をあたえるのは災害だけではありません。感染症が多くの影響をあたえることは「新型コロナウイルス感染症（正式名称は「COVID-19」）」によって，2020年に開催される予定であった⑩**東京オリンピック**が延期されるなど，その影響力についてあらためて実感しているところではないでしょうか。アメリカ大統領選挙をたたかっていた⑪**トランプ大統領**（2020年10月当時）が感染したことは，世界経済などに大きな影響をあたえました。

歴史をひもとくと，⑫**奈良時代**に流行した天然痘《てんねんとう》などが有名です。⑬**東大寺**の大仏は疫病《えきびょう》対策で建立されました。⑭**第一次世界大戦**の終結は，スペイン風邪（インフルエンザ）の流行によって早められたのではないかという説もあります。このスペイン風邪によって世界全体で亡くなった方は，⑮**WHO**の報告によると4000万人とも5000万人ともいわれています。

このように人類は多くの厄災にみまわれてきましたが，協力しながら乗り越えてきました。「COVID-19」の対応をめぐっては，アメリカと⑯**中国**の対立が目立っていますが，世界が一致団結して乗り越えていくことを願わずにはいられません。

問1　下線①の台風について，

近年の台風は，強い勢力を維持したまま日本列島に近づいてくることが多くなった。その理由を，「温暖化」「海水温」の２つの用語を使用して説明しなさい。

問2　下線②の千葉県について，

千葉県の産業について説明した文**ア**～**エ**のうち，誤っているものを１つ選び記号で答えなさい。

ア　水はけのよい土壌を利用し，落花生やサツマイモなどの生産が盛んである。

イ　東京に近いことを利用して，ブドウやモモなどの果物の生産量が全国でも多い県である。

ウ　千葉県の沖合では，黒潮と親潮が交わり好漁場《こうぎょじょう》を形成することから，サバ・イワシなどの漁獲量が全国上位に位置する。

エ　京葉臨海地域では，石油精製《せいせい》・石油化学・鉄鋼などの企業がコンビナートを形成している。

問３　下線③の熊本県について，

熊本県の歴史について説明した文**ア**～**エ**のうち，誤っているものを１つ選び記号で答えなさい。

ア　明治初期の士族の反乱である西郷隆盛が起こした西南戦争では熊本城も戦場となった。
イ　有機水銀が原因で高度経済成長期に起こった水俣病は熊本県の八代海《やつしろかい》水俣湾で発生した。
ウ　熊本城を築城した加藤清正は織田信長の命令で朝鮮に出兵をした。
エ　江戸時代のはじめに，長崎県の島原で起こった乱に影響を受けて，熊本県の天草でも乱が起こった。

問４　下線④の紀伊半島について，紀伊半島南部に位置する和歌山県についての［雨温図］Ａ～Ｃと［説明］Ⅰ～Ⅲの［組み合わせ］として正しいものを下の**ア**～**ケ**より１つ選び記号で答えなさい。

［雨温図］

Ａ　Ｂ　Ｃ

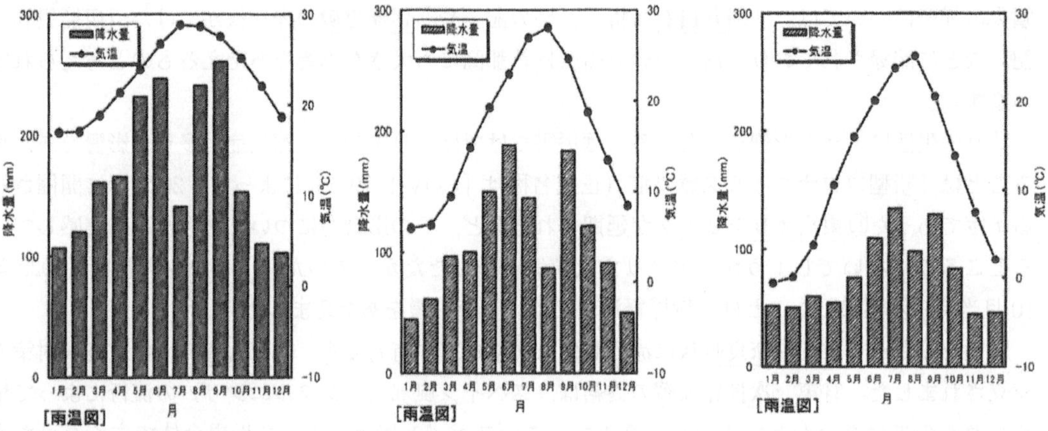

［理科年表2019年より作成］

［説明］

Ⅰ　年間の寒暖差が大きく降水量が比較的少ない気候を利用して，ブドウやリンゴなどの果樹の栽培が盛んである。

Ⅱ　年間を通じて気温が高く降水量も多い。暖かい気候を利用してサトウキビやマンゴーなどの栽培が盛んである。

Ⅲ　夏から秋にかけては降水量が比較的多い。山地が多いため古くから林業が盛んである。

［組み合わせ］

ア　Ａ－Ⅰ	**イ**　Ａ－Ⅱ	**ウ**　Ａ－Ⅲ
エ　Ｂ－Ⅰ	**オ**　Ｂ－Ⅱ	**カ**　Ｂ－Ⅲ
キ　Ｃ－Ⅰ	**ク**　Ｃ－Ⅱ	**ケ**　Ｃ－Ⅲ

問５　下線⑤の江戸時代について，

ｉ）幕府が大名に義務付けたもので，大名を江戸と領地に１年おきに住まわせた制度を何というか。漢字４文字で答えなさい。

ⅱ）ｉの制度の主な目的を説明しなさい。

問６　下線⑥の世界遺産について，

日本の世界遺産を説明した文**ア**～**エ**のうち，誤っているものを１つ選び記号で答えなさい。

ア　「琉球王国のグスク及び関連遺産群」は沖縄県に点在《てんざい》している城跡《じょうせき》からなる。

イ　群馬県にある「富岡製糸場と絹産業遺産群」は明治時代に官営工場として開業した富岡製糸場を中心とした文化遺産である。

ウ　鹿児島県の「屋久島」はその豊かな自然が評価されて自然遺産として登録された。

エ　長崎県の「原爆ドーム」は二度と同じような悲劇が起こらないようにとの願いをこめて，負の世界遺産とも呼ばれている。

問７　下線⑦の富士山について，

富士山がまたがっている都道府県を下の［日本地図］①～㊼より２つ選び，記号で答えなさい。

［日本地図］

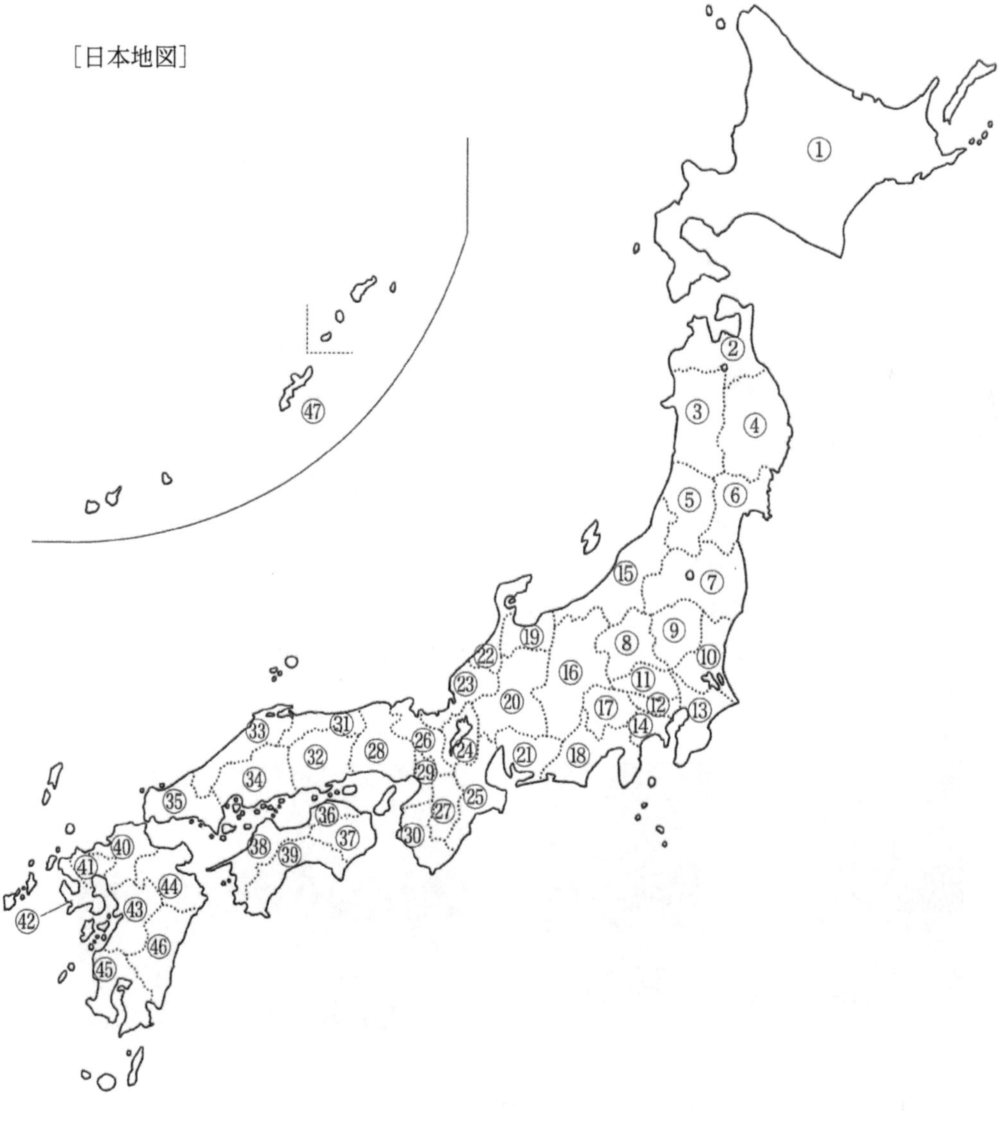

問８　下線⑧の新井白石について，

ⅰ）新井白石は６・７代将軍に仕えたが，８代将軍の人物名を答えなさい。

ⅱ）８代将軍がおこなった改革に関係ないものを下の**ア～エ**より１つ選び記号で答えなさい。

ア　新田開発　　**イ**　目安箱　　**ウ**　文治政治　　**エ**　江戸町火消

問９　下線⑨の伊能忠敬について，伊能忠敬に関係のある写真を下の**ア～エ**より１つ選び記号で答えなさい。

ア

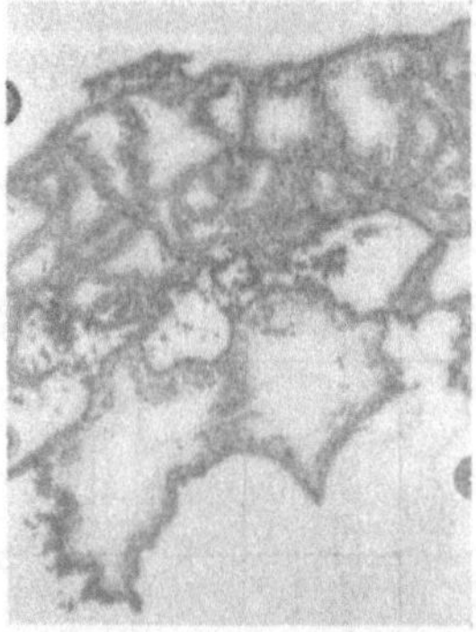

イ

ウ

エ

問10　下線⑩の東京オリンピックについて，

オリンピックを開催したことがない国を下の**ア～エ**から１つ選び記号で答えなさい。

ア　中国　　**イ**　ブラジル　　**ウ**　ロシア　　**エ**　南アフリカ

問11　下線⑪のトランプ大統領について，

トランプ大統領の［写真］Ａ・Ｂと［政党］Ⅰ～Ⅳ

の［組み合わせ］として正しいものを下の**ア～ク**より１つ選び記号で答えなさい。

［写真］

Ａ

Ｂ

［政党］

Ⅰ　自由党　　Ⅱ　保守党　　Ⅲ　共和党　　Ⅳ　民主党

［組み合わせ］

ア　A－Ⅰ　　**イ**　A－Ⅱ　　**ウ**　A－Ⅲ　　**エ**　A－Ⅳ

オ　B－Ⅰ　　**カ**　B－Ⅱ　　**キ**　B－Ⅲ　　**ク**　B－Ⅳ

問 12　下線⑫の奈良時代について，

古代日本に起こった出来事**ア～エ**を正しい順番に並べなさい。

ア　聖武天皇が大仏造立の詔を出した。

イ　大海人皇子が壬申の乱を起こした。

ウ　桓武天皇が平安京に遷都《せんと》をおこなった。

エ　聖徳太子が十七条の憲法をつくった。

問 13　下線⑬の東大寺について，

下の**ア～エ**から東大寺に関連する写真を１つ選び記号で答えなさい。

ア

イ

ウ

エ

問 14　下線⑭の第一次世界大戦について，

第一次世界大戦について説明しているものを下の**ア～エ**から１つ選び記号で答えなさい。

ア　この戦争に勝ち，日本は台湾を手に入れた。また，この戦争の前後に軽工業が発達した。

イ　この戦争に勝ち，日本は樺太の南半分と南満州の鉄道利権を得た。また，韓国を日本の勢力下に置き，後に併合した。

ウ　日本はこの戦争中に，中国に対して二十一か条の要求をつきつけた。

エ　日本はアメリカ・イギリスとの開戦を決意し，ハワイの真珠湾に奇襲攻撃をかけ，この戦争が始まった。

問 15　下線⑮の WHO（世界保健機構）について，

WHO は国際連合の専門機関の１つだが，国際連合の常任理事国でない国を下の**ア**～**エ**から１つ選び記号で答えなさい。

ア　アメリカ　　**イ**　中国　　**ウ**　ロシア　　**エ**　ドイツ

問 16　下線⑯の中国について，

日中の交流に関係した人物の説明Ⅰ・Ⅱ・Ⅲの人物名をそれぞれ答えなさい。

Ⅰ　日宋貿易を盛んにおこない，武士でありながら太政大臣にのぼりつめた。この人物が亡くなった後に，源平合戦によって平氏政権は滅んだ。

Ⅱ　日清戦争に勝利し，清側の代表である李鴻章《りこうしょう》との間で下関条約に調印した。４度内閣を組閣《そかく》し，初代韓国統監《とうかん》にも就任したがハルビン駅で暗殺された。

Ⅲ　894 年遣唐使に任命されたが，唐の混乱によって遣使がおこなわれることはなかった。右大臣までのぼりつめたが，大宰府《だざいふ》に左遷《させん》され現地で亡くなった。

イ　質の良い文房具を用意し、手紙にして相手に送る。
ウ　自らが考えた文字や表現をふんだんに使って書く。
エ　原稿《げんこう》用紙を数十枚使って、長々と書き記す。
オ　相手に素早く伝えるために、電子メールで送る。

問8　――線部⑧「もう自分でもなにかしないと気が済まない」とありますが、同じ意味の表現を本文中から十四字でぬき出して答えなさい。

問9　――線部⑨「それは、きっと貴方にもできる」とありますが、「それ」とは筆者の言う「凄さ」に関係していることだと考えられます。本文中の「凄さ」の意味をよく考えた上で、あなたの「凄さ」について、実体験を交えて紹介《しょうかい》しなさい。

三　**次の空らんに入る漢字を組み合わせると、ある四字熟語になる。何か、漢字で答えなさい。ただし、漢字は順番通りとは限りません。**

・□い間、雨が降り続いている。
・あなたの言動は私にとって□外だった。
・準備運動の中で□呼吸を行う。
・どろぼうの一□がつかまった。

四　**次の――線①～⑥のカタカナは漢字に直し、⑦、⑧は対義語（反対の意味の語）を、⑨、⑩は空らんに体の部位を示す漢字を一字入れて慣用句を完成させなさい。**

①　この作品はカイシンの出来栄えだ。
②　優勝はチーム創設以来のカイキョだ。
③　この説明文にはチョウフクが多い。
④　親子げんかのチュウサイに入る。
⑤　修学旅行でケンブンを広める。
⑥　アオアオとしげる若葉。
⑦　直接（対義語）
⑧　原則（対義語）
⑨　ほしいものを選んだら、予算から□がでた。
⑩　この話を知っているとは、□が早いね。

の中で、こつこつと少しずつ作られたものであることに注目してほしい。⑨それは、きっと貴方《あなた》にもできる。

ものを作ることは、「凄さ」を見つけること、「凄さ」を形にすることである。

（森　博嗣『創るセンス　工作の思考』）

問1　——線部①「自分の工作はすべて試作だと感じていた」とありますが、なぜですか。次の**ア**～**オ**から一つ選び、記号で答えなさい。

ア　未完成であり、もっと良くしていける可能性を秘めているから。

イ　他の人にあげたり売ったりするには、あまり出来がよくないから。

ウ　自分のために作ったものなので、作りがあらくても気にしないから。

エ　あえて単純な作りにすることで、自分の考えを表明しようとしたから。

オ　自分の思考を整理するため、形に起こしたにすぎないから。

問2　——線部②「『作る』から『他者への指向性』を完全に取り除くことは不可能だろう」とありますが、なぜですか。その理由について述べた次の文の［A］に入る語を、本文中から漢字二字でぬき出して答えなさい。

誰《だれ》かから評価されるのを［A］しているとしか考えられないから。

問3　［③］に入る語として、最も適当なものをひらがな四字で答えなさい。

問4　［④］に入る語を、本文中から漢字二字でぬき出して答えなさい。

問5　——線部⑤「こういったことを分析し、言葉で表現した人はあまりいないだろう」とありますが、「こういったこと」とは何を指していますか。次の**ア**～**オ**から一つ選び、記号で答えなさい。

ア　自分を評価してくれる誰かの存在。

イ　何のために工作をするのかという理由。

ウ　自分の考えを伝えるための正しい言い回し。

エ　周囲に影響《えいきょう》をあたえる「凄《すご》さ」の中身。

オ　想像したものへ近づきたいという欲望。

問6　——線部⑥「滑稽な」の本文中の意味としてふさわしいものを次の**ア**～**オ**から一つ選び、記号で答えなさい。

ア　的を射た

イ　おそれおおい

ウ　並外れた

エ　なやましげな

オ　ばかばかしい

問7　——線部⑦「言葉を尽くすことも、また工作と同じである」とありますが、相手に自分の考えを伝えるときに、「言葉を尽くす」とはどのような行いですか。次の**ア**～**オ**から一つ選び、記号で答えなさい。

ア　わかりやすい表現を使い、字をていねいに書く。

り、神様に喜んでもらえる、とイメージした。これは、普段《ふだん》、工作が下手な僕のことを心配してくれる神様への「恩返し」あるいは「孝行」みたいな感じなのだ。

工作を50年近くも経験した今では、この工作の神様は、結局は[④]のことなのだと理解している。[④]は誤魔化《ごまか》せない。誤魔化しのない目を持った[④]は、失望を繰《く》り返し味わった。その[④]をなんとか喜ばせたい。そういう素直な気持ちである。「神様孝行」という言葉が「[④]孝行」に同化しただけだ。

僕が神様だといっているのでは全然ない。僕は本当に工作が下手くそで、まったく才能がないのだ。それでも、そんな僕を神様は見捨てずに見守ってくれるし、僕なりの努力をちゃんと評価してくれる。これは、信仰《しんこう》だろうか。あるいは、そうかもしれない。しかし、「もの作りのセンス」を支えるもの、その根本的な精神とは、結局はそれぞれの個人が持つ工作の神様への信仰だ、と僕は考えている。

⑤こういったことを分析《ぶんせき》し、言葉で表現した人はあまりいないだろう。言葉にすると、「神様」なんて⑥滑稽《こっけい》な表現になってしまいがちだ。しかし、人に通じる言葉でなくてはいけない。格好をつけるために書いているのではないのだ。⑦言葉を尽くすことも、また工作と同じである。

工作を紹介《しょうかい》したインターネットのサイト、そして日々の工作を楽しく綴《つづ》ったブログも数多い。それぞれに「神様」がいることが感じられる。というか、そういう「神様」を感じさせる工作者は、揺《ゆ》るぎがないし、傍《はた》から見ていても「凄い」と感じるものがある。上手い下手というよりも、大事なのはこの「凄さ」なのだ。

最終的に周囲の人に影響を与えるものは、技術的な高い低い、上手い下手ではなくて、「凄さ」なのだと思われる。いろいろな要素が、その「凄さ」に関わってくるけれど、これに触れると、⑧もう自分でもなにかしないと気が済まない、という思いに駆《か》られる。「凄さ」がひしひしと伝わってきて、本当に痺《しび》れてしまう。痺れたら最後、自分も少しでも凄いことをしてみたい、といても立ってもいられなくなるのだ。

この連鎖《れんさ》こそが、人間の力ではないかとさえ思う。「教育」だって、基本はここにあるはずだ。人に伝えられるもの、影響を与えられるものを、大事にしなければならない。凄い大人がいれば、子供はすぐにそれを見つけて、集まってくるだろう。子供の好奇心《こうきしん》は、常に人間の凄さを探し求めている。自分がなりたいと思えるような凄い人を見つけようとしているのだ。それが「若さ」というものだと思う。だからこそ、僕はこの歳《とし》になっても、まだまだ人間の凄さに出合いたいし、もちろん自分の中にも、少しでも凄さを見つけたい。そう願っているのである。

というわけで、結論としては、創作が産み出す価値とは、「人間の凄さ」である、ということになる。抽象《ちゅうしょう》的な表現で申し訳ないが、これ以上に適切な言葉を思いつけなかった。ご理解いただけただろうか。

一度でも「凄さ」を感じたことがあれば、「ああ、そうそう」と頷《うなず》かれることと思う。それは、工作に限らず、どんなジャンルでも見つけることができるし、人間が人間に憧《あこが》れるメカニズムはすべてこれだといえる。天性の凄さももちろんあるけれど、大部分の凄さは、日常

・詠子の発言を引用すること
・最初の一文で人がらを答え、次の一文でその理由を答えること

二　次の文章を読んで、後の問いに答えなさい。なお、問題の都合上、一部本文を変えてあります。

　ものを「作る」ということは、自分の思考を外部へ出す（アウトプットする）行為であり、それは少なからず「他者」の存在を意識したものであるはずだ。たとえ、自分のために作る場合でも、今の自分ではなく、将来の自分に向けたものであったり、あるいは、架空《かくう》の人格であったり、つまり「今の自分以外の者」という意味で、やはり「他者」と解釈《かいしゃく》することができる。純粋《じゅんすい》に今の自分だけのためならば、わざわざ外に出して形にする必要はない。形にしなければ思考できない、というならば、スケッチなりの簡単な「試作」「習作」で済むはずである。僕が、①自分の工作はすべて試作だと感じていたのは、実はこの理屈《りくつ》だった。

　作ることが、他者へのサービス、あるいはメッセージを元来含《ふく》んでいることは、たぶん確かだと思う。「自分の内側へ向かって」と書いたし、また、「完成品は残骸《ざんがい》だ」とも書いたけれど、根本的な概念《がいねん》として、②「作る」から「他者への指向性」を完全に取り除くことは不可能だろう。

　［　③　］、模型飛行機の仕上げ作業をしているときに、僕《ぼく》はそれを何度も感じた。ぴかぴかになるように、滑らかになるように、とサンドペーパで消《けず》っている作業の間、「これは、誰《だれ》のためにしているのか？」と考える。飛行性能だけならば、もう充分《じゅうぶん》だ。また、これを見る人たちのためだとしても、こんな箇所《かしょ》まで仕上げることはない、それなら見える部分だけで充分だ。すると、自分のためだろうか？　しかし、自分のためならば、こんな労働時間は無駄《むだ》ではないか。そろそろ解放してあげて、もっと自分の得になる別のものへ目を向けるべきだ。この仕上げ作業を続けても、このさきどうなるかは既《すで》に想像できている。そのとおりになるだけだ。

　そう考えながらも、しかし、手が止まったことは一度もない。その「想像どおりのもの」へ少しでも近づきたい、という気持ちが抑《おさ》えられなかった。結局は、想像したとおりへは行き着かず、不満が残る結果が待っていることが多い。それでも、そこへ行きたいのである。

　そうなると、もう考えられる理由というのは、一つしかないだろう。誰かもの凄《すご》い評価眼の人が現れ、これを見て、僕のしたことを褒《ほ》めてくれるのではないか、というものだ。けれど、そんな現実はありえないことを僕は理解している。他者の目は、僕の目よりも行き届かないはずだ。こんな箇所まで見てはくれない。そもそも、実際に誰かから評価をされても、それで自分の感情が影響《えいきょう》されるようなことは、過去になかった。褒められてもそんなに嬉しくないし、貶《けな》されてもそんなに悔《くや》しくない。それはやはり、自分の評価の方がずっと正確だという確信があったからだ。

　となると、いったい誰のどんな評価を期待しているのか。

　僕は、それを「工作の神様」と呼ぶしかない、と考えるに至った。子供のときに、そう結論したのである。工作の神様が褒めてくれるだろう、という気持ちとともに、きっと微笑《ほほえ》んでくれるだろう、つま

な性格だと考えられますか。「――――――性格」につながる形で本文から六字でぬき出して答えなさい。

問8　――線⑧「吉と出た」とありますが、どういうことですか。次の**ア**～**オ**から一つ選び、記号で答えなさい。

ア　自分の短所のおかげでしぃちゃんと仲良くなることができてよかったということ。

イ　しぃちゃんと会おうと思っていたため、図書室で本を読むことができたということ。

ウ　図書室で本を読みふけっていたことがしぃちゃんと会うきっかけになったということ。

エ　時間を気にせずに読書に集中していたので先生に追い出されてしまったということ。

オ　謝りたいという想いが通じて、タイミングの神様に会うことができたということ。

問9　［⑨］に入る語として、最も適当なものをひらがな四字で答えなさい。

問10　――線⑩「詠子はもう一度、お礼を言った」とありますが、なぜですか。次の**ア**～**オ**から一つ選び、記号で答えなさい。

ア　最初のお礼の言葉は笑いの波にのまれてしまい、しぃちゃんのもとに届いていないと感じたから。

イ　よく笑うしぃちゃんの様子を見て、面白いことを言うことで笑いを取ろうと考えたから。

ウ　お礼を伝えたのに、一向に理解しようとしないしぃちゃんに対して誠意を示そうと思ったから。

エ　いっしょに帰りたいと思っていた詠子の想いを察し、いっしょに帰ろうとさそってくれたから。

オ　お礼を伝えたときのしぃちゃんの反応がうれしかったため、もう一度伝えたくなったから。

問11　文章の表現上の特徴を説明したものとしてふさわしくないものを次の**ア**～**オ**から一つ選び、記号で答えなさい。

ア　しぃちゃんの詠子に対する呼び方を「詠子」と「古都《こと》村《むら》サン」といったように使い分けをすることで、しぃちゃんの詠子に対する親密さを他者に伝えようとしている。

イ　「まるで～ように」といったように、他のものにたとえることで読者の想像力をかき立て、読者を作品世界に引き込もうとしている。

ウ　会話文中で話し言葉を多用することで、文章にリズム感をもたらし、読者が登場人物の心情をじっくり考えながら読むことができる工夫を行っている。

エ　「タスケブネ」という言葉をカタカナで表現することで、しぃちゃんがその単語の意味をまったく分かっていないことを読者に強調しようとしている。

オ　詠子の視点で物語を進めることで、詠子の思っていることをわかりやすく表現することが可能となり、読者が詠子の心情を理解するのに役立たせようとしている。

問12　詠子の人がらについて、条件にしたがって説明しなさい。

【条件】

・六十字以内の二文で答えること

問1　――線①「じゃあ、坂の上までいっしょだね」とありますが、このときのしぃちゃんの心情を説明したものとしてふさわしいものを次の**ア**～**オ**から一つ選び、記号で答えなさい。

ア　詠子《えいこ》といっしょに帰ることができることが分かり、うれしい気持ち。
イ　詠子がおばあちゃんちに行くことをさびしがっている気持ち。
ウ　途中《とちゅう》から一人で帰ろうとする詠子を心の底から心配する気持ち。
エ　大切な存在である詠子と仲良くできていることに安心する気持ち。
オ　友だちといっしょに帰ることができる喜びにひたっている気持ち。

問2　――線②「詠子はまさか自分がしぃちゃんと仲よくなるとは思っていなかった」とありますが、なぜですか。条件にしたがって答えなさい。

【条件】
・四十五字以内の一文で答えること
・「対して」という言葉を用いること

問3　――線③「まるでたくさんのカメラのフラッシュを浴びた時のように真っ白になってしまう」とありますが、この後に詠子が落ち着いたことを示す一文を、本文からぬき出し、はじめの五字を答えなさい。

問4　――線④「思考は適切な言葉を隠して逃げた」に用いられている表現技法としてふさわしいものを次の**ア**～**オ**から一つ選び、記号で答えなさい。

ア　倒置《とうち》法　**イ**　暗喩《あんゆ》　**ウ**　擬人《ぎじん》法
エ　反復法　**オ**　対句法

問5　――線⑤「くされ縁」とありますが、本文中の意味としてふさわしいものを次の**ア**～**オ**から一つ選び、記号で答えなさい。

ア　おたがいに良い影響《えいきょう》をあたえ合うことのできる関係
イ　離《はな》れようとしても離れることのできない関係
ウ　幼いときから長い間続いている信頼《しんらい》しあえる関係
エ　言葉にしなくてもおたがいの思いがわかりあえる関係
オ　周囲を気にせずに大声を出し合うことのできる関係

問6　――線⑥「無傷のままの『五年二組の一生徒』というステータスが残されていた」とありますが、どういうことですか。次の**ア**～**オ**から一つ選び、記号で答えなさい。

ア　周囲の様子をうかがいながら気の利《き》いたことを言うことができる人という自分の立ち位置が確立されたということ。
イ　急に声をかけられたことにおどろいてしまったが、とっさに優しい言葉を発することでその場を乗り切ったということ。
ウ　須崎《すざき》くんとしぃちゃんのやり取りのせいで目立つこともできず、その場をやり過ごしてしまったということ。
エ　須崎くんが話しかけてくれたおかげで「エーコ」というあだ名がクラスのみんなの間で広まったということ。
オ　場の空気を白けさせることや誰《だれ》かを傷つけることもなく、クラスのみんなの注目から解放されたということ。

問7　――線⑦「しぃちゃんも須崎くんといっしょに教室を飛び出していってしまったのだ」という表現から、しぃちゃんはどのよう

「帰りの会の時、助け舟《ぶね》出してくれて、ありがとう」

するとしぃちゃんは、へっと音が鳴りそうなくらい、さらに目を丸めてきょとんとする。詠子は、またまた言葉を改めた。

「あ、私、その舟に乗れなかったから、助け舟じゃおかしいか。純粋《じゅんすい》に、助けてくれてありがとう」

と、詠子が言い終えたところで、しぃちゃんの顔にようやく表情の波がもどってきた。そのまま、その波にざぶんとのまれてしまったかのように、しぃちゃんは、ははっと軽快な声で笑い出す。そして、その笑いの波が落ちつくと、

「ね、いっしょ帰ろ」

と、そう言った。

「本当にありがとう」

歩き出すとすぐに、⑩詠子はもう一度、お礼を言った。先ほどの詠子の言葉は、しぃちゃんの笑いの波に流されて、結局、しぃちゃんのところまで届かなかったのではないかと心配になったのだ。するとしぃちゃんは、今度はくすぐったそうに身をよじって笑った。

「あー、いいの、いいの。別に助けたとかじゃなくて、アタシが勝手に哲平にムカついただけだし。それより、エーコ……。えーっと、古都村《ことむら》サン？　と、こうして話せてラッキー。前から、古都村サンと話してみたいと思ってたんだ」

「私と？」

それは詠子にとって、とても意外なことだった。

いつも元気で明るいしぃちゃんは、当然のごとく学校の人気者で、お昼休みなど六年生からもドッジボールの誘《さそ》いの声がかかるくらいだ。なわとびの二重跳《と》び大会で二年連続優勝を果たしてからは、下級生からの人気も高い。しかし、詠子の方は、ほかのクラスに名前をとどろかせるようなことをしてきた覚えはなかった。

「そ。覚えてない？　去年の林間学校の時さ、アタシがはしゃぎすぎて、古都村サンにぶつかっちゃったことあったじゃん」

言われてみれば、確かにそんなこともあった。詠子はこくりとうなずく。

「そん時さ、古都村サン、アタシの目、まっすぐ見て、ごめんなさいってすっごい丁寧《ていねい》に言ったから、アタシ、びっくりしちゃって。で、そのあと、なんとなく古都村サンのこと見てたら、ご飯の配膳《はいぜん》の時とか、お皿取った人に、いちいちちゃんとお礼言ってさ、いただきますもごちそうさまも、となりのテーブルまで聞こえてくるくらいの声で言ってて、意外だなって思ったんだよね」

「意外？」

「うん。や、ごめん、だって、なんか古都村サン、おとなしそうだからさ、もっとおどおどして小さな声でもぞもぞしゃべんのかと思ってたら、結構、どっしりしたしゃべり方すんだもん。言葉のチョイスもななめ横から来る感じだし、アタシとは頭ん中、ちがうんだろうなーって思ったの覚えてる。さっきも、タスケブネとか一瞬、何語かと思ったよ。アタシの辞書には載《の》ってない」

そう言ってしぃちゃんは、詠子をめずらしい動物を見るかのように好奇心いっぱいの目で見つめた。

（久米絵美里『言葉屋　言箱と言珠のひみつ』）

どいい言葉が見つからない。

詠子の真っ白な頭の中では、そんな思考たちが、それぞれでたらめな方角に向かって駆《か》け出していく。詠子があせればあせるほど、④思考は適切な言葉を隠《かく》して逃げた。

しぃちゃんが、詠子の生きる時間に登場したのは、その時だ。

「もー、うっさいな、哲平《てっぺい》！　いいじゃん、エーコ。そんなこと言ったら、アタシ、シイナだからC子《シーこ》さんだよ？」

須崎くんのすぐ前の席にいたしぃちゃんが、ふり向きざまにそうさけんだのだ。あとから聞いたところによると、しぃちゃんと須崎くんは、一年生のころからたまたまクラスがずっといっしょで、出席番号も近い⑤くされ縁《えん》の関係なのだという。

「お前の方がうっさいわ、バーカ。文章題にC子さんは出てきませんー。ふつうB子《ビーこ》さん止まりですー、はい残念、出番なしー！」

「んなこと言ったら、そもそもふつう、花子さんと太郎くんじゃん。うわー、哲平、無駄《むだ》にマニアックー。恥《は》ずかしー」

と、そんな具合で二人は、ちょうど同じくらいの大声で言い合いを始めてしまった。となれば、先ほどほんの一瞬、詠子の上に集まったクラスの視線は、あっという間に二人の上に集合し直しとなる。そんなわけで、担任の先生が二人を注意し、帰りの会が終わるころには、詠子には無事、⑥無傷のままの「五年二組の一生徒」というステータスが残されていたのであった。

椎名《しいな》さんにお礼を言わなければ。

頭の中にすっかり色を取りもどした詠子は、帰りの会が終わるなり、しぃちゃんの席へ歩み寄ろうと立ち上がった。しかし、言葉をかけようと開きかけた口をすんでのところであわてて閉じる。須崎くんの目の前でお礼を言っては角が立つ。そう思ったのだ。そして、その一瞬のためらいが命とりとなった。

「よぉっし、五年二組結成記念サッカートーナメント開催《かいさい》！」

ガタンと椅子《いす》を蹴《け》るようにして勢いよく立ち上がった須崎くんがそうさけんで、クラスの注目を再び集めると、

「おー！」

と、⑦しぃちゃんも須崎くんといっしょに教室を飛び出していってしまったのだ。

詠子は、ため息をついた。いつも考えあぐねているうちにタイミングを逃《のが》してしまう。それが自分の短所であることを、詠子はよく知っていた。

しかし、その後、詠子がつい図書室で本を読みふけってしまったことが⑧吉《きち》と出た。図書室の奥《おく》の方で本に没頭《ぼっとう》していた詠子は、司書の先生の目にとまらず、下校時間のギリギリにようやく発見されて、追い出されるように下校をうながされたのだ。

そして、詠子がひとり下駄箱《げたばこ》に向かったところ、そこにタイミングの神様が現れた。めずらしくひとりでいるしぃちゃんと、ばったり鉢合《はちあ》わせしたのだ。

「さっきは、ありがとう」

詠子は、靴《くつ》を履《は》き替えているしぃちゃんを見るなり、ハムスターのように頬袋《ほおぶくろ》にため込んでいたその言葉を急いで口にした。しかし、当のしぃちゃんは、その言葉に ⑨ としている。それで詠子は、あわてて言い直した。

【国　語】〈五〇分〉〈満点：一〇〇点〉

【注意】字数指定のある問題は、句読点《くとうてん》や「　」などの記号も一字と数えます。

一　次の文章を読んで、後の問いに答えなさい。なお、問題の都合上、一部本文を変えてあります。

「詠子《えいこ》、今日、おばあちゃんち？」

学校からの帰り道、しぃちゃんの声はぴょんと跳《は》ねて、詠子の耳にまっすぐに落ちた。詠子が、うん、とうなずくと、しぃちゃんの口角は、まるで太陽に向かってのびていくようにぐんと上がる。

①「じゃあ、坂の上までいっしょだね」

詠子よりも頭ひとつ分背の高いしぃちゃんの髪《かみ》は、少しだけ色素《しきそ》がうすく、夏の太陽の光を浴びるときらきらと光った。

詠子がしぃちゃんと仲よくなったのは、実はわりと最近のこと。三か月前、詠子たちが五年生になってからのことだった。それまでもお互《たが》い、顔はなんとなく見知っていたのだけれど、同じクラスになったのは今回が初めてで、始業式の日に新しいクラスの名簿《めいぼ》を見た時も、②詠子はまさか自分がしぃちゃんと仲よくなるとは思っていなかった。

というのも、しぃちゃんは、ビタミンカラーの洋服とショートカットがよく似合う元気で活発な女の子。休み時間は、いつも校庭でドッジボールかサッカーをしていて、男の子と同じ漫画《まんが》の話で盛り上がったり、同じくらいの大声でけんかをしたりする。一方、詠子は、長い黒髪を三つ編みおさげにしていて、アースカラーの洋服を好んで選び、本を読んだりぼんやり窓の外をながめたりすることが好きな女の子だった。そんな二人だったので、これから同じクラスでどんなに長い時間をいっしょに過ごしたとしても、自分たちの生きる線は重ならない。詠子はその時、そう思っていた。しかし、二人がきちんと出会うこととなったそのきっかけは、まさにその始業式の日に訪れた。

「なにこれ、お前の名前、なんて読むの？」

教室にて、詠子が配られたばかりの新しい教科書にさっそく名前を書いていると、となりの席の須崎《すざき》くんが、詠子の手元を急にのぞき込《こ》んできた。詠子は、その唐突《とうとつ》な大声にどぎまぎしながらも、

「ことむら……。ことむら、えいこ」

と、教科書の名前を須崎くんの方へ向けて答えた。すると、須崎くんは一瞬《いっしゅん》、おどろいたように詠子の顔を見やり、すぐに先ほどよりさらに大きな声で笑い出した。

「エーコ？　うわっ、なんか文章題に出てくる名前みてー。A子《エーこ》さんは、みかんとりんごを買いに行きました。みたいな！」

その声にクラスのみんなが何事だろうとふり返る。好奇心《こうきしん》がぎゅっとつまったたくさんの瞳《ひとみ》たちが、詠子の視界に飛び込んできた。

すると詠子の頭の中はたちまち、③まるでたくさんのカメラのフラッシュを浴びた時のように真っ白になってしまう。

どうしよう、ここでただ普通《ふつう》にちがうよと静かに否定をしたら、場が白《しら》けてしまう。かといって、泣いて悲しんだら、須崎くんを悪者にしてしまう。そうしたら私も、須崎くんを悪者にした悪者になる。そもそも私は別に悲しくないし、怒《おこ》ってもいない。どちらかといえば、ちょっとおもしろいなと思っているくらいなのだから、ここはなにか気の利《き》いたジョークで返したいところだけれど、どうしよう、ちょう

MEMO

大切なことはメモしておこうネ！

一般Ⅰ期

2021年度

解 答 と 解 説

《2021年度の配点は解答欄に掲載してあります。》

<算数解答>

1　(1)　9　(2)　$\frac{11}{24}$　(3)　38.905　(4)　$\frac{73}{50}$　(5)　31.4

2　(1)　10　(2)　8%　(3)　時速40km　(4)　6日間　(5)　30個　(6)　45，87
(7)　18分20秒　(8)　245cm

3　(1)　72度　(2)　9.12cm^2　(3)　64.1m　(4)　12.56cm

4　(1)　ア　3　イ　12　(2)　イ，ウ

5　(1)　23:00　(2)　9回　(3)　450人

6　(1)　9　(2)　1，4，9　(3)　385

○推定配点○

各4点×25　計100点

<算数解説>

1　(四則混合計算)

基本　(1)　四則混合計算では計算の順番を書いてから取り組むことで計算間違いを防ぐ。小かっこの中を先に計算する。かけ算はひき算よりに計算する。かけ算とわり算のみの場合は分数の形にして約分してから計算する。①5×3＝15，②27－15＝12，③・④$12\times135\div180=\frac{\cancel{12}^{1}\times135}{\cancel{180}^{15}}=9$

重要　(2)　分数のひき算，たし算は通分して左から順に計算する。$\frac{1}{4}-\frac{1}{6}+\frac{3}{8}=\frac{6}{24}-\frac{4}{24}+\frac{9}{24}=\frac{2}{24}+\frac{9}{24}=\frac{11}{24}$

重要　(3)　小数のかけ算の筆算では小数点の位置に気をつける。(0.301＋0.4771)×50＝0.7781×50＝38.905

(4)　小数は分数にしてから計算する。わり算はひき算より先に計算する。分数のわり算は逆数をかけ算する。$2\frac{1}{2}-\frac{2}{5}\div\frac{5}{3}-\frac{4}{5}=2\frac{1}{2}-\frac{2}{5}\times\frac{3}{5}-\frac{4}{5}=2\frac{1}{2}-\frac{6}{25}-\frac{4}{5}=2\frac{25}{50}-\frac{12}{50}-\frac{40}{50}=2\frac{13}{50}-\frac{40}{50}=1\frac{23}{50}$

(5)　分配法則を利用する。3.14×9＋6×3.14－10×1.57＝3.14×9＋6×3.14－5×2×1.57＝3.14×(9＋6－5)＝3.14×10＝31.4

2　(四則混合逆算，濃度，速さ，仕事算，場合の数，数の性質，速さ，比例)

(1)　計算の順番を考えてから逆にたどる。④2×6＝12，③12－4＝8，②8×5＝40，①40÷4＝10

重要　(2)　濃度10%の食塩水に食塩は200×0.1＝20(g)含まれる。濃度(%)＝食塩÷食塩水×100で求める。20÷(200＋50)×100＝8(%)

重要　(3)　時間＝道のり÷速さより，60km÷30km/時＝2時間，60km÷60km/時＝1時間，平均の速さ＝全道のり÷全時間より，60km×2÷(2＋1)時間＝40km/時，平均の速さは時速40kmである。

(4)　全部の仕事量を㉚とすると，1日の仕事量は一郎が，㉚÷10＝③，次郎が㉚÷15＝②，2人で仕事をすると，㉚÷(③＋②)＝6，よって求める答えは6日間である。

(5)　正方形1個でできる四角形2×4＝8(個)，正方形2個でできる四角形4＋3×2＝10(個)，正方形3個でできる四角形2×2＝4(個)，正方形4個でできる長方形2(個)，正方形4個でできる正方形3個，正方形6個でできる四角形2個，正方形8個でできる四角形1個，8＋10＋4＋2＋3＋2＋1＝30(個)

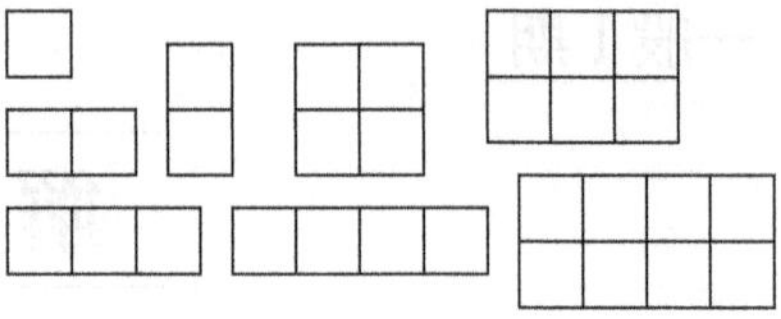

(6)　6と7の最小公倍数42に3を加えた数。42＋3＝45，42×2＋3＝87，求める答えは45，87

(7)　1L＝1000mL，220L＝220×1000＝220000mL，220000mL÷200mL/秒＝1100秒，1100秒÷60＝18余り20，よって，求める答えは18分20秒である。

(8)　転がし始める高さhと飛きょりは，hが2倍4倍になると飛きょりも2倍4倍になる正比例の関係になっている。50cm÷10cm＝5(倍)，49cm×5＝245cm，求める答えは245である。

3　(平面図形・角度，面積，拡大と縮小，図形の移動)

(1)　正五角形の1つの内角は180−360÷5＝180−72＝108(度)，他に，五角形の内角の和は(5−2)×180＝540(度)，正五角形の1つの内角は540÷5＝108(度)でも求められる。三角形ABEの底角は(180−108)÷2＝36(度)，求める角度は108−36＝72(度)

(2)　斜線部は半径4cmの半円から底辺8cm高さ4cmの三角形を除いた図形。4×4×3.14×$\frac{180}{360}$−4×2×4÷2＝25.12−16＝9.12(cm)

(3)　ACの長さを□mとして，相似比を利用して求める。8：5＝100m：□m，□＝100×5÷8＝62.5，ビルの高さは62.5＋1.6＝64.1(m)である。(図①参照)

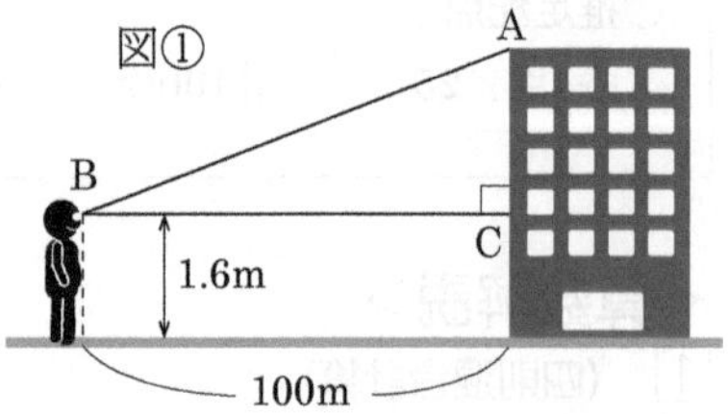

(4)　半径3cm中心角120度のおうぎ形の弧2つ分。3×2×3.14×$\frac{120}{360}$×2＝12.56(cm)(図②参照)

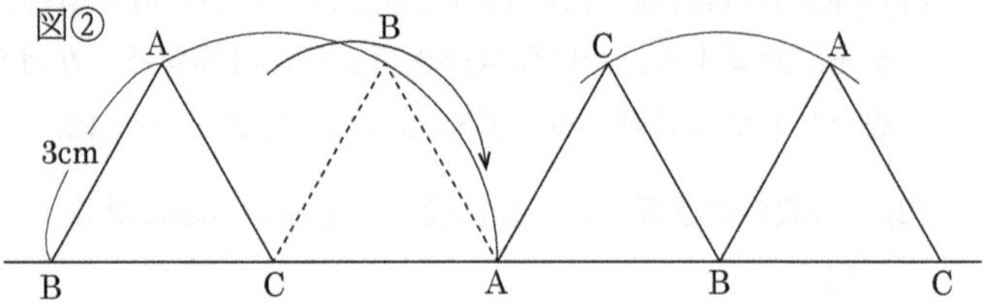

4　(反比例)

(1)　三角形の面積は6×4÷2＝12(cm^2)　　ア×8÷2＝12

ア＝12×2÷8＝3　　2×イ÷2＝12　　イ＝12×2÷2＝12　　よって，求める答えはア＝3，イ＝12である。

(2)　三角形の面積が12cm^2，底辺と高さの積が24になっているので，x=4，y=6の点を通る。積が等しい反比例の関係より，xの値が小さくなるとyの値は大きくなる。よって，求める答えはイ，ウである。

やや難　**5　(数論)**

(1)　9時の上映が1回目で，20時の上映は20−1＝12より12回目，消毒は12回する。10分×12＝120分＝2時間，閉館が遅くなる。21時＋2時間＝23時，求める答えは23：00

(2)　21時−9時＝12時間，12時間＝60分×12＝720分，40＋20＋10＋10＝80(分)，720÷80＝9(回)

(3)　衛生ルールなし60×12＝720(人)，衛生ルールあり30×9＝270(人)，720−270＝450(人)

6　(数の性質の応用)

重要　(1)　36の約数は1，2，3，4，6，9，12，18，36の9個

(2)　約数の個数が奇数になるのはaが1または□×□で表される平方数の時。10以下では2×2＝4，3×3＝9，よって求める答えは1，4，9である。

(3)　4×4＝16，5×5＝25，6×6＝36，7×7＝49，8×8＝64，9×9＝81，10×10＝100より，1＋4＋9＋16＋25＋36＋49＋64＋81＋100＝385

★ワンポイントアドバイス★

基礎的な知識を身につけ，応用的な問題まで丁寧に取り組む練習しておこう。図形問題は発展的な問題も練習しておこう。複雑な問題では情報を整理し，新しい情報を見つける手がかりを探す練習をするとよいだろう。

<理科解答>

1　(1)　①　A　○　B　×　C　×　②　同じ　③　水素　④　ウ
(2)　①　$120cm^3$　②　0.1g　③　とける　④　$320cm^3$

2　(1)　ウ　(2)　イ　(3)　自転周期・公転周期　(4)　①　日食　②　ウ　③　オ

3　(1)　①　B　②　イ　③　ウ　(2)　40℃　(3)　①　C→A→B→D　②　伝導　③　ウ

4　(1)　①　B・C　②　A・B　③　B・D　④　D・E　(2)　ア・オ　(3)　ウ

○推定配点○

1　(1)　①　各1点×3　他　各2点×7　2　各2点×6((3)完答)
3　各2点×7((3)①完答)
4　(3)　2点　他　各1点×5((1)①～④・(2)各完答)　計50点

<理科解説>

1　(物質と変化―気体の発生・性質)

重要　(1)　①　A　塩酸とマグネシウムは反応する。　B　水酸化ナトリウム水溶液と鉄は反応しない。　C　水酸化ナトリウム水溶液と銅は反応しない。　②・③　金属と水溶液との反応では水素が発生する。　④　水素は最も軽い気体で，可燃性の性質を持つ。

基本　(2)　①　0.2gの亜鉛がすべて反応すると，$80cm^3$の水素が発生するので，0.3gの亜鉛では，0.2(g)

やや難　：80(cm^3)＝0.3(g)：□(cm^3)より，$120cm^3$の水素が発生する。　②　塩酸$50cm^3$からは$200cm^3$の水素までしか発生しないので，塩酸$50cm^3$と過不足なく反応する亜鉛の重さは，0.2(g)：80(cm^3)＝□(g)：200(cm^3)より，0.5gである。よって，塩酸に溶けきれずに残っている亜鉛は，

基本　0.6(g)－0.5(g)＝0.1(g)である。　③　塩酸$50cm^3$は亜鉛0.5gと過不足なく反応するので，同じ濃さの塩酸$150cm^3$では，亜鉛を1.5gまで溶かすことができる。よって，1.2gの亜鉛はすべて溶

基本　ける。　④　塩酸$50cm^3$は亜鉛0.5gと過不足なく反応するので，同じ濃さの塩酸$100cm^3$では，亜鉛を1.0gまで溶かすことができる。よって，0.8gの亜鉛はすべて反応する。0.5gの亜鉛がすべて反応すると，水素が$200cm^3$発生するので，0.8gの亜鉛がすべて反応すると，0.5(g)：200(cm^3)＝0.8(g)：□(cm^3)より，水素が$320cm^3$発生する。

2　(天体―月)

重要　(1)　上弦の月は，夕方南中する。

やや難　(2)　夏至のころの満月は，冬至のときの地球と太陽の位置関係と同じ形になるので，満月は夏至

のころ最も低くなる。

重要 (3) 月の自転と公転の向きが同じで，自転周期と公転周期が同じであるため，月はいつも地球に同じ面を向けている。

重要 (4) ① 月によって太陽が隠される現象を日食という。 ②・③ 日食は新月のときに起こる。

3 (熱―熱の伝わり方)

重要 (1) ①・② あたためられた水は，体積が増え軽くなるため，Bの方が先にあたたまる。
③ 水はあたたまると軽くなるので，ウの動きをする。

やや難 (2) カロリーは水温×水量であらわすことができる。80℃の水25gは，80×25＝2000(カロリー)，20℃の水50gは，20×50＝1000(カロリー)なので，合わせると，水75gが3000カロリーの熱を持っていることがわかる。よって，2つのビーカーの温度は3000÷75＝40(℃)になる。

重要 (3) ① 熱に近いところから順に倒れるので，C→A→B→Dの順になる。 ② 熱している部分から順に遠いところに熱が伝わることを，伝導という。 ③ 熱が伝わりやすい順にならべると，銅，アルミニウム，鉄の順になる。

4 (生物―植物)

重要 (1) 比べる実験は，比べるもの以外すべて同じ条件にする必要がある。そのため，①はBとC，②はAとB，③はBとD，④はDとEを比べる。

基本 (2) 発芽に空気が必要かどうかの実験は行っていないので，今回の実験結果からは，発芽に水分，適度な温度が必要であることがわかる。

基本 (3) 発芽に必要な栄養分は種子の中にすでにあるので，肥料を加えても，発芽の様子に大きな変化はない。

★ワンポイントアドバイス★

理科の基本知識を充実させよう。

<社会解答>

1 問1 (例) 地球温暖化が原因で海水温が上昇し，台風が高い海水温の中を進む結果，強い勢力を維持したまま日本列島に近づくことが多くなった。 問2 イ 問3 ウ
問4 カ 問5 i 参勤交代 ii (例) 大名の反乱を防ぐため[大名の経済力を弱らせるため] 問6 エ 問7 ⑰，⑱ 問8 i 徳川吉宗 ii ウ 問9 ア
問10 エ 問11 キ 問12 エ(→)イ(→)ア(→)ウ 問13 イ 問14 ウ
問15 エ 問16 Ⅰ 平清盛 Ⅱ 伊藤博文 Ⅲ 菅原道真

○推定配点○

1 問1・問5ii 各4点×2 問2～問4・問6・問7・問12 各3点×6(問7完答)
他 各2点×12 計50点

＜社会解説＞

1 （総合問題－日本の国土と自然，農業，環境問題，近世，時事問題）

問1　台風は，東経180度以西の北太平洋及び南シナ海で発生する熱帯低気圧のうち，域内の最大風速が秒速17.2m以上のもののことであり，台風が発達するためのエネルギー源は海水から発生する水蒸気であり，海水温が高くなると，より多くの水蒸気が発生することから，台風の勢力が強くなりやすい（強い勢力を維持しやすい）といえる。地球温暖化の影響で，日本の周辺でも海水温が上昇し，台風が日本に向かって進む際に高い海水温の中を進むことから，強い勢力を維持したまま日本列島に近づく台風が増えていると考えられる。

基本　問2　千葉県はブドウやモモの都道府県別生産量上位に入っていないので，イが誤っている。東京に近く，ブドウやモモなどの果物の生産量が全国でも多いのは山梨県。千葉県は水はけのよい土壌を利用し，落花生やサツマイモ（かんしょ）の生産が盛んなので，アは千葉県の説明として正しい。千葉県の沖合には好漁場が広がり，サバ・イワシなどの漁獲量が全国上位に位置するので，ウは千葉県の説明として正しい。京葉臨海地域には石油精製・石油化学・鉄鋼などのコンビナートが立地し，京葉工業地域が形成されているので，エは千葉県の説明として正しい。

問3　朝鮮への出兵を命令したのは織田信長ではなく豊臣秀吉なので，ウが誤っている。熊本城を築城した加藤清正は，豊臣秀吉の命令で朝鮮に出兵している。1877年に西郷隆盛らが起こした西南戦争では，熊本城も戦場となっており，アは正しい。水俣病は熊本県の八代海水俣湾で発生した，有機水銀が原因となった公害病であり，イは正しい。江戸時代の1637年に島原・天草一揆が起こっているので，エは正しい。

問4　和歌山県は梅雨や台風の影響もあり夏から秋にかけて降水量が比較的多く，山地が多く古くから林業が盛んであることから，[説明]はⅢがあてはまる。[雨温図]は，夏に降水量が比較的多く，冬の平均気温が10℃以下になっていることから，Bと判断できる。よって，カの組み合わせが正しい。なお，[説明]のⅠは長野県について述べており，[雨温図]のCが長野県の雨温図と判断できる。[説明]のⅡは沖縄県について述べており，[雨温図]のAが沖縄県の雨温図と判断できる。

重要　問5　ⅰ）　江戸幕府が大名に義務付けた，大名を江戸と領地に1年おきに住まわせた制度を，参勤交代という。参勤交代は1635年に3代将軍徳川家光が武家諸法度に追加して制度化している。

ⅱ）　参勤交代によって，大名は領地と江戸の二重生活を送ることになり費用がかさんだほか，領地と江戸の往復にも莫大な費用がかかったことから，経済力が弱められた。また，大名の妻子は江戸に置かねばならなかったことなどもあり，参勤交代は大名の反乱を防ぐことにもつながっていた。

問6　「原爆ドーム」は長崎県ではなく広島県にあるので，エが誤っている。

問7　富士山は，静岡県と山梨県にまたがっている。[日本地図]では静岡県は⑱，山梨県は⑰で示されている。

問8　ⅰ）　江戸幕府の8代将軍は，徳川吉宗である。　ⅱ）　ウの文治政治は，江戸幕府4代将軍徳川家綱から7代将軍徳川家継にかけての治世をいうので，徳川吉宗が行った改革に関係ない。徳川吉宗は享保の改革を行い，アの新田開発をすすめ，イの目安箱を設置している。また，徳川吉宗のときにエの江戸町火消が設置されている。

問9　伊能忠敬は江戸時代に全国の沿岸を測量し，日本全図の作成にあたったので，アが関係のある写真とわかる。イは南蛮船と南蛮人の来航の様子を描いている。ウは葛飾北斎の『富嶽三十六景』のなかの1枚である。エは歌川（安藤）広重の『東海道五十三次』のなかの1枚である。

やや難　問10　2021年1月時点で，アの中国は2008年の北京オリンピック（夏季）を開催しており，イのブラジルは2016年のリオデジャネイロオリンピック（夏季）を開催しており，ウのロシアは2014年のソチオリンピック(冬季)を開催しているが，エの南アフリカはオリンピックを開催したことはない。なお，1980年には旧ソ連がモスクワオリンピックを開催している。

問11　[写真]Aは2020年のアメリカ合衆国大統領選挙で当選し，2021年1月に第46代大統領に就任したバイデンの写真，[写真]Bが2021年1月に退任した第45代アメリカ合衆国大統領であったトランプの写真である。バイデンは民主党，トランプは共和党なので，トランプの[写真]と[政党]の組み合わせはキが正しい。

問12　アの聖武天皇は奈良時代の8世紀前半に大仏造立の詔を出している。イの大海人皇子は672年の壬申の乱に勝利し，天武天皇として即位している。ウの桓武天皇が平安京に遷都したのは794年。エの聖徳太子が十七条の憲法をつくったのは飛鳥時代の7世紀初頭。起こった出来事の順に並べると，エ→イ→ア→ウとなる。

問13　アは唐招提寺を建立した鑑真の像，イが東大寺の大仏，ウは中尊寺金色堂，エは興福寺阿修羅像なので，イが東大寺に関連する。

問14　第一次世界大戦は1914年に始まり，1918年に終結している。日本は第一次世界大戦中の1915年に，中国に対して二十一か条の要求をつきつけたので，ウが第一次世界大戦についての説明として適当。アは日清戦争，イは日露戦争，エは太平洋戦争について説明している。

問15　国際連合の常任理事国は，アメリカ合衆国，イギリス，フランス，中国(中華人民共和国)，ロシア連邦の5か国なので，エのドイツが国際連合の常任理事国でない。

基本　問16　Ⅰ　武士でありながら太政大臣にのぼりつめ，日宋貿易を盛んにおこなったのは，平清盛である。　Ⅱ　4度内閣を組閣し，初代韓国統監に就任したのは，1885年に初代内閣総理大臣となった伊藤博文。　Ⅲ　894年に遣唐使の停止を建言し，のちに大宰府に左遷され現地で亡くなったのは，菅原道真。

★ワンポイントアドバイス★

地理・歴史・政治のいずれの分野も，基本的な知識をしっかりとおさえておこう。

<国語解答>

一　問1　ア　　問2　(例)　しいちゃんは活発な性格なのに対して，詠子は大人しい性格であるため，合わないと考えたから。　　問3　頭の中にす　　問4　ウ　　問5　イ　　問6　オ　　問7　元気で活発な(性格)　　問8　ウ　　問9　きょとん　　問10　ア　　問11　ウ　　問12　(例)　詠子は礼ぎ正しく，まじめな人がらだ。なぜなら，相手に想いが伝わるまで「ありがとう」をくり返して自分の想いを届けたからだ。

二　問1　オ　　問2　期待　　問3　たとえば　　問4　自分　　問5　イ　　問6　オ　　問7　ア　　問8　いても立ってもいられなくなる　　問9　(例)　私は毎日，一時間リフティングの練習をしている。その結果，今ではリフティングを百回続けられるようになった。

三　意味深長

四　①　会心　　②　快挙　　③　重複　　④　仲裁　　⑤　見聞　　⑥　青青　　⑦　間接　　⑧　例外　　⑨　足　　⑩　耳

○推定配点○

一 問2・問12　各6点×2　　他　各3点×10　　二 問9　10点　　他　各3点×8

三 4点　　四 各2点×10　　計100点

<国語解説>

一 (小説－心情・情景の読み取り，文章の細部の読み取り，空欄補充の問題，言葉の意味，表現技法，記述力・表現力)

問1 「口角」は，くちびるの両わきの部分。そこが「ぐんと上がる」ということは，笑顔になるということを表している。「まるで太陽に向かってのびていくように」という表現も，しぃちゃんのうれしい気持ちを表している。

やや難 問2　直後の段落が「というのも」と始まって，理由を説明している。二人の性格のちがいが「一方」という接続語をはさんで描かれている。「一方」は「対して」と言い換えることができる。しぃちゃんは「元気で活発な女の子」，詠子は「本を読んだりぼんやり外をながめたりすることが好きな女の子」である。「対して」は，前後が反対ということだから，しぃちゃんの「元気で活発」に対して，詠子の性格は「大人しい」と言い換えればよい。詠子は，そういう二人は合わないと考えたから，「仲よくなるとは思っていなかった」のである。

問3　前の部分もふくめると，「詠子の頭の中は……真っ白になってしまう」とある。詠子の気持ちを説明したあとに，詠子と須崎くんが言い合いをしている具体的な場面があって，それがおさまったあとに，「頭の中にすっかり色を取りもどした詠子は～」とある。真っ白になった頭が色を取りもどしたのだから，詠子は落ち着いたのである。

問4 「思考は……逃げた」という主語・述語の関係になっている。「思考」という人間でないものが，「逃げた」という人間の動作をしたという表現になっているので擬人法。

基本 問5 「くされ縁」は，別れようとしても別れられずに，だらだらと続く好ましくない関係。しぃちゃんと須崎くんは一年生のころからクラスがいっしょで，出席番号も近いから，離れようとしても離れることのできない関係なのである。

問6　問3と関連させて考える。この場面の始まりは，須崎くんが詠子の名前をからかうところである。頭が真っ白になった詠子が考えている内容が，「どうしよう～」と始まる段落に描かれている。詠子は，「場が白けてしまう」「須崎くんを悪者にしてしまう」「私も……悪者になる」と考えている。つまり，場を白けさせたり，誰かが悪者になって傷つけてしまうことを詠子は心配しているのである。そこを，しぃちゃんが須崎くんと言い合いを始めて，視線が二人に移ったことで，詠子が心配したような展開にならずに「無傷のままの『五年二組の一生徒』というステータス(地位)が残されていた」のである。「五年二組の一生徒」は，注目され目立つ生徒にならずにすんで，「クラスのみんなの注目から解放されたということ」を表現している。

問7　しぃちゃんと詠子の性格をとらえた問2と関連させて考える。しぃちゃんは「元気で活発な」性格である。

問8 「吉」は，めでたいこと，よいこと。「吉と出た」は，よい結果になったということ。「詠子がつい図書館で本を読みふけってしまったこと」で，下駄箱のあるところで「めずらしくひとりでいるしぃちゃんと，ばったり鉢合わせした」のである。

基本 問9　しぃちゃんは，詠子の「さっきは，ありがとう」という言葉の意味がわからないのである。続く文に「さらに目を丸めてきょとんとする」とあるのに注目する。「さらに」とあるのは，⑨でも「きょとんとしている」からである。

問10　直後の一文に，「もう一度，お礼を言った」理由が説明されている。「先ほどの詠子の言葉は……心配になった(から)だ」と言い換えても意味が通る。

重要　問11　ウについては，須崎くんやしぃちゃんの会話には，「うわっ」「みてー」「もー，うっさいな」「じゃん」など話し言葉が多用されているが，文章全体にリズム感をもたらしているわけではない。また，それらの会話文から登場人物の心情をじっくり考えることはできない。　ア，仲よくなってからは「詠子」，仲よくなる前は「古都村さん」と呼んでいるのであてはまる。　イ，「まるで……ように」を使った——線③の表現は，注目されてどうすればよいかわからなくなっている詠子の心情を読者に想像させて，場面に読者を引きこんでいる。　エ，しぃちゃんは，文章の最後で「タスケブネとか一瞬，何語かと思ったよ」と言っているのであてはまる。　オ，文章は詠子の立場に立って描かれている。心情も詠子によりそって描かれている。

重要　問12　【条件】に「詠子の発言を引用する」とあるので，詠子としぃちゃんの会話の中から，詠子の人がらが読み取れる発言を引用する。すると，解答例に挙げられた発言が最も詠子の人がらを表していると判断できるだろう。「礼ぎ正しい」「まじめ」「誠実」などの人がらを答え，相手に想いを伝えるために「ありがとう」をくり返しているというようにまとめればよい。

二　(論説文－要旨・大意の読み取り，文章の細部の読み取り，指示語の問題，接続語の問題，空欄補充の問題，ことばの意味，記述力・表現力)

問1　直後の「この理屈」が指しているのは，「形にしなければ思考できない，というならば，スケッチなりの簡単な『試作』『習作』で済むはずである」という理屈である。自分の工作をすべて試作だというのは，思考を整理するには形にしなければならず，それは完成品ではなく試作だからである。

問2　「他者への指向性」とあるが，「指向性」は目的に向かっていく性質。——線部②は，ものを「作る」という行為をするとき他人について考えることを完全になくすのは不可能だろうというのである。——線部②は，筆者の主張である。その主張の根拠となる具体例を続く段落から説明し，具体例をもとに自分の主張を確かめている。そして，「となると，いったい誰のどんな評価を期待しているのか」と問いかけをしている。「誰」かは特定できないけれど，ものを「作る」という行為をするときには，他人から評価されることを期待しているから，それを完全に取り除くことは不可能だろうというのである。

基本　問3　問2と関連させて考える。［　③　］で始まる段落は具体例を挙げている。例を示すときの「たとえば」が入る。

基本　問4　問2と関連させて考える。「工作の神様は，結局は［　④　］のこと」と述べている。直前の段落では，「それを『工作の神様』と呼ぶしかない」と述べている。「それ」が指すのは「(誰かからの)評価」であるが，その直前の段落の最後では「自分の評価の方がずっと正確だという確信があった」と述べている。ここから，「工作の神様は，結局は自分のこと」と判断できる。あとの4か所の［　④　］に「自分」をあてはめてみると，「自分は誤魔化せない」「誤魔化しのない目を持った自分」「自分をなんとか喜ばせたい」「『神様孝行』という言葉が『自分孝行』に同化した(＝一体化した)だけだ」となって，意味は通る。最後の部分は，「神様」＝「自分」と述べているのである。

やや難　問5　この文章の話題は，ものを「作る」ということはどういうことか，である。そして筆者は，自分の「工作」の経験をもとに，誰のために工作をしているのかについて考えている。「こういったこと」とは，何のために工作をするのかということになる。

問6　「滑稽」は，おどけていておもしろおかしいこと，ふざけていてばからしい感じがすることの二つの意味がある。ここでは，二つ目の意味で使われている。一つ目の意味なら，「主役の俳優の滑稽な動きがおかしい」のように使う。

問7　直前に「人に通じる言葉でなくてはいけない。格好をつけるために書いているのではないのだ」とある。「人に通じる言葉」のためには，わかりやすい表現で，ていねいな文字であることが大切になる。格好をつけるために書いたのでは，人には通じないと筆者は考えている。

問8　「いても立ってもいられない」は，心がいらだってじっとしていられないの意味。「これに触れると」の「これ」は「凄さ」を指している。「凄さ」に触れると「もう自分でもなにかしないと気が済まない」状態になるのである。続く部分でも，「凄さ」が伝わってくると痺れてしまい，痺れると「いても立ってもいられなくなる」と述べている。

重要　問9　直前に「大部分の凄さは，日常の中で，こつこつと少しずつ作られたものであることに注目してほしい」とある。解答例は「私は毎日，一時間リフティングの練習をしている」とある。「日常の中で，こつこつと少しずつ」の例として「リフティングの練習」を挙げ，その結果「作られた凄さ」として「今ではリフティングを百回続けられるようになった」とまとめている。

三　(四字熟語)

漢字は順に，長(い)・意(外)・深(呼吸)・(一)味となる。この四つの漢字を組み合わせた四字熟語は「意味深長」である。「意味深長」は，直接表面に表れない意味を奥に含んでいる様子。「意外」を「以外」や「心外」，「一味」を「一族」や「一団」などとすると四字熟語がつくれないので注意しよう。

四　(漢字の書き取り)

①「会心」は，うまくいったと満足すること。「快心」とする誤りが多いので注意する。また，「改心」という同音異義語にも注意しよう。　②「快挙」は，胸のすくような，りっぱな勇ましい行い。「快」の訓は「こころよ - い」。送り仮名を「快よい」とする誤りが多いので注意する。「挙」の訓は「あ - げる・あ - がる」。それぞれ「快適」「明快」，「挙式」「暴挙」などの熟語がある。

③「重複」は，同じ物事が重なること。「複」を「復」と書く誤りが多いので注意する。「重」には「ジュウ・チョウ」の音がある。訓は「おも - い・かさ - ねる・かさ - なる」。「チョウ」と読む熟語は「尊重」「珍重」などがある。　④「仲裁」は，争いの間に入って仲直りをさせること。「仲」を「中」，「裁」を「栽」と誤らないように注意する。「裁」の訓は「さば - く・た - つ」。それぞれ，「仲介」「仲人(なこうど)」，「裁判」「裁断」などの熟語がある。　⑤「見聞」は，見たり聞いたりして得られる経験や知識。「見識」「偏見」，「外聞」「伝聞」という熟語も覚えておこう。

⑥「青青」は，いかにも青い様子。いかにも赤くあざやかな様子は「赤赤」と言う。「赤赤と燃えるたき火」のように使う。　⑦「間接」は，ある物と物とがじかに関係しないで，間に他のものを置いていること。「間接にしか知らない」などと使う。　⑧「原則」は，大部分の場合に適用される基本的な規則・法則。「例外」は，ふつうの例からはずれていること。　⑨「足が出る」は，支出額が予算額をこえるの意味。　⑩「耳が早い」は，うわさなどをすばやく聞きつけるの意味。「耳ざとい」「早耳」などの言い方もある。

★ワンポイントアドバイス★

小説は，行動・会話・情景などの表現を手がかりに，場面の様子や心情の理由，描写の特徴，人物像などを正確に読み取る。また，表現の意味をとらえる。論説文は，筆者の説明を文脈をたどって正確に読み取り，筆者の考えや，考えの根拠となる具体例などをとらえる。

MEMO

大切なことはメモしておこうネ！

2020年度

★★★★★★★★★★★★★★★★★★★★★★★

入　試　問　題

2020年度

日出学園中学校入試問題（一般Ⅰ期）

【算　数】（50分）　＜満点：100点＞

【注意】 ①分数は約分された形で答えなさい。
②比はもっともかんたんな整数を使って表しなさい。
③円周率は3.14とします。

1 次の計算をしなさい。

(1) $84-15\div\{18-(16-4)\}\times 30$　　(2) 8.7×4.83

(3) $\frac{5}{3}+2\frac{5}{12}-1\frac{3}{8}$　　(4) $1\frac{11}{24}\div 2\frac{7}{9}\times 2\frac{6}{7}$

(5) $3.14\times 93+314\times 0.44-31.4\times 3.7$

2 次の □ にあてはまる数を求めなさい。

(1) $2.4+3\frac{1}{4}\times$ □ $-1.2=1\frac{5}{12}$

(2) 28と30と70の最小公倍数は □ です。

(3) 毎分72mの速さで１時間20分かかる道のりを，毎分120mの速さで進むと □ 分かかります。

(4) ６％の食塩水100ｇと８％の食塩水150ｇを混ぜると □ ％の食塩水になります。

(5) ある品物に仕入れ値の30％増しの定価をつけました。定価の20％引きで売ったところ，利益が800円になりました。この品物の仕入れ値は □ 円です。

(6) A，B，Cのテストの平均は □ 点，D，Eのテストの平均は60点で５人の平均は64.8点です。

(7) ０，１，２，３，４の５つの数字から，ことなる２個の数字を使って２けたの整数を作ります。このとき，偶数は □ 個作ることができます。

(8) 時刻が10時23分のとき，時計の長い針と短い針がつくる角のうち，小さい方の角の大きさは □ 度です。

3 次の問いに答えなさい。

(1) 右の図のような台形があります。しゃ線の部分の面積が12cm²であるとき，この台形の面積を求めなさい。

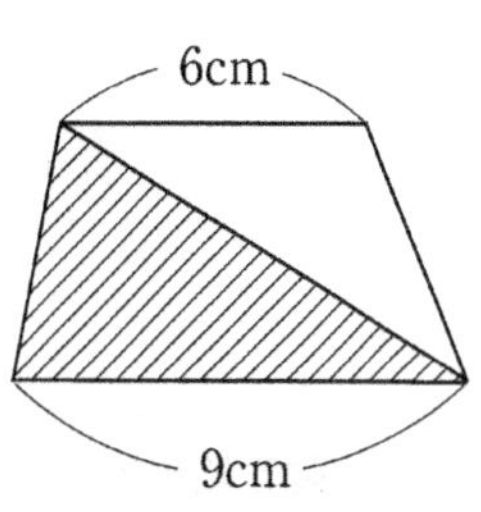

⑵　右の図で，○と×はそれぞれ大きさが等しい角を表しています。
角㋐の大きさを求めなさい。

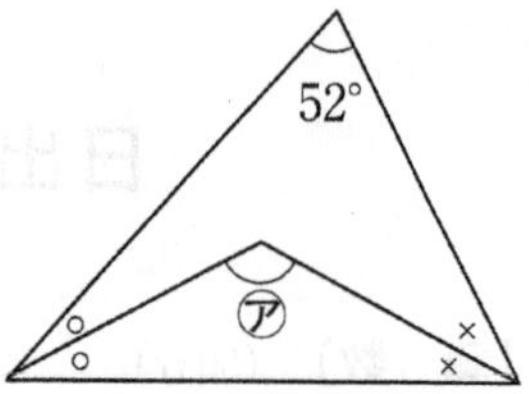

⑶　右の図は，２つの円と２つの正方形を組み合わせたものです。大きい円の半径が20㎝のとき，小さい正方形の面積を求めなさい。

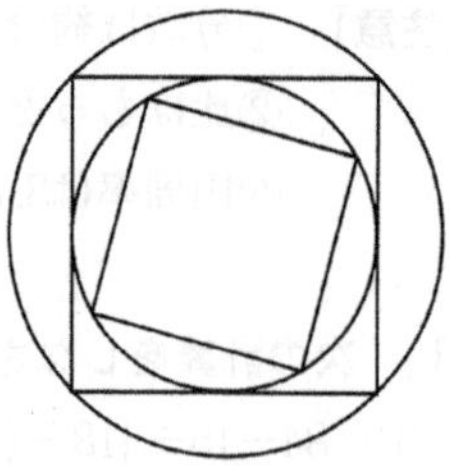

⑷　右の図は，底面の半径が３㎝で，高さが４㎝の円柱と，その円柱の一部を組み合わせたものです。この図形の体積を求めなさい。

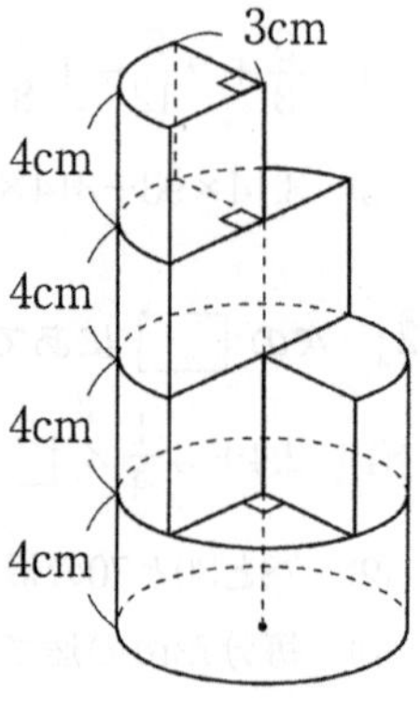

4　$\begin{vmatrix} a & b \\ c & d \end{vmatrix} = a \times d - b \times c$ **と約束することにします。次の問いに答えなさい。**

⑴　$\begin{vmatrix} 3 & 2 \\ 1 & 4 \end{vmatrix}$ の値を求めなさい。

⑵　$\begin{vmatrix} 5 & 5 \\ 4 & 6 \end{vmatrix} = \dfrac{x}{\begin{vmatrix} 5 & 3 \\ 7 & 5 \end{vmatrix}} \times \dfrac{2}{5}$ であるとき，x にあてはまる数を答えなさい。

5　**下の図のように直角二等辺三角形（ア）と長方形（イ）があります。この直角二等辺三角形（ア）を毎秒１㎝の速さで矢印の方向に直線 ℓ にそって動かします。次の問いに答えなさい。**

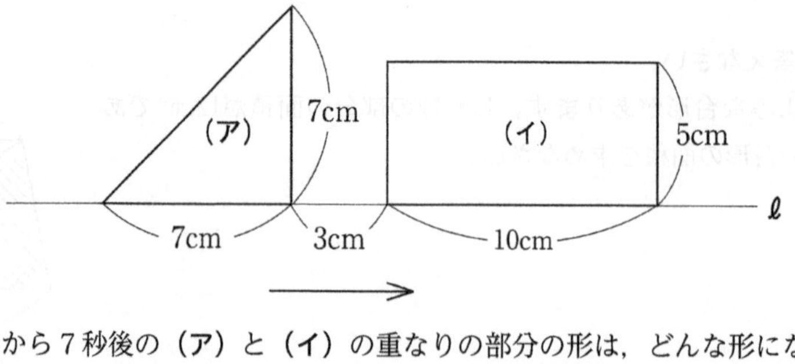

⑴　動き始めてから７秒後の（ア）と（イ）の重なりの部分の形は，どんな形になりますか。図形の名前を答えなさい。

⑵ **（ア）**と**（イ）**の重なりの部分の形が台形になるのは何秒間ですか。

⑶ 直角二等辺三角形**（ア）**を動かし始めてから12秒後の**（ア）**と**（イ）**の重なりの部分の面積は何cm^2ですか。

6 **学校から合宿所までバスで高速道路を通って出かけました。学校から合宿所までの道のりは180kmです。このとき次の問いに答えなさい。**

⑴ バスで片道２時間半かかりました。このバスが同じ速さで走っていたとすると，バスの速さは時速何kmか求めなさい。

⑵ バスが往復で75Ｌのガソリンを使いました。１Ｌあたり何km走ったことになるか求めなさい。

⑶ バスの使用料，ガソリン代，高速道路の料金の合計を参加者全員で支払うとき，１人あたりの金額はいくらになるか求めなさい。なお，バスの使用料は往復で200000円，ガソリンの料金は１Ｌあたり150円，高速道路の料金は往復で24280円で参加人数は30人です。

【理　科】（25分）　＜満点：50点＞

1　下の図①～⑥はいろいろな植物のからだや，花の一部を示しています。これについて，次の問いに答えなさい。

①

②

③

④

⑤
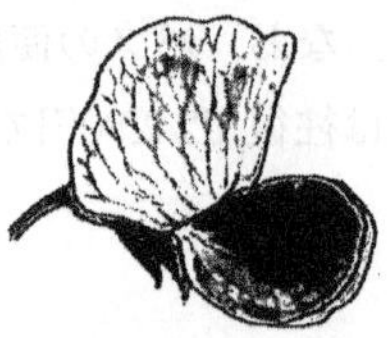
⑥
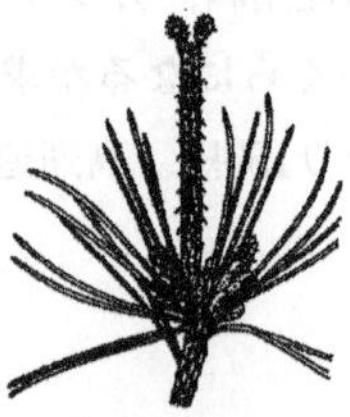

⑴　はいしゅが，むき出しになっている植物はどれですか。図①～⑥から一つ選び，番号で答えなさい。

⑵　５枚の花びらがくっついている花（５枚の合弁花）をつける植物はどれですか。図①～⑥から一つ選び，番号で答えなさい。

⑶　花びらがない花をつける多年生の植物はどれですか。図①～⑥から一つ選び，番号で答えなさい。

⑷　道路や畑のまわりなど人家に近く，人の行き来する場所に見られる，ふみつけに強い植物はどれですか。図①～⑥から二つ選び，番号で答えなさい。

⑸　養分が少ない土地でもよく育つ植物はどれですか。図①～⑥から二つ選び，番号で答えなさい。

2　４つの金属（アルミニウム，銅，マグネシウム，亜鉛《あえん》）を用いて，次の実験をしました。これについて，下の問いに答えなさい。

［実験１］　各金属0.50ｇをそれぞれ同じ濃《こ》さ，同じ体積の塩酸に入れて，溶けかたのようすを観察しました。また，そのとき発生した水素の体積を図１のように測定し，表１にまとめました。

図１
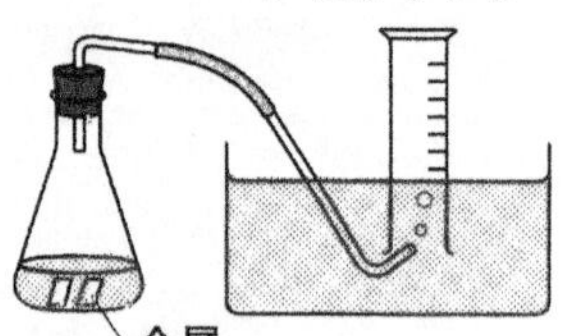

表１

金属	塩酸に溶けるようす	発生した水素の体積〔mL〕
アルミニウム	始めおだやかだったが、だんだん激しくなって、溶けた	684
銅	溶けなかった	0
マグネシウム	４つの金属でもっとも激しく溶けた	506
亜鉛	アルミニウム，マグネシウムと比べおだやかに溶けた	188

［実験２］ レモン，電子オルゴール，金属板２枚を使って**図２**のようにつなぐと電子オルゴールが鳴りました。これを「レモン電池」といいます。この装置《そうち》において，電池の電流を流すはたらきを示す電圧を測定し，**表２**にまとめました。

図２

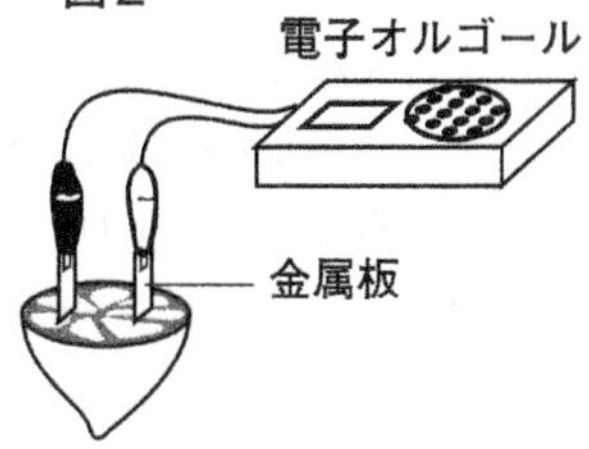

表２

金属板の組合せ	電圧〔V〕	金属板の組合せ	電圧〔V〕
アルミニウム と 銅	2.0	銅 と マグネシウム	2.7
アルミニウム と マグネシウム	0.7	銅 と 亜鉛	1.1
アルミニウム と 亜鉛	0.9	マグネシウム と 亜鉛	1.6

⑴　前のページの図１のような気体の集め方を何といいますか。

⑵　１円硬貨は，実験で用いた金属のうち，何でできていますか。

⑶　下の文章は，**実験１**を行うときに気をつけることです。このうち，もっとも不適切なものを，次の**ア**～**エ**から一つ選び，記号で答えなさい。

ア　水素が発生するので近くに火がないことを確認する。

イ　気体の体積を測定するときは，メスシリンダーの真横に目線を合わせて読みとる。

ウ　塩酸に金属を溶かすとき，すべて溶け終わるまで待ってから気体の体積をはかる。

エ　メスシリンダーは，水が入らないように水そうに沈める。

⑷　171mLの水素が発生したとき，アルミニウムは何ｇ溶けましたか。小数第３位を四捨五入して答えなさい。

⑸　**実験１**，**実験２**からわかったことは何ですか。次の**ア**～**オ**から一つ選び，記号で答えなさい。

ア　レモンを塩酸に変えると金属はよく溶け，電池の電圧は大きくなる。

イ　レモンの個数を直列つなぎで増やすと，大きな電流が流れる。

ウ　もっとも塩酸に溶けやすい金属と，もっとも溶けにくい金属の組合せで，電圧の大きな電池がつくれる。

エ　それぞれの金属から発生する水素の体積と電圧には比例の関係がある。

オ　４つの金属のうち，銅が電池の＋極となる。

⑹　2019年ノーベル化学賞を受賞した吉野彰氏ほかが開発した，スマートフォンや電気自動車などに利用されている電池を何といいますか。

３　**日本のある土地の，ある月の30日，日の出・日の入り・月の出・月の入り　の時刻を調べると次のとおりでした。これについて，次の問いに答えなさい。**

日の出時刻　午前７時03分　　**日の入り時刻**　午後５時30分

月の出時刻　午後11時01分　　**月の入り時刻**　午前10時05分

⑴　ある月とは何月のことですか。次の**ア**～**エ**から一つ選び，記号で答えなさい。

ア　１月　　**イ**　３月　　**ウ**　６月　　**エ**　９月

⑵　この日の太陽の動きとして正しい説明文は次のうちのどれですか。**ア**～**エ**から一つ選び，記号で答えなさい。

ア　真東からのぼり，真西にしずむ。

イ　真東から北よりの位置からのぼり，真西から北よりの位置にしずむ。

ウ　真東から南よりの位置からのぼり，真西から北よりの位置にしずむ。

エ　真東から南よりの位置からのぼり，真西から南よりの位置にしずむ。

⑶　この日の翌日の31日の午前８時40分ごろ，月はどの位置に見えますか。次の**ア**～**エ**から一つ選び，記号で答えなさい。

ア　真南の空　　**イ**　南東の空　　**ウ**　南西の空　　**エ**　東の空

⑷　⑶で答えた月の形として正しいものは，次のうちのどれですか。**ア**～**エ**から一つ選び，記号で答えなさい。

ア　　　　**イ**　　　　**ウ**　　　　**エ**

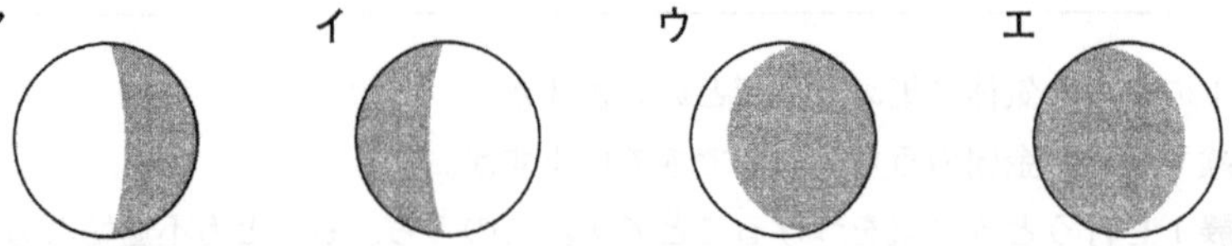

⑸　この日から14日間，日の出と月の出の時刻の変化を調べるとどうなりますか。次の**ア**～**エ**から一つ選び，記号で答えなさい。

ア　日の出の時刻も，月の出の時刻も早くなっていく。

イ　日の出の時刻も，月の出の時刻もおそくなっていく。

ウ　日の出の時刻は早くなっていき，月の出の時刻はおそくなっていく。

エ　日の出の時刻はおそくなっていき，月の出の時刻は早くなっていく。

4　**回転じくが固定されているかっ車を定かっ車，回転じくが固定されていないかっ車を動かっ車といいます。次の文章を読み，あとの問いに答えなさい。ただし，ひもの重さは考えないものとします。**

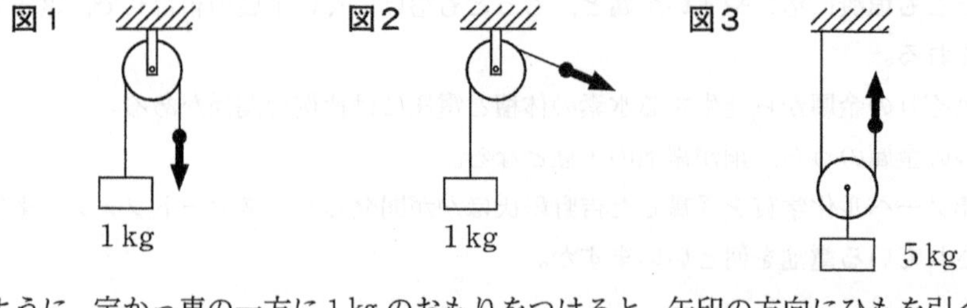

図１のように，定かっ車の一方に１kg のおもりをつけると，矢印の方向にひもを引く力の大きさは１kg である。また，**図２**のようにすると，矢印の方向にひもを引く力の大きさは（　**あ**　），つまり，定かっ車のはたらきは，力の［ **A** ］を変えるが，力の［ **B** ］は変えない。

図３のように，動かっ車に５kg のおもりをつけると，かっ車の重さが１kg とすると，ひもを引く力の大きさは（　**い**　）kg である。つまり，動かっ車のはたらきは，力の［ **C** ］を変えるが，力の［ **D** ］は変えない。**図１**でひもを引いて物体を３m持ち上げたとき，**図３**では物体を３m持ち上げるためには，ひもを（　**う**　）m引く。

⑴　文中の（**あ**）にあてはまる文章を，次の**ア**～**ウ**から一つ選び，記号で答えなさい。

ア　1 kg より小さくなる。　**イ**　1 kg より大きくなる。　**ウ**　1 kg と同じである。

⑵　文中の（**い**），（**う**）にあてはまる数字を答えなさい。

⑶　文中の［A］～［D］にあてはまる語のうち，正しい組合せのものを次の**ア**～**エ**から一つ選び，記号で答えなさい。

	A	B	C	D
ア	大きさ	向き	大きさ	向き
イ	大きさ	向き	向き	大きさ
ウ	向き	大きさ	大きさ	向き
エ	向き	大きさ	向き	大きさ

⑷　下の図のひもを引く力の大きさ（**え**），（**お**）は何kg ですか。ただし，かっ車とひもの重さは考えないものとします。

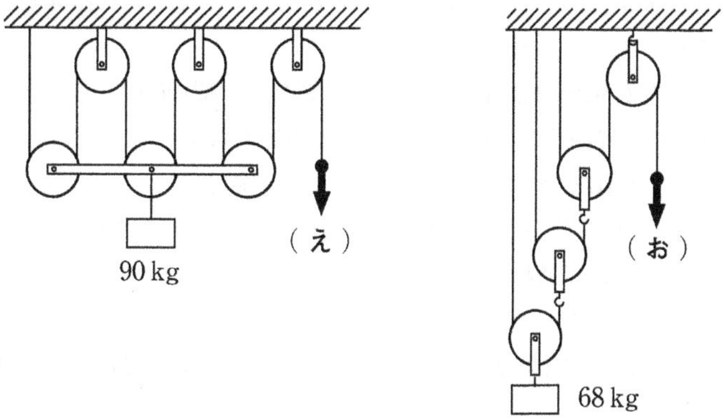

【社　会】（25分）　＜満点：50点＞

1　**日本の世界遺産について述べた文章Ａ～Ｅを読んで，以下の問いに答えなさい。**

Ａ　1994年に登録された古都京都の文化財。京都に【　1　】が建設されて以来，1868年まで天皇が居住《きょじゅう》し，政治・経済・文化の中心として栄えた。構成資産として，京都市の①**鹿苑寺《ろくおんじ》金閣**や二条城，宇治市の②**平等院**などで構成されている。

Ｂ　2015年に登録された③**明治日本**の産業革命遺産・製鉄・製鋼，造船，石炭産業。1850年代から1910年にかけて日本の工業立国の土台を築き，経済発展を成し遂げた。構成資産として，官営の【　2　】，萩《はぎ》の反射炉《はんしゃろ》や松下村塾《しょうかそんじゅく》，長崎の三池炭鉱・端島《はしま》炭鉱などで構成されている。

Ｃ　2019年に登録された百舌鳥《もず》・古市《ふるいち》古墳群。④**古墳時代**の最盛期，４世紀後半から５世紀後半に造られ，当時の政治・文化の中心地であった。構成資産として，【　3　】（仁徳天皇陵《にんとくてんのうりょう》）・誉田《こんだ》御廟山《ごびょうやま》古墳《こふん》（応神天皇陵《おうじんてんのうりょう》）などで構成されている。

Ｄ　1996年に登録された【　4　】の平和記念碑（原爆ドーム）。1945年８月６日に投下された原子爆弾の惨状《さんじょう》をそのままの形で今に伝える唯一の建造物である⑤**核兵器廃絶**と平和の大切さ訴える平和記念碑である。

Ｅ　2007年に登録された石見《いわみ》銀山遺跡とその文化的景観。⑥**戦国時代**から⑦**江戸時代**にかけて銀が産出され，最盛期には世界の約３分の１を占めたともいわれている。当時，日本の銀鉱山で唯一，ヨーロッパに知られ，鉱山遺跡としてアジアで初めて登録された。

問１　空欄【1】は，794年に建設された都である。その都を答えなさい。

問２　下線①について，この建造物を建てたのは室町幕府３代将軍であるが，その将軍の氏名を答えなさい。

問３　下線②について，この建造物として正しいものを，次の**ア**～**エ**から１つ選び，記号で答えなさい。

ア

イ

ウ

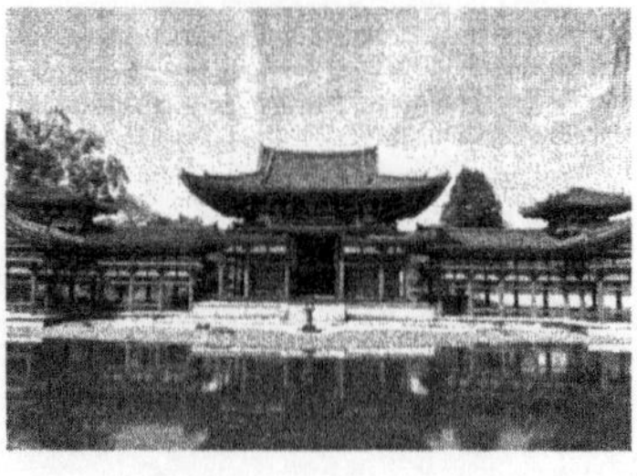

エ

問４　下線③について，明治時代に関する出来事として正しいものを，次の**ア**～**エ**から１つ選び，記号で答えなさい。

ア　治外法権を認め，関税自主権のない不平等な内容の日米修好通商条約を結んだ。

イ　シベリア出兵の影響で米の値段が上がり，富山県から米騒動がおこる。

ウ　藩閥《はんばつ》政治に対して，武力ではなく言論による自由民権運動が始まった。

エ　五・一五事件によって政党政治が終わり，軍部の政治への発言力が強まる。

問５　空欄【２】に当てはまる，北九州市の製鉄所を答えなさい。

問６　下線④について，古墳時代（４～６世紀頃）について述べた文として正しいものを，次の**ア**～**エ**から１つ選び，記号で答えなさい。

ア　大和政権と呼ばれる大王を中心とする強大な勢力が出現した。

イ　進んだ唐の制度や文化を学ぶため遣唐使が派遣された。

ウ　藤原道長・頼通父子によって摂関政治の全盛期をむかえた。

エ　中大兄皇子と藤原鎌足らが蘇我氏を滅ぼした。

問７　空欄【３】に当てはまる，古墳名を答えなさい。

問８　空欄【４】に当てはまる，都道府県名を答えなさい。

問９　下線⑤について，日本では核兵器に対して非核三原則の方針をとっている。その三原則をすべて答えなさい。

問10　下線⑥について，下の資料は織田信長と徳川家康の連合軍が，武田勝頼軍に勝利した長篠の戦いを描いたものである。織田・徳川軍と武田軍の戦いの違いを，資料を見て説明しなさい。

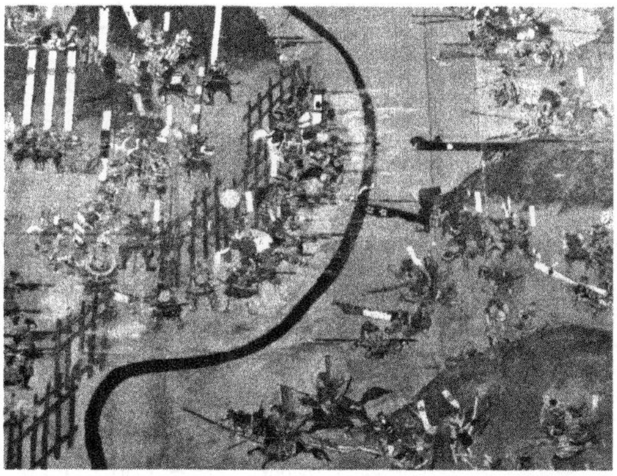

問11　下線⑦について，

ｉ）江戸幕府最後の将軍となった，第15代将軍の氏名を答えなさい。

ⅱ）江戸時代を述べた文として誤《あやま》っているものを，次の**ア**～**エ**から１つ選び，記号で答えなさい。

ア　徳川家光が武家諸法度に参勤交代を追加した。

イ　北条泰時が御家人に対して御成敗式目を制定した。

ウ　井伊直弼が暗殺される桜田門外の変が起きた。

エ　松平定信が米を蓄えさせる囲い米の制を実施した。

2　次の［A］～［D］の文章を読んで，それぞれの問いに答えなさい。

［A］
2019年，新天皇が即位し，①**日本の元号**は平成から令和に変わり，新しい元号は初めて②**日本の古い和歌集**から選定された。それまでの明仁《あきひと》天皇は退位後，【　1　】という称号に変わった。

問1　空欄【1】に当てはまる，天皇が退位したあとの称号を答えなさい。

問2　下線①に関連して，日本最初の元号は何か，次の**ア**～**エ**の中から1つ選び，記号で答えなさい。

ア　大化　**イ**　大宝　**ウ**　承久　**エ**　建武

問3　下線②について，この日本の和歌集の名称を答えなさい。

［B］
2019年6月28日・29日，③**大阪府**でG20サミットが開かれた。主な議題は，貿易に関する問題や，④**海洋プラスチックごみ**についてである。

問4　下線③について，大阪府の位置として正しいものを次の［日本地図］の①～㊼の中から1つ選び，番号で答えなさい。

［日本地図］

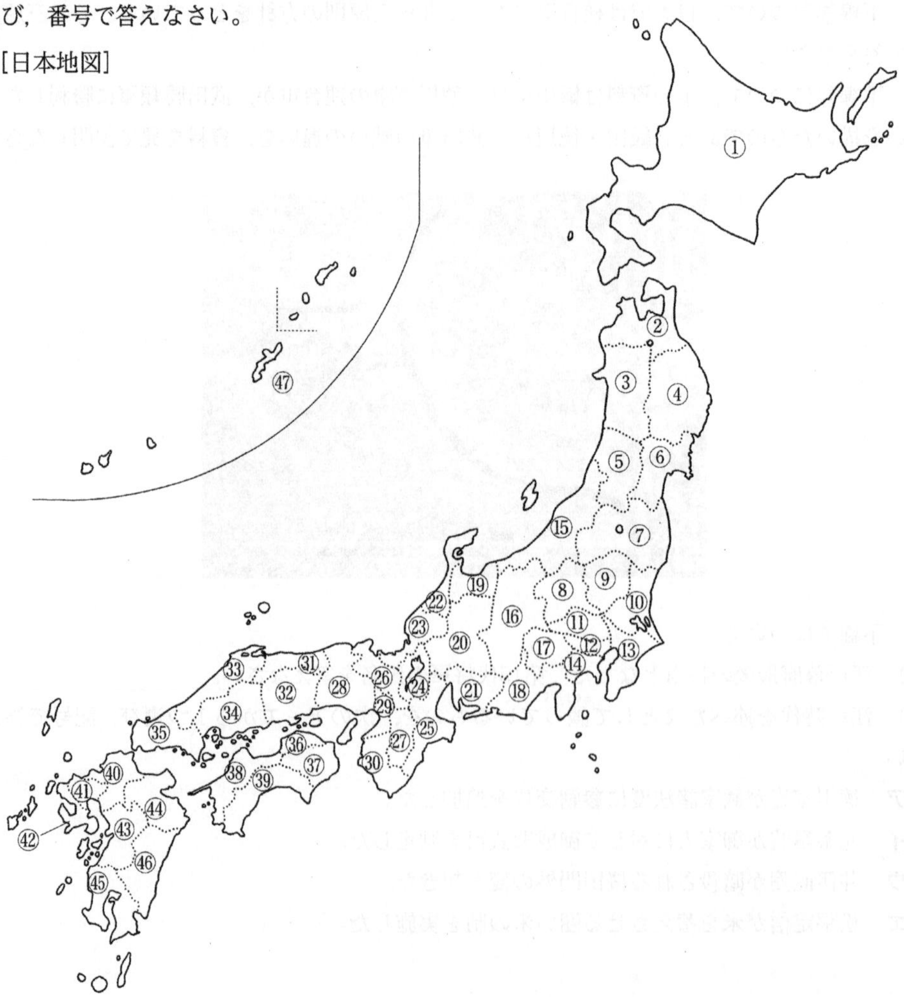

問５　下線④について，現在，世界でプラスチックごみの削減の動きが広まっている。自分ができるプラスチックごみを削減する行動を答えなさい。

［C］

2019年，日本の政治や経済には大きな変化があった。９月11日，【　２　】内閣は内閣改造を行った。【　２　】はこれを機に⑤**憲法改正**を推し進めていく意志を示した。

また，10月１日には⑥**消費税**が増税された。

問６　空欄【２】に当てはまる，日本の内閣総理大臣の氏名を答えなさい。

問７　下線⑤について，以下の文章は憲法改正のための手続きを説明したものである。文中の空欄（Ⅰ）～（Ⅲ）に当てはまる語句として正しいものの組み合わせを，あとの**ア**～**エ**の中から１つ選び，記号で答えなさい。

（　Ⅰ　）の総議員の（　Ⅱ　）の賛成で国会が発議し，国民投票で（　Ⅲ　）の賛成を必要とする

選択肢	Ⅰ	Ⅱ	Ⅲ
ア	衆議院	過半数	3分の2以上
イ	衆議院	3分の2以上	過半数
ウ	各議院	過半数	3分の2以上
エ	各議院	3分の2以上	過半数

問８　下線⑥に関連して，消費税は1989年４月から初めて導入されたが，その時の税率は何％だったか，次の**ア**～**エ**の中から１つ選び，記号で答えなさい。

ア　１％　　**イ**　３％　　**ウ**　５％　　**エ**　８％

［D］

2019年10月，大型の台風19号が日本に上陸した。各地で⑦**河川**が氾濫し，東日本に大きな被害をもたらした。⑧**長野県**では千曲川《ちくまがわ》が氾濫し，大規模な浸水被害が発生した。

問９　下線⑦に関連して，以下のグラフは，日本の河川と世界の河川の長さと標高を示したグラフである。このグラフからわかる日本の河川の特徴を説明しなさい。

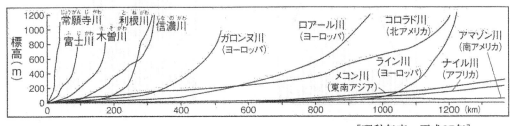

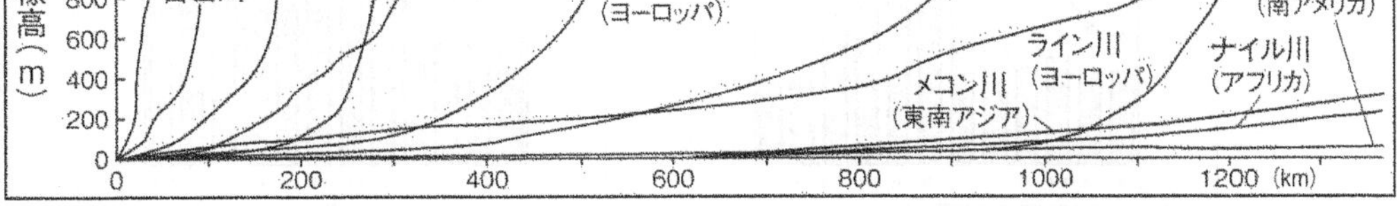

［理科年表　平成27年］

問10　下線⑧に関連して，

ⅰ）　以下の表は，長野県の名産の果物の都道府県別の収穫量を表している。A・Bの表が表している果物として正しいものの組み合わせを，あとの**ア**～**エ**の中から１つ選び，記号で答えなさい。

A

県名	収穫高（ｔ）
山梨県	3万9200
福島県	2万8600
長野県	1万4500
和歌山県	1万200
山形県	8680

B

県名	収穫高（ｔ）
青森県	41万5900
長野県	14万9100
山形県	4万7100
岩手県	3万9600
福島県	2万7000

［農林水産省　平成30年作況調査より作成］

ア　A－りんご　　B－もも　　　**イ**　A－もも　　　B－りんご

ウ　A－りんご　　B－ぶどう　　**エ**　A－ぶどう　　B－りんご

ⅱ）以下のグラフは，長野県長野市，沖縄県那覇市，北海道札幌市，千葉県千葉市の月ごとの降水量と平均気温を表したグラフ（雨温図）である。長野県長野市のグラフとして正しいものを，次の**ア**～**エ**の中から１つ選び，記号で答えなさい。

ア

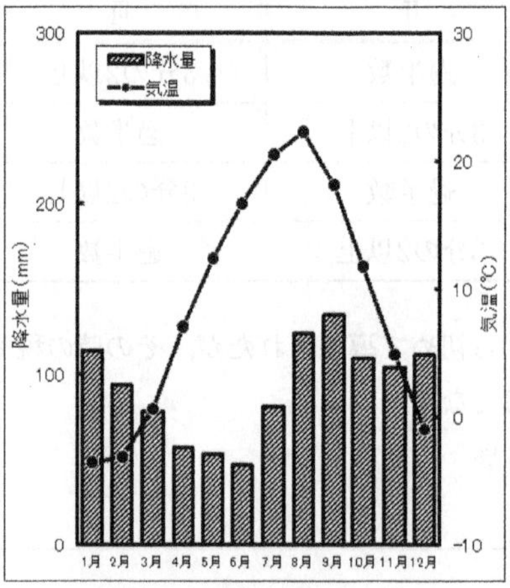

イ

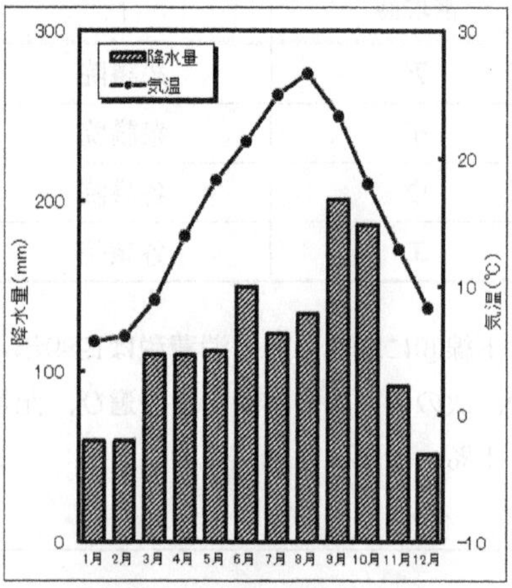

ウ

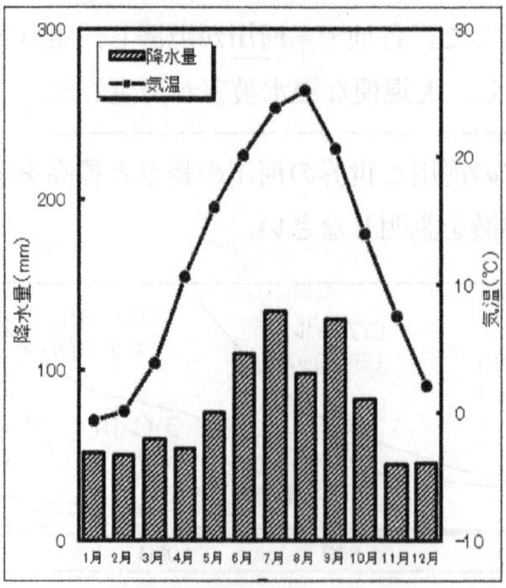

エ

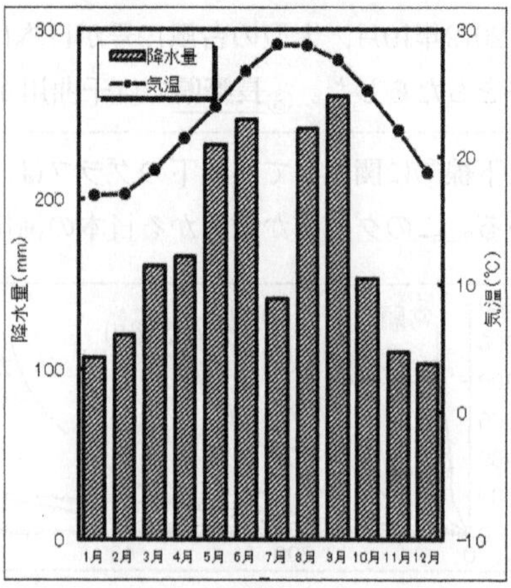

［気象庁　過去の気象データより作成］

③　親にジュウジュンな子。

④　テレビのコショウを修理する。

⑤　マッチ売りのショウジョ。

⑥　ドソク禁止の場所。

⑦　解散（対義語）

⑧　単純（対義語）

⑨　この実験の対照者は男性に限定されている。

⑩　この研究のために捨て石になるという強い気持ちがある。

方が太陽のまわりをまわっていた。

エ　「10×（かける）0」の答えは「1」だと考えていたが、あとで解答を確認したところ「0」だった。

オ　ロボットにできることは非常に少なかったが、性能が上がったために多くのことをできるようになった。

問9　――線⑩「事実」とありますが、本文中で疋田さんがつきとめた「事実」とは何ですか。**ア**～**カ**から二つ選び、記号で答えなさい。

ア　後輩記者たちの書いた記事は、正確な被害を読者に伝えていたということ。

イ　伊勢湾《いせわん》の台風は、これまでのどの台風よりも大きな被害を与《あた》えたということ。

ウ　労働者たちは、読者が考えているよりも悪い環境《かんきょう》で働いていたということ。

エ　伊勢湾の台風では、階層によって被害の大きさには差があったということ。

オ　工場や機械は、人の受けたものよりも大きな被害を受けていたということ。

カ　名古屋市の町づくりには、日常の中で気づきにくい問題があったということ。

問10　この文章では「仮説を立てる」ことの大切さが述べられています。それをふまえて、下の図の「⑪」に入る言葉は何か、仮説を立てなさい。また、それを実証するために、あなたならどんな方法をとりますか。八〇字以内で自由に書きなさい。

1
「音」はあるものがないと伝わりません。
さて、そのあるものとは何でしょう？

2
答えは「⑪」です。

ヒント

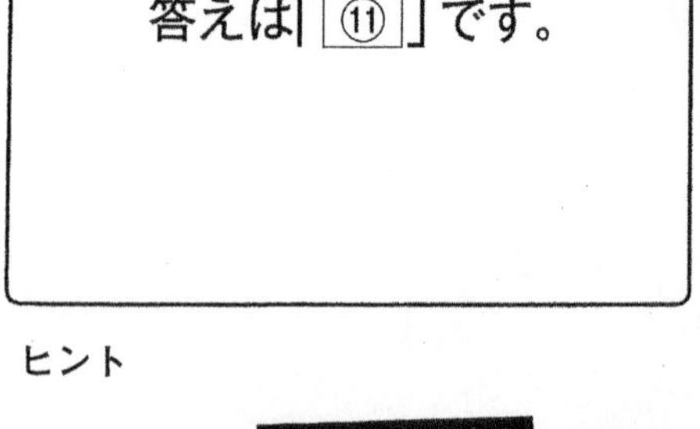

三　**次の空らんに入る漢字を組み合わせると、ある四字熟語になります。何か、漢字で答えなさい。ただし、漢字は順番通りとは限りません。**

・くつのひもをしっかりと□ぶ。
・今日は朝早くに□きた。
・その物事について□知する。
・かけっこをしていて、□んでケガをしてしまった。

四　**次の――線①～⑥のカタカナは漢字に直し、⑦、⑧は対義語（反対の意味の語）を書きなさい。また、⑨、⑩は誤っている漢字を見つけ、正しい漢字に直しなさい。**

①　ヨウイに物事が進んでいく。

②　国語の授業でロウドクに取り組む。

問1　――線①「本や新聞、ネットなどで情報を集めたあとで、できれば現地に足を運ぶか、体験をした人に会うことをお勧めします」とありますが、なぜですか。次の**ア**～**オ**から一つ選び、記号で答えなさい。

ア　自分が実際に見ていないものは信じてはいけないから。
イ　新たな考えや発想がうかんでくる可能性が高くなるから。
ウ　インターネットの情報は正しくないことが多いから。
エ　取材に行った方が後で新聞の記事に使いやすくなるから。
オ　ものごとを色々な面からとらえられるようになるから。

問2　――線②「ある人が円形だと報告書を書いていても、その場に行ってみたら、角度によって長方形にも見えて、実際には円筒形だったとわかる」とありますが、実際にこのように見えるものの例を一つ書きなさい。

問3　――線③「ニュース」と同じ意味合いで使われている表現を、本文中から二字でぬき出しなさい。

問4　――線④「冷ややかな目」とはどういう意味ですか。次の**ア**～**オ**から一つ選び、記号で答えなさい。

ア　悲しそうな目　　**イ**　見下した目
ウ　おびえた目　　**エ**　うれしそうな目
オ　落ち着いた目

問5　⑤ に入る適切な言葉を、四字以内で答えなさい。

問6　――線⑥「読者はその様子を読んで、伊勢湾全体がそうなっていると思い込んだでしょう」とありますが、なぜですか。次の**ア**～**オ**から一つ選び、記号で答えなさい。

ア　実際に自分で現地に行っていたために、内容が正しいと理解できたから。
イ　記事に書かれている内容を読み、被害状況に対して先入観を持ってしまったから。
ウ　新聞だけでなくテレビの報道も見ており、多くの情報を得ていたから。
エ　自分も台風の強さを体験していたので、被害《ひがい》の大きさを予想できたから。
オ　後輩《こうはい》記者たちとは知り合いで、直接話を聞くこともできていたから。

問7　⑦ 、⑧ に入る言葉の組み合わせとして適切なものはどれですか。次の**ア**～**オ**から一つ選び、記号で答えなさい。

ア　⑦安心　⑧安上がり
イ　⑦利益　⑧効率
ウ　⑦工場　⑧人間
エ　⑦高台　⑧低地帯
オ　⑦幹部　⑧労働者

問8　――線⑨「その『仮説』がひっくり返されます」とありますが、次の例の中で「仮説がひっくり返され」たといえるものはどれですか。**ア**～**オ**から一つ選び、記号で答えなさい。

ア　約束の時間に間に合わなくなりそうだったが、大急ぎで走ったおかげで何とか間に合うことができた。
イ　明日の雨の確率は昨日の時点で80パーセントだったが、今日になったら20パーセントになった。
ウ　太陽が地球のまわりをまわっていると考えられていたが、地球のた。亡くなったその疋田さんが口癖《くちぐせ》のように言っていたのは、「仮説を立てろ」という教えでした。

すでに書かれた情報を頭に入れて現場に行くと、その情報に沿ったものしか見えない、ということが起こります。ばくぜんとした先入観が色眼鏡のような役割を果たして、その色に染まった風景しか見えません。

自分で「仮説」を立てて現場に行くと、その「仮説」では説明できないこと、「仮説」に反することが見えてきます。「仮説」が裏切られたら、それが③ニュースなのです。

具体的に説明しましょう。

疋田さんがまだ若かった一九五九年九月、超大型《ちょうおおがた》の台風が伊勢湾《いせわん》を襲《おそ》いました。死者・行方《ゆくえ》不明者が五千人以上という、当時で戦後最悪の被《ひ》害《がい》を出した伊勢湾台風です。

地元からの報道が一段落したころ、疋田さんは現地に出かけました。それまでに、ぼうだいな記事を書いた後輩《こうはい》の記者たちは、「今ごろ東京からやってきて、何が書ける」と、④冷ややかな目で眺めていたそうです。

その後輩たちは、社会面に掲載《けいさい》された疋田さんの長文のルポ記事を見て、あっと息をのんだそうです。

疋田さんは、伊勢湾全体が台風に襲われ、沿岸一帯がすべて被害にあっていると想像しながら現地に向かいました。［⑤］、被害は労働者たちが住む低地に集中しており、会社の幹部たちが住む高台には、被害が及《およ》んでいないことに気づきます。階層によって被害の有無《うむ》がはっきりわかれていたのです。

また、埋《う》め立て地では、機械や大きな工場は高台にあって水没《すいぼつ》を免《まぬが》れ、工員たちが住むまわりの低地帯がすべて水没したことにも目を向けます。疋田さんは、ふだんは日常に埋もれて気づかない矛盾《むじゅん》や非情さが、その水害でむき出しになった、と書いています。

後輩記者たちはすでに、被害が集中する地域に入ってその惨状《さんじょう》を報告していました。

⑥読者はその様子《ようす》を読んで、伊勢湾全体がそうなっていると思い込《こ》んだでしょう。

しかし、実際は違《ちが》いました。疋田さんの分析《ぶんせき》は、被害にも階層の差があらわれていること、さらには「［⑦］」よりも「［⑧］」を優先させた名古屋《なごや》市の町づくりにも問題があったことを指摘《してき》しました。

「伊勢湾すべてが被害にあった」。それが、疋田さんが事前に立てた「仮説」でした。

しかし現場に行くと、多くの場合、⑨その「仮説」がひっくり返されます。その驚《おどろ》きが、「ニュース」なのです。そして「なぜ」そうなっているのか、原因を探ることが「分析」です。

こうした「仮説」を持っていなければ、ふつうの記者は、被害の激しかった地域にだけ目を向け、その惨状を報告するだけでしょう。それは、すでに後輩の記者たちが毎日のように書いてきたことでした。

疋田さんが目指したのは、後輩たちがまだ書いていないこと、あるいは現地を知らない読者の先入観を打破する⑩事実の発掘《はっくつ》でした。

書かれた資料を読むだけでは、事実の全体像をつかむことはできません。資料から自分なりの「仮説」を立て、現地に行って、その「仮説」では説明できない事実をつかむ。そこで「なぜ」なのかを分析してみる。その一連の作業を通じて、はじめて「取材」が成立します。

（外岡　秀俊『発信力の育てかた』）

イ　クラスのリーダー的な存在である香澄に勝ってしまったため、この後にクラスにおいて周囲の人々を導くことができるか不安になってしまったから。

ウ　気に入らないことがあるとふてくされることが多い香澄の機嫌《きげん》をそこねてしまったと思い、今後どう接していくか、なやんでいるから。

エ　香澄とは絵に関しては良きライバルとして腕《うで》を競い合っていたため、ついに勝つことができたというよろこびにひたっていたから。

オ　絵を描くことがうまいと言われている香澄より自身の方が良い賞を受賞し、今後香澄からいやがらせを受けてしまうに違《ちが》いないと、怖《こわ》くなったから。

問7　[⑦]には、お父さんが紗理奈にかけた言葉が入ります。どのような言葉ですか、三十字以内で答えなさい。

問8　――線⑧「二人のやりとりを見てほっとしていた」とありますが、どういうことですか。次の**ア**～**オ**から一つ選び、記号で答えなさい。

ア　お父さんと時哉のほほえましい様子をみて、家族の大切さをかみしめているということ。

イ　家族のために教師を選んだお父さんが、自分の選択《せんたく》に自信を持っていると知り、安心しているということ。

ウ　お父さんとお母さんの出会いによって、今の自分がいると実感し、感謝しているということ。

エ　落ちこんでいた自分をお父さんと時哉が必死になぐさめてくれたため、気持ちが晴れてきたということ。

オ　お父さんと時哉のやり取りが子供じみていて、その様子をみることで、心が落ち着いたということ。

問9　――線⑨「懐かしそうに目を細めた」とありますが、「目を細める」という言葉と違う意味の言葉はどれですか。次の**ア**～**オ**から一つ選び、記号で答えなさい。

ア　笑みがこぼれる　　**イ**　顔がほころびる

ウ　目じりを下げる　　**エ**　相好をくずす

オ　みけんにしわを寄せる

問10　この物語の続きでは、紗理奈がもう一度絵を描くシーンが書かれています。紗理奈はどのようなことを体験したのか。また、心情にどのような変化が起こったのか。あなたの考える紗理奈がしたであろう体験と心情の変化を八十字以内で答えなさい。

[二]　次の文章を読んで、後の問いに答えなさい。なお、問題の都合上、一部本文を変えてあります。

①本や新聞、ネットなどで情報を集めたあとで、できれば現地に足を運ぶか、体験をした人に会うことをお勧《すす》めします。

本やネットなどに出ている情報は、その書き手が切り取った、ほんの一部のデータでしかありません。実際には、見る人によって、見る角度によって、ものごとを立体的に眺《なが》めることができるようになります。

たとえていえば、②ある人が円形だと報告書を書いていても、その場に行ってみたら、角度によって長方形にも見えて、実際には円筒形《えんとうけい》だったとわかるようなものです。

取材に行くときには、あらかじめ仮説を立てることが大切です。

私が新聞社で師匠《ししょう》と仰《あお》いだ人に、疋田桂一郎《ひきたけいいちろう》さんという先輩《せんぱい》がいまし

「やだー！　それってストーカーみたい。」

紗理奈も、お父さんをからかうように、言ってみる。

「それで、お母さん、なんて答えたの？」

時哉がお父さんをのぞきこんだ。

お父さんは、指でばってんを作る。

「ごめんなさいって断られた。」

「えー？　ふられたんだ。」

時哉が、笑いころげた。

「それでも、偶然《ぐうぜん》、また別の美術館で会ってな。お父さんが美大生だって言うと、絵を描いているところが見たいって言われたんだ。」

「それって、お父さんのこと気になってたってことだね。」

紗理奈は、お父さんの顔を見上げた。

「お母さんが絵の制作風景を見る表情、忘れられない。遠くを見ているようでいて、でも、細やかで。絵の具を混ぜるしぐさまで目で追っていた。それから、モデルも引きうけてもらうことになったんだ。」

お父さんはそう言うと、⑨懐《なつ》かしそうに目を細めた。

（ちばるりこ『スケッチブック　供養絵をめぐる物語』）

問１　――線①「紗理奈の入賞した絵」とありますが、この「絵」の説明をしたものとしてふさわしくないものはどれですか。次の**ア**～**オ**から一つ選び、記号で答えなさい。

ア　紗理奈《さりな》ではなく、お父さんが代わりに描《か》いた絵。

イ　以前に訪れたことがある箱根で描いた湖の絵。

ウ　画家が「構図がしっかりしていてすばらしい」と評価した絵。

エ　地方新聞に入賞したことが大きく取り上げられた絵。

オ　学校の先生やクラスメートが感動した絵。

問２　――線②「お父さん」とありますが、この文中において「お父さん」はどのような人物として描《えが》かれていますか。次の**ア**～**オ**から一つ選び、記号で答えなさい。

ア　娘《むすめ》を愛するあまり、手助けをしてしまいがちになる過保護な人物。

イ　中学の美術の先生であり、紗理奈の絵の師匠《ししょう》にあたる人物。

ウ　多くは語らないが、家族を愛し、自身の夢もあきらめない人物。

エ　現在でも画家を目指して、作品を多く出展している人物。

オ　お母さんと時哉《ときや》には優しく接するが、紗理奈には厳しい人物。

問３　――線③「湖に投げた小石から起こった波紋のように」とありますが、この表現とほぼ同じ意味になる言葉はどれですか。次の**ア**～**オ**から一つ選び、記号で答えなさい。

ア　はっきり　**イ**　たちまち　**ウ**　ぞくぞく

エ　だんだん　**オ**　ゆっくり

問４　[④]には身体の一部を表す漢字が入ります。ふさわしい言葉を漢字一字で答えなさい。

問５　――線⑤「はじめから期待しなければいい」とありますが、どのようなことを期待しないのですか。「―こと」で終わる形で、十字以内で答えなさい。

問６　――線⑥「怖くて香澄のほうを見ることができなかった」とありますが、紗理奈がこのような行動をとったのはなぜですか。次の**ア**～**オ**から一つ選び、記号で答えなさい。

ア　みんなが認めている香澄よりも良い賞を受賞してしまったため、今香澄がどう思っているのかと、おそろしくなってしまったから。

クラスの拍手が一段と大きくなる。紗理奈は、⑥怖《こわ》くて香澄のほうを見ることができなかった。

それから、しばらくして、心ない噂が紗理奈の耳に入ってきた。教えてくれたのは、千草だった。

「あのね。気にすると思って言わなかったけど、紗理奈の絵のこと、学校で噂になってる。紗理奈のお父さんが描いたんじゃないかって。でも、違《ちが》うんだから、堂々としててよ。どうせ、香澄あたりがねたんで言ったに違いないんだから。」

「うん。教えてくれて、ありがとう。」

紗理奈は、そのときは、気にしなかった。誰かのねたみだと心に言いきかせた。けれど、噂が大きくなると、外に出るのも、大好きな絵を描くのもいやになってきた。

そんなとき、お父さんは言った。

「［　⑦　］」

それでも、気持ちは晴れなかった。絵を進んで描く気になれなかったし、賞への応募《おうぼ》もきっぱりとやめた。

――中　略――

紗理奈のお父さんは、中学の美術教師をしている。お父さんがどうして美術教師になったのかを聞いたのは、紗理奈がコンクールで入賞したときだった。

「おめでとう、紗理奈。お父さんはうれしいよ。おまえなら、お父さんが目指している画家になれるかもしれない。」

「お父さん、画家になりたかったの？」

「過去形にするなよ。今もなりたいと思っているんだから。」

そう言って、お父さんは笑った。

「お父さんは、先生になりたくてなったと思っていた。」

「絵を描いて、家族を養うことは難しくてな。結婚《けっこん》するとき、おばあちゃんに言われたんだ。定職がない者に娘はやれないと。」

「へーっ！　おばあちゃん、きついね。」

「苦労した人だからな。お母さんに幸せになってもらいたいと思ったんだろう。」

「お父さんは、よかったの？」

紗理奈は、おそるおそる聞いてみる。

「よかったに決まってるさ。お母さんと出会って、紗理奈や時哉《ときや》も生まれたんだ。好きな美術の道で飯も食える。これ以上のことはないさ。」

お父さんは、自分に言いきかせるように言った。

「なんたって、お母さんと結婚できて、よかったんだろう？」

そばで、まんがを読んでいた時哉が口をはさんだ。

「こいつ、親をからかって。」

お父さんは、時哉のまんがを取りあげる。

「あーっ！　返してよ。これからいいところなんだから。」

紗理奈は、⑧二人のやりとりを見てほっとしていた。お父さんが自分の選んだ道を後悔《こうかい》していなかったから……。

いつもは口数の少ないお父さんが、めずらしく、いろいろな話をした。

「お母さんは、本当にきれいな人だった。初めて美術館で見かけたとき、追いかけていって、モデルになってくださいと頼《たの》んだんだ。」

【国　語】〈五〇分〉〈満点：一〇〇点〉

【注意】字数指定のある問題は、句読点《くとうてん》や「　」などの記号も一字と数えます。

一　次の文章を読んで、後の問いに答えなさい。なお、問題の都合上、一部本文を変えてあります。

「知ってる？　①紗理奈《さりな》の入賞した絵だけど……。本当はお父さんに描《か》いてもらっていたんだって。」

そんな噂《うわさ》が広まったのは、今から一年前、紗理奈が五年生のときのことだった。旅行先の箱根《はこね》で描いた湖の絵は、地域の絵画コンクールで入賞した後、千葉県のコンクールに進み、そこで最優秀賞《さいゆうしゅうしょう》に選ばれた。

地方新聞に大きく取りあげられ、有名な画家のコメントがのせられた。『小学五年生でこれだけの作品を描《えが》くとは、とてもすばらしい。背景の山々、湖に浮《う》かぶボートの絵は、構図もしっかりとしていて、色彩《しきさい》も美しい。山々の清新な空気と湖の静けさが伝わってくる。湖面に浮かぶボートや人物の写実的な描き方、水泡《すいほう》までがリアルに感じられる』と絶賛だった。

紗理奈はもちろん、学校の先生、クラスメートも喜びにわいた。いちばん喜んでくれたのは、中学の美術教師をしていたお父さんだった。②お父さんは自分のことのように喜び、どこへ行くにも、新聞の切り抜《ぬ》きを持ちあるいた。

そんなとき、噂はクラスに流れ、それは③湖に投げた小石から起こった波紋《はもん》のように広がっていった。小石を投げたのが誰《だれ》なのかは、今でもわからない。ただ、入賞の知らせをクラスで聞いたときの場面が、今も紗理奈の頭に浮かんでくる。

「このクラスに、県の絵画コンクールで最優秀賞に選ばれた人がいます。」

教室中、オーッという歓声《かんせい》で包まれる。周りをきょろきょろ見るクラスメートたち。紗理奈と目が合ったのは、香澄《かすみ》だ。香澄はスポーツをしても、絵を描いても、［④］一つ抜《ぬ》きんでている。

小さな頃から絵画教室、ピアノ教室、バレエ教室などに通っていると聞いたことがあった。そんな香澄が紗理奈を意識している。紗理奈は、絵を描くことは好きだが、そんな賞に選ばれるほどではないと自分に言いきかせた。期待してはずれることはよくある。それなら、⑤はじめから期待しなければいい。そっと、香澄の視線をはずす。みんなが静まるのを待っていた沢田《さわだ》先生が、口を開いた。

「第八回小中学生・絵画コンクール、最優秀賞は結城《ゆうき》紗理奈さんです。」

さっきよりも大きな歓声があがる。親友の松井《まつい》千草《ちぐさ》が一番前の席から一番後ろの紗理奈の席まで走ってきた。

「やったー！　紗理奈、すごい。すごいよ。」

肩《かた》をたたかれながら紗理奈は、信じられない気持ちでいっぱいだった。誰からともなく拍手《はくしゅ》が起こる。それはだんだん大きくなっていく。何気なく顔を上げたとき、香澄とまた視線がぶつかる。香澄は拍手もせずに、紗理奈をにらむように見つめている。

先生が、そのとき、にこやかに話した。

「佳作《かさく》に、森永《もりなが》香澄さんが入りました。なんと、このクラスから二人も入賞者が出ました。快挙ですよ。」

一般Ｉ期

2020年度

解 答 と 解 説

《2020年度の配点は解答欄に掲載してあります。》

＜算数解答＞

1 (1) 9 (2) 42.021 (3) $\frac{65}{24}\left[2\frac{17}{24}\right]$ (4) $\frac{3}{2}\left[1\frac{1}{2}\right]$ (5) 314

2 (1) $\frac{1}{15}$ (2) 420 (3) 48分 (4) 7.2% (5) 20000円 (6) 68点
(7) 10個 (8) 173.5度

3 (1) 20cm^2 (2) 116度 (3) 400cm^2 (4) 282.6cm^3

4 (1) 10 (2) 100

5 (1) 五角形 (2) 5秒間 (3) 22.5cm^2

6 (1) 時速72km (2) 4.8km (3) 7851円

○推定配点○

各4点×25 計100点

＜算数解説＞

1 (四則混合計算)

基本 (1) 四則混合計算では計算の順番を書いてから取り組むことで計算間違いを防ぐ。①16－4＝12, ②18－12＝6, ③15÷6＝2.5, ④2.5×30＝75, ⑤84－75＝9

重要 (2) 小数のかけ算の筆算では小数点の位置に気をつける。8.7×4.83＝87×483÷1000＝42.021

重要 (3) 分数のたし算，ひき算は通分して左から順に計算する。$\frac{5}{3}+2\frac{5}{12}-1\frac{3}{8}=\frac{40}{24}+2\frac{10}{24}-1\frac{9}{24}=2\frac{50}{24}-1\frac{9}{24}=1\frac{41}{24}=\frac{65}{24}=2\frac{17}{24}$

(4) 分数のわり算は逆数をかける。かけ算，わり算は帯分数は仮分数にしてから計算する。かけ算は約分してから計算する。$1\frac{11}{24}\div2\frac{7}{9}\times2\frac{6}{7}=\frac{35}{24}\div\frac{25}{9}\times\frac{20}{7}=\frac{35}{24}\times\frac{9}{25}\times\frac{20}{7}=\frac{3}{2}=1\frac{1}{2}$

(5) 分配法則を利用する。3.14×93＋314×0.44－31.4×3.7＝3.14×93＋3.14×100×0.44－3.14×10×3.7＝3.14×(93＋44－37)＝3.14×100＝314

2 (四則混合逆算，最小公倍数，速さ，濃度，売買算，平均算，場合の数，時計算)

(1) 計算の順番を考えてから逆にたどる。③$1\frac{5}{12}+1\frac{1}{5}=1\frac{25}{60}+1\frac{12}{60}=2\frac{37}{60}$, ②$2\frac{37}{60}-2\frac{2}{5}=2\frac{37}{60}-2\frac{24}{60}=\frac{13}{60}$, ①$\frac{13}{60}\div3\frac{1}{4}=\frac{13}{60}\div\frac{13}{4}=\frac{13}{60}\times\frac{4}{13}=\frac{4}{60}=\frac{1}{15}$

重要 (2) 2つ以上割れる数で割る　2×5×7×2×3×1＝420　最小公倍数は420である。

```
2 ) 28  30  70
5 ) 14  15  35
7 ) 14   3   7
     2   3   1
```

重要 (3) 距離＝速さ×時間より，72m/分×80分＝5760m，時間＝距離÷速さより，5760m÷120m/分＝48分

(4) 食塩＝食塩水×$\frac{濃度(\%)}{100}$，100×0.06＝6，150×0.08＝12，食塩の濃度(%)＝食塩÷食塩水×100，(6＋12)÷(100＋150)×100＝7.2(%)

(5) 仕入れ値を□円とすると，売値は□×(1＋0.3)×(1－0.2)＝□×1.3×0.8＝□×1.04，利益が

800円なので，800÷(1.04－1)＝20000(円)

(6)　平均＝合計÷人数つまり合計＝平均×人数で求められる。5人の合計は64.8×5＝324(点)，D，Eの合計は60×2＝120(点)なので，A，B，Cの合計は324－120＝204(点)，よって，A，B，Cの平均は204÷3＝68(点)である。

(7)　偶数は一の位が0，2，4の場合，10，20，30，40，12，32，42，14，24，34の10個作ることができる。

(8)　時計の長針は1分間に6度，短針は0.5度進む。つまり長針と短針は1分につき5.5度ずつ近づく。10時ちょうどに長針と短針が作る角度は30×10＝300(度)，10時23分には，300－5.5×23＝300－126.5＝173.5(度)

3　(平面図形・面積，角度，立体図形・体積)

(1)　図の台形内の斜線の三角形と白い三角形の高さは同じなので，面積の比は底辺の比に等しい。9cm：6cm＝12cm^2：□cm^2，□＝6×12÷9＝8，台形の面積は斜線の三角形と白い三角形の和なので，12＋8＝20(cm^2)

(2)　三角形の内角の和は180度より，52＋○＋○＋×＋×＝180，○＋○＋×＋×＝180－52＝128，○＋×＝128÷2＝64，また内側の三角形の内角は㋐＋○＋×＝180なので，㋐＝180－64＝116，よって，求める答えは116度である。

(3)　大きい円の半径が20cmなので，大きい正方形の面積は対角線から求める。20×2＝40，40×40÷2＝800，小さい正方形の対角線は大きい正方形の1辺に等しいので面積は半分になる。よって，求める面積は800÷2＝400(cm^2)である。

(4)　$3\times3\times3.14\times4+3\times3\times3.14\times\frac{3}{4}\times4+3\times3\times3.14\times\frac{1}{2}\times4+3\times3\times3.14\times\frac{1}{4}\times4=36\times3.14\times\left(1+\frac{3}{4}+\frac{1}{2}+\frac{1}{4}\right)=36\times3.14\times2\frac{1}{2}=90\times3.14=282.6$($\text{cm}^3$)

4　(演算記号)

(1)　3×4－2×1＝12－2＝10

(2)　5×6－5×4＝30－20＝10，5×5－3×7＝25－21＝4，$\frac{x}{4}\times\frac{2}{5}=\frac{x}{10}=10$，$x=10\times10=100$

5　(図形の移動)

(1)　直角二等辺三角形の右から4cmだけ長方形と重なっており，左の重ならない直角二等辺三角形の高さは3cmになる。よって(ア)と(イ)の重なりは五角形になる。(図①参照)

やや難　(2)　(ア)の直角二等辺三角形の左端が(イ)の長方形の左端に重なった10秒後から重なりが等辺5cmの直角二等辺三角形になる15秒後までが重なりが台形になっている。15－10＝5，5秒間。(図②参照)

(3)　12秒後は図③のようになっている。(2＋7)×5÷2＝22.5(cm^2)(図③参照)

図①

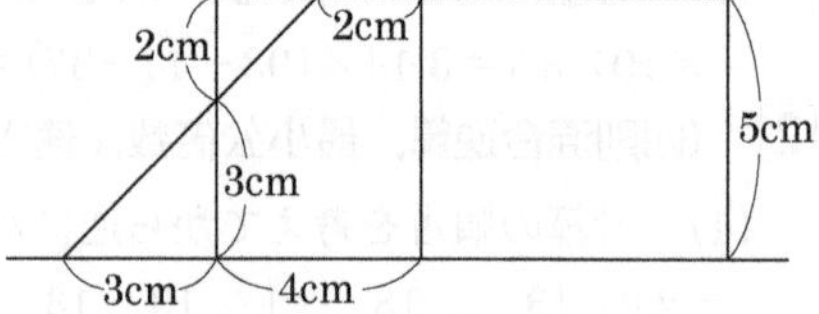

図②

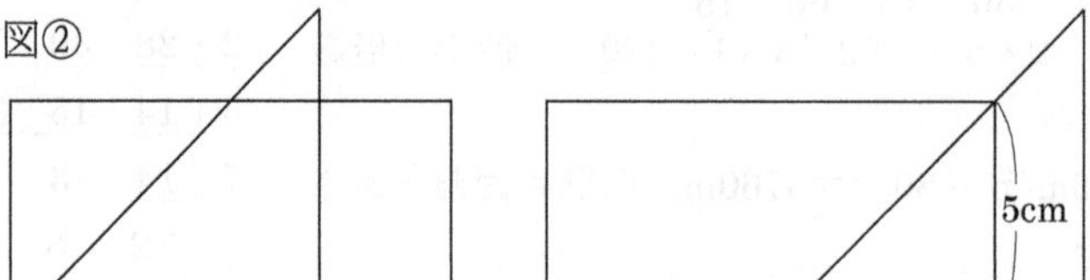

図③

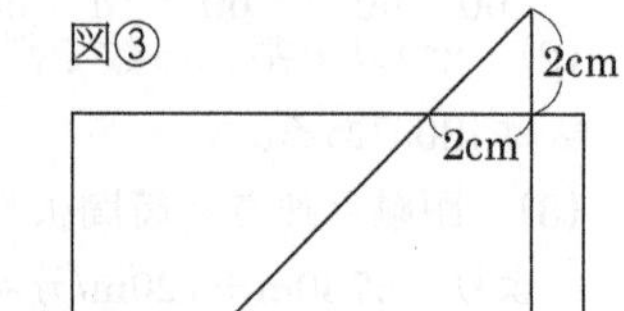

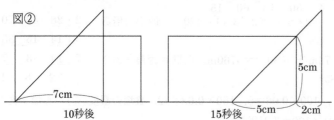

6 (速さの応用)

重要 (1) 速さ＝道のり÷時間より，$180\text{km}\div 2\frac{1}{2}$時間$=180\div\frac{5}{2}=180\times\frac{2}{5}=\frac{360}{5}=72\text{km}/$時　求める答えは時速72kmである。

やや難 (2) 往復180km×2＝360km，ガソリンを75Lで360km走ったので，1Lあたり360km÷75L＝4.8km/L　求める答えは4.8Lである。

(3) ガソリンは往復で75L使うので料金は150円/L×75L＝11250円，往復にかかる料金は，200000＋11250＋24280＝235530(円)，これを30人で分けると，235530÷30＝7851(円)　よって，求める答えは7851円である。

★ワンポイントアドバイス★

基本的な知識を身につけ，基礎的な問題を丁寧に取り組むよう日頃から練習しておこう。複雑な問題は図を書いて情報を整理し，新しい情報を見つける手がかりを探す練習をするとよいだろう。

<理科解答>

1 (1) ⑥　(2) ④　(3) ⑥　(4) ③・④　(5) ③・⑤

2 (1) 水上置換　(2) アルミニウム　(3) エ　(4) 0.13g　(5) ウ
(6) リチウムイオン電池

3 (1) ア　(2) エ　(3) ウ　(4) ア　(5) ウ

4 (1) ウ　(2) い 3　う 6　(3) ウ　(4) (え) 15kg　(お) 8.5kg

○推定配点○

1～3 各2点×16(1(4)・(5)各完答)　4 各3点×6　計50点

<理科解説>

1 (生物－植物)

重要 (1) はいしゅがむき出しになっている植物を裸子植物という。選択肢の中では⑥のマツが裸子植物である。

重要 (2) タンポポは合弁花の仲間である。

(3) マツは花びらがない花をつける多年生の植物である。

(4) 背の低い植物や，葉を地面に広げている植物は踏みつけに強い。選択肢の中では③と④がそれに該当する。

(5) ③と⑤の植物は養分が少ない土地でもよく育つ。

2 (物質と変化－気体の発生)

重要 (1) 水を使った気体の集め方は水上置換という。

重要 (2) 1円玉はアルミニウムでできている。

基本 (3) 実験1を行う前は，メスシリンダーに水を満たしていなければならないので，エが間違いである。

基本 (4) アルミニウム0.50gがすべて反応すると，684mLの水素が発生するので，171mLの水素が発生したとき溶けたアルミニウムは，$0.50(\mathrm{g})\times\frac{171(\mathrm{mL})}{684(\mathrm{mL})}=0.125(\mathrm{g})$より，0.13gである。

基本 (5) ア　このような実験は行っていないので，アは間違いである。　イ　このような実験を行っていないので，イは間違いである。　ウ　実験1から最も塩酸に溶けやすい金属はマグネシウム，最も塩酸に溶けにくいのは銅であることがわかる。実験2の表2をみると，マグネシウムと銅を使ったときに，最も電圧が高くなっているので，ウは正しい。　エ　それぞれの金属から発生する水素の体積と電圧には比例の関係がないので，エは間違いである。　オ　どの金属が＋極になるのかは書かれていないので，オは間違いである。

(6) スマートフォンなどに利用されているリチウム電池の開発により，吉野彰さんは2019年にノーベル化学賞を受賞した。

3 (天体－月)

基本 (1) 日の出の時刻が午前7時03分と遅く，日の入りの時刻が午後5時30分と早いことから，1月であると考えられる。

重要 (2) 1月の太陽は真東よりも南から日の出し，真西よりも南に日の入りする。

やや難 (3) 月の出や月の入りは1日で約48分ずつ遅れる。よって，翌日の月の入りは午前10時53分ごろとなるので，午前8時40分ごろは南西の位置にあると考えられる。

基本 (4) 真夜中頃に月の出をしているので，下弦の月に近いアである。

やや難 (5) 1月は冬至から春分に向かう間なので，日の出の時間は早くなっていく。また，月の出は1日で48分ずつ遅れていくので，ウが正解となる。

4 (力のはたらき－滑車)

重要 (1) 図2も定滑車であるので，1kgの力が必要である。

図1

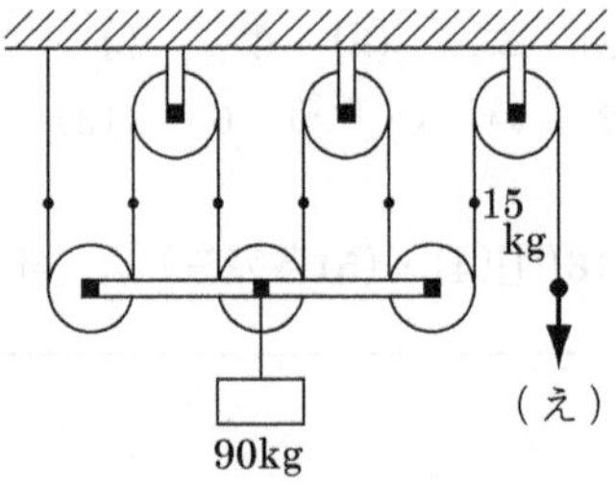

図2

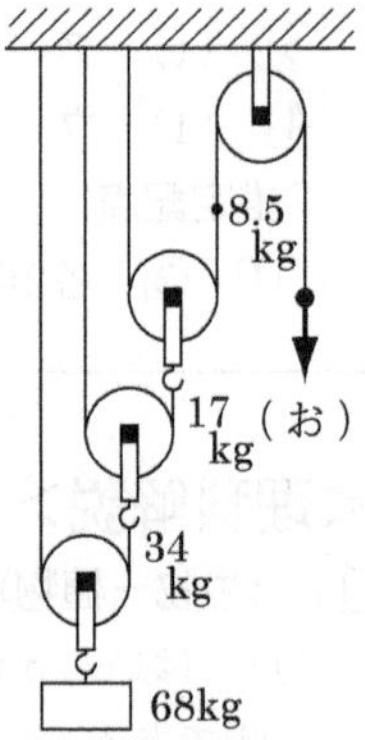

基本 (2) い　動滑車はひもを引っ張る力がおもりの半分となる。よって，おもり5kgと同滑車の重さ1kgを合わせた6kgの半分の力である3kgがひもを引く力となる。

う　重さ×移動した距離を仕事という。仕事は，ひもを引く仕事＝おもりが上がる仕事の関係が成り立つ。よって，6(kg)×3(m)＝3(kg)×□(m)より，ひもをひく長さは6mとなる。

基本 (3) 定滑車は力の向きを変えることはできるが力の大きさを変えることはできない。また，動滑車は力の大きさを変えることができるが，力の向きは変わらない。

基本 (4) え　図1のように6か所に90kgの力がかかっているので，ひもを引く力の大きさは90(kg)÷6＝15(kg)である。

お　図2のように動滑車が3個あるので，ひもを引く力の大きさは，68(kg)÷2÷2÷2＝8.5(kg)である。

★ワンポイントアドバイス★

問題文の条件，情報を丁寧に読む練習をしよう。

＜社会解答＞

1　問1　平安京　　問2　足利義満　　問3　ウ　　問4　ウ　　問5　八幡製鉄所　　問6　ア
問7　大仙陵古墳[大山古墳]　　問8　広島県　　問9　核兵器を持たず，作らず，持ち込ませず　　問10　(例)　織田，徳川軍は鉄砲隊で，武田軍は騎馬隊である。
問11　i　徳川慶喜　　ii　イ

2　問1　上皇　　問2　ア　　問3　万葉集　　問4　㉙　　問5　(例)　エコバッグの使用
問6　安倍晋三　　問7　エ　　問8　イ　　問9　(例)　日本の河川は短く，流れが急である。　　問10　i　イ　　ii　ウ

○推定配点○

1　問9・問10　各3点×2　　他　各2点×10

2　問5・問9　各3点×2　　他　各2点×9　　計50点

＜社会解説＞

1　(日本の歴史－古代～近世，現代)

問1　794年に現在の京都に建設された都は，平安京である。平安京への遷都は，桓武天皇によって行われた。

基本　問2　室町幕府3代将軍は足利義満である。足利義満は北山に金閣を建立している。

問3　アは金閣，イは室町幕府8代将軍足利義政が建立した銀閣，ウが平等院鳳凰堂，エは正倉院となる。平等院鳳凰堂は，藤原頼通が宇治に建立している。

問4　自由民権運動は明治時代の出来事なので，ウが明治時代に関する出来事として正しい。アの日米修好条約は江戸時代末期の1858年に結ばれている。イの米騒動がおこった1918年は大正時代である。エの五・一五事件がおこった1932年は昭和7年となる。

問5　世界文化遺産に2015年に登録された『明治日本の産業革命遺産 製鉄・製鋼、造船、石炭産業』の構成資産のうち，北九州市に位置する製鉄所は八幡製鉄所である。官営八幡製鉄所は1901年に操業を開始している。

重要　問6　古墳時代には，大和政権と呼ばれる大王を中心とする強大な勢力が出現しており，アが正しい。イの遣唐使は飛鳥時代の630年に初めて派遣され，平安時代の894年に停止している。ウの摂関政治は平安時代に行われた。エの中大兄皇子と藤原鎌足らが蘇我氏を滅ぼしたのは飛鳥時代の645年である。

問7　仁徳天皇陵とも呼ばれる古墳は，大仙陵古墳(大山古墳)である。大仙陵古墳は，大阪府堺市にあり，日本最大の前方後円墳となっている。

問8　原爆ドームは広島県広島市にある。

問9　非核三原則は，「核兵器を持たず，作らず，もちこませず」である。

やや難　問10　資料の左側は織田・徳川連合軍，右側は武田軍となる。左側の織田・徳川連合軍は鉄砲隊がかまえているのがみられるほか，木で組んださくやほりもみられるのに対して，右側の武田軍は騎馬隊がみられる。

問11　i)　江戸幕府第15代将軍は徳川慶喜。　ii)　北条泰時は鎌倉幕府の執権であり，1232年に御成敗式目を制定した人物なので，イが江戸時代について述べた文として誤っている。アの徳川家光は江戸幕府3代将軍で，武家諸法度に参勤交代を追加している。ウの井伊直弼は幕末の大老で桜田門外の変で暗殺されている。エの松平定信は江戸幕府の老中で寛政の改革を行った人物。

2 (日本の地理，日本の歴史，政治－日本の国土と自然，環境問題，古代，政治のしくみ，時事問題)

問1　天皇の退位後の称号は，上皇である。

問2　日本最初の元号とされているのは，アの大化となる。

問3　令和という元号は，奈良時代に編さんされた『万葉集』からとられた。

問4　大阪府は近畿地方に位置し，面積は香川県に次いで2番目に小さく，㉙があてはまる。

やや難　問5　プラスチックごみは，買い物をしたときなどに渡されるプラスチック製ビニール袋などからも発生するので，小学生ができるプラスチックごみを削減する行動としては，買い物の際にエコバッグを持参することによってプラスチック製ビニール袋をもらわないようにすることなどが考えられる。

問6　2019年の日本の内閣総理大臣は安倍晋三であった。

基本　問7　日本国憲法では，改正の手続きについては第96条第1項に「この憲法の改正は，各議院の総議員の3分の2以上の賛成で，国会が，これを発議し，国民に提案してその承認を経なければならない。この承認には，特別の国民投票又は国会の定める選挙の際行はれる投票において，その過半数の賛成を必要とする。」と規定されている。よって，(　Ⅰ　)には「各議院」が，(　Ⅱ　)には「3分の2以上」が，(　Ⅲ　)には「過半数」があてはまり，エの組み合わせが正しい。

問8　消費税が1989年4月に初めて導入された時の税率は，イの3%であった。

重要　問9　グラフからは，日本の河川は世界の河川に比べて距離が短いこと，標高は世界の河川と比べてもあまり変わらないことがわかる。よって，日本の河川の特徴としては距離が短く流れが急であるということが言える。

問10　ⅰ）Aは最も収穫量が多い都道府県が山梨県で，2番目に多いのが福島県なので，ももの都道府県別収穫量を示していると判断できる。Bは最も収穫量が多い都道府県が青森県で，2番目に多いのが長野県なので，りんごの都道府県別収穫量を示していると判断できる。よって，イの組み合わせが正しい。　ⅱ）長野県長野市は降水量が比較的少なく夏と冬の気温の差が比較的大きい内陸の気候がみられるので，ウが長野県長野市の雨温図と判断できる。沖縄県那覇市は南西諸島の気候がみられ，冬でも平均気温が15℃以上あることからエの雨温図となる。北海道札幌市は北海道の気候がみられ，冬の平均気温がマイナスとなることからアと判断できる。千葉県千葉市は太平洋側の気候がみられ夏の降水量が多くなることからイと判断できる。

★ワンポイントアドバイス★

基本的な知識をしっかりと整理しておこう！

＜国語解答＞

一　問1　ア　問2　ウ　問3　エ　問4　頭　問5　(例)　最優秀賞を受賞する(こと。)
問6　ア　問7　(例)　うわさなど気にするな。今まで通り描きたいものを描きなさい。
問8　イ　問9　オ　問10　(例)　自分の描いた絵を，他の人が見て勇気づけられているということを知った。その結果，絵を描くことへの自信を取りもどし，ふたたび絵を描くことができるようになった。

二　問1　オ　問2　(例)　えんとつ　問3　驚き　問4　イ　問5　(例)　ところが

問6　イ　　問7　ア　　問8　ウ　　問9　エ・カ　　問10　(仮説)　空気　　(例)　空気のない場所で音が聞こえなければ仮説は正しく，音が聞こえると仮説は正しくないと判明するため，水中など空気のない場所で音を出し，それが聞こえるかどうか実験する。

三　起承転結

四　①　容易　　②　朗読　　③　従順　　④　故障　　⑤　少女　　⑥　土足　　⑦　集合　　⑧　複雑　　⑨　(誤)　照→(正)　象　　⑩　(誤)　拾→(正)　捨

○推定配点○

一　問7　6点　　問10　10点　　他　各3点×8

二　問10　10点(完答)　　他　各3点×9(問9完答)　　三　3点

四　各2点×10(⑨・⑩各完答)　　計100点

＜国語解説＞

一　(小説－心情・情景の読み取り，文章の細部の読み取り，空欄補充の問題，言葉の意味，慣用句，記述力・表現力)

問1　アは，噂として広まったことで事実ではないのでふさわしくない。イ～オは，1行空きの前の初めのまとまりに書かれている。

問2　ウは，紗理奈との会話で「画家になりたかったの？」と聞かれ「今もなりたいと思っている」と答えているのと合う。また，「お母さんと出会って，紗理奈や時哉も生まれたんだ……これ以上のことはないさ」とも言っているのと合う。ア，「手助け」はしていない。「過保護」という描写はない。イ，「紗理奈の絵の師匠」という描写はない。エ，「作品を多く出展している」という描写はない。オ，「紗理奈には厳しい」という描写はない。

基本　問3　「波紋」は，物が落ちたときなどに水面に広がる波の模様。たとえの表現として，「波紋が広がる」の形で，周囲につぎつぎと動揺を起こさせるような影響について言う。広がる速さは「だんだん」が適切である。

やや難　問4　「頭ひとつ抜きんでる」は，他より優れていることを表す慣用句。香澄は，スポーツでも絵でも他の児童よりも優れている。

問5　直前の文に「期待してはずれることはよくある」とある。この場面で，期待の対象になっているのは，二つ前の文に「そんな賞に選ばれるほどではない」とある「そんな賞」である。それは，先生が言った「最優秀賞」を指す。つまり，「最優秀賞を受賞すること」を，はじめから期待しなければいい，というのである。

問6　最優秀賞が紗理奈だと先生が発表したときの香澄の様子は，「香澄は拍手もせずに，紗理奈をにらむように見つめている」とある。問4でとらえたように，優れているとみんなが認めている香澄が佳作で，自分が最優秀賞だったので，紗理奈は香澄が自分のことをどう思っているのかと，おそろしくなっているのである。

問7　「噂が大きくなると，外に出るのも，大好きな絵を描くのもいやになってきた」という紗理奈の様子は，噂を気にしてちぢこまってしまっている姿を表現している。そういう姿にかけた言葉であるから，「うわさを気にするな」「今まで通り描きたいものを描きなさい」という内容がふさわしい。空欄のあとの「気持ちは晴れなかった。絵を進んで描く気になれなかった」という表現ともつながる。

問8　直後に「お父さんが自分の選んだ道を後悔していなかったから……」と，「ほっとした」理由が示されている。問2では「自身の夢をあきらめない」父親の姿をとらえたが，教師という自分の選択に自信を持っていることは,「好きな美術の道で飯も食える」という言葉に表れている。美術教師を選んだことに自信を持ち,同時に画家の夢もあきらめない人物として描かれている。

基本　問9 「目を細める」は,笑みを浮かべて,うれしそうな表情をするという意味。母親との出会いのいきさつを懐かしそうに話している姿から,「目を細める」は喜びや楽しさ,うれしさを表す表現であると見当がつく。オ「みけんにしわを寄せる」は,不愉快さやいらだち,怒りの感情などを表す言葉。

重要　問10　紗理奈が絵を描く気になれなくなってしまったのは,問7でとらえたように,噂を気にしてちぢこまってしまったからである。もう一度絵を描く気になったのは,ちぢこまった気持ちや態度を忘れさせるような体験があったからだと考えられる。具体的には,解答例にあるような,他の人を勇気づけることができたことや,明るい気持ちにさせたことなど,自分の絵が人にプラスになるような働きをしたという体験である。そのことで,失っていた自信や,絵を描く喜びなどを取り戻すことができて,ふたたび絵を描くことができるようになったのである。解答は,具体的な体験→自信を取り戻す→,ふたたび絵を描く,という順序でまとめるとよいだろう。

二　(論説文－要旨・大意の読み取り,文章の細部の読み取り,接続語の問題,空欄補充の問題,ことばの意味,記述力・表現力)

問1　直後に,情報というものの性質と実際に見た場合の違いが説明されている。情報は一部のデータでしかないが,実際に見た場合には,「ものごとを立体的に眺めることができる」と述べている。「立体的に眺める」とは,ものごとを色々な角度や面から見ることである。

問2　円筒形とは,円い筒のような形をしたものである。上から見ると円形だが,正面から見ると長方形である。えんとつの他には,お茶の葉を入れる茶筒も円筒形である。

問3 「『仮説』が裏切られたら,それがニュースなのです」とある。そのことについて,「具体的に説明しましょう」と述べて,伊勢湾台風の例を挙げている。その最後で,「『仮説』がひっくり返されます。その驚きが,『ニュース』なのです」と述べている。「『仮説』がひっくり返される」と「『仮説』が裏切られる」は同じ意味で用いられている。そして,「その驚きが,『ニュース』」なのである。

やや難　問4　後輩の記者たちの「今ごろ東京からやってきて,何が書ける」という,疋田さんを見下した気持ちが表れているのが「冷ややかな目」である。

基本　問5　空欄の前の「沿岸一帯がすべて被害にあっている」という内容と,あとの〝被害は低地に集中して高台には被害が及んでいない〟という内容は反対になっている。「しかし」や「ところが」の逆接の接続語が入る。

問6　読者は,後輩記者たちの書いた「被害が集中する地域に入ってその惨状を報告して」いる記事を読んでいるので,「伊勢湾全体がそうなっている」という先入観を持ってしまっているのである。しかし,それは思い込みであることが疋田さんの記事には書かれていたのである。

問7 「名古屋市の町づくりにも問題があったことを指摘しました」というのは,「階層によって被害の有無がはっきりわかれていた」ことや,埋め立て地の高台にあった機械や大きな工場は水没を免れ,工員たちが住む低地帯はすべて水没したことを指している。これが,疋田さんが記事に書いた「矛盾や非情さ」である。つまり,つじつまの合わないことや心の冷たさが,本当ならば大事にしなければならない⑦よりも,⑧を優先してしまったことに現れているというのである。本当ならば大事にしなければならないのは「安心」なのに,「安上がり」なことを優先させた町づくりになっていたのである。

問8 「仮説」とは,はっきりとわからないことがらについて,おそらくこうだろうとすることである。「太陽が地球のまわりをまわっている」というのは,十分な観測ができていない時代に人々がおそらくこうだろうと考えたことであるが,実際は「地球の方が太陽のまわりをまわっていた」 のである。ア・イ・エ・オの前半に書かれていることは「はっきりとわからないことがら」ではないので仮説ではない。

問9　問6・問7でとらえたように，疋田さんは後輩たちが書いていないこと，また，読者が先入観を持ってしまっていることがらについて，事実はこうであるという記事を書いたのである。エ・カが，疋田さんが記事に書いたつきとめた「事実」にあたる。アは，疋田さんの記事に書かれている内容ではなく，つきとめた事実ではない。イは，後輩記者たちが記事に書いたことである。ウは，疋田さんが記事に書いた内容ではない。疋田さんは，労働者の働く環境については書いていない。オは，疋田さんが記事に書いた内容とは反対である。

重要　問10　「仮説」とは，はっきりとわからないことがらについて，おそらくこうだろうとすることである。音は空気がないと伝わらない，ということを実証するためには，空気のない状態では音は伝わらないということを証明すればよい。解答例は，まずこのことを説明するために「空気のない場所で音が聞こえなければ仮説は正しく」と仮説が正しい場合と，「音が聞こえると仮説は正しくない」という反対の立場を示している。そのうえで，仮説を実証するための実験として「水中など空気のない場所で音を出し，それが聞こえるかどうか実験する」と具体的な説明をしている。説明の順序としては，仮説が正しい場合・正しくない場合を挙げてから，仮説を実証するための実験という順序で説明するとよいだろう。

三　**(四字熟語)**

漢字は順に，結(ぶ)・起(きた)・承(知)・転(んで)となる。この四つの漢字を組み合わせた四字熟語は「起承転結」である。「起承転結」は，物語や話などの，始まり(起)→始まりを受けた展開(承)→展開の変化(転)→展開に基づいた結末(結)という順序を示した言葉である。

四　**(漢字の書き取り)**

①「容易」は，簡単，たやすいの意味。同音の「用意」を書く誤りが多いので注意する。「易」には「エキ」の音もある。訓読みは「やさ-しい」。「容」には「収容」「許容」などの，「易」には「平易」「貿易」などの熟語がある。　②「朗」を「郎」と書く誤りが多いので注意する。「朗」の訓読みは「ほが-らか」。「明朗」「晴朗」などの熟語がある。　③「従順」は，すなおで人の言うことにさからわない様子。「従」の訓読みは「したが-う・したが-える」。形の似た「徒(ト)」と区別する。「順」は同音の「純」と区別する。　④「故」も「障」も同音字が多いので注意する。「故」の訓読みは「ゆえ」。「故人」「故意」などの熟語がある。「障」は，「障害」「障壁」などの熟語がある。　⑤「少」を「小」と書く誤りが多いので注意する。「少」は「年少」と同じく「年齢が少ない」の意味である。　⑥「土足」は，はきものをはいたままの足。「土足のままで部屋に入る」などと使う。　⑦「解散」は，集まった人々が別れ散ること。対義語は，人々が一か所に集まることを表す「集合」。　⑧「単純」は，仕組みや形がこみいっていないこと。対義語は，重なり合い入り組んでいることを表す「複雑」。　⑨「対照」は，二つの事物を照らし合わせること。「対象」は，目標とするもの，めあて。「実験の対象者」は，実験のめあてとなる者ということ。　⑩「捨て石」は，すぐその時の役には立たないが，いつか別の日のためになると予測して行う行為という意味。「拾」は「拾う(ひろ-う)」。

★ワンポイントアドバイス★

小説は，行動・表情・会話・情景などの表現を手がかりに，場面の様子や心情の理由・変化，描写の特徴などを正確に読み取る。また，慣用句など語句の意味をとらえる。論説文は，筆者の説明を文脈をたどって正確に読み取り，筆者の考えや，考えの根拠となる具体例などをとらえる。

MEMO

大切なことはメモしておこうネ！

解答用紙集

○月×日 △曜日　天気（合格日和）

◆ご利用のみなさまへ

＊解答用紙の公表を行っていない学校につきましては、弊社の責任において、解答用紙を制作いたしました。

＊編集上の理由により一部縮小掲載した解答用紙がございます。

＊編集上の理由により一部実物と異なる形式の解答用紙がございます。

人間の最も偉大な力とは、その一番の弱点を克服したところから生まれてくるものである。――カール・ヒルティ――

東京学参株式会社

日出学園中学校（一般Ⅰ期）　2024年度

◇算数◇

※ 135％に拡大していただくと，解答欄は実物大になります。

1

(1)	(2)	(3)	(4)	(5)

2

(1)	(2)	(3)	(4)	
	g	人	通り	
(5)	(6)	(7)		
		①	②	
点	人	%	秒以上	秒未満

3

(1)	(2)
cm^2	cm^3

(3)			(4)
角 x	角 y	角 z	
度	度	度	cm^3

4

(1)		(2)	(3)
（ア）	（イ）		
円	円		円以上

5

(1)	(2)	(3)
分速　m	km	分速　m

6

アイ	ウ	エ	オ
カ	キ	ク	ケ

日出学園中学校（一般Ⅰ期）　2024年度　◇理科◇

※ 141％に拡大していただくと，解答欄は実物大になります。

1

(1)		(2)		(3)	図2 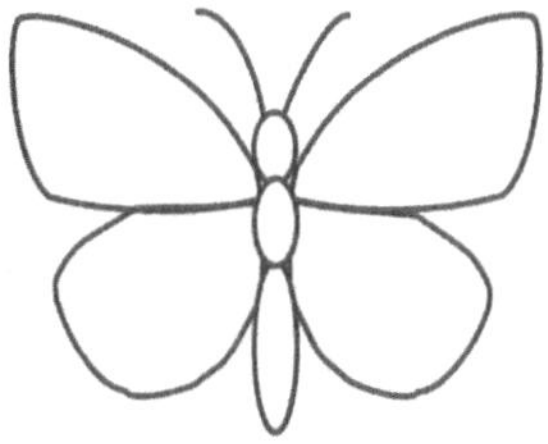
(4)		(5)			
(6)					

2

(1)					(2)	
(3)	①		②			
(4)	① A		B		C	
	②	g	③	g	④	

3

(1)		(2)		(3)	
(4)		(5)	時間後		

4

(1)			(2)		(3)	mA
(4)	①		②		③	

日出学園中学校（一般Ⅰ期）　2024年度

◇社会◇

※ 139％に拡大していただくと，解答欄は実物大になります。

1

問1	X	Y	Z

問2	A	B	C	D

問3	A	B	C	D

問4	

問5	1）	2）

問6	
	1）
	2）

2

問1	1	2

問2	

問3	

問4	→ → →

問5	

問6	

問7	

問8	

問9	1）	2）	3）

問10	

◇国語◇

日出学園中学校（一般Ⅰ期）　２０２４年度

※１４９％に拡大していただくと，解答欄は実物大になります。

一

問1　問2　問3

問4　問5

問6

問7　問8　問9　問10

二

問1　A　B　C

問2

問3

問4　問5　の絵

問6　問7　問8

問9　問10

三

四

①　②　③　④　⑤

⑥　⑦　⑧　⑨　⑩

日出学園中学校(一般Ⅱ期)　2024年度

◇算数◇

※ 139%に拡大していただくと，解答欄は実物大になります。

1

(1)	(2)	(3)	(4)	(5)

2

(1)	(2)	(3)	(4)
	秒	時間　分後	g

(5)	(6)		(7)
	あ	い	
人	cm	分間	通り

(8)	(9)
円	日

3

(1)	(2)	(3)	(4)
度	cm	cm^2	cm

4

(1)	(2)
票	票

5

(1)	(2)
点	点

6

(1)		(2)
あ	い	

(3)

日出学園中学校（一般Ⅱ期）　2024年度

◇理科◇

※ 143％に拡大していただくと，解答欄は実物大になります。

1

(1)	ア		イ	
(2)			(3)	
(4)			(5)	

2

(1)			(2)	秒	
(3)	〔A〕		〔B〕		
(4)	秒		(5)	m	
(6)	①	②	③	④	⑤

3

(1)		(2)		(3)	
(4)	時　分			(5)	長さ　方位

4

(1)			
(2)			
(3)		(4)	cm^3

日出学園中学校（一般Ⅱ期）　2024年度　◇社会◇

※ 135％に拡大していただくと，解答欄は実物大になります。

1

問1		問2		問3	i		ii		問4	

問5	i	A	B	C
	ii	→ → →		

問6	i		ii	

問7	i		ii		iii	

問8	i		ii	

問9	i	→ → →
	ii	

問10	【課題】
	【解決策】

問11	i	A	B
	ii		iii

◇国語◇

日出学園中学校（一般Ⅱ期）　２０２４年度

※１４９％に拡大していただくと、解答欄は実物大になります。

一

問1　季節　理由

問2

問3

問4

問5

問6

問7

問8

二

問1　Ⅰ　Ⅱ

問2

問3

問4

問5

問6

問7

問8　科学の営みは

科学の営みは

問9

三

四

①　②　③　④　⑤

⑥　⑦

⑧

日出学園中学校（一般Ⅰ期）　2023年度

◇算数◇

※ 139％に拡大していただくと，解答欄は実物大になります。

1

(1)	(2)	(3)	(4)	(5)

2

(1)	(2)	(3) ①	(3) ②
人	時間　分	％	点以上　点未満

(4)	(5)	(6)	(7)
通り	人		g

3

(1)	(2)	(3)	(4)
cm^3	度	cm^3	cm^2

4

(1)	(2)	(3)
毎秒　cm	cm^2	秒後

(4)

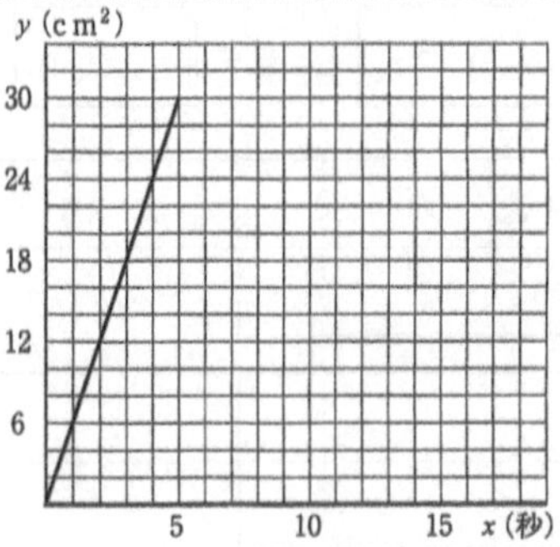

5

(1)	(2)	(3)
km	時　分	時速　km

6

(1)	(3)	(4)	(5)
倍	cm^2	cm^2	cm^2

(2)

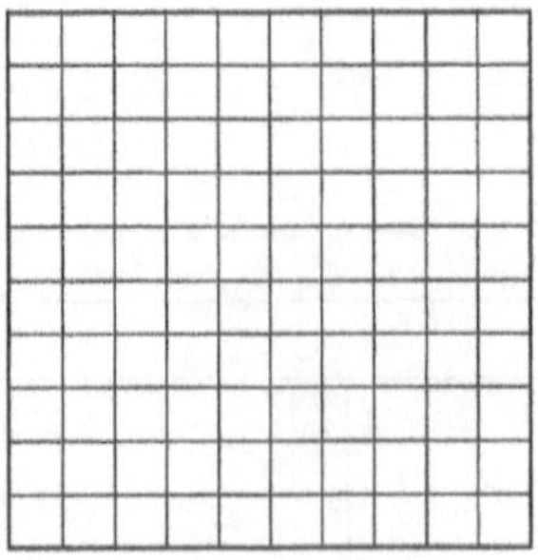

日出学園中学校(一般Ⅰ期)　2023年度

◇理科◇

※ 147%に拡大していただくと，解答欄は実物大になります。

1

Ⅰ	(1)	A：B＝	(2)	℃	(3)	℃			
	(4)								
Ⅱ	(5)	①		②		③		④	
	(6)								

2

(1)		(2)	%	(3)	
(4)		(5)			

3

(1)		(2)	①		②		③		
(3)		(4)	cm^3						
(5)	cm^3の塩酸に　　　　g以上のアルミニウムを加える								

4

(1)		(2)		(3)	g
(4)		(5)			

日出学園中学校（一般Ｉ期）　2023年度

◇社会◇

※ 141％に拡大していただくと，解答欄は実物大になります。

1

問1		問2		問3	
問4		問5		問6	
問7					
問8					
問9		問10		問11	
問12		問13		問14	
問15					

2

問1 A		B		C	
D		問2			
問3 1）					
2）		問4 1）			
問4 2）					
問5		問6 1）ア		イ	
ウ		問6 2）			
問7					

◇国語◇

日出学園中学校(一般Ⅰ期)　２０２３年度

※１５６%に拡大していただくと、解答欄は実物大になります。

一

問1　問2　問3

問4　問5　問6

問7　問8　問9　問10

問11　Ⅰ　Ⅱ　Ⅲ

二

問1

問2

問3　問4　問5

問6　問7　問8

三

四

①	②	③	④	⑤
⑥	⑦	⑧	⑨ ↓	⑩ ↓

日出学園中学校(一般Ⅱ期)　2023年度

◇算数◇

※ 139％に拡大していただくと，解答欄は実物大になります。

1

(1)	(2)	(3)	(4)	(5)

2

(1)	(2)	(3) ①	(3) ②	(4)
個	時間　分	％	人	

(5)	(6)	(7)
m		％

3

(1)	(2)	(3)	(4)
cm^2	度	度	cm^2

4

(1)	(2)	(3)
時　分	分速　m	時　分

5

(1)					
ア	イ	ウ	エ	オ	カ

(2)	(3)
cm^2	cm^2

6

(1)		(2)	
①	②	①	②
GB	社	本	本

日出学園中学校(一般Ⅱ期)　2023年度　◇理科◇

※ 156%に拡大していただくと，解答欄は実物大になります。

1

(1)	図1		図2		(2)	液体A		固体B		
(3)			(4)		(5)	図1		図3		
(6)										

2

(1)	①		②		③	
(2)	①		②		③	
(3)			(4)		(5)	

3

(1)	①				②		③		④	
(2)	①	cm^3	②	g/cm^3	(3)	高くなったとき・低くなったとき			

4

(1)			(2)		(3)	
(4)	①		②		(5)	

日出学園中学校（一般Ⅱ期）　2023年度

◇社会◇

※ 141％に拡大していただくと，解答欄は実物大になります。

1

問1		問2	i		ii	

問3	i		ii		問4	

2

問1	

問2		問3	

3

問1	1		2		3	

問2	i		ii		問3	

問4		問5		問6	

問7		問8	i					

問8	ii	

問9	→ → →	問10	

問11		問12	

◇国語◇

日出学園中学校（一般Ⅱ期）　２０２３年度

※１５６％に拡大していただくと、解答欄は実物大になります。

一

問1　問2　問3　主語　述語

問4　問5　問6

問7

問8　⑧　⑨　問9　問10

二

問1　問2　ア　イ　ウ　エ　オ　カ　問3

問4　問5

問6

問7

問8

問9　①　得意な教科　好きな食べ物　苦手な動物

②

三

①

②

四

①		②		③		④		⑤	
⑥		⑦		⑧		⑨		⑩	

日出学園中学校（一般Ⅰ期）　2022年度

◇算数◇

※ 139％に拡大していただくと，解答欄は実物大になります。

1

(1)	(2)	(3)	(4)

2

(1)	(2)	
	①	②
	人	番目から　番目

(3)	(4)	(5)	(6)
トン	m	時速　km	通り

(7)	(8)	(9)
	円	%

3

(1)	(2)	(3)	(4)
cm^2	度	cm^3	cm^2

4

(1)	(2)	(3)
番目		個

5

(1)	(2)		(3)
	ア	イ	
個			cm

6

(1)	(2)
%	杯まで

日出学園中学校(一般Ⅰ期)　2022年度

◇理科◇

※ 147%に拡大していただくと，解答欄は実物大になります。

1

(1)			(2)			
(3)	①		②			
(4)			(5)	①		②	

2

(1)		(2)		(3)	
(4)		(5)			

3

(1)	A		B		C		D		E	
(2)		(3)								
(4)	①		②	g	③	g				

4

(1)	A		B		(2)	L
(3)		(4)	＞　＞　＞			
(5)						

日出学園中学校（一般Ⅰ期）　2022年度　◇社会◇

※ 141％に拡大していただくと，解答欄は実物大になります。

問 1		

問 2	(1)		(2)	

問 3	①		②		③	

問 4	→ → →

問 5	(1)		(2)	
	(3)			

問 6		問 7	［ア］		［イ］	

問 8	(1) ①		(1) ②		(2)	

問 9	A		B		問 10	

問 11	

問 12	

問 13	Ⅰ		Ⅱ	

◇国語◇

日出学園中学校（一般Ⅰ期）　２０２２年度

※　１５６％に拡大していただくと，解答欄は実物大になります。

一

問1

問2

問3

問4　問5　問6　問7　問8

問9　問10　問11　問12

二

問1　問2　問3　問4

問5

問6

問7　問8　問9

問10　①　②　場面。　③

三

①　賞　②

③

四

①　②　③　④　⑤

⑥　⑦　⑧　⑨　⑩

日出学園中学校（一般Ⅱ期）　2022年度

◇算数◇

※ 139％に拡大していただくと，解答欄は実物大になります。

1

(1)	(2)	(3)	(4)	(5)

2

(1)	(2)	(3)	(4)
	月	人	秒速　m
(5)	(6)	(7)	(8)
通り	人	人	%

3

(1)	(2)	(3)	(4)
cm^2	度	cm^3	cm^2

4

(1)	(2)
秒後	秒後

5

(1)				(2)
アルファ　枚	ベータ　枚	ガンマ　枚	デルタ　枚	枚

6

(1)	
a	b
(2)	(3)
個	

日出学園中学校（一般Ⅱ期）　2022年度

◇理科◇

※ 143％に拡大していただくと，解答欄は実物大になります。

1

(1)		(2)	

(3)

①	②

③

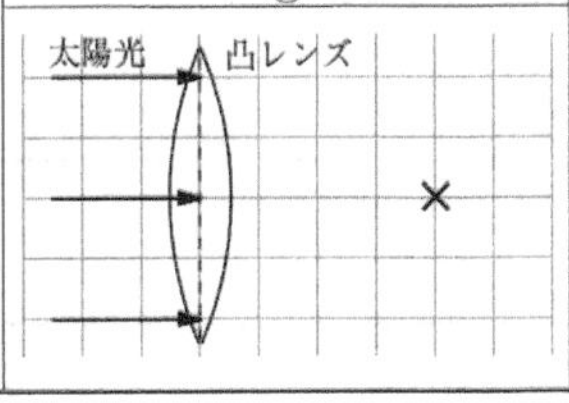

(4)

①

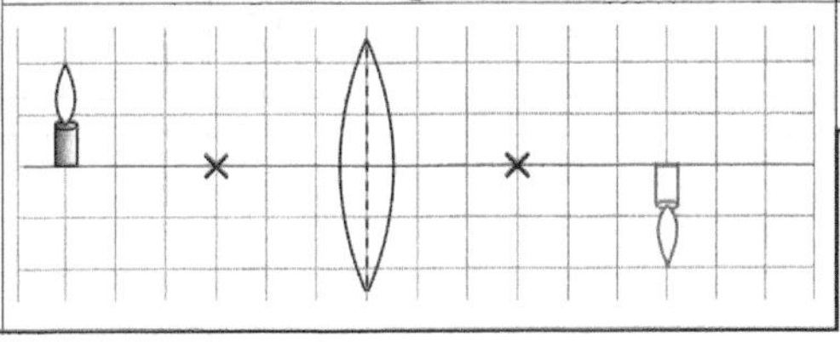

②

2

	①	②	③	④
(1)				

(2)		(3)	

	図1	図2
(4)		

3

					A	B
(1)	℃	(2)		(3)		

(4)		(5)		(6)		(7)		(8)	

4

(1)		(2)	

	①		②	
(3)	グループ	理由	グループ	理由

	①	②
(4)		

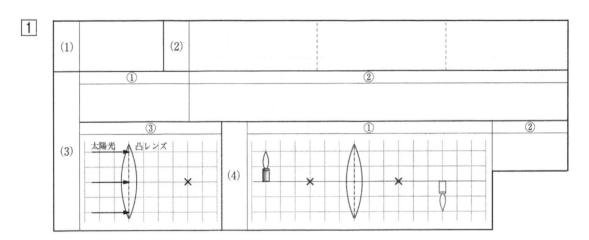

日出学園中学校（一般Ⅱ期）　2022年度

◇社会◇

※ 147％に拡大していただくと，解答欄は実物大になります。

1

問1	年	問2		問3	

問4（ｉ）		（ii）	

問5	庁	問6	

問7（ｉ）	
（ii）	

問8（ｉ）①		②		③	
（ii）					

2

問1		問2					

問3		問4		問5	

問6	

問7	

問8（ｉ）		（ii）	

問9	

問10		問11（ｉ）		（ii）	

◇国語◇

日出学園中学校（一般Ⅱ期）　２０２２年度

※１４９％に拡大していただくと、解答欄は実物大になります。

一

問1　問2　問3

問4　問5　問6

問7

問8

問9

問10

二

問1　問2　問3

問4　④　⑤　⑧　問5　問6

問7　と　問8

問9

三

四

①　②　③　④　⑤

⑥　⑦　⑧　⑨　⑩

日出学園中学校（一般Ⅰ期）　2021年度　　◇算数◇

※ 140％に拡大していただくと，解答欄は実物大になります。

1

(1)	(2)	(3)	(4)	(5)

2

(1)	(2)	(3)	(4)
	%	時速　　km	日間
(5)	(6)	(7)	(8)
個		分　　秒	cm

3

(1)	(2)	(3)	(4)
度	cm^2	m	cm

4

(1)		(2)
ア	イ	

5

(1)	(2)	(3)
：	回	人

6

(1)	(2)	(3)

日出学園中学校(一般Ⅰ期)　2021年度

◇理科◇

※ 141％に拡大していただくと，解答欄は実物大になります。

1

		A		B		C
(1)	①					
	②		③		④	

(2)	①		②	
	③		④	

2

(1)		(2)	

(3)	周期	周期

(4)	①		②		③	

3

(1)	①		②		③	

(2)	℃

(3)	①	→ → →		
	②		③	

4

(1)	①		②	
	③		④	

(2)		(3)	

日出学園中学校（一般Ⅰ期）　2021年度

◇社会◇

※ 142％に拡大していただくと，解答欄は実物大になります。

1

問１

問２　問３　問４

問５　i　ii

問６　問７

問８　i　ii

問９　問10　問11　問12　→　→　→

問13　問14　問15

問16　Ⅰ　Ⅱ　Ⅲ

◇国語◇

日出学園中学校（一般Ⅰ期）　２０２１年度

※１４５％に拡大していただくと，解答欄は実物大になります。

一

問1

問2

問3

問4

問5

問6

問7

性格

問8

問9

問10

問11

問12

二

問1

問2

問3

問4

問5

問6

問7

問8

問9

三

四

①

②

③

④

⑤

⑥

⑦

⑧

⑨

⑩

日出学園中学校(一般Ⅰ期)　2020年度

◇算数◇

※140%に拡大していただくと，解答欄は実物大になります。

1

(1)	(2)	(3)	(4)	(5)

2

(1)	(2)	(3)	(4)
		分	%
(5)	(6)	(7)	(8)
円	点	個	度

3

(1)	(2)	(3)	(4)
cm^2	度	cm^2	cm^3

4

(1)	(2)

5

(1)	(2)	(3)
	秒間	cm^2

6

(1)	(2)	(3)
時速　km	km	円

日出学園中学校(一般Ⅰ期)　2020年度

◇理科◇

※146%に拡大していただくと，解答欄は実物大になります。

1

(1)		(2)		(3)		
(4)			(5)			

2

(1)		(2)		(3)	
(4)	g	(5)		(6)	

3

(1)		(2)		(3)		(4)	
(5)							

4

(1)		(2)	い		う		(3)	
(4)	え	kg	お	kg			

日出学園中学校(一般Ⅰ期)　2020年度　◇社会◇

※142%に拡大していただくと，解答欄は実物大になります。

1

問1		問2	

問3		問4		問5	

問6		問7		問8	

問9	

問10	

問11	i		ii	

2

問1		問2		問3		問4	

問5	

問6		問7		問8	

問9	

問10	i		ii	

◇国語◇

日出学園中学校（一般Ⅰ期）　２０２０年度

※１５５％に拡大していただくと，解答欄は実物大になります。

一

問1

問2

問3

問4

問5

こと。

問6

問7

問8

問9

問10

二

問1

問2

問3

問4

問5

問6

問7

問8

問9

問10

仮説

方法

三

四

①

②

③

④

⑤

⑥

⑦

⑧

⑨ 誤 → 正

⑩ 誤 → 正

MEMO

大切なことはメモしておこうネ！

MEMO

大切なことはメモしておこうネ！

MEMO

大切なことはメモしておこうネ！

MEMO

大切なことはメモしておこうネ！

MEMO

大切なことはメモしておこうネ！

MEMO

大切なことはメモしておこうネ！

〈ダウンロードコンテンツについて〉

本問題集のダウンロードコンテンツ、弊社ホームページで配信しております。現在ご利用いただけるのは「2025年度受験用」に対応したもので、**2025年3月末日**までダウンロード可能です。弊社ホームページにアクセスの上、ご利用ください。

※配信期間が終了いたしますと、ご利用いただけませんのでご了承ください。

中学別入試過去問題シリーズ

日出学園中学校　2025年度

ISBN978-4-8141-3212-6

[発行所] 東京学参株式会社

〒153-0043　東京都目黒区東山2-6-4

書籍の内容についてのお問い合わせは右のQRコードから　⇒

※書籍の内容についてのお電話でのお問い合わせ、本書の内容を超えたご質問には対応できませんのでご了承ください。

2024年5月23日　初版